Amitai Etzioni

Die Verantwortungs-
gesellschaft

Individualismus und Moral
in der heutigen Demokratie

Aus dem Englischen von Christoph Münz

Campus Verlag
Frankfurt/New York

Die Originalausgabe erschien 1996 unter dem Titel
»The New Golden Rule. Community and Morality in a Democratic
Society« bei BasicBooks, A Division of HarperCollins Publishers, Inc. New York.
Copyright © 1996 by Amitai Etzioni
Redaktion: Martin Hartmann, Mattias Iser, Carsten Lenz

Die Deutsche Bibliothek – CIP-Einheitsaufnahme

Etzioni, Amitai:
Die Verantwortungsgesellschaft : Individualismus und Moral in der
heutigen Demokratie / Amitai Etzioni. Aus dem Engl. von Christoph
Münz. – Frankfurt/Main ; New York : Campus Verlag, 1997
Einheitssacht.: The new golden rule <dt.>
ISBN 3-593-35820-4

Umschlaggestaltung: Guido Klütsch, Köln
Umschlagmotiv: © Tony Stone
Satz: Leingärtner, Nabburg
Druck und Bindung: Druckhaus Beltz, Hemsbach
Gedruckt auf säurefreiem und chlorfrei gebleichtem Papier.
Printed in Germany

In kleinen Gruppen, in denen jeder fühlt, daß von seinen Handlungen viel abhängt und in denen jeder lernt, eigenverantwortlich zu handeln, statt sich in der Anonymität der Masse zu verlieren, entstehen soziale Muster, die nahezu mit Gewißheit die Entwicklung von Individualität gewährleisten.

Karl Mannheim

Für Shira und Eli, die jüngsten Etzionis, und für die jungen Forscher, die in den letzten Jahren für mich gearbeitet haben und es verdienen, eigens genannt zu werden:

Linda Abdel-Malek, Michael Bocian, Laura Brodbeck, David Brown, David E. Carney, Dan Doherty, Brandt Goldstein, Suzanne Goldstein, Gayton Gomez, Ryan J. Hagemann, Steven Helland, Vanessa Hoffman, Sarah Horton, Zubin Khambatta, Barry Kreiswirth, Alexandra Lahav, Darin Levine, Lauren Levy, Frank Lovett, Judith Lurie, Jeremy Mallory, William Mathias, Jessica Mayer, Dana Mitra, Nora B. Pollock, Sharon Pressner, Alyssa Qualls, Janet Shope, W. Bradford Wilcox, Benjamin Wittes.

Inhalt

Vorwort zur deutschen Ausgabe

Dieses Buch soll die Grundlage für einige Ideen, die in einer sehr viel vageren und vorläufigeren Weise in meinem Buch *Die Entdeckung des Gemeinwesens* (1995) eingeführt wurden, umfassend und systematisch ausarbeiten. In diesem Zusammenhang spielen der Begriff der Verantwortung des einzelnen für die soziale Ordnung und die Aufgeschlossenheit der Gesellschaft gegenüber individueller Autonomie eine wichtige Rolle, weshalb das von mir entwickelte Paradigma für eine gute Gesellschaft auch als »responsiv kommunitaristisch« bezeichnet wurde. Meine Konzeption unterscheidet sich wesentlich von anderen kommunitaristischen Vorstellungen, mit denen das deutsche Publikum bereits vertraut ist und die bei ihm anfangs auch die Reaktionen auf die von mir vertretene Form des Kommunitarismus beeinflußt haben. Es gibt Kritiker, die kommunitaristisches Denken mit den sogenannten »asiatischen« Demokratien in Verbindung bringen, in denen man besonderen Wert auf Gemeinschaft, Harmonie, Ordnung und Autorität legt und die Bedeutung individueller Identität und Rechte gelinde gesagt herunterspielt. Andere Kritiker, besonders in Deutschland, assoziieren kommunitaristisches Denken mit totalitärem Gedankengut, das im Begriff der »Volks-Gemeinschaft« seinen Ausdruck findet. Es scheint mir deshalb angebracht, im Deutschen eher von »Gemeinwesen« als von »Gemeinschaft« zu sprechen, um falsche Assoziationen zu vermeiden. In Europa sind die akademischen Arbeiten von Charles Taylor, Michael Sandel und Michael Walzer mittlerweile gut bekannt.[1]

Weil deren Werke, besonders das von Sandel aus einer Kritik an John Rawls und anderen sogenannten »Liberalen« erwuchsen, betonten sie mehr die gemeinschaftsorientierten Aspekte einer Gesellschaft. Sie befaßten sich weniger mit der Notwendigkeit eines Gleichgewichts zwischen

Persönlichkeitsrechten und individueller Autonomie einerseits und den Erfordernissen einer sozialen Ordnung andererseits als Grundvoraussetzung eines guten, funktionierenden Gemeinwesens. Dieses ausgewogene Verhältnis aber ist der Dreh- und Angelpunkt einer kommunitaristischen Philosophie, wie sie in diesem Buch dargelegt wird.

Die ersten Reaktionen von Kommentatoren in den Medien und Intellektuellen waren geprägt von Skepsis gegenüber dem neuen Kommunitarismus, wie er der deutschen Öffentlichkeit Anfang der 90er Jahre präsentiert wurde. In den folgenden Jahren wurden diese Mißverständnisse weitgehend beseitigt und die Auseinandersetzung mit dem »responsiven Kommunitarismus« wurde differenzierter, kenntnisreicher und problembewußter, wenngleich man gelegentlich immer noch liest, daß die Forderung nach einer Revitalisierung gemeinschaftsorientierter Einstellungen gleichbedeutend sei mit einem Aufruf zu einer Rückkehr zum alten, hierarchisch organisierten und bedrückenden Provinzialismus traditioneller Gemeinschaftskonzepte. Diese fast schon reflexhafte Reaktion, die in Deutschland gewiß mit einer besonderen Schwierigkeit bei der Verarbeitung der eigenen Geschichte zusammenhängt, erschwert eine vorurteilsfreie Konfrontation mit den Problemen, die die westlichen Gesellschaften, ob sie wollen oder nicht, in naher Zukunft bewältigen müssen. Der Abdruck der »Responsive Communitarian Platform« in der Frankfurter Allgemeinen Zeitung vom 8. März 1994 ist vielleicht ein Indiz dafür, daß die Auseinandersetzung mit den Vorstellungen der Kommunitaristen auch hierzulande sachlicher wird.

Politisch maßgebliche Persönlichkeiten in Deutschland und Österreich – teilweise auch in der Schweiz – haben wie Tony Blair in Großbritannien die Impulse des »responsiven Kommunitarismus« aufgenommen. Quer durch die Parteien werden kommunitaristische Vorstellungen diskutiert und zu den eigenen politischen Zielen in Beziehung gesetzt. Zu den ersten, bei denen dieses Gedankengut auf positive Resonanz stieß, zählen Kurt Biedenkopf, der Kölner Oberbürgermeister Norbert Burger und Joschka Fischer. Rudolf Scharping stellte in einem Aufsatz unter anderem fest, daß sich die Sozialdemokraten mit ihrer anfänglichen Ablehnung des Kommunitarismus geirrt hätten und einige seiner Elemente übernehmen müßten.[2] Als ich vor der Enquête-Kommission des Deutschen Bundestages zum Demographischen Wandel sprach,[3] entnahm ich den informierten und nachdenklichen Fragen vieler Abgeordneter, daß sie sich ernsthaft mit der Umsetzung kommunitaristischer Ideen in praktische Politik befassen.

Neben Politikern haben sich auch führende Intellektuelle wie der Soziologe Hans Joas[4] von der Freien Universität Berlin oder Thomas Meyer von der Friedrich-Ebert-Stiftung mit den verschiedenen Versionen des Kommunitarismus auseinandergesetzt. Sie ließen sich vom falschen Totalitarismusvorwurf nicht irre machen und haben kommunitaristische Ideen vertreten, lange bevor sie größeren Widerhall in der öffentlichen Diskussion fanden.[5]

Kritiker des Kommunitarismus in Deutschland haben ihn als eine amerikanische Erfindung bezeichnet.[6] Typisch amerikanisch sei die Betonung der Freiwilligkeit bei der Übernahme von Verpflichtungen und Verantwortung sowie die Rede von einer »moralischen Stimme« im Zusammenhang mit der Forderung, sich bei der Regelung von Konflikten, der Lösung von Problemen oder Überwindung von Notlagen, die in der Gesellschaft auftreten – sei es in der Familie, im näheren sozialen Umfeld oder auch in den Beziehungen sozialer Gruppen – nicht in erster Linie auf den Staat zu verlassen. Indes finden sich kommunitaristische Ideen bei den Alten Griechen, im Alten und Neuen Testament, in einigen europäischen Traditionslinien der Katholischen Kirche, in den Solidaritätsauffassungen der britischen und deutschen Sozialdemokratie und im Werk von Martin Buber (dessen Verbindung zu Deutschland bekannt ist und der mein erster Lehrer in Soziologie war). Tatsächlich gingen die ersten großen Werke über Gemeinschaft genau den umgekehrten Weg – von Deutschland in die USA! Ich meine insbesondere die Schriften von Ferdinand Tönnies.

Auch wenn die Suche nach den Ursprüngen von Ideen bisweilen nützlich ist, bleibt doch die wichtigste Frage, ob sie sich in einer gegebenen Gesellschaft in einem bestimmten historischen und geo-politischen Kontext umsetzen lassen? Deutschland hat eine herausgehobene Position bei den Bemühungen, die Verbindungen zwischen Ost- und Westeuropa zu stärken, die Europäische Union mit aufzubauen und den Wohlfahrtsstaat mit seinen kommunitaristischen Elementen zu erhalten. Diese Aufgabe ist umso schwieriger, als gleichzeitig verkrustete Strukturen aufgebrochen werden müssen, die die Wirtschaftskraft und die Behauptung im härter gewordenen globalen Wettbewerb gefährden. Wenn ich es richtig sehe, ist gerade für Deutschland das kommunitaristische Denken von besonderer Bedeutung. Ein weiterer Beleg dafür ist auch die starke Resonanz in kirchlichen Kreisen, und wer das kürzlich veröffentlichte gemeinsame Papier der Katholischen und Evangelischen Bischöfe genau liest, wird darin Gedanken entdecken, die man als kommunitaristisch inspiriert bezeichnen kann.[7]

Ein sehr wichtiger Aspekt aber muß vom deutschsprachigen Publikum – ob freundlich oder kritisch eingestellt – noch aufgegriffen werden. Dieses Buch möchte einen Dialog in Gang setzen nicht nur mit Laissez-faire-Konservativen, neoliberalen, individualistischen Marktapologeten und sogenannten »Libertären«, sondern auch mit religiösen Fundamentalisten und ihren areligiösen Verbündeten am rechten Rand des politischen Spektrums. Zwar sind diese Kräfte in den USA stärker als in Europa, aber Europa sieht sich mit ihnen im internationalen Rahmen konfrontiert – durch Iran, Libyen oder Indonesien, ja sogar durch die Türkei –, und diese fundamentalistischen Tendenzen werden auch in Westeuropa immer stärker. Aus meiner Sicht ist kommunitaristisches Denken die einzige realisierbare und wirksame Alternative zum Versuch, den Menschen Tugenden und Werte aufzuzwingen.

A. E.
Mai 1997

Vorwort
Tugend in einer freien Gesellschaft

Im Jahre 1992 gab das Antioch College eine lange, detaillierte schriftliche Liste mit Richtlinien für sexuelle Umgangsformen heraus, die von den Studenten, Fakultätsmitgliedern und Angestellten zu befolgen waren.[1] Alle Mitglieder des College werden darin dazu angehalten, bei der Anbahnung von Beziehungen für jede Handlung bei ihrem Gegenüber ausdrücklich um Zustimmung zu bitten. Man warnte sie, im Annäherungsprozess keinesfalls fortzufahren, ohne sich explizit und unmißverständlich der Einwilligung des Anderen zu einem weiteren Schritt versichert zu haben. Den neu eingeschriebenen Studenten (die an einem Workshop über sexuelle Verhaltensregeln teilnehmen mußten) erklärte man dieses Vorgehen wie folgt: »Für jeden Schritt auf Eurem Weg … müßt Ihr um Erlaubnis bitten. Wenn Du ihr die Bluse ausziehen willst, mußt Du vorher fragen. Wenn Du ihre Brüste berühren willst, mußt Du vorher fragen. Wenn Du Deine Hände zu ihren Genitalien führen willst, mußt Du vorher fragen. Wenn Du deine Finger…«[2] Allen Studenten wurden harte Bestrafungen einschließlich eines Verweises vom College angedroht, sollten sie sich nicht an diesen Kodex halten.

Für die Massenmedien waren diese Verhaltensregeln ein gefundenes Fressen. Sie wurden belächelt und verspottet, als »Bedrohung der Spontaneität« kritisiert und als Zeichen dafür angesehen, daß man es mit der *political correctness* maßlos übertreibe. Für mich als Soziologen repräsentieren diese Richtlinien hingegen den nahezu verzweifelten Versuch, wieder Verhaltensregeln in einem Bereich zu etablieren, in dem weitestgehend moralische Orientierungslosigkeit herrscht, was zu mancherlei Konflikten und Mißbrauch geführt hat. Dabei zeugen diese Richtlinien von einem bedeutend größeren Defizit als allein von einem Mangel an Regeln (Spezifizierungen von Werten) bezüglich sexuellen Verhaltens. Sie sind

zugleich ein Hinweis auf das Bedürfnis nach einer Erneuerung moralischer Werte und Verpflichtungen, die sich deutlich von vorgeschriebenen
Richtlinien unterscheiden.

Die Verhaltensregeln, die in Antioch erlassen wurden, sind am besten
vor dem Hintergrund ihres historischen Kontextes zu verstehen. Während der 50er Jahre gab es relativ klare Verhaltensregeln für den Bereich
intimer Beziehungen. Vorehelicher Geschlechtsverkehr wurde als moralisch verwerflich betrachtet. Von den jungen Männern, nicht von den jungen Frauen, erwartete man, daß sie die Initiative ergriffen. Frauen hatten
zu »widerstehen« und ein geringeres Interesse an sexuellen Beziehungen
zu empfinden und auszudrücken als Männer. Während man jungen Männern, die heterosexuelle Beziehungen eingingen, eine Mischung aus
Bewunderung und zurückhaltender Mißbilligung entgegenbrachte, wurden junge Frauen, die gleiches taten, dafür zurechtgewiesen. Gleichge-
schlechtliche Beziehungen waren tabu. Einige dieser sexualethischen Vorgaben wurden sicher nicht durchgehend respektiert, aber es gab recht
deutliche Erwartungshaltungen. Das gleiche galt für die meisten anderen
Formen von Beziehungen – etwa für jene zwischen Angehörigen unterschiedlicher Ethnien, für das Verhältnis von Individuum und Staat (wobei
der Patriotismus, besonders in der Form des Antikommunismus, weit verbreitet war) oder die Einstellung zu Autoritäten (die respektiert wurden)
etc. Ob man diese traditionellen Sitten und Gebräuche nun als moralisch
bindend erachtete oder nicht, so wurde doch auf jeden Fall anerkannt,
daß sie bis zu einem gewissen Grad für die Aufrechterhaltung der Ordnung sorgten.

In den 60er Jahren wurde diese Ordnung immer stärker in Frage gestellt.
In den späten 80er Jahren verloren Verhaltensregeln, Erwartungen und Vorstellungen dessen, was hinsichtlich des Verhaltens in sexuellen wie auch in
vielen anderen Bereichen richtig oder falsch sei, immer mehr an Gültigkeit.

Überkommene Gewohnheiten wurden aufgeweicht, herausgefordert
oder aufgegeben, andere wurden hart angefochten. Die heutigen Verhal-
tensmuster geschlechtlicher Rollenverteilung liefern hierfür ein gutes Beispiel. Ein Verhalten, das viele Männer für zulässig oder zumindest harm-
los erachten (z. B. Nachpfeifen, Hinterherschauen, das Aufhängen von
Pinup-Bildern), empfinden viele Frauen als sexuelle Belästigung. Einige
Männer interpretieren eine Einladung in das Schlafzimmer einer Frau und
das Vorspiel bereits als Einverständnis zum Geschlechtsverkehr, während

viele Frauen glauben, sie könnten zu jedem Zeitpunkt dem gemeinsamen Tun ein Ende setzen. Die möglichen Quellen von Mißverständnissen und Streitigkeiten haben sich vervielfacht, etwa die Frage, wer die Rechnung für eine Einladung zum Essen übernimmt, wer für die unzähligen möglichen Konsequenzen einer Verabredung verantwortlich ist, zu welchem Zeitpunkt (oder gar, ob überhaupt) einer der Partner den anderen über ansteckende Krankheiten unterrichtet und manches andere mehr. Was ursprünglich als sexuelle Befreiung, größere Freiheit und wachsende sexuelle Gleichberechtigung begrüßt wurde, löst nun bei vielen das Gefühl beunruhigender Unsicherheit und Verwirrung aus.

Exzessive Freiheit

Die Idee sexueller Befreiung und Antiochs unbeholfene Versuche, mit ihr umzugehen, verdienen deshalb unsere Aufmerksamkeit, weil sie die in westlichen Gesellschaften weithin geteilte Auffassung in Zweifel ziehen, wonach mehr Freiheit stets besser sei als weniger. Diese Auffassung mißachtet jedoch eine wesentliche soziologische Beobachtung: Die Bewegung von einem hohen Grad sozialer Einschränkungen hin zu einem größeren Maß an Wahlmöglichkeiten (und mithin individueller Freiheiten) verwandelt sich an einem gewissen Punkt in eine schwere Last für die beteiligten Akteure und untergräbt die soziale Ordnung, auf der alle Freiheiten letztlich basieren. In einem meisterhaften Essay (»Is More Choice Better Than Less?«) führt Gerald Dworkin eine Vielzahl an Argumenten an, warum ein gewisser Grad an Ordnung zu bevorzugen sei und damit auch eine gewisse Einschränkung der Wahlfreiheit (1988, S. 62-81). Zu den Gründen für eine solche Beschränkung gehören ökonomische und psychische Kosten, die ein Vergleich verschiedener Optionen mit sich bringt; die erhöhte Verantwortung, die sich einstellt, wenn man auf bestimmte Optionen verzichtet (wir sind allein für das verantwortlich, worauf wir einen Einfluß haben); die Gefahr, uns selbst neuen Versuchungen auszusetzen (wenn kein Schnaps mehr im Haus ist ...); und die Tatsache, daß man durch den Verzicht auf bestimmte Wahlmöglichkeiten zugleich seine Verbundenheit mit anderen Menschen und bestimmten Werten signalisiert.[3] Soziologen würden für den Fall, daß es zu wenig gemeinsame moralische Überzeugungen gibt, dieser Liste noch eine verstärkte Tendenz zu Konflikten, einschließlich gewalttätiger Konflikte, hinzufügen.

Vor allem aber verabscheuen die Menschen ein ethisches Vakuum, innerhalb dessen jede Wahl gleich-gültig und gleichermaßen legitim ist. Sie mögen es nicht, wenn sie mit zahlreichen Wegen konfrontiert werden, die sie einschlagen können, aber keinen Kompaß zu ihrer Orientierung an die Hand bekommen. Kurz gesagt: Jenseits einer gewissen Grenze stellt das Streben nach immer mehr Freiheit keine Garantie mehr für eine gute Gesellschaft dar.[4]

Diese einleitende Darlegung verweist auf die beiden Ebenen, auf denen ich mich in diesem Buch bewege. Die eine Ebene ist eine soziologische. Ich frage danach, was eine gute Gesellschaft ausmacht: Schreckt sie vor kollektiven Vorstellungen von Tugend zurück und fördert statt dessen Individualismus und Pluralismus als die beiden Quellen der Freiheit? Oder beruht eine gute Gesellschaft, wie es das Vorbild mehrerer Gesellschaften in Asien nahelegt, auf einem dicht geknüpften sozialen Netz, das dazu dienen soll, den Respekt vor denjenigen Tugenden sicherzustellen, die eine Gesellschaft zu einer guten machen? Gibt es Möglichkeiten, diese beiden Ansätze miteinander zu verbinden?

Die zweite Ebene ist eine historische. Ich frage danach, wo sich unsere Gesellschaften gegenwärtig befinden, und welche Richtungen sie einzuschlagen haben, wenn sie ihr inneres Gleichgewicht und ihren normativen Kurs beibehalten oder wiederfinden wollen. Für die hochentwickelten westlichen Gesellschaften stellt sich die Frage, ob es an der Zeit ist, auf eine Absicherung allgemein gültiger Grundwerte zu drängen und der individuellen Autonomie bestimmte Grenzen zu setzen.

Eine besondere Ordnung

Hat man erst einmal die ganze Bedeutung jenes tiefsitzenden soziologischen und historischen Bedürfnisses nach Ordnung erfaßt, stellt sich die Frage: Welche *Art* von Ordnung soll denn nun angestrebt werden? Auf welchen Grundlagen soll sie beruhen? Braucht eine Gesellschaft, die eine solche Ordnung wiederherstellen will, Gesetze und Vorschriften, strengere

Sanktionsmöglichkeiten und eine größere rechtliche Durchsetzungskraft? Oder kann diese Ordnung sich auf jene moralischen Werte stützen, welche die Menschen miteinander teilen, und die sie in ihrem Leben verwirklichen? Und reichen prozedurale Tugenden wie gegenseitige Toleranz, die Bindung an demokratische Abläufe und die Bereitschaft zur Zivilität und zum Kompromiß aus? Oder benötigt eine gute Gesellschaft eine Reihe substantieller, affirmativer moralischer Bindungen? Müssen diese Bindungen von monolithischem Charakter sein (beispielsweise ist behauptet worden, daß die amerikanische Gesellschaft eine christliche ist, unser moralischer Kodex also von christlicher Prägung sein soll und der säkulare Humanismus abgelehnt werden müsse), oder gibt es Raum für einen Pluralismus der Werte, und sei er auch durch einen festen Bestand an allgemein anerkannten Grundwerten eingeschränkt? Und wie sollen die Werte, denen gegenüber die Gesellschaft sich selbst verpflichtet, ausgewählt werden? Brauchen wir neue Formen der öffentlichen Auseinandersetzung, oder können wir uns auf jene Form der Beratschlagung verlassen, wie sie für die griechische Polis und die Stadtversammlungen Neu-Englands charakteristisch waren?

Obgleich der Verhaltenskatalog von Antioch ein beredtes Zeichen für das Bedürfnis nach einem moralischen Paradigma darstellt, wirft er zugleich auch wichtige Fragen nach den Verfahrensweisen auf, an die sich eine Gesellschaft oder kleinere Gemeinschaft halten muß, wenn sie nach Wegen der Erneuerung von Werten sucht; und er weist auf Wege hin, die besser unbeschritten bleiben. Solche Verhaltensmaßregeln basieren auf Annahmen, über die sich ihre Verfasser möglicherweise nicht im vollen Umfang bewußt waren, die aber im Zuge einer kommunitaristischen Erneuerung von Werten nicht ignoriert werden dürfen. Der Verhaltenskatalog von Antioch geht von der Annahme aus, Konsens stelle die Grundlage der Moral dar. (Solange die Paare übereinstimmen, gelten für ihr Verhalten keine Einschränkungen). Der Verhaltenskatalog vertraut den kognitiven, expliziten, formalen und vor allem ad hoc durchgeführten Verhandlungen zwischen den Beteiligten, anstatt sich auf gemeinsame Werte und auf ein etabliertes Vorverständnis zu stützen. Das College versucht, die Einhaltung der neuen Sitten durch harte Sanktionen zu gewährleisten, anstatt sich auf moralische Zurechtweisungen zu verlassen. Einen solchen Ansatz zu kritisieren, ist leicht; es ist viel schwieriger, einen Ansatz zu entwickeln, der diese Schwächen in überzeugender Weise vermeidet. Dieser Herausforderung möchte ich mich im Folgenden stellen.

Eine Verbindung von Tradition und Moderne

Ziel dieses Buches ist eine Synthese zwischen Elementen der Tradition und der Moderne, in deren Verlauf beide Seiten einer Revision unterzogen werden. Bis zum Beginn der Moderne waren die Denksysteme (welche zumeist in religiöses Schrifttum eingingen) weitgehend damit befaßt, die Legitimität der Ordnung und die Ansprüche der als angemessen betrachteten sozialen Tugenden aufrechtzuerhalten. Das antike Griechenland legte zwar gewisse Grundlagen für die Autonomie des Individuums, aber diese Autonomie war eher beschränkt und nur den Angehörigen einer speziellen Klasse im Rahmen einer ansonsten rigiden sozialen Ordnung zugänglich. Es gibt gute Gründe dafür, daß Platon von vielen als autoritär eingestuft wird, oder Aristoteles vorrangig das politische Interesse zugeschrieben wird, die Ordnung aufrechtzuerhalten und eine Rebellion zu verhindern. Dennoch war das antike Griechenland im Vergleich zum Mittelalter »modern«. Viele der im Mittelalter vorherrschenden religiösen Doktrinen rühmten monolithische Tugenden und legitimierten eine rigide und hierarchisch strukturierte soziale Ordnung. Hierzu steht das moderne Denken – mit seiner Betonung von universalen individuellen Rechten (im Gegensatz zu denen eines besonderen Standes), von Autonomie, Freiwilligkeit und konsensuellen Vereinbarungen – in einem deutlichen Kontrast.

Ich vertrete in diesem Buch nun die These, daß die Kräfte der Moderne, nachdem der Traditionalismus bereits besiegt war, keineswegs zu wirken aufgehört haben. Statt dessen haben sie sich mit der letzten Generation (etwa seit den 60er Jahren) immer weiter ausgebreitet und die bestehenden, ohnehin schon geschwächten Fundamente der sozialen Tugenden weiter ausgehöhlt – stets in dem Bemühen, die Freiheit noch weiter auszudehnen.

In der Folge dieser Entwicklung haben einige Gesellschaften ihr Gleichgewicht verloren und nunmehr schwer an der Last zu tragen, die ihnen durch die unsozialen Folgen *exzessiver* Freiheit auferlegt wurde. (Dagegen kann man an einigen zeitgenössischen Gesellschaften Asiens und des Mittleren Ostens die Gefahren exzessiver Ordnung beobachten, einen Verlust des Gleichgewichts in umgekehrter Weise.)

Wenn diese Beobachtung zutrifft, müssen in Zukunft Wege und Möglichkeiten gefunden werden, die Tugenden der Tradition mit den Früchten der modernen Freiheit zu verbinden.

Noch vor zwei Generationen war man weithin der Überzeugung, die Welt schreite von der Tradition zur Moderne voran. Diese Vorstellung wird gegenwärtig von vielen als naiver Optimismus gewertet. Andererseits gibt es jene, die an der modernen Welt insgesamt verzweifeln und nach einer Rückkehr zu den Traditionen der Vergangenheit suchen. Angeführt werden sie von religiösen Fundamentalisten der islamischen wie christlichen Rechten und ihren sozialkonservativen Bündnispartnern säkularen Zuschnitts. Das kommunitaristische Bestreben, wie ich es verstehe, zielt hingegen darauf, einen Weg zu finden, der Elemente der Tradition (auf Tugenden basierende Ordnung) mit Elementen der Moderne (gut geschützte Autonomie) verbindet. Folglich gilt es, ein Gleichgewicht zu finden zwischen universalen individuellen Rechten und dem Allgemeinwohl (zwei Konzeptionen, die allzu oft als nicht miteinander vereinbar betrachtet werden), zwischen dem Selbst und der Gemeinschaft. Vor allem aber muß der Frage nachgegangen werden, wie ein solches Gleichgewicht praktisch verwirklicht und bewahrt werden kann.

Die alte goldene Regel (tatsächlich handelt es sich um *Regeln*, denn dieser Grundsatz ist – wenn auch in unterschiedlichen Versionen – Bestandteil vieler Kulturen) enthält eine unausgesprochene Spannung zwischen dem, wie sich der Einzelne gegenüber anderen gerne verhalten würde, und dem, was die goldene Regel als rechtes Tun von ihm einfordert. Zudem bezieht sich die alte Regel lediglich auf den zwischenmenschlichen Bereich. Die neue goldene Regel, die hier vorgeschlagen wird, sucht die Distanz zwischen einer vom Einzelnen bevorzugten Handlungsweise und einer tugendhaften zu verringern, wobei sie zugleich anerkennt, daß diese tiefsitzende Ursache sozialer und persönlicher Kämpfe nicht gänzlich auszuschalten ist. Und sie sucht die Lösung stärker auf der makrosozialen Ebene als allein oder primär im zwischenmenschlichen Bereich. Meine Argumentation führt somit zu einer neuen goldenen Regel: Achte und wahre die moralische Ordnung der Gesellschaft in gleichem Maße, wie Du wünschst, daß die Gesellschaft Deine Autonomie achtet und wahrt.

Ein allgemeines Paradigma nicht nur für die westlichen Gesellschaften

Die Herausforderung, ein kommunitaristisches Paradigma für eine gute Gesellschaft zu schaffen, ist weitgehend innerhalb des historischen und kulturellen Kontextes der westlichen Gesellschaften entstanden; innerhalb jener Gesellschaften also, deren soziale Ordnung insbesondere in den Jahrzehnten zwischen 1960 und 1990 geschwächt wurde. Diese Gesellschaften treten nun in ein Stadium ein, in dem sie aktiv an einer Wiederherstellung der Ordnung arbeiten, die sie gleichzeitig zu verändern suchen. Doch meine Überlegungen sind nicht allein auf diesen historischen Kontext bezogen; sie erheben vielmehr den Anspruch, ein allgemeines Verständnis jener Bedingungen zu gewinnen, die nötig sind, um eine kommunitaristische Gesellschaft zu schaffen und zu erhalten – sie wollen ein allgemeines Paradigma für eine Soziologie der Tugend begründen.

Dieses Paradigma ist auch auf Gesellschaften anwendbar, die bereits über ein hohes, wenn nicht gar exzessives Maß an Ordnung verfügen. Hierzu zählen auch Gesellschaften, deren Ordnung weniger auf Zwang als auf der Grundlage gemeinsamer Werte beruht, in denen jedoch individuelle Autonomie unterentwickelt ist – wie es beispielsweise auf ein Land wie China zutrifft. Für diese Gesellschaften kann das *gleiche* allgemeine Paradigma *in umgekehrter Weise* Anwendung finden: Wie können wir die Autonomie von Individuen und Gruppen (Frauen, Minderheiten, ethnische Gruppierungen) erweitern, ohne die soziale Ordnung zu gefährden? Denn das Streben nach größerer Ordnung oder erweiterter Autonomie scheint nur unvereinbar oder gegensätzlich zu sein, solange man nicht gewahr wird, daß es sich um zwei Wege zu ein und demselben Zustand des Gleichgewichts handelt; wenn auch von zwei gegensätzlichen Richtungen her. (Der Kommunitarismus wird vielfach als eine Theorie mißverstanden, die der sozialen Ordnung das Primat einräumt; doch in seinem Konzept von Gemeinschaft und dem darauf aufbauenden Paradigma geht es gerade um die Kombination von sozialer Ordnung und individueller Autonomie. Ohne soziale Ordnung herrscht Anarchie, ohne individuelle Autonomie wird ein Gemeinwesen zu einem autoritären System, das im Extremfall dem Gulag oder Sklavenkolonien gleicht.)

Um die Richtung zu bestimmen, die eine kommunitaristische Gesellschaft einzuschlagen hat, muß das allgemeine Paradigma auf einen spezifischen historischen Kontext angewendet werden. Diese Dynamik verweist nicht auf eine universale Bewegung des Fortschritts vom dunklen Mittelalter und seiner aufgezwungenen Ordnung hin zu einer Welt voller Freiheiten. Vielmehr stellt sie die Suche nach jenen Elementen dar, die eine Gesellschaft dem tugendhaften Gleichgewicht, der goldenen Regel, näher bringen.

Obwohl die Vorstellung, es könnte sich gegen diese These ernsthaft Widerspruch regen, seltsam anmutet, zeigt die kritische Untersuchung libertärer, liberaler und sozialkonservativer Schriften, daß viele Theorien in der Tat *entweder* um die Tugenden der Freiheit *oder* die der Ordnung kreisen (wobei diese Tugenden ohne ausreichende Berücksichtigung des jeweiligen historischen und kulturellen Kontextes verteidigt werden). Sozialphilosophische Lehren, deren Forderung nach mehr Freizügigkeit im 18. Jahrhundert Adam Smiths angebracht sein mochte, werden ohne weiteres auf die gegenwärtige Gesellschaft angewendet. Und die Freunde der Ordnung haben chronisch das Problem, daß ihnen keine Verschärfung von Strafandrohungen ausreichend zu sein scheint, um die Bewahrung der sozialen Ordnung zu gewährleisten.

Wenn wir die gegensätzlichen Positionen in der Auseinandersetzung um das Modell einer guten Gesellschaft betrachten, kann die Notwendigkeit einer historischen Situierung kaum genügend betont werden. Da sind jene, für die eine gute Gesellschaft vorrangig die Beachtung der individuellen Freiheitsrechte zu gewährleisten hat. Sie werfen den Kommunitaristen vor, sie versuchten, konservative Ideale lediglich mit einem menschlichen Antlitz zu tarnen.[5] Auf der anderen Seite stehen jene, für die eine gute Gesellschaft im Wesentlichen auf einem Kanon strenger, vorgegebener Werte beruht; auf Werten, die vorzugsweise auf religiösen Verpflichtungen basieren und notfalls durch theokratische Gesetze durchzusetzen sind (was bisweilen als »Herrschaftstheologie« bezeichnet wird). Sie werfen den Kommunitaristen vor, liberale säkulare Ideale mit einer irreführenden normativen Rhetorik aufwerten zu wollen. Liberale wie konservative Kritiker sehen also immer nur den ihre Position in Frage stellenden Aspekt des kommunitaristischen Paradigmas.

Eine gute, kommunitaristische Gesellschaft zeichnet sich durch mehr aus, als nur dadurch, das Ganze im Blick zu haben; sie appelliert an jene, die sozial sensibel und engagiert sind, an einsichtsvolle und gewissenhafte Menschen, die sich dem vermeintlichen Lauf der Geschichte entgegenzustellen wagen. Und dies nicht, weil alle Tugend auf der Seite derer wäre, die gegen den Strom schwimmen, sondern weil für den Fall, daß in einer Gesellschaft entweder der sozialen Ordnung oder der individuellen Freiheit auf Dauer der Boden entzogen wird, diese Gesellschaft entweder von Anarchie oder Despotie gekennzeichnet sein wird. Damit aber würde sie aufhören, eine gute Gesellschaft zu sein – wenn sie nicht gar insgesamt zerfällt.

Ist erst einmal eine kommunitaristische Checkliste (wo und in welchem Ausmaß herrscht ein Mangel vor?) für eine bestimmte Gesellschaft erstellt, müssen die für eine Rückkehr zum Gleichgewicht notwendigen Einzelschritte ermittelt werden. Will beispielsweise eine Gesellschaft die Institution der Familie erhalten, soll sie ihre Anstrengungen dann auf den Versuch einer Wiedererrichtung der traditionellen Familie konzentrieren, partnerschaftliche Ehen (von zwei Personen, die gleiche Rechte und Pflichten haben) fördern, eine Wiederbelebung der Großfamilie anstreben oder andere Modelle entwickeln? Wird eine erneute Bindung an Werte von religiöser, spiritueller oder säkular-ethischer Natur sein? Oder eine Mischung von alledem? Und so weiter.

Die Konzeption des Buches

Mit diesem Buch will ich nicht die elaborierte sozialphilosophische Debatte zwischen Liberalen und »Kommunitaristen« um einen weiteren Beitrag bereichern, sondern eine positive Lehre – die Entwicklung eines kommunitaristischen Paradigmas – begründen. Meine Herangehensweise ist ganz im Sinne der Arbeiten von Martin Buber und John Dewey soziologisch und pragmatisch und nicht an den Mustern der formalen Philosophie oder politischen Theorie orientiert (Morton Gabriel White 1973). Mein Hauptinteresse gilt einer öffentlichen Philosophie, der Auseinandersetzung mit den sozialphilosophischen Ideen von Denkern wie John Locke, John Stuart Mill und Jean-Jacques Rousseau; und zwar nicht im Sinne einer immanenten theoretischen Erörterung, sondern im Hinblick auf die Frage, wie sie das allgemeine Denken beeinflußt haben und Bestandteil sozialer Praktiken und öffentlicher Politik geworden sind. Eine solche Philosophie hat einen begrenzteren Blickwinkel und ist nicht so ausgefeilt wie die Werke dieser Denker. Gleichwohl hat sie einen bestimmenden Einfluß auf unser Leben.

Das erste Kapitel beginnt mit einer Untersuchung der zwei grundlegenden Prinzipien einer guten Gesellschaft: der sozialen Ordnung, die auf moralischen Werten basiert, und der individuellen Autonomie, einer möglichst weitgehenden Freiheit. In Kapitel 2 geht es um das spannungsreiche Verhältnis zwischen diesen beiden Kernelementen. Das hiermit umrissene Paradigma wird im dritten Kapitel sodann auf die westliche Welt angewandt, und zwar unter der Fragestellung, in welche Richtung es sich bewegt und in welche Richtung es sich zu bewegen hat, wenn eine bestimmte Form des kommunitaristischen Gleichgewichts erreicht werden soll. Die Notwendigkeit allgemein anerkannter Tugenden und eines Verfahrens ihrer Ermittlung leiten in Kapitel 4 zu einer Form des öffentlichen Diskurses über, den ich (im Unterschied zur rationalen Erörterung in philosophischen Seminaren oder zur kämpferischen Auseinanderstzung zwischen unterschiedlichen Kulturen) als moralischen Dialog bezeichne. Im Anschluß an diese Diskussion gehe ich in Kapitel 5 der Frage nach, welche Rolle die Moral gegenüber dem Gesetz für die Erneuerung der sozialen Ordnung spielt.

Kapitel 6 behandelt die menschliche Natur, eine Vorstellung, die vielen als selbstevident erscheint, aber von weiten Teilen der Sozialwissenschaften gemieden wird. Da die menschliche Natur weitaus schwieriger formbar ist, als es viele Fortschrittsgläubige vermutet haben (aber auch nicht so unverbesserlich, wie viele sozialkonservative und autoritär Denkende vermuteten), muß man sie bei der Anwendung des kommunitaristischen Paradigmas berücksichtigen. Wo liegen ihre Grenzen und Möglichkeiten? Und vor allem, worin bestehen die normativen Implikationen dieser Beobachtungen – bis zu welchem Punkt sollte man gegen die menschliche Natur ankämpfen, an welchem Punkt ist es legitim, ihr nachzugeben und wenn, in welchem Maße?

Wurde bis zu diesem Zeitpunkt jeweils nur eine Gesellschaft oder Gemeinschaft betrachet, so wendet sich die Diskussion in Kapitel 7 der Frage zu, auf welche Arten und Weisen Gemeinschaften miteinander in Beziehung treten. Das betrifft sowohl das Verhältnis zwischen unterschiedlichen ethnischen, konfessionellen oder regionalen Gruppen, aus denen sich (unter anderem) eine nationale Gesellschaft zusammensetzt, als auch die Beziehungen zwischen nationalen Gesellschaften, die sich zu umfassenderen Gemeinschaften vereinen wollen, wie es die Europäer zur Zeit versuchen.

All diese Kapitel enden mit einer Diskussion der Folgerungen, die sich aus den jeweils entfalteten Ideen für die Praxis der Gemeinschaft und die öffentliche Politik ergeben. Diese Diskussionen verfolgen zwei Absichten: Einerseits sollen sie die abstrakten Ideen veranschaulichen und andererseits Wege für eine schrittweise Umsetzung des kommunitaristischen Paradigmas aufzeigen.

Diese knappen kommunitaristischen Schlußfolgerungen am Ende eines jeden Kapitels thematisieren nicht nur vertraute und folglich nicht ausführlich zu erläuternde politische Vorschläge, wie z.B. *crime watch* (Kriminalitätswachsamkeit, das heißt die nachbarschaftliche Übereinkunft, Besitz und Eigentum des jeweils anderen im Auge zu behalten). Es werden auch innovative Ideen vorgeschlagen, wie z.B. die Einführung von Gemeinschaftsjobs, die detaillierter dargelegt werden müssen. Mir kommt es allerdings stärker darauf an, politisch umsetzbare Ideen bekannt zu machen, als die mit ihrer Realisierung verbundenen Schwierigkeiten oder gar Lösungsmöglichkeiten aufzuzeigen.

Die Formulierung »Folgerungen für die gesellschaftliche und politische Praxis« soll nachdrücklich hervorheben, daß diese Diskussionen keine detaillierten politischen Analysen liefern; sie schlagen allein Wege vor, auf denen Antworten gefunden werden können. Sie sind weit eher mit der Mahnung vergleichbar, es sei an der Zeit, gen Westen aufzubrechen, als mit der Aushändigung einer die Gegend detailgetreu darstellenden Landkarte.

Die sicherlich schwierigsten Fragen bleiben dem letzten Kapitel vorbehalten: Auf welche Kriterien stützen wir uns, wenn wir über ein bestimmtes, von einer Gemeinschaft vertretenes Bündel an Werten urteilen? Kann man einer Gemeinschaft eine letztgültige moralische Autorität zusprechen? Was, wenn sie die Rechte des Individuums verletzt oder gar rassistisch und gewalttätig wird? Und falls gemeinschaftstranszendierende Werte zur Beurteilung herangezogen werden müssen, wie können diese wiederum gerechtfertigt werden?

A.E.
Juni 1996

1

Die Elemente einer guten Gesellschaft

Freiwillige Ordnung und begrenzte Autonomie

Eine kommunitaristische Agenda

Der uralte Streit um die Frage, was eine gute Gesellschaft auszeichnet, ist in den letzten Jahrzehnten erneut entbrannt. In der ganzen Welt, unter Einschluß des Westens, ist der Aufstieg eines religiösen Fundamentalismus zu beobachten. Seine Anhänger sind zutiefst vom moralischen Niedergang ihrer Gesellschaften überzeugt, einem Niedergang, den sie zumeist dem Einfluß des Westens, oder allgemeiner formuliert, den modernen säkularen Kräften zuschreiben. Im Rahmen ihrer Denkweise spielen individuelle Rechte nur eine geringe oder gar keine Rolle. Fundamentalisten behaupten, das Wohlergehen der Menschen hänge davon ab, daß sie die bestehenden religiösen Gesetze genau beachten. Eher moderate religiöse Anführer und säkulare Sozialkonservative haben vor den Rechten des Individuums weitaus mehr Respekt, befassen sich aber dennoch in großem Umfang und vorrangig mit dem Verlust von Tugenden. Sie befürchten, die Barbaren würden nicht mehr nur vor den Toren stehen, sondern bereits innerhalb der Mauern agieren (MacIntyre 1987, S. 350). Beispielsweise protestieren sie viel heftiger gegen schrille Rap-Songs als gegen die brutale Mißhandlung Schwarzer durch die Polizei.

Zur gleichen Zeit sehen Libertäre und Liberalkonservative die individuellen Freiheiten einer Flut von Bedrohungen ausgesetzt, die von wachsenden staatlichen Institutionen, religiösen Fanatikern oder gesellschaftlichen Machteliten ausgehen. Viele Anhänger des Individualismus lehnen bereits die bloße Vorstellung einer guten Gesellschaft kategorisch ab. Gesellschaften, so behaupten sie, blühen und gedeihen, wenn den Individuen das größtmögliche Maß an Autonomie eingeräumt wird. (Eher populär ausgedrückt, findet sich diese Idee in der oft zu hörenden Äußerung: »Misch' Dich nicht ein«). Sie neigen viel eher dazu, ihre Stimme gegen eine unnötige regierungsamtliche Vorschrift zu erheben, als sich z. B. mit den moralischen Fragen zu konfrontieren, die aus der Tatsache erwachsen, daß Kinder Kinder bekommen.

Obwohl beide Lager sich durchaus mit beiden Polen auseinandersetzen, unterstellen sie doch implizit, daß der beste Weg, den jeweils »anderen« Wert zu fördern, darin liege, jenen Wert zu achten, den sie selbst in den Mittelpunkt ihrer Theorien rücken. Entweder gehen sie davon aus, die Freiheit sei am besten innerhalb einer festen Ordnung garantiert, oder aber die Gesellschaft finde am ehesten zu einem Zustand der Ordnung, wenn die Freiheit des Einzelnen am größten sei.

Dagegen wendet das kommunitaristische Paradigma die Idee einer goldenen Regel auf die gesellschaftliche Ebene an, um die gute Gesellschaft als eine Gesellschaft zu beschreiben, die sich sowohl um soziale Tugenden als auch um individuelle Rechte sorgt. Eine gute Gesellschaft bedarf keiner »Maximierung« der Ordnung oder Autonomie, sondern eines sorgfältig zu bewahrenden Gleichgewichts zwischen beiden Orientierungen.

Um diese Position plausibel zu machen, sind folgende Fragen zu beantworten:

1. Selbst wenn man die Vertreter extremer Positionen außer Acht läßt, müssen die Argumente jener Gedankengebäude bewertet werden, die jeweils einen der beiden Werte stärker gewichten. Wie lauten deren Argumente, und was ist ihnen zu entgegnen?

2. Selbst wenn man einräumt, daß sich alle Gesellschaften um soziale Ordnung bemühen müssen, bleibt die Frage offen, ob eine ganz bestimmte Art von Ordnung anzusetzen ist. Und wie würde diese gute Ordnung aussehen?

3. Wenn man anerkennt, daß jede Gesellschaft soziale Grundlagen schaffen muß, um ein gewisses Maß an Autonomie zu gewährleisten, was sind dann die besonderen Merkmale der Autonomie in einer guten Gesellschaft?

4. Welche Auswirkungen hat die Verhältnisbestimmung der beiden Grundwerte »soziale Ordnung« und »Autonomie« für die nunmehr seit über 150 Jahren andauernde Debatte zwischen den Befürwortern

einer freien Martkwirtschaft und den Anhängern strenger staatlicher Kontrollen?

5. Schlägt man vor, soziale Ordnung und Autonomie in einem sorgfältig gebildeten Gleichgewicht auszutarieren, bleibt immer noch offen, in welchem Verhältnis diese beiden Werte in wechselnden Kontexten zu stehen haben. Ist die oft zu hörende Behauptung richtig, ein Mehr an sozialer Ordnung bedeute für die Mitglieder einer Gesellschaft notwendigerweise ein Weniger an Freiheit und umgekehrt? Kann eine Gesellschaft in den Genuß von beidem gelangen, von mehr Ordnung und mehr Freiheit?

Viele Bücher haben einen Subtext, in dem sich diejenige Position widerspiegelt, mit der man in Streit liegt oder von der man sich zu unterscheiden sucht. Viele Kommunitaristen haben in der Auseinandersetzung mit den Liberalen betont, daß Individuen sozial eingebettet sind, und das Gute unausweichlich in sozialen Kategorien zu formulieren ist. Ich teile diese Sichtweise, halte jedoch Konservativen entgegen, daß sie den sozialen und moralischen Gefahren, die sich einstellen, wenn man Tugend und Konformität vorantreibt – und vor allem zu oktroieren versucht – zu wenig Aufmerksamkeit schenken. Angesichts dieses Vorwurfs, der auch gegen Kommunitaristen von Tönnies bis zu den zeitgenössischen asiatischen Kommunitaristen erhoben worden ist, bemüht sich die hier vertretene Position in besonderem Maße[1] um eine Balance zwischen individuellen Rechten und sozialer Verantwortung, um ein Gleichgewicht zwischen Individualität und Gemeinschaft, zwischen Autonomie und sozialer Ordnung.

Methodologische Bemerkungen

Das hier entwickelte Paradigma einer guten Gesellschaft zeichnet sich durch seinen ausgeprägt soziologischen und daher stark empirischen Charakter aus und berücksichtigt in nur geringerem Umfang normative (mithin präskriptive) Aspekte. Obwohl die Diskussion auf Argumente aus der politischen Theorie und der Sozialphilosophie zurückgreift, bilden diese nicht die Grundlagen der hier vorgestellten Konzeption. Die soziologische und empirische Natur meines Ansatzes gleicht jenen früheren kommunitaristischen Kritikern, welche die Libertären (und jene, die von der politischen Theorie als »Liberale« bezeichnet werden) für ihre unrealistischen Annahmen über die Natur des Individuums rügten. Entgegen der libertären Auffassung haben die Kommunitaristen aufgezeigt, daß Individuen nicht außerhalb eines bestimmten sozialen Kontextes existieren, und daß es ein Irrtum ist, Individuen allein als freie Menschen zu begreifen. Wir sind soziale Wesen, die aufeinander angewiesen sind.[2]

Entsprechend dieser soziologisch-empirischen Vorgehensweise fragt die vorliegende Studie, was ein soziales Gebilde, sei es ein Dorf oder ein Verbund von Nationen, zu einer Gemeinschaft werden läßt, obgleich der Begriff »kommunitaristisch« Assoziationen zu Kommunen also Gemeinden und lokalen oder regionalen Verwaltungseinheiten weckt. Eine Gemeinschaft ist ein Bündel von Eigenschaften, kein konkreter Ort.

Bei dem Versuch, das Wesen einer guten kommunitären Gesellschaft zu erforschen, spielt der Begriff »gesellschaftliches Bedürfnis« eine zentrale Rolle; er verdient daher eine kurze Erläuterung. Die Vorstellung, daß Gesellschaften Bedürfnisse haben, die es zu berücksichtigen gilt, entspringt einem soziologischen Ansatz, der als Funktionalismus bekannt ist. Er führt das Funktionieren einer Gesellschaft auf die Beiträge zurück, die von ihren Teilen geleistet werden müssen, um den Bedürfnissen des Ganzen ebenso gerecht zu werden wie den Erfordernissen, denen eine Gesellschaft nachkommen muß, um sich selbst erhalten zu können. Beispielsweise »bedarf« eine Gesellschaft bestimmter Arrangements, um sicherzustellen, daß erschöpfte Ressourcen wieder erneuert werden.

Weil wir gewohnt sind, in Ursache-Wirkung-Schemata zu denken, sind wir meist nur an dem interessiert, was einer Sache oder einem Ereignis vorausgegangen ist. Demgegenüber sind funktionale Erklärungen eher ahistorisch, sie befassen sich kaum mit der Vorgeschichte gegenwärtiger Zustände; sie konzentrieren sich auf die heute wirkenden Faktoren. So interessiert sie an der Beobachtung, daß umzäunte Gemeinden unter weniger Gewaltkriminalität zu leiden haben, kaum, wer zu welchem Zeitpunkt die Zäune errichtet hat und warum. Funktionale Erklärungen beruhen statt auf Ursache-Wirkungszusammenhängen vorrangig auf Faktoren, die sich – wie Ziegelsteine in einem Gewölbe – gegenseitig abstützen.

Der frühe Funktionalismus setzte sich dem Vorwurf aus, er begünstige – zumindest in der Tendenz – den status quo.[3] Man glaubte, Menschen als Abweichler behandeln zu müssen, wenn sie dem Diktat ihrer sozial präformierten Rollen nicht entsprachen. Auf diese Weise konnten alle Innovationen und jeder Widerspruch als Gefahren für das gesellschaftliche Wohlergehen verurteilt werden. Das funktionale Paradigma, wie ich es hier verwende, geht hingegen davon aus, daß es alternative Antworten auf jene universalen *Bedürfnisse* gibt, die in allen Gesellschaften existieren. Anstatt die Tore zu verriegeln, könnte eine Gemeinde die Kriminalität auch dadurch bekämpfen, daß sie jene, die sich ihr entfremdet haben, einlädt, Mitglieder der Gemeinde zu werden etc. Sicher, diese *Alternativen* sind niemals gleichwertig; sie unterscheiden sich in ihrer Effektivität. Gesellschaftliche Bedürfnisse diktieren keineswegs die Ausgestaltung einer Gesellschaft; sie zeigen lediglich an, daß die Befriedigung elementarer gesellschaftlicher Bedürfnisse – auf die eine oder andere Weise – nicht vernachlässigt werden darf und daß einige Wege geeigneter sind als andere, um eine bessere Gesellschaft zu erreichen.

Eine neue intellektuelle und politische Landkarte

Das kommunitaristische Denken läßt sich nicht in dem üblichen Links-Rechts-Schema politischen Denkens verorten, es bewegt sich vielmehr auf einer neuen Achse sozialphilosophischer Positionen.[4] Der Hauptgrund für eine neue Frontlinie liegt darin, daß die alte politische Landkarte sich an der Gegenüberstellung des Staatssektors und der privaten Sphäre ausrichtete; im Zentrum der gegenwärtigen Problematik steht jedoch das Verhältnis zwischen Individuum und Gemeinschaft sowie zwischen Freiheit und Ordnung.

Unter einem solchen Blickwinkel ist es angemessen, Libertäre, Liberale, Liberalkonservative (*laissez-faire-conservatives*), Neokonservative (die gewöhnlich dem rechten Flügel zugerechnet werden) und bürgerliche Libertäre (*civil libertarians*) (die oftmals als liberal, wenn nicht gar links eingestuft werden[5]) trotz ihrer unterschiedlichen Positionen zusammen auf einer *Seite* (nicht einem Pol) des intellektuellen politischen Spektrums anzusiedeln. Denn sie alle konzentrieren sich – wenn auch in unterschiedlichem Ausmaß – auf das Bedürfnis nach Autonomie und schenken der Notwendigkeit einer sozialen Ordnung nur relativ wenig Aufmerksamkeit. Wenn es nötig ist, sich auf all diese Denkrichtungen zu beziehen, werde ich sie als Individualisten bezeichnen.[6] Ihnen stehen auf der anderen Seite des Spektrums die Sozialkonservativen gegenüber (oftmals pauschal mit den Libertären und Liberalkonservativen zusammen genannt), die sich weniger mit dem Bedürfnis nach Autonomie auseinandersetzen und stärker an der Absicherung einer moralischen Ordnung, notfalls mit Hilfe des Staates, interessiert sind.

Obwohl ich die neuen Frontverläufe der politischen Landkarte unter Berufung auf bestimmte Autoren darlege, handelt es sich nicht um eine weitere Literaturbesprechung oder eine Diskussion der Nuancen und Unterschiede zwischen verschiedenen Positionen. Ich beziehe mich auf die Vertreter libertärer, liberaler und sozialkonservativer Positionen lediglich, um einige übergreifende Problemstellungen deutlich zu machen und dem von mir entwickelten Paradigma somit deutlichere Konturen zu verleihen.

Da viele der zitierten Autoren ihre Positionen modifiziert haben und bereits selbst zum Gegenstand intensiver Forschung avanciert sind, werden viele Leser sicherlich jeder Äußerung über einen bestimmten Autor auch eine abweichende Interpretation entgegenhalten können. Beispielsweise widersprach ein Kollege meiner These, die Arbeit von Friedrich Hayek konzentriere sich stärker auf den Wert der Freiheit als auf den der sozialen Ordnung, mit dem Hinweis, Hayek wende sich lediglich gegen eine *auferlegte* Ordnung, erkenne die Nützlichkeit einer spontanen Ordnung aber an. Zwar ließe sich dieser sicherlich zutreffenden Beobachtung entgegenhalten, mein Eindruck, Hayek beschäftige sich ausschließlich mit der Freiheit, werde durch diese Beobachtung noch bestärkt, aber jenseits dieser gewiß wichtigen Fragen geht es mir vielmehr darum, das hier entwickelte Paradigma genauestens zu untersuchen.

Den klassischen Liberalen und damit einer Gruppe, die dem individualistischen Lager angehört, rechnet man nicht nur John Locke, John Stuart Mill (vor allem in seinem Werk *Über die Freiheit*)[7] und Adam Smith zu, sondern auch jene modernen Denker wie John Rawls, Ronald Dworkin, T. M. Scanlon, Stephen Holmes und Thomas Nagel. »Liberal« ist ein besonders unscharfer Begriff, der von all jenen gebraucht wird, die sich weder in der Politischen Theorie noch in der Geistesgeschichte besonders gut auskennen, denn im gegenwärtigen Sprachgebrauch in den USA wird der Begriff »liberal« allgemein auf diejenigen angewendet, die soziale Fragen thematisieren, indem sie zum Beispiel für die Bedürfnisse der Armen, der Kinder, der Geisteskranken und anderer schwacher

Glieder der Gesellschaft Aufmerksamkeit einfordern und dabei großes Vertrauen in den Staat setzen.* Es handelt sich somit in der Regel gerade nicht um jene, die von den politischen Theoretikern als »Liberale« bezeichnet werden.[8]

Verschiedentlich wurde darauf aufmerksam gemacht, daß die Politologen den Begriff »liberal« einheitlich zu verwenden suchen, indem sie jeweils verschiedene Adjektive hinzufügen. Dies aber führt zu Problemen ganz eigener Art. So stößt »klassische Liberale« auf Schwierigkeiten, da es zeitgenössische Liberale ausschließt. Daraufhin schlug man »zeitgenössische klassische Liberale« vor, aber dieser Begriff ist zu umständlich und gleicht einem Oxymoron (Stilmittel, das zwei sich gegenseitig ausschließende Begriffe zu einer Einheit zusammenfügt; Anm. d. Ü.). Da sich keiner dieser Begriffe durchsetzen konnte, blieb es bei einer recht dürftigen Verständigung.[9] »Es ist ärgerlich, ein Konservativer genannt zu werden, wenn man es nicht ist … Tatsächlich bin ich ein Liberaler – bzw. ich wäre gerne ein Liberaler, wäre dieses Wort nicht von Leuten mißbraucht worden, die man besser … Sozialisten, Sozialdemokraten oder Progressive nennen sollte«, schreibt James K. Glassman. Er verweist auch darauf, daß die »Galionsfigur« der Rechten, Friedrich Hayek, sich aus aus demselben Grund genötigt sah, in seinem gleichnamigen Essay aus dem Jahre 1961 zu erklären, »Warum ich kein Konservativer bin«.[10] Und Michael Oakeshott schreibt: »Was der Begriff ›liberal‹ heute bedeuten mag, bleibt jedem selbst überlassen« (1991, S. 439 f.). Zusammenfassend ist zu konstatieren, daß die Verwendungsweisen des Begriffs »liberal« von einer zunehmenden semantischen Konfusion gekennzeichnet sind. Um dieser verwirrenden Situation zu entgehen, verwende ich die Bezeichnung »Individualisten«, um die Vertreter all dieser Denkrichtungen zu benennen. (Wenn es nötig ist, speziell von jenen zu sprechen, die von den Politologen Liberale genannt werden, werde ich den Begriff »liberale Individualisten« verwenden; und ich werde die Bezeichnung »Sozialliberale« (*welfare liberals*) benutzen, um diejenigen näher zu bezeichnen, die in den USA gewöhnlich »Liberale« genannt werden.)

---

* Dieser Sprachgebrauch unterscheidet sich deutlich von dem hiesigen, nach dem die in den USA als »Liberale« bezeichneten Vertreter politischer Positionen eher als »sozialliberal« oder »sozialdemokratisch« bezeichnet werden. (Anm. d. Ü.)

Einer ähnlichen Klärung bedarf es – zumindest im Rahmen der hier verfolgten Fragestellung – in bezug auf den Begriff des »Konservativen«. In den frühen 60er Jahren wurden Konservative als eine kleine und marginale intellektuelle Gruppierung angesehen.[11] Aus diesem Grund bestand nur wenig Anlaß, die Unterschiede zwischen ihnen zu analysieren. Selbst heute noch schreiben viele über »Konservative«, als ob Sozialkonservative und Liberalkonservative – also jene, die eine Absicherung der Ordnung durch Kontrolle des sozialen Verhaltens erreichen wollen, und jene, die eine Stärkung der Autonomie durch das freie Spiel der Kräfte zu fördern suchen – viel miteinander gemein hätten.[12] Dionne löst das Problem, indem er »libertäre Konservative« von anderen Konservativen unterscheidet (1996, S. 158).

Ich denke, daß dem intellektuellen und politischen Diskurs damit gedient wäre, wenn wir die Liberalkonservativen als eine Spielart der Individualisten und die Sozialkonservativen als eigenständiges Lager betrachten würden. Zu den führenden säkularen Sozialkonservativen gehören Gertrude Himmelfarb, Michael Oakeshott, Samuel Huntington, Diane Ravitch, Russel Kirk, Harvey Mansfield und Linda Chavez. Zu jenen, die sich auf säkulare wie auch religiöse Quellen berufen, zählen Paul Weyrich, Stanley Hauerwas und Richard John Neuhaus. Eine besonders moderate, aber kraftvolle Artikulation der Bedeutung von Tugenden findet man in Alasdair MacIntyres Werk (1987). Zu den eher populären Sozialkonservativen gehören William J. Bennett und George F. Will; David Brooks ist einer der jüngeren unter diesen Autoren.[13]

Zwischen Individualisten, die die Autonomie in den Mittelpunkt stellen, und Sozialkonservativen, die die soziale Ordnung betonen, ist das kommunitaristische Denken anzusiedeln, welches unter einer guten Gesellschaft jene versteht, die eine Balance zwischen sozialer Ordnung und Autonomie anstrebt.

Innerhalb eines jeden Lagers bestehen erhebliche Unterschiede. So erscheint es hilfreich, die eher reaktionären Advokaten des jeweiligen Lagers als diejenigen zu betrachten, die das Herzstück einer Richtung ausmachen, während die Moderaten eher an den Rändern anzusiedeln sind – und daher wiederum den moderaten Anhängern des jeweils anderen Lagers näher stehen. Insofern ist es nicht überraschend, daß man von Alasdair MacIntyre, einem moderaten Sozialkonservativen, häufig sagt, er sei ein Kommunitarist – ungeachtet der Tatsache, daß er selbst die Charakterisierung seiner Arbeiten als »kommunitaristisch« ablehnt.[14] Verschiedene andere Kommunitaristen (Philip Selznick beispielsweise) betrachten sich wiederum eher als liberale Kommunitaristen oder kommunitaristische Liberale. Aber selbst wenn die Ränder eines jeden Lagers unscharf sind und ineinander übergehen, so treten die Unterschiede im Zentrum doch klar und deutlich hervor.

Dichte soziale Ordnung und größtmögliche individuelle Autonomie

Das Bedürfnis nach einer dichten sozialen Ordnung

Alle Gesellschaften müssen, wollen sie nicht ihren Fortbestand gefährden, ein Minimum an sozialer Ordnung aufrechterhalten. In der Regel versteht man hierunter die Verhinderung interner Feindseligkeiten, die von gewalttätigem Verhalten zwischen Individuen bis hin zum Bürgerkrieg reichen können. Tatsächlich bedürfen alle Gesellschaften einer viel dichteren sozialen Ordnung. Dies spiegelt sich in der Tatsache, daß alle Gesellschaften bestimmte gemeinsame Werte befördern, beispielsweise die Gründung einer Heimstatt (wie es für die Juden bei der Gründung Israels der Fall war), das Bestreben, eine moderne Ökonomie bei gleichzeitigem Festhalten am Sozialismus zu begründen (wie es für das kommunistische China der frühen 90er Jahre charakteristisch war) oder die Stärkung der Religion (so im Iran der späten 80er Jahre). Somit ist die soziale Ordnung einer jeden Gesellschaft auf zumindest einige Prozesse angewiesen, die ein gewisses Maß an Zeit, Aktivität, Energie und Loyalität der Gesellschaftsmitglieder für den *Dienst an einem oder mehreren gemeinsamen Zielen* zu mobilisieren vermögen. (Damit wird keineswegs unterstellt, eine bestimmte Gesellschaft sei sich dieser Arrangements bewußt oder institutionalisiere sie mit Bedacht. Ein spartanischer Volksstamm, fest entschlossen, an seinem Status als kriegerische Gemeinschaft festzuhalten, muß nicht notwendigerweise über so etwas wie ein Kriegsministerium verfügen.)

Viele der alten ideologischen und politischen Debatten drehten sich letztlich um die Frage, wie dicht eine soziale Ordnung sein müsse. Sozialwissenschaftler, die auf das Messen dieser Dichte erpicht sind, mögen zunächst – als eine erste Annäherung – Indikatoren heranziehen wie den Umfang der erhobenen Steuern (im Verhältnis zum Bruttosozialprodukt); den Anteil des öffentlichen Dienstes am gesamten Arbeitsaufkommen; den Anteil der Zeit, von dem erwartet wird, daß er zugunsten der Allgemeinheit eingesetzt wird (von der Pflicht, als Schöffe am Gericht tätig zu sein, bis hin zum Wehrdienst), bzw. zugunsten der Gemeinde (beispielsweise durch die Teilnahme an einer Bürgerwehr); schließlich die Reichweite von Vorschriften, die im Namen des öffentlichen Wohls erlassen werden (z.B.: Umfassen solche Vorschriften auch persönliche Angelegenheiten wie Abtreibung oder Sodomie? Reglementieren sie bestimmte ökonomische Verhaltensweisen im privaten Bereich?). Wir werden den Anteil der Werte, die als integraler Bestandteil der sozialen Ordnung gelten (und deren Verletzung als Gefährdung der Ordnung betrachtet wird) mit jenen vergleichen, nach denen zu leben den Mitgliedern einer Gesellschaft freisteht, um damit ihren eigenen normativen Bindungen Ausdruck zu verleihen; dieses Verhältnis ist ein besonders wichtiger Indikator, um verschiedene Arten von Gesellschaften und Paradigmen voneinander zu unterscheiden.

Die Auffassung, daß es ein grundlegendes Bedürfnis nach einer starken sozialen Ordnung gibt, mag kaum der Erwähnung wert sein, ist aber von vielen Individualisten bestritten worden. Einige Libertäre bezweifeln gar die bloße Vorstellung eines kollektiven Akteurs und gesellschaftlicher Bedürfnisse. Jeremy Bentham schrieb, Gesellschaft sei eine Fiktion[15], und Margaret Thatcher hat diesen libertären Unsinn oft wiederholt.[16] Andere suchen, die Freiheit im Namen der sozialen Ordnung zu maximieren und Einschränkungen zu minimieren. Lord Acton behauptete, »Freiheit ist kein Mittel zu einem höheren politischen Zweck. Sie selbst ist der höchste politische Zweck.«[17] Libertäre und liberale Individualisten nehmen insbesondere Anstoß an sozialen Formulierungen des Allgemeinwohls, die zentraler Bestandteil dichter sozialer Ordnungen sind. Sie vertreten die Ansicht, jeder Mensch solle seine eigene Konzeption des guten Lebens entwerfen, und öffentliche Politiken und Moralvorstellungen dürften lediglich Vereinbarungen darstellen, die von Individuen freiwillig getroffen wurden.[18]

Dem liegt die Befürchtung der Libertären und liberalen Individualisten zugrunde, kollektive Formulierungen der Moral könnten dazu führen, daß jene, die den moralischen Vorgaben nicht genügend entsprächen, als moralisch minderwertig verurteilt werden. Dies wiederum – so die Sorge der Libertären – führe zu Diskriminierung, vielleicht gar zu Gesetzen, welche die Verpflichtung auf das gemeinsame Gut mit Zwang durchsetzten – und hiermit die Freiheit, den zentralen Wert des Libertarismus, verletzten.

Eine energische Darstellung dieses Denkansatzes findet sich in dem Buch *Anarchy, State, and Utopia* des Philosophen Robert Nozick. Er schreibt: »Doch es gibt kein *Wesen Gesellschaft*, das um seines eigenen Wohles willen ein Opfer auf sich nähme. Es gibt nur die verschiedenen Einzelmenschen mit ihrem je eigenen Leben.«[19] Ähnlich definiert Ronald Dworkin den Liberalismus als Überzeugung, die davon ausgehe, »politische Entscheidungen müßten so weit wie möglich unabhängig von jedweder besonderen Konzeption des guten oder wertvollen Lebens gefällt werden.«[20]

Und John Rawls schreibt an einer Stelle:«Das Wohl [besteht] für verschiedene Menschen in Verschiedenem; vieles kann gut für den einen, aber nicht für den anderen sein. … In einer wohlgeordneten Gesellschaft [eine, die Rawls' Gerechtigkeitstheorie anwendet] sind also die Lebenspläne der Menschen in dem Sinne verschieden, daß verschiedene Ziele in ihrem Mittelpunkt stehen und es den Menschen überlassen bleibt, über ihr Wohl zu entscheiden; die Ansichten anderer sind lediglich Ratschläge.«[21]

Diese Aspekte sind bereits vielfach behandelt worden, besonders im Rahmen der Debatte zwischen den Kommunitaristen und den liberalen Individualisten. Sie sind Gegenstand einer wichtigen und umfangreichen Literatur[22] und sollen an dieser Stelle nicht wiederholt werden. (So will ich hier auch nicht die vieldiskutierte Debatte zwischen Kommunitaristen und John Rawls einer erneuten Bewertung unterziehen). Der für unsere Diskussion wichtigste Punkt ist, daß die Libertären und liberalen Individualisten das Bedürfnis nach sozialer Ordnung zwar keineswegs leugnen, aber eine lockere (thin) Ordnung bevorzugen. Zudem soll diese sich nur aus dem Willen frei handelnder Individuen ableiten und legitimieren können. Im Gegensatz dazu behaupten Kommunitaristen, es bedürfe einer sozialen Ordnung, die sich durch eine Reihe gemeinsam geteilter Werte auszeichnet, deren Verpflichtungscharakter den Individuen vermittelt werden müsse. Individuen mögen sie später in Frage stellen, anfechten, gegen sie aufbegehren oder sogar die gegebene soziale Ordnung verändern. Aber ihr Ausgangspunkt bleibt eine Reihe gemeinsamer Definitionen dessen, was richtig und was falsch ist (Selznick 1992, S. 526).

Kommunitaristische Ordnung: Weitgehend freiwillig

Nahezu jede Form sozialer Ordnung erscheint jenen Menschen attraktiv, die von sozialer Anarchie umgeben sind, sei es, daß diese von gewalttätigen Verbrechen, Stammesrivalitäten, Bandenkriminalität oder von weit verbreiteter moralischer Orientierungslosigkeit herrührt. Menschen, die den Bürgerkrieg im Libanon, in Bosnien oder Sri Lanka erlebt haben, oder in den städtischen Hochburgen der Kriminalität wie z. B. Moskau leben, sind in der Regel beredte Fürsprecher dieser Einschätzung. Eine Umfrage im Jahre 1996 ergab, daß 77 Prozent der Russen meinten, Ordnung sei wichtiger als Demokratie, während nur 9 Prozent die gegenteilige Ansicht vertraten. Aber nicht jede soziale Ordnung ist Garant für eine gute Gesellschaft. *Eine gute Gesellschaft benötigt eine Ordnung, die den moralischen Bindungen ihrer Mitglieder entspricht.* Andere Formen sozialer Ordnung produzieren hohe soziale und individuelle Kosten (wie etwa Arbeitsverweigerung, Alkohol- und Drogenmißbrauch oder einen hohen Anteil psychosomatischer Krankheiten) und führen zu zahlreichen Versuchen, eine solche Ordnung zu unterlaufen, sie zu ändern oder vor ihr zu flüchten.

Die Herausforderung für jene, die eine gute Gesellschaft anstreben, liegt darin, eine soziale Ordnung zu formen und zu unterstützen – oder, wenn sie verlorengegangen ist, wiederzuerrichten –, die von ihren Mitgliedern nicht allein zum Zeitpunkt ihres Entstehens (wie es die libertären Vertragstheoretiker betonen), sondern dauerhaft als legitim betrachtet wird. Die neue goldene Regel einer Verantwortungsgesellschaft fordert vielmehr, die Spannung zwischen den eigenen Präferenzen und den sozialen Verpflichtungen zu vermindern, indem man den Bereich jener Pflichten erweitert, die man als moralische Verantwortlichkeiten annimmt. Gemeint sind damit nicht die Pflichten, die zwangsweise auferlegt werden, sondern die Menge jener Verantwortlichkeiten, denen man aus Überzeugung nachkommt; von denen man glaubt, man sei brechtigterweise dazu aufgerufen, sie anzunehmen und ihnen zu entsprechen. Die nachfolgenden Ausführungen sind daher vor allem der Frage gewidmet, wie solch eine einzigartige soziale Ordnung, die letztlich auf der freiwilligen Zustimmung ihrer Mitglieder beruht, aufrechterhalten werden kann. Einführend sollte ich bemerken, daß eine auf Freiwilligkeit beruhende Ordnung keinen Widerspruch in sich darstellt. Wenn ich fest davon überzeugt bin, daß ein anständiger Mensch, der die gemeinsamen Moralvor-stellungen achtet, Auto fährt, ohne andere zu gefährden – und viele andere Mitglieder meiner Gemeinschaft teilen diese Überzeugung – dann wird der Verkehr weitgehend ordentlich vonstatten gehen, getragen von unseren moralischen Bindungen. Mehrere Kollegen schlugen vor, ich solle den Begriff »Ordnung« vermeiden und statt dessen von »Gemeinschaft« sprechen; sie meinten, ersterer sei irritierend oder von einer konservativen Aura umgeben. Auf einige Formen von Ordnung trifft dies sicherlich zu; nicht auf jene, die einen integralen Bestandteil der guten Gesellschaft bilden.

Der Ausgangspunkt für eine solche Untersuchung ist die faktische Beobachtung, daß sich alle Formen sozialer Ordnung bis zu einem gewissen Grade auf Zwangsmittel stützen (wie etwa Polizei und Gefängnisse), »utilitaristische« Mittel (ökonomische Anreize, die durch öffentliche Ausgaben oder Subventionen erzeugt werden) und normative Mittel (Appelle an Werte, Moralerziehung) (vgl. Etzioni 1975, S. 375 f.). Freilich unterscheiden sich Gesellschaften beträchtlich in der Kombination der Mittel, die sie anwenden. Totalitäre Gesellschaften stützen sich vorrangig auf Zwangsmittel, um weite Bereiche des Verhaltens zu reglementieren; autoritäre Gesellschaften erhalten Ordnung auf eine ähnliche Weise auf-recht, allerdings in bedeutend kleinerem Umfang. Libertäre Gesellschaf-ten, welche die Reichweite sozialer Ordnung minimieren und sich selbst im öffentlichen Dienst noch auf Marktmechanismen verlassen (z. B. Pri-vatisierung der Müllentsorgung, der Wohlfahrtshilfe, von Schulen und sogar Gefängnisverwaltungen), machen ausgiebig von utilitaristischen Mitteln Gebrauch.[23] Die Ordnung guter kommunitaristischer Gesell-schaften stützt sich dagegen maßgeblich auf normative Mittel (Erziehung, Führungskraft, Konsens, Gruppendruck, Verweis auf Rollenmodelle, Ermahnung, und vor allem die moralische Stimme der Gemeinschaften). In diesem Sinne ist die soziale Ordnung guter Gesellschaften eine morali-sche Ordnung.

Um sich hauptsächlich auf normative Mittel stützen zu können, ist es für eine soziale Ordnung erforderlich, daß sich die Mehrzahl ihrer Mit-glieder *einer Reihe von Grundwerten verpflichtet* fühlt, und entsprechend diesen Werte auch zumeist verhält; nicht, weil sie dazu *genötigt* werden, ihnen zu entsprechen, sondern weil sie von diesen Werten überzeugt sind. Es ist selbstverständlich, daß ein hohes Maß an gewalttätigen Verbrechen

und anderen Formen unsozialen Verhaltens Anzeichen dafür sind, daß es
der Ordnung einer Gesellschaft an etwas gebricht; weitaus seltener wird
wahrgenommen, daß eine große Zahl von Polizisten, Steuereintreibern
und Aufsichtsbeamten ebenfalls Ausdruck einer defizitären moralischen
Ordnung sind; selbst wenn unsoziales Verhalten eher selten zu beobachten ist. In der Tat verläuft genau hier die Trennlinie, die eine mit dem
Schlagwort »law and order« verknüpfte Ordnung von der kommunitaristischen Idee einer sozialen Ordnung am meisten unterscheidet.

Der so dringend benötigten guten Ordnung würde jene Wiederherstellung der bürgerlichen (oder zivilen) Gesellschaft entgegenkommen, nach
der so viele in jüngster Zeit gerufen haben[24], und die durchaus einen
Eigenwert besitzt. Sie wird aus sich heraus aber nicht in der Lage sein,
diejenige Form von Ordnung bereitzustellen, deren eine gute Gesellschaft
bedarf. »Zivilgesellschaftliche« Ordnung bedeutet gewöhnlich, daß Menschen friedlich miteinander umgehen (daß sie ihre Gegner nicht dämonisieren, kompromißbereit sind, eher vernunftorientierte statt leidenschaft-
liche Diskussionen führen) und/oder, daß eine Gesellschaft über ein
Geflecht vermittelnder Instanzen verfügen sollte, um die Individuen vor
dem Zugriff des Staates zu schützen. Schließlich kann damit gemeint sein,
die Regierung solle die Präferenzen der Bürger berücksichtigen. Ich
glaube auch, die Zivilgesellschaft sei Teil der guten Ordnung. Aber es
handelt sich um ein viel zu dünnes Konzept. Die zivilgesellschaftliche
Ordnung wird allzu oft in verfahrensrechtlichen Begrifflichkeiten definiert und bleibt somit nicht nur auf die politische Arena beschränkt, sondern entbehrt jeglicher substanzieller Werte, ganz im Unterschied zu
jenen Vorstellungen des Guten, die im Mittelpunkt der sozialen Ordnung
guter Gesellschaften stehen.[25]

Hat man einmal gebilligt, daß eine gute Gesellschaft eine soziale Ordnung benötigt, die auf der Verpflichtung gegenüber speziellen Tugenden
und deren Verkörperung beruht, mag man durchaus fragen: Wie unterscheidet sich solch eine Konzeption von Ordnung von derjenigen, die von
Sozialkonservativen angestrebt wird? Wir werden sehen, daß die Antwort
mit dem Stellenwert der Autonomie, mit dem Bereich des Verhaltens, den
eine soziale Formulierung des Guten zu umfassen sucht, und mit den Mitteln ihrer Durchsetzung zu tun hat.

Sozialkonservative Ordnung: Die Tugend im Mittelpunkt

Die sozialkonservative Auffassung sozialer Ordnung unterscheidet sich deutlich von jener der Kommunitaristen. Sozialkonservative räumen der sozialen Ordung denselben Stellenwert ein, den Autonomie im Individualismus genießt: den des vorrangigen sozialen Guts. Der Autonomie wird *nicht* die gleiche grundlegende und erstrangige Bedeutung zugesprochen wie Ordnung und Tugend – entgegen der Grundannahme des kommunitaristischen Paradigmas einer guten Gesellschaft. Ronald Beiner schreibt: »Der zentrale Zweck einer Gesellschaft im Sinne einer moralischen Gemeinschaft liegt nicht in der Maximierung von Autonomie oder der Gewährleistung des größtmöglichen Rahmens zur Verwirklichung selbst gewählter Lebenspläne, sondern in der Kultivierung von Tugenden, die als höchstrangige Leistung oder eine Vielzahl höchstrangiger Leistungen moralischer und intellektueller Natur zu verstehen sind.« (1992, S. 51 f.)

»Konservatismus ist eine Theorie sozialer und politischer Ordnung gewesen«, schreibt Rodney Barker. Und er fügt hinzu: »Konservative haben oft dargelegt, daß sie ihre eigenen Überzeugungen weit eher der Idee der Ordnung als anderen Werten wie Fortschritt, Gleichheit oder Freiheit verpflichtet sehen.« (1994, S. 23). Zwar unterscheiden sich Sozialkonservative hinsichtlich ihrer Wertschätzung von Autonomie deutlich voneinander, doch sie haben gemeinsam, daß sie dem Aspekt der Sozialordnung Priorität einräumen.

Sozialkonservative bevorzugen ein Weniger an Staat (keine Beteiligung an sozialer Wohlfahrt, nicht regulativ), aber auch einen starken Staat, einen, der in der Lage ist, dem moralischen Kodex Nachdruck zu verleihen. Robert P. George plädiert dafür, Gesetze anzuwenden, um die Moral in öffentlichen und privaten Angelegenheiten durchsetzen zu können (beispielsweise das Verbot homosexueller Handlungen zwischen gleichgesinnten Erwachsenen selbst im privaten Bereich). Zwar erkennt er »klugheitsbedingte« Einschränkungen solcher Verbote an, hält prinzipielle Vorbehalte aber für unberechtigt (1993, S. 44). Georges Hauptargument lautet, ein Niedergang der Moral müsse zwar nicht unbedingt zu einer vollständigen Desintegration der Gesellschaft führen, werde diese aber als eine moralische und soziale Gemeinschaft schwächen. Man mag darüber streiten, ob die von George vorgeschlagenen Gesetze die moralische Ordnung stärken, aber die Autonomie stärken sie gewiß nicht.

Zu den eher moderaten Sozialkonservativen gehört Alasdair Mac-
Intyre. MacIntyre sieht die Institutionen, die sich der Aufklärung verdanken, in einem Prozeß des Zerfalls begriffen. Die moderne Welt, besessen
von der Idee der Freiheit, hat die Tugend getötet und uns moralisch ver-
armt in einer Welt voller Dunkelheit zurückgelassen. Mit der Moderne, so
behauptet MacIntyre, ging der Impuls einher, den Einzelnen von jeglicher
»externer Moral« zu befreien und diese durch eine innere moralische
Stimme zu ersetzen. »Jeder moralisch Handelnde sprach jetzt unbeein-
druckt von den Äußerlichkeiten des göttlichen Rechts, der natürlichen
Teleologie oder einer hierarchischen Autorität; aber warum sollte ihm
jetzt jemand zuhören?« (1987, S. 96)

Wir versuchen, unseren Ansichten moralisches Gewicht zu verleihen,
indem wir uns auf unsere Rechte berufen, aber, wie MacIntyre schreibt,
»die Wahrheit ist einfach: *es gibt keine solchen Rechte*, und der Glaube
daran entspricht dem Glauben an Hexen und Einhörner« (ebd., S. 98;
meine Hervorh.). Aus diesem Grund kommt er zu folgendem Ergebnis:
»Diesmal warten die Barbaren nicht jenseits der Grenzen; sie beherrschen
uns schon seit einer ganzen Weile.« (Ebd., S. 350)

George F. Will behauptet, Konservative, die für eine schwächere Regierung eintreten, unterlägen einem Irrtum; die Förderung von Tugenden
benötige eine starke Regierung, stark genug, um den Menschen dabei zu
helfen, sich selbst zu verleugnen, sich wider ihre Wünsche zu entscheiden.
Er schreibt: »Das zentrale Problem für Konservative besteht darin, die
Zustimmung der Öffentlichkeit für eine Regierung zu sichern, die ihre
Sehnsüchte zensiert, indem sie es vielfach ablehnt, diese zu erfüllen.«[26]

Seit langem fungiert der Nationalismus als eine machtvolle, oftmals
übermächtige Quelle säkularer sozialkonservativer Ideologien, die einen
starken Staat und ordnungs- sowie tugendzentrierte Paradigmen legitimieren. Von den Bürgern wird erwartet, daß sie zugunsten der nationalen
Sache, welche oftmals als schicksalhaft präsentiert wird, Opfer bringen
und Einschränkungen ihrer Freiheit hinnehmen. In den Vereinigten Staaten der 50er Jahre traten beispielsweise Sozialkonservative – erpicht darauf, den Kommunismus in Schach zu halten – dafür ein, daß Fakultäts-
mitglieder der Universitäten beeidete Loyalitätserklärungen abzulegen
hatten, schwarze Listen jener Angestellten eingeführt wurden, die man
kommunistischer Ansichten verdächtigte, und Staatsbedienstete gekündigt wurden, denen man »subversives« Gedankengut nachsagte.[27]

Viele Sozialkonservative stützen ihre Haltung auf religiöse Grundlagen. Sie sind der Meinung, die soziale Ordnung müsse sich auf Tugenden
gründen, die von Gott oder seinen irdischen Repräsentanten vorgeschrieben werden, und das Diktat religiöser Werte solle eine größere Priorität
einnehmen als Autonomieerwägungen. Die hierarchische Struktur der
katholischen Kirche und ein Großteil ihrer Theologie ist vermutlich das
bekannteste Beispiel. Pater Richard John Neuhaus wiederholte die bekannte religiöse Idee, die Menschen seien in ihrer Wahl frei, sofern sie die
Wege des Herrn wählten. Vor diesem Hintergrund ist der Hauptunterschied zwischen dem sozialkonservativen und dem hier vertretenen kommunitaristischen Paradigma im Stellenwert zu sehen, den man jeweils der
Autonomie einräumt. Für das kommunitaristische Paradigma ist der
Wert der Autonomie von grundlegender, für das sozialkonservative Paradigma lediglich von zweitrangiger oder abgeleiteter Bedeutung.

Zwang versus Freiwilligkeit

Sieht man vom Stellenwert der Autonomie einmal ab, liegt ein weiterer
großer Unterschied zwischen Sozialkonservativen und Kommunitaristen
(als auch *unter* Sozialkonservativen selbst) in ihren Ansichten hinsichtlich
der legitimen Wege, Tugenden zu bewahren. Während Kommunitaristen
Vertrauen in das Vertrauen setzen und die Menschen von der Werthaftig-
keit ihrer Einstellungen zu überzeugen suchen, indem sie sich auf die
moralische Stimme der Gemeinschaft, auf Erziehung, Überzeugungskraft
und Appelle verlassen, neigen Sozialkonservative weitaus stärker dazu,
die Werte, an die sie glauben, per Gesetz zu etablieren. Mehr noch:
Während viele Sozialkonservative – obgleich sie umfangreiche gesetzliche
Maßnahmen anstreben – um die Tugenden, denen sie sich verpflichtet
fühlen, zu institutionalisieren, innerhalb der Schranken rechtsstaatlicher
Demokratie zu verbleiben suchen, berufen sich vor allem aber autoritär
und fundamentalistisch Orientierte auf Gesetze, die sie als höherrangig
als jene von »Menschenhand« gemachten ansehen und sind somit gewillt,
Theokratien zu errichten.

Ein weiterer bedeutender Unterschied besteht darin, daß die Kommunitaristen – zumindest im Rahmen des hier vorgetragenen Paradigmas –
die von der Gesellschaft zu fördernden Tugenden auf eine bestimmte

Anzahl von Grundwerten beschränken und Differenzen in bezug auf andere normative Fragen als legitim erachten. Demgegenüber ist der Bereich an Werten, den Sozialkonservative zu fördern suchen, weitaus umfassender und einheitlicher. Für Sozialkonservative gibt es nur sehr wenige Verhaltensbereiche, die sie der persönlichen und gruppenspezifischen Entscheidung zu überantworten bereit sind. Wenn es sich bei den Individualisten um Menschen handelt, die Werte meiden, sind Sozialkonservative Menschen, die Werte – meist auf einem religiösen Fundament – monopolisieren wollen. Was immer man essen, trinken oder lesen mag, alles ist von Moral durchdrungen.[28]

Alle sozialkonservativen Ansätze unterscheiden sich vom kommunitaristischen Paradigma dadurch, daß sie ordnungszentrierter sind und individuelle Autonomie als nachrangiges Gut einstufen; daß sie eine durchdringendere und einheitlichere normative Agenda vertreten, und daß sie in stärkerem Maße geneigt sind, sich auf den Staat und nicht auf die moralische Stimme zu verlassen, wenn es um die entschiedene Durchsetzung von Werten geht.[29]

Autonomie, die Ordnung respektiert

Individualisten und ungebundene Autonomie

In der Sichtweise der Individualisten, wonach Autonomie ein höchstes Gut darstellt, spiegelt sich ihr Argument gegen eine sozial gefaßte Formulierung des Guten wider: Individuen sollten frei genug sein, ihre eigenen Entscheidungen zu treffen (soweit sie nicht andere verletzen).[30] Üblich ist die Bezugnahme auf legale Rechte und die Forderung, vom Staat unbehelligt zu bleiben. Eine besondere Bedeutung kommt dabei den Rechten des Individuums auf den Schutz seines Lebens und auf die Kontrolle und Nutzung seines Eigentums zu. Diese Position wird ausdrücklich von Libertären und Liberalkonservativen vertreten.[31] Obgleich Individualisten die Notwendigkeit, Individuen bisweilen zu zügeln, prinzipiell nicht in Zweifel ziehen, insbesondere wenn sich die Einschränkungen auf sozialem Wege vollziehen und nicht durch den Staat vorgeschrieben werden, neigen sie – wie wir sehen werden – in Wirklichkeit dazu, den meisten der an Individuen herangetragenen Ansprüchen mit Mißtrauen, wenn nicht gar Feindseligkeit, bestenfalls mit freundlicher Gleichgültigkeit zu begegnen.

Weite Bereiche vieler Sozialwissenschaften gründen sich auf individualistische Annahmen. Diese Wissenschaften gehen davon aus, daß man soziale Phänomene begrifflich mit Hilfe der Eigenschaften und Handlungen von Individuen erklären kann und sollte, die Rolle derjenigen Faktoren und Kräften hingegen ignorieren oder ausdrücklich leugnen sollte, die auf historischer und kultureller Ebene bzw. auf der Makroebene anzusiedeln sind. Der Individualismus innerhalb der Sozialwissenschaften ist keine vorübergehende Modeerscheinung oder nur ein kleiner Ableger. Er hat in der Psychologie eine außerordentlich wichtige Rolle gespielt. Auch große Teile der neoklassischen Ökonomie, besonders in den Vereinigten Staaten, sind individualistisch ausgerichtet; und gleiches gilt für die Theorie öffentlicher Entscheidungen innerhalb der Politologie, für die Soziologie des Tausches und wichtige Bereiche der Rechts- und Wirtschaftswissenschaften.

Obwohl individualistische Denker sich oft erheblich voneinander unterscheiden, verfolgen sie ein gemeinsames, übergreifendes Anliegen. Ist es möglich, weitere der in öffentlicher Hand befindlichen Angelegenheiten zu privatisieren (Sozialversicherung, öffentliche Schulen, Polizei, Gefängnisse, Steuerbehörden)? Kann die Privatwirtschaft noch stärker dereguliert werden? Können die Steuern gesenkt und staatliche Gelder zurück in private Hände transferiert werden? Zu den radikalen libertären Ideen einer noch weitergehenden Beschränkung der Aufgaben des Staates gehören die Forderungen nach Abschaffung von Grenzkontrollen bei der Einreise in die USA und die Auflösung des Ministeriums für Nahrung und Drogen. Einige schlagen sogar vor, die Strafjustiz solle durch eine Ziviljustiz ersetzt werden, die sich jeglicher Berücksichtigung sozialer und moralischer Werte enthält und die Täter bestraft, indem sie diese dazu zwingt, die klagenden Opfer zu entschädigen. Weitaus weniger Interesse zeigt man an Fragen wie der, ob individuelle Vorlieben und Neigungen mit dem Interesse an der sozialen Ordnung in ein Gleichgewicht gebracht werden müßten. Denn entweder nimmt man an, eine solche Ordnung ergäbe sich automatisch aus der Summe individueller Handlungen, oder aber die Individuen erlegten sich aus eigener Einsicht heraus eine angemessene Selbstbeschränkung auf. In beiden Fällen aber wird die prinzipielle Notwendigkeit sozial festgelegter Sitten und Verhaltensweisen geleugnet.

Bürgerliche Libertäre werden gemeinhin nicht im gleichen Atemzug mit anderen Libertären genannt, obwohl sie – wie auch andere Individualisten – entschlossene Anhänger des Wertes der Autonomie sind und sich mit der Vorstellung einer sozialen Verantwortung nicht recht anfreunden können. Bürgerliche Libertäre befassen sich mit Rechten, nicht mit Pflichten; mit Ansprüchen, nicht mit Diensten, Abgaben oder Steuern für den Staat. Vor allem aber lehnen sie jede Anleitung durch den Staat und – eher indirekt – durch andere ab, wenn es um die Frage geht, was man tun sollte. In einem Entschließungspapier der *American Civil Liberties Union* (ACLU) zur Meinungsfreiheit heißt es: »Regierungen neigen von Natur aus dazu, ihre Macht über die vorgeschriebenen Grenzen hinweg auszudehnen. Die Regierung der Vereinigten Staaten stellt dabei keine Ausnahme dar. ...«[32] Das Papier, das die ACLU als »Wächterin der Freiheit« präsentiert, fährt fort: »In jeder Epoche der amerikanischen Geschichte hat die Regierung versucht, ihre Autorität auf Kosten individueller Rechte auszuweiten ... Die Aufgabe der ACLU besteht darin sicherzustellen, daß die Bill of Rights – Verfassungszusätze, die eine ungerechtfertigte Kontrolle durch die Regierung verhindern – für jede neue Generation bewahrt wird.«[33] Der Kritiker F. LaGard Smith, der die ACLU über Jahre hinweg erforscht hat, bemerkt: »Was die ACLU mit dem militanten Flügel der extremen Rechten gemein hat, ist ein perverses, tiefsitzendes Mißtrauen gegenüber der Regierung. Es bedarf lediglich der Erwähnung ... des FBI, ... und der Blutdruck der ACLU erhöht sich um das Zehnfache ... Dieses gemeinsame Mißtrauen gegenüber der Regierung ist ein Grund, weshalb – ungeachtet gewaltiger ideologischer Unterschiede – die extreme Rechte und die extreme Linke nahezu übereinstimmend vor bedrohlichen Eingriffen der Regierung in die bürgerlichen Freiheiten warnen.« (1996, S. 15).

Am meisten Einwände erheben bürgerliche Libertäre, wenn sie mit Maßnahmen konfrontiert werden, welche die öffentliche Ordnung verbessern sollen. Während der letzten Jahrzehnte hat sich die ACLU gegen folgende Maßnahmen gewandt: Metalldetektoren an Flughäfen, um Entführungen und terroristische Anschläge zu verhindern (eines der Argumente der ACLU war, Metalldetektoren würden Amerika in einen Polizeistaat verwandeln); die Überprüfung auf Drogenabhängigkeit bei Schulbusfahrern, Zugführern, Piloten und Polizisten; Straßenhindernisse zum Schutz vor betrunkenen Autofahrern; der Einsatz von Lügendetek-

toren selbst dort, wo es um die Einstellung von Menschen geht, deren
Arbeit – beispielsweise in hochsensiblen Bereichen der nationalen Sicherheit – solche Tests erforderlich macht; und die Einrichtung von Verbre-
cher-Datenbanken. Die ACLU wies jede Unterstützung für Maßnahmen
zurück, die in irgendeiner Weise den Gebrauch von Schußwaffen einzuschränken suchte; sie widersetzte sich der Einführung von Schulunifor-
men, AIDS-Tests (sogar für Prostituierte) und zahllosen Maßnahmen zur
Reform der Wahlkampffinanzierung. (Vgl. Donohue 1994, S. 273).

Ebenso stand sie allen Maßnahmen ablehnend gegenüber, die dazu
angetan waren, die moralischen Elemente der sozialen Ordnung zu
bestärken, beispielsweise eine strenge Kontrolle von Produkten, die mit
Kinderpornographie in Zusammenhang stehen (weil dies, so die ACLU,
auf die Filmproduzenten einen »abschreckenden« Effekt hätte); sie
widersetzte sich der Einführung des sogenannten V-Chips, einer technologischen Neuerung, mit deren Hilfe *Eltern* den Fernsehkonsum ihrer
Kinder kontrollieren können. Die ACLU kämpfte für das Recht der
North American Man/Boy Love Association (NAMBLA) – die sich für
Pädophile einsetzt und eine Aufhebung von Gesetzen zur Regelung des
Geschlechtsverkehrs mit Minderjährigen fordert –, ihre Versammlungen
in einer öffentlichen Bibliothek abzuhalten[34], und kämpfte für das Recht
des Vizepräsidenten der New Yorker Lokalorganisation von NAMBLA,
der aktiv für die Ausübung der Pädophilie eintrat, an einer öffentlichen
Schule unterrichten zu dürfen. Kurz gesagt, sowohl bürgerliche wie auch
andere Libertäre teilen miteinander ein entschlossenes Bekenntnis zur
Autonomie und hegen weniger Interesse an einer Politik, die unmittelbar
auf die Förderung jenes sozialen Umfeldes abzielt, auf welches auch der
Individualismus zur Abstützung der sozialen Ordnung angewiesen ist.

Entschiedene Individualisten definieren Freiheit oft als das Recht, frei
zu wählen. Die gleichen Individualisten fügen dem – als Ausweis ihrer
Sensibilität für die soziale Ordnung – sogleich hinzu, daß ein Individuum
in seinem Tun nur insoweit frei ist, als daß er oder sie keinem anderen
Schaden zufügt. Dennoch ist das Konzept des Schadens kein verläßlicher
Leitfaden. Es bleibt offen, ob damit lediglich physischer Schaden gemeint
ist (was bedeutete, daß etwa eine Verletzung des Rechtes auf freie Meinungsäußerung keinen »Schaden« darstellte), oder auch psychologische
Schäden einschließt (in diesem Fall könnte bereits das Beenden einer Lie-
besbeziehung verboten werden). Auch die Frage nach dem Ausmaß des zu

vermeidenden Schadens bleibt unbeantwortet. Müßte jeder Schaden vermieden werden, würden alle Individuen ihre Handlungsfähigkeit verlieren. Beispielsweise könnte die Tatsache, daß die einen mit dem Auto fahren, das Bedürfnis anderer, reine Luft zu atmen, beeinträchtigen. Wenn dieses Prinzip besagt, der Schaden anderer dürfe nicht größer sein als der eigene Nutzen, oder aber dürfe weder eine Pareto- noch irgendeine andere theoretisch mögliche Verteilung ungünstig beeinflussen, so ist es in den meisten Situationen unmöglich, entsprechende Entscheidungen überhaupt zu fällen.

Die folgende Anekdote soll die Frage beantworten helfen, ob überhaupt Schadenskalkulationen prinzipiengeleitete Aussagen über die Legitimität von Handlungen zu treffen erlauben. In den späten 80er Jahren untersuchte ein Professer an der *Harvard Business School* einen Vorfall, der sich bei der Fluglinie *Branniff Airlines* zugetragen hatte. Der Direktor der Fluggesellschaft war von einem Kunden gefragt worden, ob die Fluglinie wohl auch noch in fünf Monaten in Betrieb sein werde, und hatte geantwortet, er sei sich da nicht sicher. Die Studenten meinten, der Direktor hätte lügen sollen, da der Schaden, der aus seiner Ehrlichkeit für die Angestellten, Kreditgeber und Investoren resultierte, größer sei als der Nutzen seiner Ehrlichkeit für den Kunden. Diese Reaktion führte zu einem einjährigen Seminar, in dem diese Frage untersucht wurde. Als Teilnehmer dieses Seminars erkannte ich bald, daß das Ergebnis solcher Kalkulationen davon abhängt, welches Gewicht man den unterschiedlichen Gruppen beimißt. Berücksichtigte man alle Gruppen in gleicher Weise, wäre der Schadenskalkulation zufolge Lügen angebracht gewesen, weil bei einer wahrheitsgemäßen Antwort mehr Gruppen einen Schaden als bei einer Lüge Nutzen davongetragen hätten. Würde man statt dessen den Kunden ein hohes Gewicht zusprechen, hätte dies exakt das gegenteilige Ergebnis zur Folge gehabt. Aber die Entscheidung, wem man welches Gewicht einräumt, ist entweder willkürlich oder spiegelt die eigene Weltanschauung wider. Mehr noch, der Vorschlag einiger Seminarteilnehmer, der Direktor hätte nicht lügen dürfen, weil Lügen die soziale Ressource des Vertrauens mindere, ist noch weniger meßbar.

Entscheidend ist jedoch, daß es autarke Individuen, wie sie sich die Individualisten vorstellen, nicht gibt und niemals gegeben hat. Menschen sind sozial geprägt und werden beständig durch Kultur, durch soziale und moralische Faktoren sowie durch andere Personen beeinflußt. Die Industrie wirbt für ihre Produkte, indem sie – gemäß den Ergebnissen der Motivationsforschung – an die infantilen und impulsiven Triebe ihrer Kunden appelliert. Die Jugendkultur pflegt ein risikoreiches und irrationales Verhalten. Soziale Bindungen wirken in unbewußter Weise auf die Menschen ein. Kurz gesagt: Die von Individuen getroffenen Entscheidungen sind keineswegs frei von kulturellen und sozialen Einflüssen. Anstatt Autonomie zu befördern würde die libertär begründete Abschaffung von Beschränkungen, die durch die Öffentlichkeit gesetzt wurden, die Individuen lediglich anderen Einflüssen aussetzen; Einflüsse, die ihnen nun nicht mehr als analysier- und bewältigbare Informationen oder als umweltbedingte Faktoren entgegentreten, sondern als unsichtbare Botschaften, derer sie sich nicht bewußt sind und von denen sie auf irrationale Weise beherrscht werden.

Die Unmöglichkeit, das von Individualisten vertretene Konzept ungebundener Autonomie zu verteidigen, tritt in deren Interpretation des Fünften Verfassungszusatzes gegen Enteignung deutlich hervor. Dieser Verfassungszusatz impliziere, so ihre Argumentation, daß den Eigentümern von Privatbesitz eine Entschädigung zustünde, falls die Regierung das Recht auf Privatbesitz in irgendeiner Weise beschränke.[35] Diese Vorstellung mißachtet die Tatsache, daß wir nicht nur Eigentümer sind, sondern auch Mitglieder einer oder mehrerer Gemeinschaften. Wenn beispielsweise jemand giftige Abfälle in einen Fluß wirft, der durch sein Anwesen fließt, hat er Verpflichtungen gegenüber jenen, die flußabwärts wohnen, wie auch jene, die flußaufwärts wohnen, ihm gegenüber in der Pflicht stehen. Die Regierung handelt hier lediglich als Durchsetzungsinstanz gemeinschaftlicher Normen. Sicher ist es berechtigt, kritische Rückfragen zu stellen, wenn die Regierung als Exekutivorgan zu übertreiben droht, oder wenn sie – so George J. Stigler (1975, S. 9 f.) – beim Erlaß entsprechender Regeln lediglich Sonderinteressen berücksichtigt. Aber die Tatsache, daß die Regierung gelegentlich ihre Befugnisse unvernünftig oder voreingenommen überschreitet, legitimiert nicht die Ansicht, es stünde den Einzelnen prinzipiell frei, mit ihrem Besitz zu tun, was immer sie wollen. Auch haben sie keinen Anspruch auf eine Entschädigung, bloß weil man ihnen zumutet, auf die elementarsten Bedürfnisse ihrer Mitmenschen und der Gemeinschaft Rücksicht zu nehmen.

Die Libertären mögen behaupten, jemand, der über Privatbesitz verfügt, sei frei, so zu handeln, wie er es mit Blick auf seinen Besitz für richtig hält, und falls andere dies nicht akzeptierten, sollten sie sich abseits halten (oder einen genügend großen Geldbetrag anbieten, um ihn zur Beendigung des unerwünschten Verhaltens zu bewegen). Wenn sich eine Straße in Privatbesitz befindet, darf der Besitzer alle Fahrer, die seine Straße benutzen, auf den Einfluß von Rauschmitteln hin überprüfen. Wem das nicht gefällt, braucht diese bestimmte Straße ja nicht zu befahren. Allerdings ist dies ein legalistischer Standpunkt, der sich durch moralische Blindheit auszeichnet. Im Unterschied zur Frage, ob der Besitzer das *Recht hat*, die Autofahrer zu überprüfen, lautet die moralische Frage, ob er mit dieser Überprüfung *richtig handelt*. Die gleiche Frage stellt sich auch bei allen anderen moralischen Forderungen, die im Namen anderer oder der Gemeinschaft an Individuen herangetragen werden; von HIV-Tests bei sexuell aktiven Menschen und Drogen-Tests bei Schulbusfahrern bis hin zur Waffenkontrolle von Schülern, bevor sie die Schule betreten, oder der Verpflichtung, sich impfen zu lassen.

Von Isaiah Berlins vielzitierter Unterscheidung zwischen negativer und positiver Freiheit wird häufig gesagt, sie reiche über den Horizont individualistischen Denkens hinaus. Tatsächlich aber liefert er vielmehr eine Definition, die *beide* Arten von Freiheit als ungebunden charakterisiert. Negative Freiheit, so schreibt Berlin in typisch individualistischer Manier, »bezeichnet den Bereich, in dem sich ein Mensch ungehindert durch andere betätigen kann.« (1995, S. 201). (Interessanterweise werden hier keinerlei Einschränkungen genannt – weder die Rücksichtnahme auf die Rechte anderer, noch die weitreichenden Folgen einer Beachtung dieser Rechte.) Positive Freiheit meint das Recht, Dinge zu tun, die man für erstrebenswert hält. Berlin schreibt: »Die ›positive‹ Bedeutung des Wortes ›Freiheit‹ leitet sich aus dem Wunsch des Individuums ab, sein eigener Herr zu sein … Vor allem möchte ich meiner selbst als eines denkenden, wollenden, aktiven Wesens bewußt sein, möchte verantwortlich für meine Entscheidungen sein und sie aus meinen eigenen Ideen und Absichten erklären können.« (Ebd., S. 211).

Diese Definition bezieht sich auf die internen Gründe, anhand derer der Handelnde entscheidet, ob er sich nun an anderen orientiert oder nicht, und was eine solche Entscheidung bedeutet. In jedem Fall wird auch hier noch von der Vorstellung ungebundener Autonomie ausgegangen. Somit vertritt Berlin eine Position, die oftmals von Individualisten eingenommen wird.

Sozial konstruierte Autonomie

Die Form der Autonomie, die von einer guten Gesellschaft benötigt wird, darf nicht – wie das häufig der Fall ist – als lediglich individuelle Tugend von Personen verstanden werden, die die Freiheit hochhalten und sich in einer Weise verhalten, die dieser Tugend gemäß ist. Vielmehr gilt es, sich auf ein gesellschaftliches Attribut zu beziehen; auf die Eigenschaft einer Gesellschaft, strukturell verankerte Chancen und Legitimationen für Individuen und Teilgruppen zu schaffen, um diesen die Artikulation ihrer besonderen Werte, Bedürfnisse und Vorlieben zu ermöglichen. Um zu verdeutlichen, daß ich von Tugend als einer gesellschaftlichen und nicht persönlichen Eigenschaft spreche, verwende ich daher den Begriff »soziale Tugend«.

Eine sozial konstruierte Autonomie steigert die Fähigkeit einer Gesellschaft, sich Veränderungen anzupassen und wandlungsfähig zu sein. Indem Individuen und Teilgruppen strukturell verankerte Ausdrucksmöglichkeiten erhalten, kann einer Neigung der Machthabenden begegnet werden, notwendigen Veränderungen der sozialen Formationen und der öffentlichen Politik auszuweichen – Veränderungen, die durch neuartige Bedingungen in der äußeren Umwelt oder der gesellschaftlichen Zusammensetzung notwendig werden. Um stabil zu bleiben, müssen Gesellschaften *metastabil*, d. h. wandlungsfähig sein. Nur beständige Erneuerung ermöglicht es ihnen, übergreifende Grundmuster zu bewahren. (Der Unterschied zwischen einer einfachen Stabilität und Metastabilität wird vielfach übersehen. Er ähnelt dem Unterschied zwischen der Reparatur eines Segelbootes und dem Umbau eines Segelbootes in ein Dampfboot: Es handelt sich immer noch um ein Boot, das die gleichen Funktionen erfüllt und der gleichen Bestimmung gilt, aber eine andere Struktur aufweist. Daher benötigt eine Gesellschaft eine gewisse Form konstruierter Autonomie, wenn sie die beiden Tugenden erfolgreich anpassen und ausbalancieren will, aber die Art und Weise, in der sie diese Autonomie konstruiert, mag tiefgreifenden Wandlungen unterworfen sein.)

Gesellschaften, die einen hohen Konformitätsdruck auf ihre Mitglieder ausüben und deren Autonomie folglich beschneiden, leiden in der Regel unter mangelnder Anpassungsfähigkeit. Von Japan sagt man häufig, es sei eine Gesellschaft, die im Vergleich zu westlichen Gesellschaften einen hohen Konformitätsgrad aufweist und relativ wenig wissenschaftliche oder künstlerische Durchbrüche zu verzeichnen hat.[36] Mir liegt nicht daran zu entscheiden, ob diese Einschätzungen über Japan Gültigkeit beanspruchen können; wie auch immer die Einzelheiten letztlich ausse-hen mögen, allein die Debatte darüber ist ein eindringlicher Beleg für die Notwendigkeit der Autonomie.

Totalitäre Gesellschaften, die weit weniger Autonomie zulassen, sind typischerweise noch weniger anpassungsfähig. Sie neigen dazu, politische Fehlentscheidungen erst sehr viel später zu erkennen als Demokratien. (Obgleich ich Begriffe benutze – etwa demokratisch und autoritär –, die oft zur Charakterisierung politischer Regimes verwendet werden, zielen sie in diesem Zusammenhang auf gesellschaftliche Muster ab. Daher geht es nicht allein um die Rolle von Wahlen, der Gesetzgebung und ähnlicher politischer Verfahren, sondern auch um die Rolle von Verbänden auf frei-williger Grundlage, von religiösen Organisationen, den Stellenwert der Familie und viele andere gesellschaftliche Faktoren.)

Darüber hinaus wird eine Gesellschaft durch institutionalisierte Auto-nomie dazu befähigt, beträchtliche Unterschiede in bezug auf die Fä-higkeiten und spezifischen Lebensumstände ihrer Mitglieder zu berück-sichtigen. Sie alle dazu zu zwingen, den gleichen Regeln zu gehorchen (beispielsweise darauf zu bestehen, daß sie alle Mathematik studieren oder eine bestimmte Fremdsprache erlernen müssen), untergräbt ihre Fä-higkeit, der Gesellschaft von Nutzen zu sein; ganz zu schweigen davon, daß es sie in dem einschränkt, was sie für sich selbst tun können. Dieses Problem tritt oftmals im Bildungsbereich auf. Einige Gesellschaften schrei-ben die Einzelheiten schulischer Curricula auf nationaler Ebene fest, während gute Gesellschaften lokaler Autonomie weitaus mehr Raum las-sen. Mit der gleichen Problematik wird man in zahlreichen anderen Berei-chen der Gesellschaftspolitik konfrontiert.

Von ähnlicher Bedeutung ist die Möglichkeit für Teilgruppen, ihre jeweiligen Unterschiede ausdrücken zu können, ob es sich nun haupt-sächlich um Wertfragen handelt oder aber um ökonomische oder machtpolitische Interessen. Was mögliche Regierungsformen betrifft, so hat man behauptet, der Föderalismus sei besser geeignet als ein Zen-tralstaat, die friedliche Koexistenz unterschiedlicher Teilgruppen zu ermöglichen. Diskussionen über Dezentralisierung und verfassungsmä-ßige Revisionen, die der Stärkung des Föderalismus dienen sollen, Vorschläge, in Schottland ein regionales Landesparlament einzuführen oder den Provinzen in Kanada wie in vielen anderen Ländern größere Rechte einzuräumen – letztlich sind diese Diskussionen und Vorschläge, die sich typischerweise rechtlicher, politischer und institutioneller Begrifflichkeiten bedienen, Diskussionen darüber, wie viel Autonomie den unterschiedlichen Teilgruppen zugestanden werden kann, anstatt sie alle denselben einheitlichen, nationalen Maßstäben zu unterwerfen. Zudem endet die Autonomie von Teilgruppen nicht an den Grenzen geographischer oder rechtlicher Einheiten, wie es etwa bei Staaten und Lokalregierungen der Fall ist. Religiöse, ethnische oder andere Teilgruppen streben alle nach Autonomie. Die Forderung, den Samstag (Sabbat) anstelle des Sonntags als arbeitsfreien Tag nutzen zu dürfen, ist ein solcher Fall.

Die öffentliche Philosophie Amerikas neigt dazu, die Achtung vor der Autonomie nicht auf gesellschaftliche Bedürfnisse zu gründen, sondern auf die unveräußerlichen oder gesetzlich garantierten Rechte der Mitglieder einer Gesellschaft. Zumeist wird bezeichnenderweise eher der Begriff »Freiheit« benutzt als jener der Autonomie. Ich verwende den Begriff »Autonomie«, um zu betonen, daß er nicht nur das enthält, was typischerweise als individuelle Freiheit betrachtet wird, sondern auch die Bedürfnisse nach Selbstdarstellung, Innovation, Kreativität und Selbstbestimmung sowie das legitime Bedürfnis von Teilgruppen, ihre Unterschiedlichkeit zum Ausdruck zu bringen.

Autonomie in einer guten Gesellschaft

Von Generälen behauptet man gerne, sie würden sich eher darauf vorbereiten, den letzten Krieg als den nächsten auszufechten. Die Intellektuellen der westlichen Hemisphäre, die über eine lange Erfahrung in der Auseinandersetzung zunächst mit autoritären, dann totalitären und in jüngster Zeit religiös-fundamentalistischen Systemen verfügen, sind sich der Gefahren einer exzessiven Ordnung, insbesondere solcher mit Zwangscharakter, in hohem Maße bewußt. Diese Intellektuellen sind weniger auf die Gefahr vorbereitet, die aus einer Ideologisierung ungebundener Autonomie erwächst, ebenso wie auch die Befürworter von freier Wahl und Selbstbestimmung die moralischen Tabus hinsichtlich unsozialen

Verhaltens untergraben. Eine Diskussion über den Unterschied zwischen sozial gebundener und anarchischer, ungebundener Autonomie wird diejenige Form von Autonomie zu Tage fördern, derer eine gute Gesellschaft bedarf.

Obgleich es möglich ist, über Individuen abstrakt und unabhängig von ihrer Gemeinschaftszugehörigkeit nachzudenken, muß doch angemerkt werden, daß Individuen, die der am besten im Rahmen einer Gemeinschaft ausgebildeten, stabilen und positiven affektiven Bindungen entbehren, sehr wenige jener Eigenschaften aufweisen, die gemeinhin mit der Vorstellung von einer freien Person, so wie sie das individualistische Paradigma voraussetzt, einhergehen. Solche Individuen sind unfähig, vernünftige und nachdenkliche Mitglieder einer zivilen Gesellschaft zu sein. Von Einwohnern großer Städte, die ein isoliertes Leben in Hochhäusern führen und keine anderen sozialen Verbindungen (z. B. im Beruf) eingehen, hat man festgestellt, daß sie zu mentaler Instabilität, Impulsivität und zu Selbstmordgedanken neigen. Zudem sind sie anfälliger gegenüber mentalen und psychosomatischen Krankheiten. Studien über Gefängnisinsassen, die von den restlichen Gefangenen isoliert wurden (im Vergleich zu jenen, die in Gruppen verbleiben sowie an kulturellen Aktivitäten teilnehmen konnten), und über Menschen, die zum Zwecke psychologischer Experimente in Isolation lebten, unterstreichen nachdrücklich die Bedeutung sozialer Strukturen und gemeinschaftlicher Bindungen für die Individualität im Allgemeinen und die Fähigkeit, vernünftig und frei zu handeln, im Besonderen.

Man muß noch einen Schritt über die berechtigten und vielfach zitierten Beobachtungen hinausgehen, die Michael Sandel zu seiner Kritik an den individualistischen Liberalen und Charles Taylor zur nachhaltigen Kritik am Atomismus bewegt haben. Sandel weist darauf hin, daß Individuen ein »gebundenes Selbst« haben und definiert diese Bindungen als »jene Loyalitäten und Überzeugungen, deren moralische Kraft teilweise auf der Tatsache gründet, daß ein ihnen gemäßes Leben untrennbar verbunden ist mit unserem Selbstverständnis als der besonderen Person, die wir jeweils sind. …« (1982, S. 179). Diese Ansicht widerspricht den individualistischen Liberalen, die »darauf beharren, daß wir unser Selbst als ein unabhängiges betrachten, unabhängig in dem Sinne, daß unsere Identität zu keiner Zeit mit unseren Zielen und Bindungen verknüpft ist« (ebd.).

Charles Taylor zeigt, daß Atomisten eine ontologische Position einnehmen, wonach man »(a), was die Ebene der Erklärung anlangt, soziale Handlungen, Strukturen und Bedingungen anhand der Eigenschaften der sie konstituierenden Individuen darstellen kann und soll, und daß man (b) in bezug auf die Ebene der Abwägung soziale Güter als Verkettungen von individuellen Gütern auffassen kann und soll.« (1993, S. 103)

Taylor kritisiert diese Sichtweise: »Die instrumentelle Haltung gegenüber den eigenen Gefühlen spaltet unser Inneres und treibt einen Keil zwischen Vernunft und Sinnlichkeit. Die atomistische Konzentration auf unsere individuellen Ziele führt zur Auflösung der Gemeinschaft und zur Trennung der Mitmenschen.« (1994, S. 864) Taylor vertieft das an anderer Stelle: »Die Definition eines republikanischen Regimes, wie es im klassischen Sinne verstanden wird, setzt eine vom Atomismus verschiedene Ontologie voraus, die dem atomistisch infizierten ›common sense‹ fremd ist. Sie setzt voraus, daß wir die Beziehungen zwischen Identität und Gemeinschaft untersuchen und die verschiedenen Möglichkeiten unterscheiden, insbesondere den möglichen Ort von Wir-Identitäten gegenüber bloß konvergenten Ich-Identitäten und die daraus folgende Rolle von gemeinsamen gegenüber konvergenten Gütern.« (1993, S. 116)

Es ist gefragt worden, ob diese zutreffenden Beobachtungen der Kommunitaristen lediglich ontologischer oder auch normativer Natur sind; ob sie allein »ist«-Beschreibungen oder auch »soll«-Äußerungen darstellen. Michael Mosher formuliert es wie folgt: »[Sandel] hat Zweifel an einer grundlegenden Tatsache geweckt, die früheren liberalen Theorien zum Thema Rechte stets zugrundelag: Personen stehen *nicht* immer isoliert für sich. Ob allerdings Personen um bestimmter Zwecke willen (Selbstschätzung; die Fähigkeit, sich gegenüber Fremden an Pflichten zu halten; die Möglichkeit, in einer pluralen und rechtlich geordneten Welt zu leben) isoliert für sich stehen sollten, ist immer noch eine offene Frage.«[37]

Der weitergehende Schritt liegt in der Erkenntnis, daß menschliche Wesen nicht nur von Natur aus sozial sind, sondern ihr humanes und moralische Potential auch durch ihre Geselligkeit noch gesteigert wird. Das soziale Denken muß damit aufhören, Gemeinschaftsbindungen als Eisenkugeln an den Füßen von Häftlingen anzusehen, die deren Stabilität wahren, aber von »fesselndem« Charakter sind. Das soziale Gefüge beeinträchtigt nicht die Ausbildung von Individualität, vielmehr stützt, nährt und ermöglicht es diese. Sicher gilt, so wie für alle guten Dinge, von der Nahrung bis hin zur Medizin, auch für die Geselligkeit, daß sie im Übermaß genossen große Probleme verursachen kann. Hierzu gehören die Beschneidung individueller Rechte im Namen gemeinschaftlicher Bedürfnisse, die Unterdrückung von Kreativität im Namen von Konformität, und sogar der Verlust des Wissens um das eigene Selbst, die Auflösung von Individualität in einem Netz familiärer und gemeinschaftlicher Bindungen. Gleichwohl gehen in einer guten Gemeinschaft Bindungen und Individualität Hand in Hand, bereichern sich gegenseitig und sind keineswegs antagonistisch. Das Selbst ist kraft seiner sozialen Natur reicher und – wie wir sehen werden – veredelt; es ist das unsoziale Selbst, das durch einen *Mangel* an vielseitigen positiven Bindungen an seiner Entfaltung gehindert wird.

Die größte Gefahr erwächst der Autonomie, wenn sich soziale Bindungen auflösen. Die Atomisierung der Individuen oder die Verwandlung von Gemeinschaften in einen Mob, was für das Individuum einen Verlust an Kompetenz und Identität zur Folge hat, führte historisch betrachtet zu gesellschaftlichen Bedingungen, die im Totalitarismus endeten, einem überwältigenden Verlust von Autonomie. Eine solche Atomisierung bereitete nicht nur im Rußland des Jahres 1905, nach dessen Niederlage gegen Japan, sondern auch im Deutschland der 20er Jahre der Machtübernahme einer totalitären Bewegung den Boden. Selbst wenn der Grad der Atomisierung noch keiner »Einladung« an totalitäre Regimes gleichkommt, führt diese doch im Ergebnis zu jenen Auswüchsen von Anomie, Entfremdung, Rückzugstendenzen und unsozialem Verhalten, die während der letzten Jahrzehnte in großen städtischen Zentren beobachtet wurden.[38]

Als Kontrapunkt zur Massengesellschaft gelten zunehmend jene intermediären Instanzen, die zwischen Staat und Individuum stehen, und die bereits Tocqueville als Ecksteine der Zivilgesellschaft erkannt hatte.[39] Freilich wird oft übersehen, daß man unter vielen dieser Gebilde nicht Vereinigungen mit schwacher Bindungskraft (z. B. einen Schachclub) zu verstehen hat, sondern Gemeinschaften mit einem weitaus intensiveren zwischenmenschlichen Beziehungsgefüge (insbesondere ethnische oder religiöse Gemeinschaften, aber auch Nachbarschaftsverhältnisse).

Das kommunitaristische Paradigma, zumindest in der hier entwickelten Form, erkennt die Notwendigkeit an, soziale Bindungen als Voraussetzung der Aufrechterhaltung sozialer Ordnung zu fördern, ist sich jedoch gleichzeitig bewußt, daß nicht alle autonomen Ausdrucksformen durch solche Bindungen unterdrückt werden dürfen. Vielmehr stellt eine gute Gesellschaft weder das Gemeinwohl über die individuelle Wahlfreiheit noch umgekehrt; sie bevorzugt gesellschaftliche Formationen, die es erlauben, beide sozialen Werte in ein sorgfältiges Gleichgewicht zu bringen. Freilich erfordert dieses gesellschaftliche Muster (a) ein Vertrauen weniger in das Gesetz, als vielmehr in Erziehung, Führungskraft, Überzeugungskunst, Glauben und moralischen Diskurs, wenn es um die Bewahrung von Tugenden geht; (b) die Bestimmung einer Reihe von Grundwerten, die gefördert werden müssen – einen substantiellen Kernbestand, der reichhaltiger ist als jener, der Prozeduren zugrundeliegt; aber (c) keine umfassende Ideologie oder Form von Religion, die der Autonomie nur wenig Raum ließe.[40]

Alle Denk- und Glaubenssysteme bauen auf elementaren Vorstellungen auf. Für Individualisten bildet die freie Person die Grundlage einer guten Gesellschaft; für Sozialkonservative besteht diese aus einem umfassenden Bündel sozialer Tugenden, die innerhalb der Gesellschaft oder des Staates verkörpert sind. Für Kommunitaristen genügt es vorerst davon auszugehen, daß eine gute Gesellschaft eine Balance zwischen Autonomie und Ordnung braucht. Dann aber muß die Ordnung von einer besonderen Art sein: sie hat weitestgehend auf Freiwilligkeit zu beruhen, eingegrenzt durch gemeinsame Grundwerte. Keineswegs darf sie von alles durchdringendem oder aufgezwungenem Charakter sein. Und Autonomie muß in eine soziale Struktur von Bindungen und Werten eingebettet und darf nicht von ungebundenem Charakter sein.

Folgerungen für die gesellschaftliche und politische Praxis

Solange die Diskussion eher auf einem hohen Abstraktionsniveau bleibt, findet sich wenig, über das zu streiten wäre. Wenn man sich allerdings den politischen Folgen dieses Paradigmas zuwendet, treten die Unterschiede zwischen Individualisten, Sozialkonservativen und Kommunitaristen sehr deutlich hervor.

Meinungsfreiheit als Prüfstein

Bürgerliche Libertäre (und, in einem geringeren Maße, aber dennoch sehr energisch, viele andere Individualisten) sind der Überzeugung, daß die Meinungsfreiheit das wichtigste all unserer Rechte darstellt, und daß es höchstens um der sozialen Ordnung willen eingeschränkt werden darf. Auch dies lassen sie aber nur gelten, sofern die Rechtfertigung einer solchen Einschränkung einer genauesten Prüfung unterzogen wurde.

Folglich lehnen die meisten Individualisten Einschränkungen dieses Rechtes entschieden ab. Sie wehren sich nicht nur gegen gesetzliche Verfügungen, die Hetzschriften oder Pornographie und Gewalt in den Medien verbieten, sondern auch gegen die Ausdehnung staatlicher Geheimdiensttätigkeiten oder Verbote verleumderischer Äußerungen. Bürgerliche Libertäre argumentieren darüber hinaus, daß man den Problemen, die aus der freien Meinungsäußerung resultieren, am besten mit vermehrter Meinungsäußerung begegnet (beispielsweise durch verstärkte Aufklärung über die unerwünschten sozialen Folgen der Pornographie), anstatt durch eine Ausdehnung staatlicher Kontrollen.

Demgegenüber sind Sozialkonservative durchaus bereit, Formen der Zensur einzuführen; insbesondere wenn es um Fragen der nationalen Sicherheit geht oder um eine Beschneidung dessen, was sie als unmoralische und unanständige Rede empfinden. Sie unterstützen gesetzgeberische Maßnahmen, um den Verkauf pornographischer Produkte zu verbieten, obszöne Darstellungen in den Medien oder im Internet zu unterbinden und den Besitz pornographischer Schriften dem Besitz unerlaubter Drogen rechtlich gleichzustellen. Theodore Baehr, einflußreiches Komiteemitglied der *Coalition on Revival* (eine konservative christliche Erweckungsbewegung) hat die Verabschiedung eines Filmgesetzes gefordert, das die filmische Darstellung von »lustvollen Küssen« und von »Tänzen, die sexuellen Charakter haben«, rechtlich verbieten soll. In seinem Entwurf eines Filmgesetzes heißt es: »Es darf kein Film produziert werden, der die moralischen Standards derer, die ihn sehen, untergräbt.« (Zit. in Boston 1993, S. 189). Thomas Storck veröffentlichte in der angesehenen Zeitschrift *New Oxford Review*, in der viele katholische und andere sozialkonservative Intellektuelle schreiben, »Ein Plädoyer für Zensur.« Er machte deutlich, daß er nicht allein die Pornographie der Zensur unterwerfen, sondern auch die »Darstellungen irriger *Ideen*« unterbinden will, denn: »Ideen führen zu Handlungen, und böse Ideen führen zu bösen Handlungen, schädigen Individuen und führen möglicherweise zum gesellschaftlichen Zusammenbruch. Wenn der Staat das Recht hat, eine Person, deren Handeln eine physische Bedrohung für die Gemeinschaft darstellt, der Kontrolle und Einschränkung zu unterwerfen, so gilt dies auch für intellektuelle oder kulturelle Bedrohungen, denn die Behörden haben die Pflicht, die Gemeinschaft zu schützen.«[41]

Da das kommunitaristische Paradigma beabsichtigt, eine moralische und keine statische Ordnung zu schaffen, stützt es sich in seinem Bemühen, dem Mißbrauch der freien Meinungsäußerung entgegenzuwirken, auf (a) ein spezifisches moralisches Konzept, (b) gemeinschaftszentrierte und nicht staatszentrierte Mechanismen sowie (c) auf eine eingeschränkte Ausweitung der bereits bestehenden Kategorie strafbarer Meinungsäußerungen.

Recht versus Richtigkeit. Die kommunitaristische Art und Weise, mit Hetz- und Haßtiraden umzugehen, beruht auf der Unterscheidung zwischen dem legalen Recht auf freie Rede und der moralischen Richtigkeit dessen, was geäußert wird. Wie William A. Galston schreibt: »Wenn ich gesetzlich geschützte Handlungen ausführe, sorgt das Recht dafür, daß sich andere nicht mit Zwangsmitteln einmischen; allerdings sorgt es nicht aus eigener Kraft dafür, daß ich solche Handlungen überhaupt ausübe. Es gibt eine Kluft zwischen Recht und Richtigkeit.«[42]

Obgleich eine Gemeinschaft das legale Recht von Individuen, obszöne und aufrührerische Reden zu halten, achten muß, ist sie doch zugleich dazu berechtigt, ja sogar dazu verpflichtet, jene zu denunzieren, die mittels ihrer tief verletzenden Rede Unheil stiften oder dazu aufrufen. Die Mitglieder einer Gemeinschaft bewegen sich gänzlich im Rahmen ihrer Rechte, wenn sie sich von Menschen distanzieren, die sich auf diese Art und Weise äußern.

Diejenigen, die sich fragen, ob eine solche Form der Mißbilligung durch eine Gemeinschaft irgendeine Wirkung zu zeitigen vermag, sollten sich der auffällig entschärften Rhetorik erinnern, die bei Diskutanten im Radio, bei Militärbefehlshabern und Politikern in der Folge jener heftigen Kritik zu beobachten war, die in den Vereinigten Staaten nach dem Bombenattentat von Oklahoma City (1995) und in Israel nach dem Attentat auf Premierminister Yitzhak Rabin desselben Jahres an ihnen geübt worden war. Demselben gesellschaftlichen Druck mußte sich der Mediengi-

gant Time Warner beugen, der zunächst William J. Bennetts öffentlichen
Aufschrei über abstoßende Rap-Songs, die von Time Warner vertrieben
wurden, schroff zurückwies, dann aber die Verantwortlichen entließ und
die betreffende Musik-Abteilung verkaufte. Der von der Gemeinschaft
ausgehende Druck kann auf sehr verschiedenen Wegen ihre Mitglieder
dazu anhalten, in Inhalt und Form ihrer Ausdrucksweise ein gewisses
Niveau an Zivilisiertheit und Anständigkeit nicht zu unterschreiten.

Mechanismen der Gemeinschaft. Neben den moralischen Stimmen
einer Gemeinschaft – die durch Intellektuelle, Geistliche und andere Persönlichkeiten laut werden – verfügt eine Gemeinschaft über Mittel, die sie
in die Lage versetzt, auf unangemessene Formen der Rede abschreckend
einzuwirken. Diese nicht-staatlichen Mechanismen werden vielfach übersehen, und Aufforderungen, intensiver von ihnen Gebrauch zu machen,
bestenfalls widerstrebend von einzelnen Intellektuellen und Politikern
begrüßt.

Die Art und Weise, in der die britische Presse mit einem grausamen Verbrechen umging, liefert einen guten Beleg. Im Jahre 1995 erlebte England
einen Prozeß, der nahezu die gleiche Aufmerksamkeit fand wie der Prozeß gegen O. J. Simpson in den Vereinigten Staaten. Rosemary West
wurde angeklagt, mehrere Mädchen ermordet zu haben, darunter ihre
eigene Tochter. Die britische Presse, einschließlich der Boulevardblätter,
verständigte sich darauf, einige besonders grausame Einzelheiten über die
Art und Weise, wie die Opfer ermordet wurden, nicht zu veröffentlichen.
Auch wurden in keinem Fernsehprogramm Bilder der verstümmelten
Opfer gezeigt. Die Verantwortlichen in den Medien fürchteten, mit einer
solchen Zurschaustellung könnten die Maßstäbe für »Brutalität« herab-
gesetzt werden und die Gesellschaft verrohen. Nicht zuletzt aufgrund solcher Erwägungen haben fast alle zivilisierten Gesellschaften aufgehört,
öffentliche Hinrichtungen durchzuführen.

Solch freiwillige Selbstbeschränkung ist den amerikanischen Medien
keineswegs fremd. Als O. J. Simpson eine Videokassette mit der Darstellung seiner Version der Ereignisse zum Kauf anbot, lehnten 60 Prozent
der Radio- und Fernsehstationen dieses Angebot ab. Viele Fernseh- und
Radiostationen übertönen Obszönitäten durch einen Piepston. (Allerdings bezeugt die jüngste Mode, Filmszenen zu zeigen, wie Menschen in
Badezimmern ihre Notdurft verrichten, eine gehörige Portion Ge-
schmacklosigkeit.) Und die meisten Publikationen verbreiten keine offen

haßerfüllten und tief verletzenden Leitartikel – beispielsweise solche, die behaupten, Schwarze seien minderwertig, oder es habe keinen Holocaust gegeben. Wenn ein Kongreßmitglied in einer Rede einen anderen Abgeordneten beleidigt, wird er dazu angehalten, sich zu entschuldigen und seine Worte künftig im Zaum zu halten.

Diejenigen, die befürchten, informelle soziale Mechanismen zur Eindämmung haßerfüllter und widerwärtiger Redeweisen seien mit Zensur gleichzusetzen, bedenken nicht den Unterschied zwischen einer staatlich auferlegten Zwangsbeschränkung und freiwilligen Selbstbeschränkungen der Medien. Keine Fernsehstation oder Zeitschrift ist verpflichtet, eine bestimmte Äußerung auszustrahlen oder zu publizieren. Zudem lassen informelle Kontrollen – im Gegensatz zu staatlichen – stets Ausnahmen zu. Diese erlauben es einer *Village Voice*, einem *Penthouse* oder sogar einem *Soldier of Fortune* diejenigen zu Wort kommen zu lassen, welche die von der Gemeinschaft gezogenen Grenzen angemessenen Ausdrucks unbedingt überschreiten wollen (und allen, die zuhören wollen, dies zu tun). Informelle Mechanismen gewährleisten somit, daß die meisten von uns vor wertlosen Äußerungen geschützt sind, während diese doch nicht ganz zum Schweigen verurteilt werden. Verglichen mit der Vorstellung, daß solche Äußerungsformen zum dauerhaften Bestandteil der Alltagssprache avancieren, ist immer noch viel gewonnen, wenn sie toleriert, aber nicht respektiert oder gar akzeptiert werden.

Die eingeschränkte Rolle des Staates. Die Haltung der bürgerlichen Libertären verliert schon dadurch an Plausibilität, daß es bereits Kategorien strafbarer Rede gibt (man darf nicht in einem vollbesetzten Theater laut »Feuer« rufen) und diese Kategorien für gewisse Fälle durchaus erweitert werden können. Freilich halten Liberale dem oftmals entgegen, die Opfer einer freien Meinungsäußerung seien eben der »notwendige Preis, den wir für eine freie Gesellschaft zu entrichten haben.«

Welches ist die unterschwellige Logik, die den bestehenden Ausnahmeregelungen vom Recht der freien Meinungsäußerung zugrundeliegt, und die hilfreich sein könnte, eine Grenzlinie zwischen den Ausnahmen und allen anderen Meinungsäußerungen zu ziehen? Diese Grenzlinie ist wichtig, denn selbst wenn es gerechtfertigt wäre, einige Meinungsäußerungen aufgrund ihrer Verwerflichkeit zu verbieten, widersprächen die Libertären einem solchen Verbot aufgrund der Befürchtung, das Verbot einiger Meinungsäußerungen könne ein Verbot vieler anderer nach sich ziehen.[43]

Die Lösung scheint die folgende zu sein: Ruft jemand ohne Anlaß laut
»Feuer«, so kann dies lebensbedrohliche Folgen haben, und ist folglich
nicht statthaft. Natürlich behauptet niemand, jedesmal, wenn eine Person
»Feuer« ruft, würden stets einige, in dem panischen Bemühen zu ent-
kommen, niedergetrampelt werden. Es handelt sich lediglich um eine Vermutung mit einer relativ hohen Wahrscheinlichkeit – keineswegs um
Gewißheit.

Ich denke, daß andere Äußerungsformen, die wir zur Zeit noch tolerieren, unter diese Kategorie fallen und daher unterbunden werden sollten.
So etwa die Äußerung von G. Gordon Liddy, der sein Publikum darüber
aufklärte, in welcher Weise man Polizisten am besten erschießen könne
(»Du mußt ihnen direkt in den Kopf schießen, [weil] sie kugelsichere
Westen tragen.«). Ein Verbot solcher Äußerungen ist gerechtfertigt, wenn
man bedenkt, daß sie die Ausübung von Mordtaten erleichtern. Gemessen an einem derartigen Kriterium sollte man auch Versammlungen verbieten, auf denen Ratschläge ausgetauscht werden, wie Verbrechen am
besten zu begehen seien oder kleine Kinder zu verführen wären. Solche
Verbote sollten nicht das erste und vorrangige Mittel darstellen. Wohl
aber müssen sie als ein Werkzeug ernstgenommen werden, das die moralische Ordnung schützt, ohne dabei die individuelle Autonomie unangemessen einzuschränken.

Geschwindigkeitsbeschränkungen, Sicherheitsgurte und Motorradhelme

Eine öffentliche Politik, die von den Mitgliedern einer Gemeinschaft fordert, verschiedene Sicherheitsbestimmungen einzuhalten, durch die frag-
los zahlreiche Leben gerettet werden, festigt die soziale Ordnung. Zwar
beschneidet sie die Autonomie einiger, stärkt aber die vieler anderer. Eine
solche Politik ist von den Individualisten unerbittlich bekämpft worden.
Und zwar erfolgreich, denn der Kongreß stimmte gegen eine Anordnung,
die es allen Einzelstaaten unter Androhung des Entzugs von Bundesgel-
dern zur Pflicht machte, Sicherheitsvorschriften für den Verkehr zu erlassen. Das Argument, es sollte jedem Staat besser selbst überlassen bleiben,
entsprechende, den eigenen Bedürfnissen angepasste Gesetze zu verabschieden, ist empirisch unhaltbar (beispielsweise sagte man, Staaten mit

einer relativ geringen Bevölkerungsdichte könnten höhere Geschwindigkeiten erlauben als bevölkerungsreiche Staaten).

Strenge Individualisten, die gegen solche Gesetze agiert haben, ignorieren die Tatsache, daß selbst gemäß ihren eigenen Kriterien diese Gesetze gerechtfertigt sind. Individuen, die sich entscheiden, ohne Sicherheitsvorkehrungen Auto zu fahren, gefährden andere und verursachen der Allgemeinheit Kosten, für die sie selbst nicht aufkommen. Man hat eingewendet, daß in gewissem Sinne jede Handlung andere schädigt und der Öffentlichkeit Kosten verursacht – zum Beispiel bedarf der Konsum eines jeglichen Gutes der Produktion, was wiederum knapp werdende Ressourcen aufbraucht, Umweltschäden verursacht und so weiter. Und wenn man Individuen erst einmal das »Recht« verweigere, sich für ein Fahren ohne Sicherheitsgurte zu entscheiden, könne man ebensogut Fallschirmspringen, Skifahren und andere gefährliche Aktivitäten verbieten. Dennoch ist Autofahren ohne jegliche Einschränkungen weitaus unmittelbarer mit der Gefahr verknüpft, bei anderen Tod und Verletzung zu verursachen, und verursacht der Öffentlichkeit weit höhere Kosten, als die anderen erwähnten Tätigkeiten. Zumindest könnte diese Frage abschließend entschieden werden, wenn sich die Libertären darauf festlegen ließen, für den Fall einer entsprechenden empirischen Verifizierung politische Maßnahmen zu unterstützen, die eine Einhaltung von Sicherheitsvorschriften verlangen.

Kommunitaristen halten Geschwindigkeitsbeschränkungen und die Auflage, Sicherheitsgurte anzulegen und Airbags zu verwenden, sowohl aus individueller wie auch gemeinschaftlicher Sicht für eindeutig gerechtfertigt, weil sie nicht nur einer Grundvoraussetzung der Freiheit – nämlich der Lebenserhaltung – dienen, sondern auch der sozialen Ordnung, nämlich, nicht mutwillig und leichtfertig schwerwiegende Schäden an anderen und am Gemeinwohl zu verursachen. Menschen, die die Kontrolle über ihren Wagen verlieren, bringen andere in Gefahr und zehren von knappen öffentlichen Ressourcen, die zu ihrer Behandlung nötig sind. Vor allem aber müssen die Kinder unnötig getöteter Fahrer in öffentliche Obhut gegeben werden. Es gibt also zwingende Gründe für die Unterstützung einer Politik, welche die Anwendung von Sicherheitsvorschriften fordert. Und alles spricht für die Vermutung, eine solche Politik sei mit der kommunitaristischen Vorstellung einer guten Gesellschaft vereinbar.

Ordnung *und* Autonomie?

In einer ersten Annäherung haben wir uns mit dem Hinweis begnügt, daß eine gute Gesellschaft sowohl eine moralische Ordnung als auch eine gebundene Autonomie benötigt. Aber natürlich können wir ein noch besseres Verständnis des besonderen Verhältnisses dieser beiden Werte gewinnen. Dabei müssen wir allerdings die Denkfalle meiden, wonach ein Mehr an auferlegter Ordnung ein Weniger an Wahlfreiheit bedeute – und umgekehrt – ein Mehr an Freiheit ein Weniger an Ordnung. Um die tatsächliche Beziehung zwischen Autonomie und Ordnung zu klären, müssen wir uns mit drei Fragen beschäftigen: Erstens, gibt es eine ganz bestimmte Kombination dieser beiden Größen, die eine gute Gesellschaft garantieren könnte, oder sind verschiedene »Mischungsverhältnisse« von Ordnung und Autonomie vorstellbar? Zweitens, welche spezifischen Auswirkungen hat ein Mehr an sozialer Ordnung auf den Bereich der individuellen Autonomie und umgekehrt, wenn wir erst einmal realisiert haben, daß es sich nicht um ein Null-Summen-Verhältnis handelt? Und schließlich, welche neuen Einsichten in die Konstitutionsbedingungen der Gesellschaft erhalten wir, wenn wir uns die Einzigartigkeit des Verhältnisses zwischen Autonomie und Ordnung verdeutlichen?

Die Verschiedenheit kommunitärer Amalgame

Kommunitäre Gesellschaften weisen durchaus Unterschiede im Verhältnis von Ordnung und Autonomie auf. Beispielsweise ist Autonomie in England stärker eingeschränkt als in den Vereinigten Staaten. Das Recht der Bürger (und mithin der öffentlichen Medien) auf Information ist in England nicht so unbegrenzt wie in den Vereinigten Staaten. England hat im Unterschied zu den Vereinigten Staaten ein amtliches Geheimhaltungsgesetz, das die Veröffentlichung einer geheimen Staatsangelegenheit verbietet, selbst wenn die nationale Sicherheit davon nicht betroffen ist (vgl. Feldman 1993, S. 668 ff). Gemäß dem britischen Gesetz zur Terrorismusbekämpfung können Personen, die im Verdacht terroristischer Aktivitäten stehen, für zwei bis fünf Tage ohne Anhörung und ohne je einem Richter vorgeführt worden zu sein, inhaftiert werden. Um vor Verbrechen abzuschrecken, ließ man in England im Jahre 1992 Überwachungskameras an öffentlichen Plätzen, Straßen, Sportarenen, Kirchen und Friedhöfen installieren. In den Vereinigten Staaten ist diese Form der Überwachung weitgehend eine Privatangelegenheit. Ein 1995 in England verabschiedetes Gesetz bestimmt, daß Tatverdächtige darauf hingewiesen werden, daß eine Aussageverweigerung in polizeilichen Vernehmungen als Schuldbeweis gelten könne. An britischen Schulen ist das Schulgebet obligatorisch. Trotzdem gilt England allgemein als eine freie und geordnete, wenn auch sicherlich nicht perfekte, aber doch relativ kommunitäre Gesellschaft.

Weitere Unterschiede zwischen mehr oder weniger kommunitär verfaßten Gesellschaften lassen sich durch einen Vergleich der Normen des Sexualverhaltens feststellen. So wird z. B. in skandinavischen Gesellschaften dem Einzelnen in diesem Bereich mehr Autonomie zugestanden als in England. Auf der anderen Seite haben die individuellen Freiheitsrechte in England eine längere und stärkere Tradition als etwa in Deutschland, wo wiederum in Berlin sicher eine größere Toleranz gegenüber individuellen und gruppenspezifischen Unterschieden beobachtbar ist als in den Provinzstädten Bayerns. Bestenfalls handelt es sich bei allen diesen Gesellschaften um eher unzulängliche kommunitäre Gesellschaften, alle finden aber dennoch innerhalb eines kommunitären Spektrums ihren Platz (wenngleich die bayerischen Städte möglicherweise eher einem sozialkonservativen Segment zuzuordnen wären).

Ordnung und Autonomie – eine inverse Symbiose

Das Verhältnis zwischen Ordnung und Autonomie in einer Gesellschaft ist, wie wir bereits sahen, kein Nullsummen-Verhältnis, wonach ein Mehr an Ordnung ein Weniger an Freiheit und umgekehrt zur Folge hat. Auch handelt es sich nicht um ein Verhältnis, das man als null-plus bezeichnen könnte, bei dem sich die Faktoren gegenseitig ergänzen würden, etwa in dem Sinne, daß Darlehen der Weltbank mit einer Reduzierung der Handelsbarrieren seitens der Ersten Welt verknüpft würden, um ein größeres Gesamtvolumen an Hilfe zu erreichen. Das Verhältnis ist auch keines, bei dem sich die beiden Elemente gegenseitig in der Weise aufheben, wie etwa Basen Säure neutralisieren. Der Wahrheit näher, wenn auch noch nicht nah genug, kommen wir, wenn wir symbiotische Verhältnisse untersuchen, bei denen zwei Akteure eher eine *Bereicherung* füreinander darstellen, als daß sie bloß gut zusammenarbeiten würden. So sagt man zum Beispiel von Regenpfeifern und Krokodilen, sie stünden in einer symbiotischen Beziehung zueinander. Die Vögel stehen in den Mäulern der Krokodile und fressen Würmer und Blutegel, von denen die Krokodile belästigt werden. Das seltene Verhältnis, welches wir an der Basis einer kommunitären Gesellschaft beobachten können, zeichnet sich durch die *Mischung zweier grundlegender Formationen aus, die sich – bis zu einem gewissen Grad – gegenseitig befruchten (so daß in einer Gesellschaft, in der eines der beiden Elemente stärker vertreten ist, das andere Element automatisch zunimmt), also eine symbiotische Beziehung zueinander eingehen; wenn aber eines der Elemente über einen bestimmten Punkt hinauswächst, beginnt es das andere Element zu mindern: die beiden Formationen schlagen in einen Antagonismus um.* In Ermangelung eines besseren Begriffs bezeichne ich diese ungewöhnliche Beziehung als inverse Symbiose.[1] Hierbei handelt es sich – wie ich im Folgenden darlegen werde – um das Verhältnis zwischen ordnungs- und autonomiestiftenden Formationen, den beiden konstitutiven Elementen kommunitärer Gesellschaften.[2]

Um diese Beobachtung zu stützen, ist ein Gedankenexperiment sinnvoll, bei dem man sich eine Gemeinschaft auf noch unentwickeltem Niveau vorstellt: beispielsweise die Bewohner eines gerade fertiggestellten Hochhauses. Wenn nun bestimmte soziale Akteure – beispielsweise Sozialarbeiter – damit beginnen, die sozialen Bindungen zu stärken und eine Gemeinschaftskultur unter den Bewohnern aufzubauen, werden bis zu einem gewissen Punkt *sowohl* die soziale Ordnung *wie auch* die Autonomie der einzelnen Mitglieder zunehmen.[3] In dem Maße wie die Bewohner aufhören, einander Fremde zu sein, sich gegenseitig kennenlernen und in bestimmtem Umfang gemeinschaftliche Formen des Umgangs miteinander entwickeln, werden sie sich weniger isoliert fühlen. Das wiederum wird ihr Gefühl für sich selbst stärken und ihnen mithin eine gesichertere Form der Autonomie ermöglichen; und sie werden freiwillig in ihrem Handeln verantwortlicher sein – also etwa Parkplatzregelungen genauer einhalten oder gemeinschaftlich genutzte Räume sauberhalten.

Wenn aber die Mitglieder dieser neu gegründeten Gemeinschaft die Erwartungen aneinander fortlaufend höherschrauben, werden sie an einen Punkt gelangen, an dem das Gemeinschaftsprinzip die individuelle Autonomie zunehmend einschränkt. Das wiederum wird zur Folge haben, daß die ordnungsstiftende Gemeinschaftsorientierung zu erodieren beginnt, daß soziale Verantwortlichkeit immer mehr als aufgezwungene Verpflichtung empfunden wird. Die Ablehnung der Gemeinschaft beginnt zu wachsen und die soziale Ordnung wird untergraben. Dies vollzieht sich in totalitären Regimen: Während ursprünglich die Aufforderung, neue soziale Verantwortlichkeiten zu übernehmen, eher mit Sympathie aufgenommen wird, wächst die Entfremdung, wenn die Regime ihre Forderungen über ein akzeptables Maß hinaus steigern. Wenn im Gegensatz hierzu die autonomiestiftenden Kräfte stärker und stärker werden, erreichen sie einen Punkt, an dem nicht allein der Einsatz für gemeinsame Ziele abgelehnt wird (was etwa geschieht, wenn die Privatisierung und Reduzierung des öffentlichen Sektors extreme Ausmaße annehmen), sondern auch die Autonomie von Millionen von Menschen wird abnehmen, die in ihren Grundbedürfnissen – von der Sicherheit bis zur Schule – (in unterschiedlichem Ausmaß) von der Gemeinschaft abhängig sind.

Ab einem bestimmten Steigerungsgrad schlägt das Verhältnis von Ordnung und Autonomie aus einer sich gegenseitig verstärkenden Beziehung um in eine Beziehung, in der sie in Widerspruch zueinander geraten.[4] Diese ungewöhnliche Beziehung, die ein nicht ausschaltbares Spannungsverhältnis im Menschen zum Ausdruck bringt, läßt sich durch das Konzept der inversen Symbiose etwas entwirren. Das will ich an folgenden drei Beispielen deutlicher machen: (a) am Streit zwischen jenen, die den Individualismus für eine amerikanische Plage halten, und jenen, die in ihm das Herzstück des amerikanischen Bekenntnisses sehen; (b) an der Debatte zwischen jenen, für die individuelle Rechte vorrangig sind, und jenen, die soziale Verantwortung in den Vordergrund stellen; (c) an der Auseinandersetzung zwischen jenen, die staatliche Regulierungen heftig kritisieren, und jenen, die einen starken intervenierenden Staat fordern.

I: Individualismus – Zentraler Wert oder soziale Pathologie?

Die Diskussion, ob der Individualismus einen Grundzug der amerikanischen Gesellschaft oder eine Form sozialer Pathologie darstellt, ob Amerika eine Nation im Sinne Lockes oder eine im Sinne republikanischer Tugendhaftigkeit ist[5], erscheint unter dem Blickwinkel des Konzepts der inversen Symbiose in einem neuen Licht. Es erweist sich, daß *beide* Vorstellungen in exzessivem Maße jeweils einen Aspekt hervorheben und so auf eine irreführende Dichotomie hinauslaufen. Tatsächlich ist die amerikanische Gesellschaft von einer starken Ambivalenz gekennzeichnet; es handelt sich um eine Gesellschaft, in der immer wieder Gegenkräfte wirksam wurden, wenn entweder der Ruf nach Ordnung oder das individuelle Autonomiestreben die Oberhand zu gewinnen drohten, wenn also das eine Prinzip das andere zu gefährden begann statt daß sie sich gegenseitig verstärkten.[6] Deshalb konnte die McCarthy-Ära zwar schnell gedeihen, geriet aber auch ebenso schnell in Verruf, und der von den Republikanern unlängst verkündete radikale »Vertrag mit Amerika«, der auf revolutionäre Veränderungen aus war, rief beträchtliche Gegenströmungen hervor.

Die Tatsache, daß sowohl ein ausgeprägtes Maß an Individualisierung als auch an Verpflichtung gegenüber der Gemeinschaft im Ganzen Teil der amerikanischen Erfahrung ist, spiegelt sich in den Schlüsseldokumenten amerikanischer Geschichte wider.[7] Die Unabhängigkeitserklärung und die Verfassung der Vereinigten Staaten enthalten nicht nur die vielfach beschworenen Verpflichtungen gegenüber den Rechten und der Freiheit des Individuums, sondern auch Äußerungen wie: »Wir verpflichten uns gegenseitig zum Einsatz unseres Lebens, unseres Gutes und der uns heiligen Ehre.« »Wir, das Volk der Vereinigten Staaten, von der Absicht geleitet, unseren Bund zu vervollkommnen, …, das allgemeine Wohl zu fördern.«

Darüber hinaus handelt es sich bei diesen Dokumenten, die im gesellschaftlichen Kontext ihrer Zeit gesehen werden müssen, deutlich um Aufforderungen zu einem verstärkten Individualismus in einer Epoche, als gemeinschaftliche Bindungen so stark waren, daß die Rechte des Individuums zu kurz kamen.

Viele Vertreter des Individualismus ignorieren die Historizität von Autonomie- und Ordnungskonzepten. Vielmehr präsentieren sie ihre

Argumente als unhistorische, universelle Wahrheiten. Libertäre beispielsweise heben nicht nur auf die Stärkung der Autonomie gegenüber der sozialen Ordnung ab, wenn ein säkularer Staat autoritäre Formen annimmt oder eine Gesellschaft durch eine staatlich geförderte Religion dominiert wird. Selbst dann treten sie noch für mehr Autonomie ein, wenn diese in einem von Privatinteressen beherrschten, schwachen Staat gut geschützt ist, und die soziale Ordnung aufgrund ausgedünnter gemeinsamer Werte zunehmend schwächer wird.

Bezeichnenderweise wendet Milton Friedman[8], einer der führenden zeitgenössischen Libertären, dasselbe Konzept auf das kommunistische China wie auf die Vereinigten Staaten des späten zwanzigsten Jahrhunderts an (und auf zahlreiche andere Gesellschaften ebenso). Aus seiner Perspektive betrachtet, sollten sie alle die Steuern reduzieren, staatliche Kontrollen beseitigen, das Netz sozialer Sicherheiten aufweichen etc. Nicht allein, daß er allen eine Kleidergröße verpaßt; nein, sie soll auch noch für alle Zeiten die richtige sein. Allgemeiner formuliert, das Bestreben, die Freiheit zu maximieren, sie so weit wie möglich auszudehnen, erscheint als universales Prinzip, das weder historisch noch sozial zu relativieren ist.

Von einem kommunitaristischen Standpunkt aus betrachtet, ist es dagegen eine sinnlose Behauptung, die Menschen benötigten ganz allgemein mehr Freiheit oder mehr Ordnung, mehr individuelle Rechte oder mehr soziale Verantwortlichkeiten, mehr Freizügigkeit oder mehr moralische Pflichten. Die Antwort hängt maßgeblich vom sozio-historischen Kontext ab. In einer Gesellschaft, die am Rande der Anarchie steht, ein Mehr an Freiheit zu fordern, wäre das Gleiche wie ein Rückzug der Polizei, wenn Aufruhr, Brandstiftung und Plünderung an der Tagesordnung sind. In einer Gesellschaft, die am Rande autoritärer Herrschaft steht, ein Mehr an Ordnung zu fordern, käme einer Aufhebung der *Bill of Rights* in einer Gesellschaft gleich, die soeben Wahlergebnisse für null und nichtig erklärt und die freie Presse abgeschafft hat.

Zeitgenössisches kommunitaristisches Denken ist in diesem Zusammenhang betrachtet ein Balanceakt, eine Reaktion auf exzessiven Individualismus. Das heißt, viele der kommunitaristischen Ideen und Ideale sind bereits seit langer Zeit Teil unseres intellektuellen Erbes, haben aber erst in jüngster Zeit aufgrund ihrer wachsenden gesellschaftlichen und funktionalen Bedeutung eine Anhängerschaft gefunden. Tatsächlich findet man einige kommunitaristische Elemente schon in den Werken der antiken griechischen Philosophen, insbesondere bei Aristoteles (beispielsweise in seinem Vergleich der Person in einer kommunitären Polis mit der Person in einer Megalopolis [Beiner 1992]), in den hebräischen und christlichen Schriften und in den Arbeiten vieler religiöser und säkularer Denker und Persönlichkeiten über die Jahrhunderte hindurch. Der Heilige Franz von Assisi wurde zum Beispiel als »paradigmatischer Kommunitarist« bezeichnet.[9]

Auch auf die Gefahr hin, ein wenig abzuschweifen, sollen zur weiteren Veranschaulichung dieses Punktes noch zusätzliche kommunitaristische Werke aufgelistet werden. In der Soziologie findet man kommunitaristische Themen unter anderem in den Arbeiten von Emile Durkheim, Robert Nisbet, Robert E. Park, Talcott Parsons, Ferdinand Tönnies und William Kornhauser.[10] In der Sozialphilosophie diskutierten Martin Buber, John Dewey und George Herbert Mead einige der Aspekte, die man heute als kommunitaristisch einstufen würde, ohne daß man den Kommunitarismus als ihre Hauptposition bezeichnen könnte.[11] Und es gab während der letzten zwei Jahrhunderte eine Vielzahl von Versuchen, gemeinschaftliches Leben neu oder wieder zu errichten, angefangen bei den israelischen Kibbuzim bis hin zur Sekte der Shakers*; von New Lanark, Schottland, bis hin zu New Harmony**. Diese Siedlungs- und Gemeinschaftsformen brachten bezeichnenderweise eine Reihe von Überlegungen und Untersuchungen hervor, die sich mit gemeinschaftlichen Lebensformen beschäftigten. (Der Begriff »kommunitär/gemeinschaftlich« [*communitarian*] scheint erst seit der Mitte des neunzehnten Jahrhunderts in Gebrauch zu sein. Laut dem *Oxford English Dictionary* wurde das Wort erstmals 1841 von Barmby benutzt, dem Gründer der Universal Communitarian Association. »Gemeinschaftlich/kommunitär« bedeutete hier und in anderen Zusammenhängen im neunzehnten Jahrhundert »Mitglied einer Gemeinschaft zu sein, die zum Zwecke der Verwirklichung kommunistischer und sozialistischer Theorien gegründet

---

* In den USA Anfang des 19. Jhd. entstandene Sekte, die sexual- und familienfeindlich, streng zölibatär in landwirtschaftlichen Kommunen lebte und die Wiederkunft Christi in weiblicher Gestalt verkündete; Anm. d. Ü.

** An Idealen des Utopischen Sozialismus orientierte Gemeinschaften, in deren Mittelpunkt industrielle und soziale Reformen zur Verwirklichung der absoluten Gleichheit der Menschen standen; Anm. d. Ü.

wurde«. Bereits ein Jahr später wurde die erste kritische Betrachtung zum kommunitaristischen Denken veröffentlicht. Edward Miall schreibt: »Ihr Kommunitaristen oder Sozietarier der modernen Zeit scheint eine neue Moral erschaffen zu wollen, indem ihr alle individuellen Empfindungen über Bord werft.« Der allgemeinere, zeitgenössische Sprachgebrauch – »zugehörig zu oder charakteristisch für eine Gemeinschaft oder ein kommunistisches System« – taucht erstmals im *Webster Dictionary* des Jahres 1909 auf.)

In den 80er Jahren sprach sich eine Gruppe politischer Philosophen – Charles Taylor (1994), Michael J. Sandel (1982) und Michael Walzer (1993) – gegen die individualistische liberale Kritik am Gemeinwohl aus, obwohl sie alle keineswegs glücklich über den Begriff »Kommunitaristen« waren.[12] Ganz besonders wichtige Arbeiten, die zur Entwicklung einer kommunitaristischen Position beitrugen, stammen aus der Feder zeitgenössischer Soziologen, insbesondere von Robert Bellah und seinen Anhängern, von Philip Selznick (1992)[13] und dem Politologen Daniel A. Bell (1993). Darüber hinaus sind kommunitaristische Elemente in Arbeiten anderer Gelehrter zu finden, die für gewöhnlich nicht als Kommunitaristen bezeichnet werden. Zu ihnen gehören auf liberaler Seite Robert D. Putnam (1993), Hans Joas (1992) und John Gray (1993); und auf konservativer Seite David Willetts (1992) sowie Meinhard Miegel (1993).

Kommunitaristische Spuren und Linien lassen sich somit in allen Jahrhunderten auffinden. Dennoch geschah es erst in den 90er Jahren, daß kommunitaristisches Denken zu einer weithin bekannten Philosophie, zu einer sozialen Kraft wurde. Im Wesentlichen verdankte sich dies einer Ausweitung der kommunitaristischen Theorie, zu der nun nicht mehr allein eine Betonung des Allgemeinwohls und der sozialen Bindungen gehörte, sondern auch die Idee von einem Gleichgewicht zwischen Gemeinschaft und Individuum, zwischen individuellen Rechten und sozialen Verantwortlichkeiten, und die Vorstellung von einem Pluralismus, der an einen Kernbestand gemeinsamer Werte gebunden sein müsse.[14] Es folgten systematische Anstrengungen, um diese Botschaft aus den akademischen Zirkeln hinaus in die Kreise jener zu tragen, die Einfluß auf die öffentliche Meinung, die politischen und kommunalen Führungspersönlichkeiten sowie die Öffentlichkeit insgesamt ausübten. Diese Bemühungen erlaubten dem kommunitaristischen Denken, als eine einflußreiche öffentliche Philosophie in Erscheinung zu treten und – vor allem – zu einer sozialen Bewegung zu werden. Als solche wirkte sie als Korrektiv gegenüber einem exzessiven Individualismus[15] und führte zu einer erneuten Bekräftigung der Bedeutung von Werten, was insbesondere in jenen Gesellschaften auf fruchtbaren Boden fiel, in denen der Individualismus zwischen 1960 und 1990 viel an Boden gewonnen hatte.

Die von den Kommunitaristen in den vergangenen Jahren vorgetragenen Argumente zugunsten der Notwendigkeit von mehr Gemeinschaft in der amerikanischen Gesellschaft stehen nicht – wie es vielfach mißverstanden wurde – in einem Gegensatz zur Autonomie. Tibor Machan, ein entschiedener Libertärer, meint: »Natürlich wäre daran [am kommunitaristischen Denken] nichts Schlimmes, wenn es nicht tatsächlich bedeuten würde, Gesetze zu erlassen, die die Menschen dazu zwingen sollen, ihren Gemeinschaften zu dienen.«[16] An anderer Stelle fährt er fort: »Kommunitaristen sind daran interessiert, die Entscheidungskompetenz von Menschen als Individuen zu vermindern.«[17] Diese Äußerungen treffen schlicht nicht zu, wenn man sie vor dem Hintergrund des derzeit herrschenden Ungleichgewichts sieht. Machan und andere, die eine ähnliche Kritik vortrugen, sind wie jene, die ängstlich von einem Kälteeinbruch reden, kaum daß die Temperatur von 37 auf 36 Grad Celsius gesunken ist. Der Kommunitarismus hat seine wichtigste Schar an Anhängern in jenem Augenblick gewonnen, als der Individualismus völlig überhitzt auftrat; in einer solchen Situation gibt es wahrlich wenig Anlaß, einen Kollektivismus zu befürchten.

II: Starke Rechte untergraben starke Verantwortlichkeiten

Die gleiche Konfusion – und Lösung, vorausgesetzt man bringt das Konzept der inversen Symbiose zur Anwendung – wird in der Debatte offenbar, die zwischen den Protagonisten individueller Rechte (die vor allem als rechtlicher Ausdruck der Autonomie betrachtet werden) und den Advokaten persönlicher und sozialer Verantwortung (die hauptsächlich Ordnungsfaktoren sind) ausgetragen wird. Viele Individualisten verfechten nicht nur individuelle Rechte, sondern widersetzen sich aktiv jeder Vorstellung von sozialer Verantwortung, weil – so lautet ihr Argument – dadurch die Freiheiten des Individuums untergraben werden könnten. John Stuart Mill schrieb: »Aber weder ein einzelner noch eine Menge von Personen sind berufen, einem anderen Menschen ... zu sagen, daß er zu

eigenem Vorteil mit seinem Leben etwas nicht tun solle, was er sich vorgenommen hat.« (1974, S. 105) Er folgert, »daß der einzige Grund, aus
dem die Menschheit, einzeln oder vereint, sich in die Handlungsfreiheit
eines ihrer Mitglieder einzumengen befugt ist, der ist: sich selbst zu schützen.« (Ebd., S. 16)

Mehrere Kritiker haben die von der Kommunitaristin Mary Ann Glendon (1991), von mir und anderen[18] vorgetragenen Argumente, die darauf
hinweisen, daß die individuellen Rechte in Amerika in den letzten Jahren
überbetont wurden, mißverstanden und meinten, daß diese Argumentation darauf hinausliefe, die individuellen Rechte zu beschneiden, wenn
nicht gar abzuschaffen. Carl Schneider erklärt diesen Irrtum wie folgt:
»Es ist ein Maßstab dafür, wie eisern das Rechtsdenken Amerika im Griff
hält, wenn jenen, die es kritisieren, allgemein unterstellt wird, sie beabsichtigten seine vollständige Zerstörung. Glendon hat sich intensiv darum
bemüht, deutlich zu machen, daß sie nicht ›einen Anschlag auf bestimmte
Rechte oder die Idee des Rechts allgemein im Sinn hat, sondern ihr es um
eine Neubewertung bestimmter gedankenloser Denk- und Sprachge-
wohnheiten im Kontext der Rechtsthematik geht.‹«[19]

Die generelle These, wonach sich Rechte und Verantwortlichkeiten *bis
zu einem gewissen Punkt* gegenseitig verstärken, kann sowohl im Blick
auf spezifische Rechte als auch in eher allgemeiner Weise dargelegt werden. Zum Beispiel setzt das Recht auf freie Rede voraus, daß diejenigen,
die dem Redner zuhören – im Unterschied zum Redner selbst – willig
sind, auch das zu ertragen, was sie als anstößig empfinden. Ohne Zuhö-
rer, die das nicht hinnehmen, wird das Recht auf freie Rede bestenfalls
angezweifelt, schlimmstenfalls aber der Lächerlichkeit preisgegeben.

Die Tatsache, daß sich Rechte und Verantwortlichkeiten oftmals gegenseitig bedingen, aufeinander logisch angewiesen sind, ist von der
Mehrheit derjenigen Amerikaner übersehen worden, die zwar ihr Recht
auf Inanspruchnahme zahlreicher staatlicher Dienste einfordern, sich
aber standhaft der Pflicht verweigern, dafür zu bezahlen. Die kommunitaristische Sichtweise lautet in diesem Zusammenhang, daß umfangrei-
chere staatliche Leistungen, die dem Einzelnen zugute kommen, eine
ebenso umfangreiche Bereitschaft seitens der Individuen voraussetzen,
ihrer Verantwortung zur Entrichtung von Steuern nachzukommen.[20]
Hier befinden wir uns wiederum in einem Bereich, in dem Rechte und
Verantwortlichkeiten Hand in Hand gehen.

Allgemeiner formuliert: Viele Individualisten fürchten, daß jede erneute Vermessung legaler Rechte ein soziologisches Phänomen verursachen werde, das man als *abschüssige Bahn* (slippery slope) bezeichnet. Wird erst einmal eine Institution oder Tradition in begrenztem Maße verändert, dann werden dieser Theorie zufolge unkontrollierbare soziale Kräfte entfesselt, die die Veränderungen immer mehr ausweiten und ausdehnen, bis sie schließlich zur Zerstörung jener Institutionen oder Traditionen führen, die man lediglich zu modifizieren suchte.[21] Deshalb – so die Schlußfolgerung – sollten überhaupt keine Veränderungen an der Verfassung der Vereinigten Staaten vorgenommen werden. (Die Angst, auf eine solche abschüssige Bahn zu geraten, ist einer der Gründe gewesen, warum im Jahre 1996 viele Aktivisten, mit durchaus unterschiedlichem politischen Hintergrund, gegen eine verfassungsgebende Versammlung der Bundesstaaten in Philadelphia waren.)

Dieses Argument ist keineswegs von der Hand zu weisen. Solche Bahnen – die Gefahr, daß Veränderungen völlig aus dem Ruder laufen – gibt es. Gleichwohl bin ich der Überzeugung, daß man im Vorfeld solcher Bahnen politische »Pflöcke« einschlagen oder soziale Arrangements schaffen kann, um einen derartigen Lawinenrutsch zu verhindern (vgl. Etzioni 1995, S. 209-223). Ich habe vier spezifische Kriterien aufgeführt, die bei einer Entscheidung hilfreich sind, um die genaue Stelle zu ermitteln, bis zu der die Sache im Gleichgewicht gehalten werden kann (siehe weiter unten).

Ein weitaus ernsterer Aspekt muß noch angesprochen werden: Historisch betrachtet, gerieten Staaten, die ihren Bürgern umfangreiche Rechte einräumten, *keineswegs* dann in Gefahr, wenn die Gemeinschaft von jenen, die im Genuß dieser Rechte standen, einforderte, sie sollten auch ihre Verantwortlichkeiten auf sich nehmen, sondern eher dann, wenn sie solche Forderungen *unterließen*. Um eine starke Grundlage für die Herrschaft individueller Rechte zu bewahren, ist es unerläßlich, den grundlegenden Bedürfnissen der Mitglieder einer Gemeinschaft Beachtung zu schenken. Wenn beispielsweise ihre Sicherheit nicht gewährleistet ist, neigen sie zum Ruf nach härteren polizeilichen Maßnahmen und schließlich nach dem »starken Mann«. Sich um die grundlegenden Bedürfnisse zu sorgen macht es umgekehrt wiederum erforderlich, daß die Mitglieder einer Gemeinschaft ihrer sozialen Verantwortung gerecht werden. Andernfalls verfügt die Gesellschaft weder über die notwendigen Ressourcen noch über die Loyalität ihrer Bürger, um eine soziale Ordnung aufrechterhalten zu können.

Deshalb unterstützten das deutsche wie auch das sowjetische Volk während des ersten Drittels dieses Jahrhunderts in dem Moment, als sie ihre grundlegenden Bedürfnisse mißachtet sahen, jene Kräfte, die die demokratischen Regierungen durch Diktaturen ersetzten. Ähnliche Entwicklungen sind in anderen Gesellschaften zu beobachten. Beispielsweise hängt der Aufstieg rechtslastiger Bewegungen in Westeuropa und in den Vereinigten Staaten in den letzten beiden Jahrzehnten mit wachsenden ökonomischen Enttäuschungen zusammen, die wiederum das Ergebnis von stagnierenden Arbeitslöhnen und wachsender sozialer Unsicherheit sind. Hieraus folgt: Wer die starke Stellung individueller Rechte und der Freiheit schützen will, der muß sich um die grundlegenden Bedürfnisse der Mitglieder einer Gemeinschaft sorgen. Dies wiederum bedeutet, daß man seiner sozialen Verantwortung nachkommt, sei es seine Steuern zu zahlen oder sich in nachbarschaftlicher Hilfe vor Verbrechern zu schützen, gegenseitig auf die Kinder zu achten oder sich um die Alten zu kümmern. Kein Staat ist dazu imstande, diese notwendigen Dienste allein zu leisten.

Wenn es eine Gesellschaft allerdings zuläßt, daß dem Individuum entweder immer mehr Rechte zugesprochen oder immer mehr soziale Verantwortlichkeiten auferlegt werden, dann kommt es zu einem Punkt, an dem diese beiden Elemente sich gegenseitig eher unterminieren, als daß sie sich wechselseitig verstärken. Dies zeigt sich beispielsweise dann, wenn in Folge einer immer umfangreicheren Ausstattung mit individuellen Rechten der Einzelne immer weniger bemüht ist, Konflikte auf dem Verhandlungsweg, durch Übereinkünfte oder durch vermittelnde Gespräche beizulegen und statt dessen allzu oft die Gerichte anruft; ein Phänomen, das häufig als »Prozeßsucht« beschrieben wird.[22]

Den Menschen immer mehr Steuern aufzuerlegen führt nicht selten zur Steuerrebellion, wenn nicht sogar zu einer weitergreifenden politischen Wende. Kurz gesagt, während sich individuelle Rechte und soziale Verantwortlichkeiten bis zu einem gewissen Punkt gegenseitig verstärken, schlagen sie in einen Antagonismus um, wenn das Niveau einer der beiden Elemente beständig ansteigt.

Der exakte Punkt, an dem in einem der oben genannten Bereiche (und in anderen, in denen diese besondere Form der Beziehung existiert) die sich gegenseitig verstärkenden Beziehungen in einen Antagonismus um-kippen, läßt sich nicht klar bestimmen. Gleichwohl merken wir es sehr deutlich, wenn wir aus dem einen Bereich in den anderen eintreten. Der Begriff »Anarchie« wird oft angewendet, wenn ein exzessiver Individua-lismus die Oberhand gewinnt. Der Begriff »Kollektivismus« (oder eine seiner politischen Formen wie Totalitarismus, Theokratie oder autoritäre Regime) wird oft verwendet, wenn soziale Verpflichtungen exzessiv Über-hand nehmen. Die Tatsache, daß es sich um eine Entwicklung von exzes-sivem Charakter handelt, ist erkennbar, wenn eine große Zahl an Mit-gliedern einer Gesellschaft sich auflehnt, sich hochgradig entfremdet hat, in die Emigration flüchtet oder ungeheure Kräfte zu mobilisieren hat, um dieser Entwicklung zu entgehen.

III: Deregulierung

Eine Auseinandersetzung, die aus dem hier entwickelten Konzept großen Nutzen ziehen könnte, ist diejenige zwischen den Anhängern staatlicher Regulierung und ihren Gegnern. Während Sozialliberale in den letzten Jahren eingeräumt haben, daß einige Regulierungen aufgegeben werden können, zeichnen sich Individualisten in der Diskussion um staatliche Regulierungen nach wie vor durch eine dogmatische und ideologische Haltung aus. In der Tat hören sich Individualisten meist so an, als ob sie praktisch jegliche staatliche Regulierung abschaffen wollten, wenn man ihnen nur eine Chance dazu gäbe. Tatsächlich gelangt man zu einer sinn-vollen Bewertung der Bemühungen um einen Abbau staatlicher Regulie-rung, wenn man sie als Korrektiv zum Überhandnehmen solcher Regula-tionen in der vorangegangenen Ära betrachtet. Dies trifft insbesondere auf sich entwickelnde Nationen zu – beispielsweise Indien –, die in der Regel eine Politik ausufernder Regulierungsmaßnahmen betreiben, ganz zu schweigen von Gesellschaften, die eine straffe Befehls- und Kontroll-struktur aufweisen. Das eigentliche Ziel ist dennoch nicht eine dere-gulierte Gesellschaft oder Ökonomie; das würde lediglich wieder Neu-regulierungen provozieren, wenn nämlich die Reformen über das Ziel hinausschießen.

Die kommunitaristische Sichtweise ist mit der Vorstellung vereinbar, daß einige Regulationen – letztlich nur sehr wenige – sowohl der sozialen Ordnung wie auch der Autonomie dienlich sind, während andere Regulationen das eine oder andere Element oder gar beide schwächen. Besonders wichtig ist es, zu erkennen, daß staatliche Vorschriften – weit davon entfernt, für eine freie Gesellschaft eine Bedrohung darzustellen – bis zu einem gewissen Grad notwendig sind, um das Wohlergehen eines Gemeinwesens zu sichern, daß sie jedoch eine gute Gesellschaft gefährden können, wenn man zu exzessiv Gebrauch von ihnen macht. Am besten beurteilt man Regulationen eher hinsichtlich ihres spezifischen Wertes beziehungsweise innerhalb des Kontextes, in dem sie eingeführt werden, statt sie ganz allgemein zu begrüßen oder zu verdammen.[23] Die Argumentation bis zu diesem Punkt sei kurz zusammengefaßt:

1. Kommunitäre Gesellschaften müssen ein Gleichgewicht zwischen ihren ordnungsstiftenden und autonomiefördernden Kräften bewahren.
2. Ein solches Gleichgewicht kann sich sowohl auf einem niedrigen Niveau von Ordnung und Autonomie befinden (beispielsweise in einer Gemeinschaft, die gerade dabei ist, in einem neugebauten Wohnviertel zu entstehen) als auch auf einem hohen Niveau (wie es zum Beispiel auf eine voll entwickelte Gemeinschaft zutrifft, in der affektive Bindungen und gemeinsame Werte ebenso stark ausgeprägt sind wie die Strukturen zum Schutz der Autonomie).
3. In jedem Fall kann das spannungsvolle Verhältnis zwischen diesen beiden Kräften nicht völlig überwunden werden. Allerdings können kommunitäre Gesellschaften ein bemerkenswertes Spektrum aufweisen, in dem die ordungsstiftenden und autonomiefördernden Kräfte sich eher gegenseitig verstärken, als daß sie sich antagonistisch gegenüberstünden.

Bis zu dieser Stelle hat sich die Diskussion auf die Zusammensetzung kommunitärer Gesellschaften konzentriert. Im Folgenden wird es um die Art und Weise gehen, wie kommunitäre Gesellschaften mit Kräften umgehen, die gegen sie gerichtet sind: das heißt, Kräfte, die einer Anpassung innerhalb des kommunitären Grundrahmens bedürfen, sofern dieser Bestand haben soll.

Eine dynamische Perspektive

Funktionale Theorien sind hinsichtlich ihres statischen Charakters kritisiert worden; man hat von ihnen gesagt, sie gingen davon aus, wenn erst einmal alle gesellschaftlichen Bedürfnisse befriedigt seien, wenn erst einmal die Gesellschaft zu ihrem Gleichgewicht gefunden habe, dann werde sie im Grundsatz so weiterbestehen, wie sie ist, ähnlich einem gut erhaltenen und sorgfältig gewarteten Auto. Diese Kritik ist in besonderem Maße unzutreffend für die Art von funktionaler Theorie, wie sie hier entwickelt wird, einer Theorie, der ein inhärenter und unauflösbarer Gegensatz zwischen zwei Kernelementen – Ordnung und Autonomie – zu eigen ist. Die aus diesem Gegensatz erwachsende Spannung ist eine Hauptquelle für die ständigen Anstrengungen im Innern, die Gesellschaft aus dem Zustand ihres Gleichgewichts hinaus in die eine oder andere Richtung zu drängen, entweder aus ihr eine hochgradig auf Ordnung und kaum auf Autonomie beruhende (autoritäre oder totalitäre) Gesellschaft oder aber eine mit dem gegenteiligen Profil (eine libertäre Gesellschaft oder eine soziale Anarchie) zu machen. Wenngleich ich kurz die Prozesse untersuchen will, die kommunitäre Gesellschaften in die Lage versetzen, mit Herausforderungen zurechtzukommen, behaupte ich gleichwohl nicht, daß kommunitäre Gesellschaften notwendigerweise die erforderlichen Entwicklungen rechtzeitig und wirkungsvoll auch tatsächlich in Gang setzen. Kommunitäre Gesellschaften können sich zu individualistischen oder sozialkonservativen Gesellschaften oder gar Schlimmerem entwickeln, und sie tun dies auch. Die Weimarer Republik ist hierfür ein berühmtes Beispiel.

Um es anders auszudrücken, die Tendenzen einer Gesellschaft können mit den Bewegungen einer Kugel in einer Schale verglichen werden: Schwingt man die Schale in eine bestimmte Richtung, wird die Kugel wieder zum Mittelpunkt zurückrollen (auch wenn sie einige Male zunächst über den Mittelpunkt hinausrollt, bevor sie zur Ruhe kommt), stößt man die Kugel allerdings zu hart an, wird sie über den Rand der Schale hinausfliegen. In Analogie hierzu kann auch eine Gesellschaft sozusagen aus ihrem Rahmen fallen. Anders aber als eine Schale kann eine Gesellschaft ihre spezifische Struktur unter Beibehaltung ihres Grundmusters ändern, um die Kugel des sozialen Wandels innerhalb ihrer Grenzen zu halten. Diese Fähigkeit bezeichnet man als Wandlungsfähigkeit. Somit kann eine kommunitäre Gesellschaft die Art und Weise, wie sie ihre Angelegenheiten ordnet, verändern (zum Beispiel das Schwergewicht von Gefängnisstrafen auf Bewährungsstrafen verlagern), oder das Maß ihrer Autonomie vergrößern (beispielsweise durch den Wandel einer Berufsarmee zu einer Freiwilligenarmee) oder beides zugleich tun, und bleibt dennoch ihrem Charakter nach eher kommunitär. Wenn allerdings eine Gesellschaft immer drastischere Maßnahmen einführt, um die Ordnung aufrechtzuerhalten – beispielsweise die Auflösung des Parlaments, das Verbot von Oppositionsparteien und die Unterdrückung von Vereinen und religiösen Institutionen (wie es Hitler nach seiner Machtübernahme tat) –, dann wird der kommunitäre Grundrahmen auseinanderbrechen und die Gesellschaft ein grundsätzlich anderes (um beim erwähnten Beispiel zu bleiben: ein hochgradig totalitäres) Gesicht erhalten.

Ursachen und Grenzen gesellschaftlicher Wellenbewegungen

Alle Gesellschaften sind beständig sowohl *zentrifugalen Kräften* ausgesetzt, die verstärkte Anstrengungen zur Bewahrung der Ordnung nötig machen (sofern das existierende gesellschaftliche Muster erhalten bleiben soll), wie auch *zentripetalen Kräften*, die einen verstärkten Schutz der Autonomie erfordern. (Mit Bedacht gebrauche ich neutrale Begriffe, um diese Kräfte zu beschreiben; oft benutzte Begriffe wie »desintegrativ« und »integrativ« oder »zersetzend« und »ordnend« vermeide ich, weil sie fälschlicherweise den Eindruck erwecken, daß die Auswirkung einer gegebenen Kraft immer entweder positiv oder negativ ist. Daher können zentrifugale Kräfte eine Gesellschaft in eine kommunitäre Richtung bringen, *wenn* sie durch exzessive Ordnung charakterisiert war, wie beispielsweise in Polen oder Ungarn nach dem Zusammenbruch des Kommunismus 1990/91). Freilich können die gleichen Kräfte eine Gesellschaft, die sich bereits durch ein angemessenes Maß an Autonomie auszeichnet, über die Grenzen hinaus in eine individualistische, wenn nicht gar anarchische Richtung treiben. (Die amerikanische Gesellschaft der 80er Jahre tendierte in diese Richtung; auch wenn sie innerhalb eines kommunitären Rahmens blieb, war sie doch nicht weit von dieser Grenze entfernt.) Und eine hochgradig durch Autonomie gekennzeichnete Gesellschaft wird durch zentripetale Kräfte in eine kommunitäre Richtung gedrängt werden; wenn diese Kräfte jedoch auf eine autoritäre Gesellschaft treffen (sagen wir Chile unter Pinochet), wird sie sich noch weiter vom kommunitären Muster entfernen.

Den westlichen Kulturen ausgesetzt zu sein, bedeutet oftmals eine Zunahme von zentrifugalen Kräften. Das ist einer der Gründe, warum die UdSSR für seine Bürger das Anhören der BBC zu unterbinden und Indien das Verfolgen des amerikanischen Fernsehsenders CNN zu verhindern suchten. Im Gegensatz hierzu bedeutet, dem Fundamentalismus ausgesetzt zu sein, daß die zentripetalen Kräfte zunehmen – daher der Widerstand gegen fundamentalistische Kreise seitens verhältnismäßig demokratischer Regierungen in Ägypten und Algerien, deren ursprüngliches Anliegen darin lag, ein bestimmtes Maß an Autonomie (zumindest bis zu einem gewissen Grad) zu bewahren.

Beide Gewichtsverlagerungen werden nicht nur durch *exogene* Kräfte hervorgerufen, die sich einer Gesellschaft durch andere Gesellschaften (von Invasionen bis hin zu kultureller »Umweltverschmutzung«) oder durch Naturereignisse (Hurrikane, Erdbeben und ähnliches) aufdrängen, sondern werden auch *endogen* erzeugt. Oftmals werden sie innerhalb einer Gesellschaft erzeugt, weil die beiden grundlegenden Bedürfnisse nach Ordnung und Autonomie nie vollständig erfüllt werden. In der Folge entsteht bei denjenigen Mitgliedern und Gruppierungen, die besonders betroffen sind vom »Defizit« des gesellschaftlichen Strebens nach Befriedigung der Grundbedürfnisse, die fortwährende Suche nach einer besseren Erfüllung dieser Bedürfnisse. Deshalb nehmen oftmals Intellektuelle und Studenten eine führende Rolle im Entstehen zentrifugaler Kräfte ein und streben nach einem Mehr an Autonomie (was zu Konfrontationen mit der Polizei in Seoul, Peking, Santiago und zahlreichen anderen Großstädten führte). Auch Unternehmen fungieren nicht selten als zentrifugale Kraft, da sie nach weniger staatlichen Regulationen und mehr Autonomie streben, um ihre Ziele erreichen zu können. Im Gegensatz hierzu wirken Polizei und verschiedene nationale Sicherheitsbehörden wie Verfassungsschutz und Geheimdienst oftmals als zentripetale Kräfte in ihrem Bemühen, eine straffere Ordnung als die bestehende herzustellen (selbst wenn diese bereits recht straff ist).

Erfolgreiche und erfolglose Reaktionen

Um ihre kommunitäre Qualität zu bewahren, brauchen Gesellschaften im Umgang mit den Kräften, von denen sie bedrängt werden, *nicht ins gegenteilige Extrem* zu fallen, sondern sollten eher der goldenen Regel folgen und eine ausbalancierte Mitte suchen. Wenn Gesellschaften beständig zentrifugalen und zentripetalen Kräften ausgesetzt sind, müssen sie spezielle Schritte unternehmen, um auf diese Kräfte zu antworten, indem sie jenes ihrer Elemente, das besonders bedroht ist, abstützen, da sonst ihr Grundmuster zunächst zum Zerreißen angespannt sein und schließlich entzweireißen wird. Beispielsweise ergriffen die Vereinigten Staaten in Reaktion auf die McCarthy-Ära und auf die späteren Übergriffe der Polizei und des FBI im Umgang mit der Gegenkultur der 60er Jahre und der Anti-Vietnam-Bewegung mehrere Maßnahmen, um die Autonomie zu schützen. Im Jahre 1966 beschnitt der Oberste Gerichtshof der Vereinigten Staaten die Befugnisse der Polizei bei Verhören Verdächtiger durch die sogenannte *Miranda-Regel**. Mehrere Städte führten von Bürgern besetzte Kontrollausschüsse ein, um polizeiliches Fehlverhalten, insbesondere brutales Vorgehen, einzudämmen. Als in den 70er Jahren enthüllt wurde, daß das FBI (damals unter J. Edgar Hoover) mehrere Anti-Vietnam-Gruppierungen infiltriert hatte und Martin Luther King Jr. ausspionierte, erließ das amerikanische Justizministerium ein Verbot solcher verdeckten Operationen, solange nicht das FBI den strengen Nachweis unmittelbar drohender oder bevorstehender Gewaltakte oder anderer illegaler Taten vorlegen konnte.[24] Und als Konsequenz des mit Watergate deutlich gewordenen Machtmißbrauchs führte der Kongreß mehrere Beschränkungen mit Blick auf den Einsatz privater Gelder in den Händen der Machthabenden ein. Kurz gesagt, das Aufkommen zentripetaler Kräfte wurde durch neue Maßnahmen zur Stärkung der Autonomie beantwortet.

Im Gegensatz hierzu entbrannte in Israel nach dem ersten Attentat auf einen ranghohen Politiker – auf Premierminister Yitzhak Rabin im Jahre 1995 – ein landesweiter Dialog, der die moralische Zensur von Hetzreden zu verstärken beabsichtigte und Extremisten zur Rückkehr in die

---

* Die Vorschrift, daß Verdächtige vor Beginn von Verhören über ihre Rechte vollständig aufzuklären sind; Anm. d. Ü.

Gemeinschaft bewegen wollte. Gleichzeitig wurde eine Reihe neuer Maßnahmen ergriffen, um die Sicherheit hoher Staatsbeamter zu verbessern,
bis hin zur stärkeren Überwachung jüdischer fundamentalistischer Gruppen durch den Geheimdienst. Auf diesem Wege hoffte man, die soziale
Ordnung wieder kräftigen zu können.

Das Beispiel Kanadas

Um diese Vorstellungen anschaulicher zu machen, soll ein etwas ausführlicheres Beispiel folgen, das die Kräfte, um die es hier geht, illustriert und
zeigt, wie auf sie zu reagieren ist und welche Auswirkungen sie auf eine
kommunitäre Gesellschaft haben.

Von der kanadischen Gesellschaft wird oft behauptet, sie sei kommunitärer als die amerikanische. William Stahl schreibt, daß die Väter der
kanadischen Konföderation »von ›Frieden, Ordnung und einer guten
Regierung‹ sprachen« (1986, S. 4), was sich, so Martin Lipset und Amy
Bunger Pool, auffällig unterscheide von »Leben, Freiheit und dem Streben
nach Glück.« (1996, S. 38). Lipset und Pool beschreiben den wesentlichen Unterschied wie folgt: »Die Achtung vor dem Gesetz in diesem nördlichen Staatsgebilde [Kanada] läßt auf eine Gesellschaft schließen, die sich
dem Grundwert der Gemeinschaft mehr verpflichtet fühlt als eine Gesellschaft wie die der Vereinigten Staaten, die kulturell weitaus mehr vom
Individualismus beherrscht wird.«[25]

Eine Befragung zu Aussagen, bei denen es um das Gleichgewicht zwischen Ordnung und Freiheit in einer Gesellschaft ging – Äußerungen wie:
»Es ist besser, in einer wohlgeordneten Gesellschaft zu leben, als den
Menschen ein Maß an Freiheit zuzubilligen, das zerstörerische Wirkungen haben könnte«; und: »Die Vorstellung, daß jeder ein Recht auf seine
eigene Meinung hat, wird heutzutage zu weit ausgelegt« – ergab, daß
bedeutend mehr Kanadier als Amerikaner Äußerungen zustimmen, deren
Betonung auf dem Aspekt der Ordnung liegt. Insgesamt gesehen erwies
sich, daß die Achtung des Gesetzes, die Rolle sozialer Verantwortung und
das Gefühl für die Gemeinschaft in Kanada stärker ausgeprägt sind als in
den Vereinigten Staaten.

Die Verfassung Kanadas aus dem Jahre 1960 führt eine ganze Reihe
von Rechten auf; dennoch scheint es, daß sie auf der regierungsamtlichen
Ebene der Länder und Provinzen keine Anwendung fanden. Das Verfas-

sungsdokument »autorisiert nicht ausdrücklich eine ganz bestimmte juristische Bewertung, so daß sich in der Folge kanadische Richter in ihrer Auslegung der Verfassung als sehr zurückhaltend erwiesen.«[26] Im Jahre 1982 übernahm Kanada die Kanadische Charta der Rechte und Freiheiten, die eine Ausweitung dieser Rechte zum Inhalt hatte. Wie F. L. Morton formulierte: »Die Interpretation dieser Charta ist nicht den gleichen Mehrdeutigkeiten ausgesetzt [wie die Verfassung von 1960].« (Ebd.). Sowohl die föderalen wie auch Provinzregierungen sind seitdem stärker an die Charta gebunden.

Eine der Folgen ist ein bedeutsamer Anstieg der Zahl gerichtlicher Auseinandersetzungen gewesen. Von 1982 bis 1985 stieg die Zahl der Rechtsfälle, die im Zusammenhang mit der Charta zu sehen sind, von 405 auf 548. Ebenso auffallend ist die ständig ansteigende Rate an »Erfolgen« Einzelner in Prozessen gegen die Krone: diese Rate stieg von 26 Prozent im Jahre 1982 auf 32 Prozent im Jahre 1985. Der Oberste Gerichtshof Kanadas, der üblicherweise von seiner Macht, Gesetze aufzuheben, sehr spärlich Gebrauch machte, ist weitaus aktiver geworden und zeichnet sich durch eine ständig ansteigende Zahl an Entscheidungen aus, die mit der bisher geltenden Rechtsprechung oder vormals gültigem Brauch brechen. Insofern hat sich Kanada ein großes Stück näher zu einer autonomiebetonenden Haltung bewegt, wenngleich es dabei immer noch innerhalb eines kommunitären Rahmens verblieb.

Die Frage, ob das Maß der Veränderungen sich nicht als übertrieben erweise, blieb keineswegs ungestellt. William Christian von der Guelph University schreibt: »Wir riskieren es, langsam in eine amerikanische Einstellung gegenüber Rechten abzugleiten, die mit unseren eigenen politischen Bedürfnissen und Bedingungen nicht mehr übereinstimmt. Heute stehen wir mehr als je zuvor in unserer Geschichte in der Gefahr, Opfer einer Technologie des Rechts und einer Ideologie zu werden, die für uns – ungeachtet der ihr eigenen Achtbarkeit und Güte – schlicht zu bedrohlich ist, um sie zu akzeptieren.« Er fährt fort, indem er auf die potentielle Gefahr für Kanada hinweist, sollte es zu sehr dem amerikanischen Modell folgen: »Wir müssen aktive Schritte unternehmen, um ein nutzloses Eindringen von Amerikanismen in die ehrwürdigen Grundfesten unseres nationalen Lebens, insbesondere was unser Recht und unsere Verfassung betrifft, zu verhindern. Wir sind ein Volk, dessen Erfahrung und Verständnis von Freiheit ebenso sehr in Europa wie in Amerika wurzelt.

Wenn uns die Charta der Rechte und Freiheiten diese Einsicht auch nur einen Augenblick vergessen läßt, dann wird sich der Tag ihrer Proklamation als der schwärzeste in der Geschichte unserer Nation erweisen.«[27]

Kanada hat auf diesem Wege sein gesellschaftliches Muster geändert, um der Autonomie mehr Raum zu verschaffen. Das Urteil über die Frage, ob Kanada sich durch diese Entwicklungen über den Punkt seines Gleichgewichts hinausbewegt (wie es jene glauben, die eine Amerikanisierung befürchten) oder sich ihm mehr angenähert hat, ist noch nicht gefällt.

Andere Beispiele

In Gesellschaften, die auf zentripetale oder zentrifugale Kräfte nicht angemessen reagieren, gerät das jeweilige Verhältnis von Ordnung und Autonomie in eine zunehmend labile Situation. Und falls eine der Kräfte besonders dominant wird – und die Reaktion darauf kraftlos –, wird das Grundmuster schließlich zusammenbrechen und die Gesellschaft in einen anderen Typus transformiert werden. Das ist nicht notwendigerweise ein Verlust, denn einige Gesellschaften wandeln sich auf diesem Wege zu kommunitären Gesellschaften. Beispielsweise veränderte sich Japan unter westlichem Einfluß nach dem Zweiten Weltkrieg zu einer Gesellschaft, in der individuelle Rechte zunehmend Anerkennung und Schutz finden (wenn auch in der Praxis bedeutend weniger als im Westen). Und gegen Ende des zwanzigsten Jahrhunderts scheinen die autoritären Strukturen mehrerer Gesellschaften Süd- und Zentralamerikas zusammenzubrechen, so wie es in Südafrika nach dem Zusammenbruch der Apartheid der Fall war, und bewegen sich auf kommunitäre Grundmuster zu.

Wenn es einer kommunitären Gesellschaft nicht gelingt, angemessen auf die sie herausfordernden Kräfte zu reagieren, können zentripetale Kräfte zu einer totalitären oder autoritären Herrschaft führen. So geschah es etwa unter dem Druck der deutschen Nationalsozialisten im Falle des Vichy-Regimes im Frankreich der Jahre 1940-42. Und zentrifugale Kräfte können eine kommunitäre Gesellschaft in Richtung einer individualistischen Gesellschaft drängen.

Obwohl beide Arten von Zusammenbrüchen theoretisch plausibel sind, ist es weitgehend unbeachtet geblieben, daß sich kommunitäre Gesellschaften in der Praxis weitaus öfter zu autoritären als zu individualistischen Gesellschaften entwickeln. Beleg hierfür sind sowohl zahlreiche verhältnismäßig kommunitäre demokratische Gesellschaften, die zusammengebrochen sind und sich zu totalitären oder autoritären Gesellschaften gewandelt haben, während der umgekehrte Fall fast nie eingetreten ist.

Kommunitäre Gesellschaften sind zwar durch externe Herausforderungen – insbesondere militärische Invasionen – leichter zu gefährden, aber sie erweisen sich im Innern als besonders widerstandsfähig, stabil und effektiv. Da sie ohne Ausnahme alle eine demokratische Regierungsform haben, profitieren sie von den Tugenden, die dieser Regierungsform eigen sind. In ihnen sind bessere Voraussetzungen gegeben, die für die Demokratie erforderlichen sozialen Grundlagen zu schaffen, indem sie eher Gemeinschaft fördern als atomisierte Individuen hervorbringen und sich weitgehend auf eine freiwillige Ordnung verlassen. Solche Gesellschaften benötigen keine Konzentrationslager, Gulags, starke Geheimdienste oder befestigte Grenzen und bewaffnete Truppen, um ihre Bürger an ihre Pflichten zu gemahnen und sie vom Verlassen des Landes abzuhalten. Der wesentliche Grund hierfür liegt darin, daß eine kommunitäre Gesellschaft um ein Vielfaches erfahrener ist, die Bedürfnisse ihrer Bürger zu verstehen und auf sie zu reagieren, weil die individuelle Autonomie stärker respektiert wird als unter totalitären oder autoritären Regimen. Ein totalitäres Regime mag daher, wie es China während des ›Großen Sprungs nach vorn‹ (1957-1958) tat, seinen Bauern in den ländlichen Kommunen befehlen, die Stahlproduktion in Kleinsthochöfen auf dem Hinterhof zu verlegen, in der Hoffnung, über Nacht zu einer Supermacht zu werden, um Monate später lediglich festzustellen, daß dieser hausgemachte Stahl von erbärmlicher Qualität war und die Landwirtschaft brach lag, was in der Folge zu vielen Aufständen führte.[28] Eine ähnliche Entwicklung würde innerhalb einer kommunitären Gesellschaft bereits zu einem viel früheren Zeitpunkt auf Widerstand stoßen und ein derart unrealistisches Programm weitaus schneller zu Fall bringen.[29] Um diesem Argument noch mehr Gewicht zu verleihen, bedürfte es umfangreicher vergleichender Studien. Gleichwohl behaupte ich, daß die größere Fähigkeit kommunitärer Gesellschaften, interne Schwierigkeiten erfolgreich zu meistern, ihnen eine größere Stabilität verleiht, als sie andere Gesellschaftssysteme aufweisen (vgl. dazu Etzioni 1996, 1975).

Folgerungen für die gesellschaftliche und politische Praxis

Die Grenzen kommunitaristischer Politik und Regulation

Es gibt zahlreiche Kriterien, anhand derer bestimmt werden kann, wie kommunitär eine Gesellschaft ist; diese Kriterien gilt es im Auge zu behalten, um sicherzustellen, daß neue Praktiken und Politikentwürfe die kommunitäre Struktur einer Gesellschaft nicht gefährden. Zur besseren Bewertung dieser Gefahr habe ich vier Kriterien entwickelt[30], mit deren Hilfe die Ausgewogenheit und Stabilität des Verhältnisses von Autonomie und Ordnung beurteilt werden kann. Während die im nächsten Kapitel diskutierten Maßnahmen soziologischer Natur sind, betreffen die hier diskutierten Kriterien den rechtlichen Grundrahmen, den eine Gesellschaft benutzt, um ihre Werte auszudrücken und zu verkörpern. Insbesondere wollen die Kriterien eine Anleitung für die öffentliche Politik vor allem in zwei Bereichen sein. Erstens: Wie kann eine Gesellschaft, deren soziale Ordnung brüchig geworden ist, verhindern, daß der Ruf nach mehr Recht und Ordnung eine kommunitäre Gesellschaft in eine autoritäre verwandelt? (In diesem Zusammenhang sind Einschränkungen der Meinungsfreiheit, des Demonstrationsrechtes, Eingriffe in die Unversehrtheit der Wohnung durch Erleichterung von Durchsuchungen oder Abhörmaßnahmen o. ä. gemeint.) Zweitens: wie kann eine Gesellschaft verhindern, daß die Kumulation neu eingeführter staatlicher Regulierungen die individuelle Autonomie in ihrer Substanz bedroht? Zusammengenommen setzen die vier Kriterien eine Gesellschaft in die Lage, »Pflöcke« auf einer abschüssigen Bahn einzuschlagen, und sich selbst vor der Tendenz zu schützen, von begrenzten Anpassungen in exzessive abzugleiten, und damit in der Gesellschaft allmählich ein sozialkonservatives (oder gar autoritäres) Muster zu etablieren.

Zum ersten überdenkt eine kommunitäre Gesellschaft ihren Katalog an Zwangsmaßnahmen (mittels Polizei, Gefängnissen und Einschränkungen individueller Freiheitsrechte) erst, wenn sie von *einer konkreten und gegenwärtigen Gefahr* bedroht ist. Nicht selten werden schon künftig drohende Gefahren (beispielsweise die Erschöpfung von Ölvorräten, das Auftauchen eines Supermeteors, das rapide steigende Ungleichgewicht zwischen arbeitsloser, von staatlichen Sozialleistungen abhängiger und erwerbstätiger Bevölkerung) als Grund für außergewöhnliche Gegen-maßnahmen in die politische Diskussion eingeführt. Kommunitäre Ge-sellschaften beschneiden den Status der Autonomie (etwa durch Auto-fahrverbote, um Öl einzusparen) erst dann, wenn sich die Gefahr als schwerwiegend und deutlich erkennbar erwiesen hat.

Zweitens sollten kommunitäre Gesellschaften, wenn sich eine solche Gefahr deutlich abzeichnet, zunächst versuchen, dieser *ohne autonomie-einschränkende Maßnahmen* zu begegnen. Beispielsweise könnten sie ihre Bürger dazu ermutigen, in größerem Umfang Solarenergie zu nutzen (etwa indem man die Forschungsmittel aufstockt, um diese Form der Energienutzung kostengünstiger, effizienter und attraktiver zu gestalten), anstatt sie mit Gefängnisstrafen zu bedrohen, wenn sie Energiesparvor-schriften nicht befolgen. In ähnlicher Weise würden kommunitäre Gesell-schaften eher die Steuer für Zigaretten erhöhen, als die Werbung für sie zu verbieten, denn ein Verbot der Werbung berührte ein Individualrecht (das Recht auf freie Meinungsäußerung), während dies auf eine Steuerer-höhung nicht zutrifft.

Drittens, für den Fall, daß autonomiebeschneidende Maßnahmen ein-geführt werden müssen, sollten diese nur von *minimalem Umfang* sein. Deshalb sind kommunitäre Gesellschaften in ihrem Versuch, das Auto-fahren unter Alkoholeinfluß einzudämmen, maßgeblich auf Moralerzie-hung und Aufklärungskampagnen angewiesen und rufen eindringlich dazu auf, verantwortungsvoll zu handeln, indem sie sich etwa an einem bestimmten Abend oder in einer entsprechenden Situation als abstinente Fahrer zur Verfügung stellen. Alkoholkontrollen (die von Individualisten vielfach grundsätzlich abgelehnt werden) sollten erst die treffen, die die Aufklärungsaktionen konstant ignorieren. Gerichte verhalten sich dieser dritten kommunitaristischen Richtlinie gemäß, wenn sie darauf bestehen, daß diese Kontrollaktionen rechtzeitig bekannt gegeben und auf eine Weise durchgeführt werden, die Verkehrsstauungen in Grenzen hält und auch sonst so wenig aufdringlich als möglich vonstatten gehen.

In kommunitären Gesellschaften hat viertens der Grundsatz zu gelten, die meist unbeabsichtigten *Nebenfolgen* von autonomiebeschränkenden Maßnahmen, die aus Gründen des Gemeinwohls ergriffen werden müs-sen, zu *minimieren.* Damit ist beispielsweise gemeint, daß die Informatio-nen über einen Arzt, der eines Krankenhauses verwiesen wird, weil er gegen dessen Vorschriften empfindlich verstoßen hat, in einer landesweit zugänglichen Datenbank gespeichert werden. Die Datenbank erlaubt jenen, die nach Ärzten suchen, deren Ruf zu überprüfen. Allerdings sollten diese Daten lediglich anzeigen, daß ein Arzt »wegen eines Vergehens« belangt worden ist, aber keine detaillierten Angaben über die Art des Vergehens enthalten, ob es sich nun um eine Vergewaltigung, um Drogenmißbrauch oder eine schwerwiegende Fahrlässigkeit gehandelt hat. (Ärzte werden immer nur dann entlassen, wenn sie sich eines sehr schweren Vergehens schuldig gemacht haben.) Auf diese Weise werden die Patienten und die soziale Ordnung geschützt, während die Privatsphäre des Arztes nicht unangemessen verletzt wird.

Diese Kriterien liefern, selbst wenn sie zusammen mit den im folgenden Kapitel beschriebenen verwendet werden, keine präzisen Hinweise darauf, ob eine Gesellschaft ihre kommunitäre Struktur verloren hat, aber sie erleichtern, ein Abgleiten zu erkennen und die richtigen Maßnahmen zu ergreifen, um die soziale Ordnung aufrechtzuerhalten, ohne die individuelle Autonomie zu untergraben.

Auswirkungen der vier Kriterien auf die Privatsphäre

Wenn man sich die in den letzten Jahren entwickelten Technologien und Techniken vor Augen hält, die der Regierung, den Medien und jedermann sonst, der ein Interesse daran hat, zur Verfügung stehen, um ohne weiteres in die Privatsphäre des Einzelnen – dem Eckpfeiler der Autonomie – eindringen zu können, erfüllt einen dies zunächst mit Schrecken. Die Privatsphäre geht Stück um Stück verloren, wenn Fremde den eigenen Telefongesprächen zuhören, Arbeitgeber die E-mail-Briefe ihrer Angestellten lesen oder die dem Arzt mitgeteilten Informationen über den eigenen Gesundheitszustand bei einer Versicherungsgesellschaft landen, die diese Information wiederum an andere weiterleitet. Wenn es Reportern auf ihrem Heimcomputer gelingt, die Kreditauszüge eines Ministers, die monatlichen Ausgaben eines Fernsehmoderators oder die geheime Telefonnummer eines Popstars zu ermitteln, dann sind wohl keine unserer persönlichen Daten mehr sicher.

Eine typische Reaktion hierauf ist die Forderung nach neuen Gesetzen zum Schutz des Persönlichkeitsrechts. Individualisten fordern einen konsequenten Schutz der personenbezogenen Daten und das Verbot jeglicher

Eingriffe, die sich immer mehr ausbreiten. Diese individualistische Position kommt exemplarisch zum Ausdruck in der gemeinsamen Stellungnahme der *American Civil Liberties Union,* der *U.S. Public Research Group* und des *Electronic Privacy Information Center,* die sich gegen die geplante Schaffung einer landesweiten Datenbank für die Empfänger von Sozialleistungen wendet. Darin heißt es, daß die Datenbank »eine Bedrohung der bürgerlichen Rechte und Freiheiten einer jeden Person in den Vereinigten Staaten darstellt, indem jedermann zum Objekt eines aufdringlichen staatlichen Kontrollsystems wird und ebenso unerwünschte wie unnötige Eingriffe in die Privatsphäre hinzunehmen hat.«[31]

Die kommunitaristische Sichtweise besagt, daß der Schutz der Privatsphäre ein individuelles Recht ist, das – wie viele andere auch – in einem sozio-historischen Kontext betrachtet und mit den sozialen Bedürfnissen nach Ordnung ausbalanciert werden muß. Hieraus folgt eine Reihe von Fragen, die es einem erlauben, sich mit dieser Thematik zu beschäftigen, als sei man ein mit solchen Angelegenheiten befaßter, die Prinzipien einer kommunitären Gesellschaft befolgender Politiker.

Sollten Bürger dazu genötigt werden, ihren Müll in durchsichtige Beutel zu entleeren, wie es den Japanern zur Pflicht gemacht wird? Nicht bevor einem klar geworden ist, daß durchsichtige Beutel die Menschen dazu bringen, Glas und Blechdosen vom Rest ihres Abfalls zu trennen. Das heißt, eine solche Forderung hält die Menschen dazu an, sich gemeinwohlorientiert und umweltbewußt zu verhalten, ohne daß das eine Einschränkung der Privatsphäre zur Folge hätte.

Von Sozialhilfeempfängern Fingerabdrücke zu nehmen bedeutet, daß sie sich wie Kriminelle vorkommen müssen, so klagen Libertäre. Um aber die Glaubwürdigkeit des Sozialhilfesystems, einer Säule der sozialen Ordnung, aufrechtzuerhalten, ist es erforderlich, Wege zu entwickeln, um verschiedene Formen des Mißbrauchs auszuschließen. (Wird außerdem erst einmal die Abnahme von Fingerabdrücken weithin praktiziert, dann schwindet das Gefühl der Stigmatisierung. Studenten, die sich einem Eingangstest an einer juristischen Fakultät unterziehen wollen, müssen sich bereits routinemäßig ihre Fingerabdrücke abnehmen lassen.)

Ähnliche Probleme hinsichtlich eines ausbalancierten Verhältnisses zwischen der Bewahrung der Legitimität öffentlicher Hilfeleistungen und dem Recht auf Schutz der Privatsphäre stellen sich, wenn man fragt: Macht es Sinn, es unter Berufung auf die Wahrung der Privatsphäre und durch das Recht auf Auskunftverweigerung Studenten zu erleichtern, ihren Rückzahlungsverpflichtungen nicht nachzukommen, oder mit dem Hinweis auf den Datenschutz es geschiedenen Vätern zu ermöglichen, sich ihrer Unterhaltspflicht zu entziehen und statt dessen die Gemeinschaft zahlen zu lassen?

Diese Aspekte spitzen sich noch schärfer zu, wenn es um Fragen der Sicherheit geht. Ist das Bankgeheimnis zum Schutz der Privatsphäre des Kunden höher zu werten als das öffentliche Interesse, durch eine Offenlegungspflicht bei größeren Geldbewegungen die Geldwäscherei von Mafiaorganisationen effektiv verfolgen zu können?

Kindertagesstätten und Schulen haben inzwischen die Möglichkeit, Auskunft zu erhalten, ob ein Mitglied des von ihnen angestellten Sicherheitspersonals eventuell wegen Kindesmißbrauchs vorbestraft ist. Ein Alptraum für einen bürgerlichen Libertären. Aber nur wenige Eltern würden es vorziehen, ihre Kinder einer Einrichtung wie jener in Orlando, Florida, zu übergeben, wo ein Sicherheitswachmann die Jungen sexuell belästigte, und die Institutsleitung erst in Kenntnis dieser Tatsache herausfand, daß der Mann bereits wegen Vergewaltigung eines Vierzehnjährigen vorbestraft war. (Sicher, auch solche Menschen sind dazu berechtigt, einem Beruf nachzugehen. Aber muß dies ein Beruf sein, der mit Kindern zu tun hat?)

Angenommen man räumt ein, daß die mittels neuer Techniken gegebenen Überwachungsmöglichkeiten aufgrund gewichtiger Interessen der Gemeinschaft nicht gänzlich verwerflich sind, obwohl sie in einem gewissen Ausmaß die Privatsphäre berühren, ist dann nicht die Gefahr groß, daß sich aus einem technisch ausgeklügelten Überwachungsstaat sehr bald ein Polizeistaat entwickelt, wie es bürgerliche Libertäre befürchten? So wie ich die Sache sehe, verläuft der kürzere Weg in die Tyrannei genau anders herum: Wenn eine kommunitäre Gesellschaft es nicht fertig bringt, zur Aufrechterhaltung der sozialen Ordnung Gewaltverbrechen, sexuellen Mißbrauch, überhaupt die Einhaltung von Gesetzen und Vorschriften in den Griff zu bekommen, dann wird der Ruf nach einem starken Staat oder Mann immer lauter. Deshalb sind gewisse Einschränkungen des Datenschutzes durchaus diskutabel, wenn nur dadurch das Gleichgewicht zwischen Autonomie und Ordnung, das durch einen exzessiven Schutz der Persönlichkeitsrechte bedroht ist, wiederhergestellt werden kann.

Die vier genannten Kriterien helfen uns auch in diesem Bereich als Indikatoren eines wünschenswerten Gleichgewichts zwischen Autonomie und Ordnung. Ein Verletzen der Privatsphäre ist allein dann zu tolerieren, wenn eine zwingende Notwendigkeit vorliegt (beispielsweise um die Verbreitung ansteckender tödlicher Krankheiten einzudämmen); wenn die erforderlichen Eingriffe möglichst minimal gehalten werden (zum Beispiel sollte man eher die Temperatur von Urinproben im Rahmen von Drogentests messen, als zu beobachten, wie sie zustande gekommen sind); wenn man doppelt prüft, ob es nicht einen anderen, die Privatsphäre weniger beeinträchtigenden Weg zum Erreichen desselben Zieles gibt und wenn die Nebenfolgen möglichst minimal ausfallen (zum Beispiel, daß die Notwendigkeit, einen HIV-Test durchzuführen, von entsprechenden Beratungen begleitet wird).

Man ist zu Recht beunruhigt, wenn man liest, daß jemand aufgrund eines Datenbankfehlers keinen Kredit erhält oder fälschlicherweise inhaftiert wird. Das aber ist nicht die Folge einer Verletzung der Privatsphäre; schon eher ist es die Konsequenz davon, daß Daten mangelhaft erhoben und schludrig verwaltet werden. Was notwendig ist, sind Methoden, um schneller und einfacher Korrekturen in den verschiedenen Datenspeicherungssystemen durchzuführen, statt über ihre neuen und erweiterten Nutzungsmöglichkeiten einen Bann zu verhängen. Dies könnte erreicht werden, wenn es ähnlich wie in Deutschland Datenschutzbeauftragte auf Bundes- und/oder Landesebene gäbe, die sich mit aufkommenden Beschwerden beschäftigen und sich für eine stetige Verbesserung des existierenden Informationssystems einsetzen. Statt zu warten, bis erste Beschwerden auftauchen, sollten solche Datenkontrolleure vorsorgend die Datenbestände überprüfen, um die Fehlerraten klein zu halten und schnelle Korrekturen vorzunehmen.

Das Recht der Aussageverweigerung in eigener Sache

Individualisten behaupten häufig, daß auf den individuellen Rechten jener, die wegen eines Verbrechens angeklagt sind, herumgetrampelt werde. Sozialkonservativen wiederum geht es in erster Linie darum, die Ordnung aufrechtzuerhalten, selbst wenn das eine Beschneidung von Rechten mit sich bringt – zum Beispiel die Limitierung der Zahl von Gnadengesuchen, die ein zum Tode Verurteilter stellen darf. Ein das Gleichgewicht anstrebender Kommunitarist muß fragen, wo genau in einem gegebenen sozio-historischen Kontext der Punkt des Gleichgewichts liegt. Was Japan betrifft haben wir beispielsweise bemerkt, daß der Bereich der Individualrechte weiter auszubauen ist. In den Vereinigten Staaten benötigen wir ein stärkeres soziales Verantwortungsgefühl. Aber selbst wenn man mit dieser empirisch untermauerten Schlußfolgerung nicht übereinstimmt, so mag man doch zustimmen, daß es wenig Sinn hat, über Veränderungen in Politik und Praxis zu diskutieren, ohne den sozio-historischen Kontext, in dem sich die Veränderungen vollziehen sollen, zu beachten. Ein kurzer Blick auf das Recht, nicht sich selbst belasten zu müssen, soll diesen Aspekt unterstreichen.

Die historischen Ursprünge des Rechts, sich nicht selbst belasten zu müssen, liegen in »der dunklen Vergangenheit, als ein Verdächtiger vor die Star Chamber* (die eigentlich eine Folterkammer war) geführt wurde und man ihm *befahl*, Fragen zu beantworten, selbst wenn es offensichtlich war, daß er mit dem Verbrechen nichts zu tun hatte.«[32] In jener Zeit wurden Personen, die eine Aussage verweigerten, inhaftiert, gefoltert oder verbannt. Es ist völlig klar, daß in einem solchermaßen auf Zwang beruhenden Kontext der Schutz der Person ein grundlegendes und wesentliches Recht werden mußte. Aber im heutigen Amerika werden Menschen, die es ablehnen, selbstbelastende Aussagen zu machen, in keiner Weise dafür bestraft. Es wird einzig die Frage diskutiert, ob diese Weigerung bei der Urteilsfindung von Gewicht sein oder keinerlei Rolle spielen darf. In Anbetracht der Tatsache, daß man um die Schuld von etwa 90 Prozent all jener, die vor ein Strafgericht gestellt werden, weiß (das heißt, sie für schuldig befinden würde, wenn dem Gericht alle Tatsachen bekannt wären)[33], scheint es sinnvoll, das juristische System, welches einen Großteil der Schuldigen entlastet, in einem gewissen Umfang zu korrigieren. Das bedeutet nicht, das Recht auf Verweigerung selbstbelastender Aussagen aufzuheben, aber aus einer Aussageverweigerung Schlüsse ziehen zu dürfen. Auch England, eine eher kommunitäre Gesellschaft, erlaubt es seit Mitte der neunziger Jahre, die Aussageverweigerung eines Angeklagten als Indiz für seine Schuld zu werten.

---

* *star chamber*, wörtl. Sternkammer; Gericht zur Verfolgung von Straftaten gegen die britische Krone; Anm. d. Ü.

Grenzen der Liberalisierung

So wie das Einschlagen von Pflöcken auf der abschüssigen Bahn hin zu immer mehr Ordnung (die die individuelle Autonomie bedroht) bei Maßnahmen zur Aufrechterhaltung der sozialen Ordnung notwendig ist, sind Pflöcke auch in umgekehrter Richtung nötig, um zu verhindern, daß Maßnahmen der Liberalisierung nicht eine Dynamik entwickeln, welche die soziale Ordnung gefährdet. Beispielsweise wurden mehrere Vorschläge gemacht, um den Gebrauch bislang verbotener Substanzen zu legalisieren. Ohne nun die Frage zu diskutieren, ob eine solche Politik mit kommunitaristischen Grundwerten vereinbar wäre, fällt auf, daß selbst die Befürworter dieser Idee untereinander sich keineswegs einig sind, wie weit die Legalisierung gehen soll und ob nicht doch Pflöcke aufzustellen sind, um das Abgleiten in einen Zustand des vollkommen unkontrollierbaren Drogengebrauchs zu verhindern.

Es gibt nur sehr wenige, die schlicht einer Legalisierung aller Drogen das Wort reden. Selbst diejenigen, die dafür eintreten, illegale Drogen genau so zu behandeln wie Alkohol und Tabak, setzen gewisse Grenzen (z. B. Werbeverbot, Kennzeichnungspflicht, Verkaufsverbot an Minderjährige u. ä.). Andere schlagen »Pflöcke« ein im Blick auf die unterschiedlichen Substanzen (z. B. die Legalisierung nur von Marihuana, nicht aber anderer Drogen). Wieder andere ziehen eine Linie zwischen Entkriminalisierung und Legalisierung. (»Entkriminalisierung« meint, weniger oder gar keine Bestrafung für den Besitz kleiner Mengen und für den privaten Gebrauch in den eigenen vier Wänden, aber keine Veränderung was die Bestrafung von Verkauf und Import betrifft.)

Kurz gesagt, man kann sich ohne weiteres vorstellen, Pflöcke auch »in umgekehrter Richtung« einzuschlagen: Die Autonomie kann in einigen Bereichen zunehmen, ohne daß die damit verbundene Veränderung der Politik automatisch zu einer Schwächung der moralischen Ordnung oder zu grenzenloser Zügellosigkeit führen müßte.

Fall und Aufstieg Amerikas

Kann es eine Erneuerung
der moralischen Ordnung geben?

Wenn die moralischen Grundlagen einer Gesellschaft erst einmal ausgehöhlt sind, so der Soziologe Max Weber, werden sie unweigerlich ganz zerfallen. Neue Gesellschaften entsteigen der Asche alter Gesellschaften, sie entstehen nicht auf dem Wege einer Verjüngung bereits zerfallender. Diese soziologische These wird durch historische Studien über den Aufstieg und Fall von Regimes wie dem Dritten Reich oder dem antiken Rom belegt. Es ist weitaus schwieriger, bedeutende Werke über den Fall und *Aufstieg* bekannter Gesellschaften zu finden. Aus diesem Grund wissen wir hauptsächlich von Kulturen, die ohne ein Wiederaufleben untergegangen sind, wie etwa das antike Griechenland, Babylon, Ägypten oder die Azteken.

Mein Interesse gilt in diesem Zusammenhang – ungachtet des Diktums von Max Weber – einer Untersuchung derjenigen Bedingungen und Prozesse, die eine Erneuerung der moralischen Ordnung in Gesellschaften ermöglichen, in denen diese Ordnung zerfallen ist.

»Erneuerung« bezeichnet die Rückkehr zu einem sorgfältig ausbalancierten, höheren Niveau sozialer Ordnung und Autonomie. Ich wähle den Begriff »Erneuerung« anstatt »Wiederaufbau« oder »Wiederherstellung«, um zu betonen, daß damit nicht der nutzlose Versuch gemeint ist, die Vergangenheit lediglich wiederaufleben zu lassen; ein Versuch, der selbst wenn er soziologisch möglich wäre, moralisch abzulehnen ist.

Die Situation in den Vereinigten Staaten

Begriffe wie »moralische Krise« werden von Politikern, religiösen Führern und anderen Meinungsmachern in geradezu inflationärer Weise verwendet. Ähnlich wie andere pauschale Äußerungen über das »Ende der Ideologien« oder den »Tod der Familie« sind auch jene über den Niedergang der amerikanischen Gesellschaft oftmals stark übertrieben, wenngleich sie einen Funken Wahrheit enthalten.

Insbesondere muß man sich mit folgenden Fragen auseinandersetzen:

1. Gab es zwischen den Jahren 1960 und 1990 einen merklichen Zerfall der sozialen Ordnung?
2. Wenn es einen solchen Zerfall gab, blieb er auf bestimmte soziale Bereiche beschränkt, oder war er allumfassend?[1]
3. Verblieb die Erweiterung der Autonomie durch verschiedene soziale Bewegungen – etwa die Bürgerrechts- und Frauenbewegung – innerhalb bestimmter sozialer Grenzen, oder führte dieser Kampf für mehr Freiheit zu Permissivität, vermindertem Rechtsbewußtsein und Anomie?
4. Veränderte sich das Ausmaß, in welchem die soziale Ordnung auf der Integrationskraft moralischer Normen statt auf Zwangsmaßnahmen basiert?
5. Wenn man die Periode zwischen 1960 und 1990, zumindest was einige Bereiche betrifft, als eine Zeit des moralischen Niedergangs versteht, hält dann dieser gesellschaftliche Verfallsprozeß in den 90er Jahren noch an, oder sind wir Zeugen eines Neuanfangs, einer *Rückwendung*?

Bei meinen Antworten stütze ich mich auf Daten, die allgemein bekannt sind (zum Beispiel den Rückgang der Wahlbeteiligung oder den Anstieg gewalttätiger Verbrechen in der gegebenen Zeitspanne), aber oftmals bestritten (etwa: ist die Verbrechensrate gestiegen oder bloß die Angst vor Verbrechen?) bzw. unterschiedlich interpretiert werden (ist die niedrige Wahlbeteiligung Anzeichen für den gleichgültigen Rückzug vom System oder Ausdruck wütenden Protests?). Mein Interesse gilt nicht den Details der Daten oder der Präsentation neuer Beweise. Ich werde statt dessen die wesentlichen Punkte in allgemeiner Form problematisieren. So besteht beispielsweise kein Zweifel daran, daß die Kriminalitätsrate zwischen

1960 und 1990 deutlich gestiegen ist, ganz gleich in welcher Weise man die jeweilige Erhebungsmethode nun beurteilt. Zusammengenommen verweisen diese Befunde auf einige generelle Entwicklungslinien.

Eine abschließende Warnung: Bei der Erforschung einer Gesellschaft muß man sich in Erinnerung rufen, daß die Gesamtbevölkerung, selbst eine zahlenmäßig viel kleinere und weniger differenzierte als die Amerikas, sich niemals so einheitlich verändert wie die Marschrichtung einer Musikantengruppe beim Ton der Trillerpfeife. Veränderungen erfolgen stets graduell und betreffen nur Teile der Bevölkerung.

Die Gesellschaftsordung der 50er Jahre

Jede historische Analyse benötigt einen Ausgangspunkt, der sich auf ihre Erkenntnisse und Schlußfolgerungen auswirkt. Nimmt man die amerikanische Gesellschaft der 50er Jahre als Ausgangspunkt, so erscheint sie aus der Perspektive des Jahres 1990 als eine in hohem Maße geordnete; eine Einschätzung, die von früheren Generationen nicht unbedingt geteilt worden wäre. (Gleiches gilt für die soziologische Perspektive: Vergleicht man die amerikanische Gesellschaft mit einigen asiatischen Gesellschaften, kann man den Eindruck gewinnen, sie zeichne sich eher durch ein geringeres Maß an Ordnung aus; vergleicht man sie hingegen mit dem Rußland Mitte der neunziger Jahre, wird man ihr ein recht hohes Maß an Ordnung bescheinigen.) Diejenigen, die meinen, die fünfziger Jahre seien atypisch gewesen[2], mögen Recht haben, aber ein ähnlicher Einwand könnte für jeden Zeitraum erhoben werden, und die Analyse muß von irgendeinem Punkt ausgehen.

Das Jahr 1960 fungiert als Grenzlinie, da die Gesellschaft der 50er Jahre oft als Vorbild einer, mittlerweile verlorengegangenen, ordentlichen Gesellschaft betrachtet wird; einer Gesellschaft, in der bestimmten sozialen Werten der ihnen gebührende Rang zukam. »Dreißig Jahre später erscheinen die fünfziger Jahre als wohlgeordnete Ära mit einem Minimum an sozialer Spannung ... In dieser Ära des allgemeinen Wohlwollens und wachsenden Wohlstandes zweifelten nur sehr wenige Amerikaner an der essentiellen Güte ihrer Gesellschaft«, bemerkt David Halberstam (1993), S. 5).[3]

Man mag behaupten, die soziale Ordnung der 50er Jahre sei atypisch gewesen, habe die »falschen« Werte aufrechterhalten und auf sozialen Konventionen beruht, welche die unterschwelligen Spannungen nur unzureichend übertünchten; gar sei die Ordnung in einem beachtlichen Ausmaß auf Zwang gegründet gewesen. Dennoch läßt sich nicht leugnen, daß das Ausmaß unsozialen Verhaltens im Amerika der 50er Jahre (sowie in anderen westlichen Gesellschaften) deutlich niedriger war als am Ende der 50er Jahre.

In den 50er Jahren fanden *Grundwerte* eine relativ breite Zustimmung und Unterstützung[4] und diesen Grundwerten wurde eine anti-kommunistische Ideologie unterlegt. Die meisten Amerikaner waren in der Idee vereint, Amerika sei die Speerspitze der freien Welt und unterstützten leidenschaftlich den Kalten Krieg gegen das »Reich des Bösen«.[5] Der Patriotismus gedieh – Amerika hatte den Zweiten Weltkrieg gewonnen, die freie Welt vor dem Untergang bewahrt und verfügte über die weltweit stärkste Wirtschaftskraft. In der Tat dachte man in den 50er Jahren, dies sei der Beginn des amerikanischen Jahrhunderts (Halberstam 1993, S. 116ff.).

Die Mitglieder der Gesellschaft hatten ein ausgeprägtes Bewußtsein der Verpflichtungen gegenüber ihren Familien, Gemeinschaften und der Gesellschaft im ganzen. Als Präsident John F. Kennedy 1961 die Amerikaner aufforderte, sie sollten nicht danach fragen, was ihr Land für sie, sondern was sie für ihr Land tun könnten, wurde diese Äußerung mit großem Wohlwollen aufgenommen. Die Begründung des *Peace Corps* fand weit größere Unterstützung als das *AmeriCorps*, jener nationale Sozialdienst, den Präsident Clinton dreißig Jahre später einzurichten versuchte.

Die christliche Religion prägte das private und öffentliche Leben damals noch sehr viel stärker als im Jahre 1990. Beispielsweise war das Schulgebet allgemein üblich und wurde kaum in Frage gestellt. Die Gesetze machten eine Scheidung äußerst schwierig und teuer; in allen Bundesstaaten war Abtreibung verboten. Die Familien waren weitgehend intakt, uneheliche Geburten gab es kaum. Die kulturelle Verwahrlosung, die das Fernsehen mitlerweile charakterisiert, zeichnete sich allenfalls erst in Ansätzen ab.

Die Rollen von Mann und Frau waren klar definiert, auch wenn nicht alle den damit verknüpften normativen Erwartungen entsprachen. Diejenigen, die dies nicht taten, wurden von ihrer Gemeinschaft oftmals

gemaßregelt. Frauen, die nicht heirateten, wurden als alte Jungfern stig-
matisiert; verheiratete Frauen, die kinderlos blieben, sahen sich dem
Druck ständiger Rechtfertigungen ausgesetzt. Wie es Historiker jener
Zeit formulierten: »Es galt als besonderes Zeichen von persönlicher
Gesundheit und Wohlergehen, wenn man den sozialen Akt des Heiratens
und Familiengründens vollzog.« (Miller/Nowak 1977, S. 147) Frauen,
die ihren Geschlechtspartner wechselten, wurden als »Nutten« bezeichnet, und im Großen und Ganzen wurde von den Frauen erwartet, daß sie
das Haus zu hüten, die Kinder zu erziehen, der Gemeinschaft zu dienen
und sich unterwürfig und liebenswert zu verhalten hatten. Die Männer
hatten für den Lebensunterhalt zu sorgen (taten sie dies nicht, vermittelte
man ihnen Schuldgefühle) und stark zu sein. »Nur wenn sie ihre Stellung
als Frau, Mutter und Haushüterin akzeptierte ... konnte eine Frau Zufriedenheit finden. Ähnlich mußte der Mann seine aktive und konkurrenz-
fähige Rolle unter Beweis stellen. Die beiden menschlichen Hälften fügten
sich in dieser grundlegenden menschlichen Einheit, dem naturgegebenen
Ehestand, zusammen.« (Ebd., S. 153 f.).

Der Respekt vor Autoritäten (in dem sich die Werte einer Gesellschaft
verkörpern und der gleichzeitig hilft, sie zu bewahren) war groß und
wurde Präsidenten und Priestern, Generälen, Ärzten aber auch Gewerkschaftsführern gezollt (Ehrenhalt 1995, S. 8-32). Wenn ein Arzt die Notwendigkeit einer Operation feststellte, hätten es nur wenige gewagt, eine
zweite Meinung einzuholen. In der Wirtschaft waren Allianzen zwischen
Unternehmen und Gewerkschaftsführern allgemein üblich. Die Regierung genoß großes Vertrauen und der Anteil derer, die sich an Wahlen
beteiligten, war vergleichsweise hoch; eine Entfremdung von der Politik
war kaum zu beobachten.

Das *Ausmaß*, in dem diese *Ordnung auf der Integrationskraft moralischer Normen* (statt auf verschiedenen Formen des Zwangs) *beruhte* ist
insbesondere für eine kommunitaristische Bewertung von entscheidender Bedeutung. Allerdings ist dieser Aspekt so gut wie nie erforscht worden und daher sehr schwer abzuschätzen. Es ist besonders schwierig zu
ermitteln, wie tief die in den 50er Jahren vorherrschenden Grundwerte
von den Menschen verinnerlicht wurden, da sich viele nur aus Gründen
des sozialen Drucks, aus ökonomischen Gründen oder schlicht aus Angst
(zum Beispiel die Afroamerikaner in den Südstaaten) angepaßt haben
mögen.[6] Einerseits waren die meisten Amerikaner mit ihrem Status recht

zufrieden, und es gab nur wenige Anzeichen des Protests. Die Feministin Betty Friedan, theoretische Vordenkerin einer der nachfolgenden Protestbewegungen, meint, in den 50er Jahren hätte es allein deshalb den Anschein gehabt, die Frauen seien mit ihrer traditionellen Rolle zufrieden, weil sie »aufwuchsen, ohne zu wissen, daß sie ... [noch andere] Sehnsüchte und Fähigkeiten besitzen« als jene, die ihnen durch die vorherrschenden Normen der Zeit diktiert wurden.[7] Die Tatsache, daß im nachfolgenden Jahrzehnt Afro-Amerikaner, Jugendliche, Frauen und liberale Männer die alte Ordnung attackierten und ihrer Legitimität beraubten, bestärkt freilich die Vermutung, diese Amerikaner hätten sich schon in den 50er Jahren der sozialen Ordnung nicht in vollem Umfang verpflichtet gefühlt.

In den 50er Jahren gab es wenig, was umstritten gewesen wäre, und der Sinn für *Gemeinschaft und gemeinsame Bindungen war relativ stark ausgeprägt.* Und selbst zu dieser Zeit war die amerikanische Gesellschaft (objektiv) heterogener und verstand sich selbst (subjektiv) als mannigfaltiger als die meisten europäischen Gesellschaften. Gleichwohl glaubte man nicht, die Gesellschaft sei im Innersten gespalten. Im Vergleich zur nachfolgenden Zeit gab es noch keine stark ausgeprägten ethnischen oder geschlechtsspezifischen Gruppenidentitäten. Die verschiedenen ethnischen Gruppen betonten, ihre Loyalität gelte in erster Linie der amerikanischen Gesellschaft und nicht ihrem Herkunftsland. Gruppen, die unter dem Verdacht standen, sich nicht vorrangig den USA verpflichtet zu fühlen, wurden mit Verachtung gestraft, und ihren Wortführern verwehrte man den Zugang zu vielen öffentlichen Ämtern, insbesondere jenem des Präsidenten. Kommunisten galten als verdächtig, weil sie angeblich von Moskau Befehle empfingen. Als sich John F. Kennedy um das Amt des Präsidenten bewarb, glaubte er, die Amerikaner als erstes davon überzeugen zu müssen, daß seine oberste Loyalität keineswegs dem Papst gelte. Ebenso traten nur sehr wenige Aktivisten für einen gänzlich anderen Lebensstil ein – z. B. Zen-Buddhisten oder Homosexuelle –, obgleich es an den Rändern der Gesellschaft durchaus kleine Gruppen sogenannter Bohemiens, Abweichler und Aufrührer gab.

Anzeichen für unsoziales Verhalten, wie etwa Gewaltverbrechen, Drogenmißbrauch, Alkoholismus und andere Quellen sozialer Unordnung, waren kaum zu beobachten (oder blieben vergleichsweise im Verborgenen, wie das Glücksspiel, die Prostitution und die Pornographie).

Die meisten Amerikaner hatten das Gefühl, ein sicheres und geordnetes Leben führen zu können. In vielen Teilen des Landes konnte man sich ohne Angst in den Straßen und auf öffentlichen Plätzen aufhalten; man ließ die Wohnungstür unverschlossen, die Zündschlüssel im Auto stecken und die Kinder unbeobachtet draußen spielen. Die Mehrheit hatte den Eindruck, einer geordneten und relativ ruhigen Gesellschaft anzugehören.

Vergleichsweise gering ausgeprägte Autonomie. Die amerikanische Gesellschaft der 50er Jahre engte den Entscheidungsspielraum des Einzelnen und für Gruppen ein, obgleich nicht annähernd so stark wie autoritäre Gesellschaften (von totalitären Gesellschaften ganz zu schweigen). So erwartete man von College-Studenten, eine recht große Anzahl vorgeschriebener Kurse zu belegen, von denen die Lehrenden meinten, sie seien »gut für sie«; die Zahl der »Wahlfächer« war dagegen eher begrenzt. Die Pflichtkurse spiegelten zudem in unverhohlener Weise das vorherrschende Wertesystem wider, ohne daß man sich dessen notwendigerweise bewußt war.

Die 50er Jahre sind als das Zeitalter der »schweigenden Generation« bezeichnet worden; ein Zeitalter, in dem man von den Menschen erwartete, daß sie sich unkritisch verhielten und Autoritäten nicht in Frage stellten. Godfrey Hodgson bemerkt dazu, daß »man sich als unverantwortlich oder ignorant offenbarte, wenn man es wagte, von den Axiomen des allgemeinen Konsens abzuweichen.« (1976, S. 72). Eine Hexenjagd erfaßte das ganze Land, in deren Verlauf Senator Joseph McCarthy und seine Spitzel mutmaßliche Kommunisten und deren Sympathisanten verfolgten, sie aus ihrem Beruf, ins Exil oder sogar in den Selbstmord trieben. Es galt eine Art »Straßenjustiz«, bei welcher der Polizist viele Angelegenheiten mit Hilfe seines Knüppels ohne Anhörung oder Berufungsrecht vor Ort regelte. Gesetzgebung und Rechtsprechung zeichneten sich durch sehr starke ethnische und klassenbedingte Voreingenommenheiten aus.

Im Kongreß dominierte eine kleine Gruppe von Senatoren aus den Südstaaten. Sie behielten ihre Ämter über viele Legislaturperioden hinweg, stellten die Vorsitzenden in vielen Ausschüssen und vermochten, sich im Kongreß über nahezu jeden Konkurrenten rücksichtslos hinwegzusetzen. Als der Sprecher des Repräsentantenhauses, Tom Roley, 1994 nach dreißig Jahren sein Amt verließ, erinnerte er sich an die Zeit, da er das erste Mal in den Kongreß einzog. Damals hätte der seinerzeit im Amt befindliche Sprecher ihm und den anderen neuen Abgeordneten in aller Öffentlichkeit zu verstehen gegeben, was man in erster Linie von ihnen erwarte: Schweigen.

Die Autonomie verschiedener sozialer Gruppierungen war recht eingeschränkt. Frauen und Minderheiten wurden wie Bürger zweiter Klasse behandelt. Die weitverbreitete Rassentrennung an öffentlichen Schulen, im öffentlichen Verkehrswesen, in Hotels und Restaurants wurde durch Gesetz und Tradition untermauert. Mehrere bürokratische Kunstgriffe dienten vor allem in den Südstaaten dazu, Schwarze an einer Wahlbeteiligung zu hindern. Wirkmächtige Stereotypen, Traditionen und ein Netzwerk persönlicher Absprachen sorgten sehr erfolgreich dafür, daß Frauen nicht in politische Ämter, in hohe Positionen von Verbänden und Unternehmen oder in andere einflußreiche Berufe gelangten. Sexualpartner hatten heterosexuell und verheiratet zu sein, und selbst dann wurde ihr sexuelles Verhalten durch die kulturell definierten Normen in hohem Maße eingeschränkt. Kurz gesagt, während einerseits die Gesellschaft verhältnismäßig geordnet war (gemessen an den heutigen Maßstäben Amerikas und nicht, sagen wir, an denen Singapurs), beschnitt sie andererseits den biographischen Entscheidungsspielraum, die Möglichkeiten kreativer Selbstdarstellung und die kulturellen Alternativen für die meisten Mitglieder der amerikanischen Gesellschaft (insbesondere mit Blick auf die Entwicklungen, die folgen sollten).

1960 bis 1990: Das Pendel schwingt in Richtung mehr individuelle Autonomie

Der starke Grundwertekonsens der 50er Jahre wurde in den folgenden Jahren zunehmend untergraben. Denn während einige Grundwerte angefochten wurden und andere gänzlich verschwanden, wurden sie durch keine neuen ersetzt. Immer mehr Amerikaner zweifelten (insbesondere in der Folge des Vietnam-Krieges) an der verdienstvollen Rolle ihres Landes für die internationale Staatengemeinschaft. Die antikommunistische Inbrunst verflog, ohne daß irgendeine neue, von allen geteilte Doktrin an ihre Stelle trat. Der Aufstieg der Gegenkultur in den 60er Jahren hatte eine weitere Schwächung der Arbeitsmoral und Wirtschaftlichkeit zur Folge und erschütterte die Akzeptanz der meisten Verhaltensweisen, angefangen bei den Kleidervorschriften bis hin zu den Tischmanieren und der Eßkultur.[8]

Während die Zahl derer, die sich gänzlich der Gegenkultur verschrieben, relativ gering blieb (obgleich es sich immer noch um Millionen handelte), und viele sich ihr nur vorübergehend anschlossen, übernahmen Millionen »ordentlicher« Amerikaner zumindest einige der Grundsätze dieser Gegenkultur. Dem Aufstieg der Gegenkultur in den 60er Jahren folgte in den 70er und vor allem den 80er Jahren die starke Akzeptanz einer neuen, eher instrumentellen Form des Individualismus.[9] In der Folge dieses Individualismus konzentrierte man sich eher auf sich selbst als auf die Verantwortung gegenüber der Gemeinschaft und sah in der Verfolgung des Eigeninteresses die bestmögliche Grundlage sozialer Ordnung und tugendhafter Gemeinwohlorientierung. Bücher wie *Wie man zur Nummer Eins wird* und *Wie du dir selbst der beste Freund bist*, die verkündeten, daß »wir hinsichtlich dessen, was in unserem Leben geschieht, allein uns selbst gegenüber zur Rechenschaft verpflichtet sind«[10], wurden sehr populär. Milton Friedman und Peter Drucker verkündeten, der Zweck der Wirtschaft bestünde im Geschäftemachen und schließe daher keine sozialen Verpflichtungen mit ein.[11]

Waren die 50er Jahre durch ein ausgeprägtes Pflichtgefühl gekennzeichnet, so nahmen Anspruchsdenken und die Tendenz, sich sozialer Verantwortung zu entziehen, zwischen 1960 und 1990 stetig zu. Die Amerikaner traten für einen schlankeren Staat und geringere Steuern ein, forderten aber zugleich ein Mehr an staatlichen Dienstleistungen.[12]

Rolle und Einfluß der Religion gingen zurück, Scheidung und Abtreibung wurden legalisiert und das Gebet wurde aus den meisten öffentlichen Schulen verbannt.

Eine bemerkenswerte Ausnahme von dieser zunehmenden Individualisierung stellt der Umweltschutz dar, der in den Rang eines gemeinsam geteilten Wertes aufstieg. In den frühen 70er Jahren entwickelte sich ein allgemeiner Konsens zugunsten einer nationalen Umweltschutzpolitik[13], und in den 90er Jahren bezeichneten sich bereits drei Viertel aller Amerikaner als aktive Umweltschützer.

Der Senator (und Soziologe) Daniel Patrick Moynihan wies in einem vielzitierten Artikel mit dem Titel »Das Hinwegdefinieren abweichenden Verhaltens« darauf hin, daß Gesellschaften ihre Vorstellungen von abweichendem Verhalten aufweichen, und ein Verhalten, das zuvor als abweichend betrachtet wurde, sogar »akzeptabel« oder »normal« finden, wenn das Ausmaß abweichenden Verhaltens allzu groß wird.[14] Beispielsweise weist Moynihan darauf hin, daß unsere auffälligste Reaktion auf den Niedergang der traditionellen Familie in einer Neudefinition des Begriffs »Familie« bestand, so daß in der Folge eine größere Bandbreite an Haushalten unter diese Neudefinition fiel. In ähnlicher Weise führte die rapide anwachsende Kriminalitätsrate zu einer Neudefinition des »akzeptablen Niveaus« krimineller Aktivität.

In den 80er Jahren lebten bereits viele Amerikaner nicht mehr entsprechend jener Grundwerte, die immer noch beschworen wurden. Manche Werte fanden gar keinen Niederschlag mehr im täglichen Handeln, andere – z. B. die Heirat – in bedeutend geringerem Maße. In bezug auf andere Dinge dagegen war ein bemerkenswerter Anstieg an Streitlust zu verzeichnen. So oder so, die moralische Ordnung wurde entweder ausgehöhlt oder zumindest geschwächt.

Der *Respekt vor Autorität* schwand rapide. So fiel jener Index, der das Vertrauen in die Führungskompetenz einer großen Anzahl amerikanischer Institutionen mißt, zwischen 1966 und 1990 von 100 auf 46.[15] Die Liste umfaßt das Militär, den Kongreß, das Amt des Präsidenten, Bildungseinrichtungen, die Medien sowie Wirtschaftsunternehmen.

Im Laufe dieser Entwicklung sind die Amerikaner zu einem Volksstamm geworden, der seine Führer verschleißt und zerfleischt. Die durchschnittlichen Amtszeiten von Polizeipräsidenten, Schul- und Universitätsdirektoren verkürzten sich, und die Führungsgremien von Krankenhäusern, der Post, des Verteidigungsministeriums, der CIA und des FBI sahen sich intensiver Kritik ausgesetzt.

Vor allem aber haben es die Amerikaner dahin gebracht, ihre Präsidenten wie Schlachtvieh zu behandeln. Die meisten Jahre seiner Amtszeit ließ sich Ronald Reagan nichts zuschulden kommen; aber dann mußte er sich wegen der Iran-Contra-Affäre, die sein Amtsende überschattete, aus der Öffentlichkeit zurückziehen. Lyndon Johnson fiel der Kontroverse um den Vietnam-Krieg zum Opfer. Richard Nixon mußte in der Mitte seiner Amtszeit zurücktreten. Gerald Ford brachte man offene Mißachtung entgegen, und Jimmy Carter behandelte man gar, als sei er vollkommen inkompetent. Der letzte Präsident, der zwei Amtsperioden überstand, ohne daß seine Legitimität in Frage gestellt wurde, war Dwight Eisenhower.

Die *Wahlbeteiligung* sank. An der Präsidentschaftswahl im Jahre 1960 nahmen 63 Prozent der Wahlberechtigten teil. 1988 waren es nur noch 50 Prozent. Umfragen zufolge gibt es eine wachsende Zahl von Amerikanern (seit 1990 die überwältigende Mehrheit), die – insbesondere auf nationaler Ebene – mit der Politik hochgradig unzufrieden sind. Die Regierung anzugreifen avancierte daher zu einem weitverbreiteten politischen Mittel; selbst bei jenen, die einen Großteil ihrer Lebenszeit als »Insider« in Washington verbrachten. Die Loyalität gegenüber den Parteien sank, während der Anteil an Amerikanern, der sich als unabhängig einschätzt, von 23 Prozent im Jahre 1960 auf 37 Prozent im Jahre 1990 anstieg.[16]

Die *Entfremdung* nahm zu. Amerikaner wurden oft befragt, ob sie folgenden pointierten Äußerungen zustimmen: »Meinen Sie, daß die Reichen immer reicher, und die Armen immer ärmer werden?«; und: »Sind Sie der Meinung, daß die Regierenden sich nicht wirklich um das kümmern, was Sie bedrückt?« Der Anteil an bejahenden Antworten auf solche und ähnliche Fragen stieg von 29 Prozent im Jahre 1966 (als diese Umfragen erstmals durchgeführt wurden) auf 61 Prozent im Jahre 1996, und hat sich mithin mehr als verdoppelt.[17]

Eine Studie über einen Zeitraum von zehn Jahren hat ergeben, daß der Prozentsatz von Personen in »stabilen« Arbeitsverhältnissen (definiert als jene, die nie oder nur einmal ihre Arbeit wechselten) von 67 Prozent in den 70er Jahren auf 52 Prozent in den 80er Jahren gefallen ist. Unterdessen hat sich der Prozentsatz der Personen in »instabilen« Arbeitsverhältnissen (die mehr als dreimal ihren Arbeitsplatz wechseln mußten) von 12 auf 24 Prozent verdoppelt.[18]

Sozioökonomische Veränderungen und Autonomie

Mein Interesse gilt vor allem jenen Faktoren, die von manchen als »kulturelle« bezeichnet werden – also den Wertvorstellungen und ihrer Verkörperung in der Gesellschaft (der moralischen Infrastruktur) – und weniger einer Analyse ökonomischer Faktoren. Aus diesem Grund untersuche ich nicht die Veränderungen in der Armutsstruktur, der Lohnentwicklung, u. s. w., sondern skizziere lediglich die Auswirkungen dieser Faktoren auf eines der fundamentalen Elemente einer guten Gesellschaft, den Bereich der individuellen Autonomie.

In dem hier untersuchten Zeitraum trugen Veränderungen der sozio-ökonomischen Verhältnisse zur Stärkung der Autonomie *und* der Abhängigkeit bei, also einem Verlust an Autonomie. Die Autonomie vergrößerte sich im Zuge verbesserter sozioökonomischer Verhältnisse für die Benachteiligten, wenn auch die relativen Ungleichheiten zwischen den Einkommensgruppen bestehen blieben. Der Verlust an Autonomie manifestierte sich hingegen in einem zahlenmäßigen Anstieg jener, die von staatlicher Unterstützung abhängig wurden. Zwischen 1960 und 1990 stieg die Anzahl der Personen, die Sozialhilfe in Anspruch nahmen, um das Fünffache auf 4,2 Millionen. Wieviele dieser Sozialhilfeempfänger durch solche ihren Lebensunterhalt absichernden Leistungen ein Mehr an Autonomie gewonnen haben und wieviele von ihnen dadurch in eine psychologische Abhängigkeit gerieten und somit an Autonomie einbüßten, oder aber bei wievielen schließlich beides zutraf, diese Fragen sind Teil einer hochgradig ideologisierten Debatte, die kaum anhand verläßlicher sozialwissenschaftlicher Daten geführt werden kann.

Allgemeiner ausgedrückt: Es läßt sich anhand triftiger sozialwissenschaftlicher Daten zeigen, daß der Zuwachs des Haushaltseinkommens in dem hier untersuchten Zeitraum seine Ursache weniger in einem Anstieg des realen Arbeitseinkommens hat, als vielmehr in der gestiegenen Zahl derjenigen, die, vor allem nach 1973, in einem Haushalt einer Arbeit nachgingen. Diese Entwicklung führte zu einem Verlust an Autonomie, da sich nun mehr und mehr Mitglieder einer Familie gezwungen sahen, außerhalb ihres Haushaltes zu arbeiten. Damit aber verringerte sich die Zeit, die für andere Zwecke zur Verfügung stand, in drastischer Weise, sei es für die Familie, für die Gemeinschaft oder für ehrenamtliche Dienste.[19] Die steigende Arbeitsplatzunsicherheit hat zusätzlich zur Verringerung der Autonomie beigetragen.

Familie. Die Bedeutung der Familie nahm ab, wenngleich sie weder »verschwunden« noch zu einer »vom Aussterben bedrohten Art« geworden ist. Der Anteil aller Familienhaushalte (verheiratete Paare mit mindestens einem Kind) sank von 42 Prozent im Jahr 1960 auf 26 Prozent im Jahr 1990.[20] Dennoch lebten auch 1990 noch mehr als 60 Prozent aller Kinder bei ihren beiden biologischen Eltern und mehr als 70 Prozent aller Kinder mit zwei Eltern unter einem Dach.[21]

Die Scheidungsrate verdoppelte sich zwischen 1960 und 1990, und fast die Hälfte aller geschlossenen Ehen endete 1990 mit einer Scheidung.

Während sich viele, die wieder heirateten, ein zweites oder drittes Mal scheiden ließen, lebte immerhin noch die Hälfte aller Paare in erster Ehe.[22] Auch wenn sich die Rate unehelicher Kinder sowie deren Stellung nur schwer bestimmen läßt, muß doch bemerkt werden, daß ihre Anzahl rapide anstieg und sich mit 21,6 (pro 1.000 Geburten) im Jahre 1960 und 41,8 im Jahre 1989 fast verdoppelte. Der Prozentsatz von Geburten alleinstehender Mütter erhöhte sich zwischen 1960 und 1990 um das Fünffache.

Vielfalt. Der Anteil an Nicht-Weißen und Hispano-Amerikanern hat sich zwischen 1960 und 1990 mehr als verdoppelt. Der Prozentsatz der im Ausland Geborenen erhöhte sich im gleichen Zeitraum von 5,4 Prozent auf 7,9 Prozent. Männer und Frauen, in den 50er Jahren kaum als zwei eigenständige soziale Gruppen angesehen, haben sich voneinander entfernt. Zahlreiche Spannungen ergaben sich, da die traditionellen Geschlechterrollen weitgehend abgelegt wurden, ohne daß sich ein neuer Konsens in bezug auf die Rollenerwartungen herausgebildet hätte.

Was die ethnischen Gruppen betrifft, gab es bereits früh Anzeichen wachsender Spannungen und Aufspaltungen, die sich in den ethnisch geprägten städtischen Unruhen der Jahre 1965 bis 1967 manifestierten. Der Bericht der U.S. Riot Commission kam angesichts dieser Ereignisse zu dem Schluß, die Vereinigten Staaten bestünden aus zwei Nationen, deren Trennlinie entlang ethnisch bedingter Faktoren verlaufe. Die Spannungen zwischen Juden und Afro-Amerikanern, die einst gemeinsam als liberale Koalition für soziale Veränderungen eintraten, nahmen zu.[23] Die Afro-Amerikaner fühlten sich zunehmend durch Immigranten bedroht und nahmen an deren besonderem Status Anstoß, was schließlich zu Auseinandersetzungen zwischen ihnen und den Hispano-Amerikanern sowie den Amerikanern asiatischer Herkunft führte.

Im Laufe des hier untersuchten Zeitraums scheinen auch die Spannungen zwischen vielen anderen ethnischen Gruppen zugenommen zu haben. Obwohl es keine verläßlichen Trendanalysen gibt, zeigen Erhebungen vom Anfang der 90er Jahre, daß »im Laufe eines Jahres einer von vier oder fünf erwachsenen Amerikanern aus vorurteilsbedingten Gründen belästigt, eingeschüchtert, beleidigt oder tätlich angegriffen wird.«[24]

Anzeichen für eine Ausdünnung des sozialen Gewebes blieben nicht auf die Beziehungen zwischen den Geschlechtern oder den Ethnien beschränkt. Der Anteil an Menschen, die das Gefühl hatten, daß »den meisten Menschen vertraut werden kann«, fiel von 58 Prozent im Jahre 1960 auf 37 Prozent im Jahre 1993.[25] (Die Relevanz, die das Vertrauen für eine Gemeinschaft besitzt, ist von Francis Fukuyama ausführlich untersucht worden [1995]). Die Fürsorgepflicht großer Unternehmen für ihre Angestellten ließ ebenso nach wie die Loyalität der Angestellten gegenüber ihren Unternehmen. Damit haben die Betriebe und Unternehmen noch stärker an Gemeinschaftscharakter eingebüßt.

Die Überzeugungskraft moralischer Normen und andere Ordnungsmaßnahmen. Im Folgenden werde ich verschiedene Maßnahmen lediglich skizzieren, die man zur Aufrechterhaltung der Ordnung einsetzte, und die auf komplizierter Art und Weise Richtungsänderungen und Gegenbewegungen unterlagen.

Die 60er Jahre zeichneten sich durch ein grundlegendes *Schwinden des Vertrauens in ordnungserhaltende Zwangsmaßnahmen aus, ohne daß parallel dazu das Vertrauen in die Überzeugungskraft moralischer Normen angestiegen wäre; im Gegenteil, dieses nahm sogar noch ab.* Es handelt sich hierbei um eine relative Feststellung: Da in Amerika nie in so starkem Maß Zwangsmittel eingesetzt wurden wie in autoritären Gesellschaften, konnte die Abkehr vom Zwang auch nicht drastisch ausfallen. Und dennoch wurde die oben beschriebene »Straßenjustiz« im Gefolge einer stärkeren Betonung der Indiuvidalrechte und des Erstarkens der Bürgerrechtsbewegung zunehmend zurückgedrängt. Im Jahre 1964 wurde der *Civil Rights Voting Act** verabschiedet. Zahlreiche afro-amerikanischen Bürgermeister und Polizeichefs wurden gewählt, und polizeiliche Übergriffe auf Schwarze nahmen ab (wenngleich sie bei weitem nicht ganz verschwanden). Die Empörung über das brutale Vorgehen gegen Protestgruppen während des Parteikongresses der Demokraten in Chicago im Jahre 1968 und die Ermordung von Kriegsgegnern an der Kent State University (Ohio) im Jahre 1970 zwangen die Nationalgarde und die Polizei zu mehr Zurückhaltung. In einer 1966 getroffenen Entscheidung (*Miranda gegen Arizona*) erlegte der Oberste Gerichtshof der Vereinigten Staaten der Polizei neue Beschränkungen auf. Bis 1975 wur-

---

* Gesetz gegen die Erhebung von Wahlsteuern, zur Abschaffung von Eignungstests, deren Bestehen erst das Wahlrecht garantierte, und zur Ahndung von Beamten, die Schwarze nicht in Wahllisten aufnahmen; Anm. d. Ü.

den in 18 Staaten die Gesetze zum Verbot der Sodomie aufgehoben, 1993 war sie in 23 Staaten legal. Abtreibung wurde, für die Mehrzahl der Fälle, von der Liste staatlich zu verfolgender Delikte gestrichen. Sich scheiden zu lassen wurde gegen Ende der 60er und Anfang der 70er Jahre durch die Aufhebung des »Schuldprinzips« erleichtert, und die öffentliche Billigung körperlicher Strafen in den Schulen ging beträchtlich zurück.[26]

In den 70er und vor allem den 80er Jahren vollzog sich allerdings eine Kehrtwende. Immer mehr Gesetzesübertretungen wurden nun bestraft, und das Strafmaß verschärfte sich beständig. Die Zahl inhaftierter Amerikaner kletterte in die Höhe und überstieg die jeder anderen Industrienation.[27] Auf 100.000 Einwohner kamen 1960 120 Inhaftierte, 1990 bereits 300.[28] Obwohl der Oberste Gerichtshof 1972 die Todesstrafe außer Kraft setzte, ist sie binnen zehn Jahren in 37 Staaten erneut eingeführt worden.[29] Mehrere Staaten schränkten Abtreibung und die Ausübung von Homosexualität wieder ein. Der *Sentencing Reform Act*, der 1987 in Kraft trat (obwohl er bereits 1984 verabschiedet wurde), setzte dem allgemeinen Bewährungssystem ein Ende und führte zu einem starken Anstieg von Verurteilungen.[30] Viele Staaten führten zudem seit Anfang der 80er Jahre verbindliche Regelungen für die Höhe des Strafmaßes ein.

Mit dem Erstarken liberal- und schließlich marktkonservativer Ideen bei gleichzeitiger Schwächung sozialer Zwänge verlor die Integrationskraft moralischer Normen in den 60er Jahren ebenfalls an Gewicht. Die Vorstellung, man solle keine Werturteile fällen, gewann an Einfluß (vgl. dazu unten Kap. 5); verschiedene soziologische und psychologische Theorien, die das System für das Fehlverhalten seiner »Opfer« verantwortlich machten, setzten sich durch und begründeten hiermit einen Trend, der sich in den zwei folgenden Jahrzehnten fortsetzte. Die Freizügigkeit nahm zu, insbesondere in Bereichen, die das Sexualverhalten oder mangelnde schulische Leistungen betrafen. Sogar die Einhaltung der üblichen Regeln des Anstandes ließ, wie einige zu berichten wissen, zu wünschen übrig.[31]

Als der Gebrauch von Zwangsmaßnahmen zunahm, gewann auch das Problem der Integrationskraft moralischer Normen eine neue Dynamik. Im Lauf der 70er und vor allem der 80er Jahre wurde den sogenannten kulturellen Fragen mehr und mehr Aufmerksamkeit geschenkt. Sie gelangten auf die nationale Tagesordnung zunächst durch solche Gruppierungen wie die *Moral Majority**, gefolgt von der *Christian Coalition***, konservativen Politikern wie Ronald Reagan und Dan Quayle sowie anderen Personen des öffentlichen Lebens von Pat Buchanan bis hin zu William J. Bennett. Freilich führten diese Stimmen, zumindest anfänglich, zu keiner Neuverpflichtung gegenüber den alten Werten oder gar der Entwicklung neuer, von allen geteilter Werte, sondern zu verstärkten Spaltungstendenzen und Auseinandersetzungen zwischen den einzelnen Gruppierungen. Die in vielen Schulverwaltungen ausbrechenden Konflikte, ob das Unterrichten der biblischen Schöpfungslehre, die Sexualerziehung, das Verbannen von Büchern oder das Schulgebet legitim seien, mögen als Belege für das Konfliktpotential der Epoche dienen. Einige Beobachter sprachen gar von aufkommenden »Kulturkriegen« in Amerika.[32]

Alles in allem gingen die Wandlungen der ordnungserhaltenden Kräfte zwischen 1960 und 1990 mit einer deutlichen Schwächung der *sozialen Ordnung* einher. Die Befunde über einen Zuwachs an unsozialem Verhalten sind allgemein bekannt: Die Kriminalitätsrate stieg von 1.126 Vergehen pro 100.000 Einwohner im Jahre 1960 auf 5.820 im Jahre 1990. Die Zahl der Gewaltverbrechen steigerte sich im gleichen Zeitraum um das viereinhalbfache, und die Mordrate verdoppelte sich.[33]

1990 betrug der Prozentsatz der arbeitsfähigen Bevölkerung, der im Gefängnis saß, 0,584 und war damit fast doppelt so hoch wie 1960 (0,295). Nimmt man noch diejenigen hinzu, deren Strafe zur Bewährung ausgesetzt war, oder die auf andere Weise der Kontrolle gesetzlicher Instanzen unterstanden, ist die Zahl noch bedeutend höher; über sechs Prozent der arbeitsfähigen Bevölkerung befanden sich unter der Aufsicht der Strafjustiz. Drogenmißbrauch, der 1960 kaum eine Rolle spielte, verbreitete sich in den nachfolgenden Jahrzehnten in beachtlichem Umfang. (Über Veränderungen in der Entwicklung des Alkoholismus weiß man weit weniger.)

So wie die Anzeichen für unsoziales Verhalten zunahmen, so nahm auch die Autonomie zu. Den Zuwachs an *Autonomie* kann man daran

---

* Moralische Mehrheit; protestantische, fundamentalistische politische Bewegung; Anm. d. Ü.

** eine ebenfalls religiös-fundamentalistische politische Organisation; Anm. d. Ü.

ablesen, daß Minderheiten in den Genuß der meisten Freiheitsrechte und einer Vielzahl sozialer und politischer Rechte gelangt sind. Beispielsweise erhöhte sich die Anzahl gewählter afro-amerikanischer Abgeordneter in dramatischer Weise. Zwischen 1970 und 1990 vervierfachte sich die Zahl der im Bildungswesen tätigen Afro-Amerikaner; in lokalpolitischen Ämtern erhöhte sich deren Zahl um das Sechsfache und in den Institutionen des Rechtswesens und Strafvollzugs um das Dreifache.[34]

Der Zuwachs an Autonomie für Frauen ist weithin bemerkt worden. Den Frauen stehen – bis auf wenige Ausnahmen, etwa im Militär und in der katholischen Kirche – gesetzlich die gleichen Möglichkeiten offen wie Männern. Darüber hinaus wurden Diskriminierung und sexuelle Belästigung am Arbeitsplatz unter Strafe gestellt. Gleichwohl stehen einer vollen Gleichberechtigung der Frauen nach wie vor Hindernisse im Wege, was etwa daran deutlich wird, daß sie kaum in hohen Positionen von Wirtschaft und Politik vertreten sind.

Im Jahre 1971 wurde das Wahlalter für alle Amerikaner auf 18 Jahre herabgesenkt. Die Jugendlichen der 60er Jahre waren alles andere als eine schweigende Generation. Sie bildeten den Kern der Gegenkultur (einschließlich der sexuellen Revolution und der Drogenbewegung) und spielten eine Schlüsselrolle in der Bürgerrechts- und Protestbewegung gegen den Vietnam-Krieg.

Die Grenze zwischen Autonomie und Anarchie

In welchem Maß führte die Entwicklung in der amerikanischen und anderen westlichen Gesellschaften zwischen 1960 und 1990 hin zu mehr Autonomie über jene Grenzlinie hinaus, die gebundene Autonomie und soziale Anarchie voneinander trennt? Bevor man diese Frage beantworten kann, müssen die einer solchen Unterscheidung zugrundeliegenden Begriffe genauer geklärt werden.

Die Linie, welche die gebundene Autonomie der Individuen und Teilgruppen (der Bereich legitimer Handlungsspielräume innerhalb eines grundsätzlich akzeptierten normativen Grundrahmens) von sozialer Anarchie (wenn es keine soziale Ordnung, staatliche Regulierung und allgemein befolgte Normen mehr gibt) trennt, läßt sich begrifflich sehr eindeutig ziehen. In gleichem Maße trifft dies auf die Unterschiede zwischen weniger strikten Normen und völliger Anomie bzw. zwischen reformiertem Recht und völliger Gesetzlosigkeit zu. Zur Illustration des Unterschieds mag man sich das Leben festangestellter Universtitätsmitglieder vor Augen führen, die in eher schwach konservativen Gegenden des Landes wohnen (wie etwa in Berkeley/Kalifornien, Cambridge/Massachusetts, Palo Alto/Kalifornien). Sie führen ein ziemlich autonomes Leben; sie sind von ökonomischen oder politischen Zwängen weitgehend entlastet, andererseits aber dem umfangreichen Normenkatalog ihrer jeweiligen Universität unterworfen und müssen in bestimmten Fällen sogar mit Disziplinarmaßnahmen rechnen, die über die gesetzlichen Vorgaben hinausgehen (etwa wenn sie Mißbrauch mit Forschungsgeldern treiben oder Hetzreden verfassen). Sie führen ein autonomes, aber wohl kaum ein anarchisches Leben.

Im Gegensatz dazu sind ortsfremde Besucher, die durch Teile einer Innenstadt gehen müssen, in denen offener Drogenhandel, zügellose Gewalt und wirtschaftliche Unsicherheit regieren, mit anarchischen Verhältnissen konfrontiert, in denen kaum irgendwelche Regeln ihre Autonomie zu schützen vermögen. Ebenso sind viele öffentliche Orte, wie etwa Parkanlagen, Marktplätze oder Bürgersteige, von Anarchie bedroht, so daß die Menschen sich davor fürchten, diese Orte (insbesondere in der Dunkelheit) aufzusuchen.

Die sexuelle »Befreiung« der 60er Jahre liefert ein weiteres Beispiel dafür, was geschieht, wenn man Autonomie und Anarchie nicht sorgfältig voneinander scheidet. Die Bewegung nahm ihren Anfang als Rebellion gegen jene starren Moralvorstellungen, die jeden sexuellen Kontakt auf verheiratete, heterosexuelle Paare beschränken wollten und dann sogar diese Beziehung noch weitergehend reglementierten (beispielsweise durch das religiös motivierte Verbot des Gebrauchs von Verhütungsmitteln). Vor diesem Hintergrund gesehen, bedeutete die sexuelle Befreiung eine Ausweitung der Autonomie. Dennoch hat sie viele Amerikaner schließlich in einen Zustand normenloser Anarchie geführt, den beispielsweise die Richtlinien von Antioch zu überwinden suchten. Im Extremfall führte dieser Mangel an moralischer Orientierung zu Filmen wie *Spanking the Monkey*, die den Inzest romantisch verbrämten; oder aber zu der Kampagne der NAMBLA (North American Man/Boy Love Association), die zum Ziel hatte, diejenigen Gesetze außer Kraft zu setzen, die die Möglichkeit des partnerschaftlichen Sexualverkehrs an eine bestimmte Altersgrenze knüpften; ihr Argument: Sex im Alter von acht Jahren ist »zu spät«. Schließlich kam es zu weniger extremen Entwicklungen wie etwa der zunehmenden Verbreitung harter Pornographie oder der Übernahme anstößiger, sexuell gewalttätiger Elemente in Fernsehsendungen und Rap-Songs.

Um herauszufinden, in welchem Maße die Grenzlinie zwischen Autonomie und sozialer Anarchie überschritten worden ist, sollte man untersuchen, ob die sozialen Verhaltensregeln von den Mitgliedern eines Gemeinwesens ernsthaft akzeptiert werden, oder ob sie ihnen nur von außen auferlegt wurden. Viele Berichte zeigen, daß sich weibliche Teenager häufig nur unter großem Druck von jüngeren oder älteren Männern zum Geschlechtsverkehr bewegen lassen. Und Frauen am College, die eine Verabredung annehmen, setzen sich damit häufig der Gefahr einer Vergewaltigung aus. Hier handelt es sich um Indikatoren, die auf soziale Anarchie und nicht auf Autonomie hindeuten.

Ein weiterer Bereich, in dem die Autonomie sich der Anarchie nähert, betrifft den Aspekt der Deregulation. Sofern Deregulation zur Folge hatte, daß einschneidende, kostenintensive, überflüssige und unnötige staatliche Interventionen zurückgenommen wurden, hat die Autonomie im Rahmen der Privatwirtschaft zugenommen. In dem Maße, in dem vormals straffe staatliche Kontrollen durch neue Formen der Regulierung (zum Beispiel durch indirekte Regulierungen), durch seltenere Kontrollen oder professionelle Selbstregulierungen ersetzt wurden, hat die Autonomie Fortschritte gemacht. In dem Maße allerdings, in dem das wirtschaftliche Verhalten einer wirksamen öffentlichen Kontrolle entzogen wurde, weitete sich auch das unsoziale Verhalten aus. Diese Entwicklung manifestiert sich in der Vermarktung gesundheitsschädigender Drogen, der Hinhaltetaktik seitens der Tabakindustrie und der weitreichenden Manipulation von Rechnungsbüchern durch militärische Zulieferfirmen.

Weitere Anzeichen für ein Abgleiten gebundener Autonomie in Anarchie sind der Niveauverlust der Kinderprogramme im Fernsehen, der Zuwachs betrügerischer Kleinfirmen und die explosionsartige Steigerung privater Spenden an Politiker im Austausch für legislative Gefälligkeiten.

Konzentriert man sich auf die relativ intakten Elemente der Gesellschaft, kommt man, gemessen an diesen Standards, zu dem Ergebnis, daß die zwischen 1960 und 1990 vollzogenen Veränderungen die Autonomie von Millionen von Amerikanern gestärkt haben, insbesondere die der Frauen, von Minderheiten und die der jungen Menschen. Gleichzeitig zeugt die schwindende Sexualmoral von einem Anstieg anarchischer Tendenzen. Obgleich die Auswirkungen der Deregulation und Privatisierung sowie der Veränderungen in vielen anderen Bereichen noch nicht beständig genug sind, um zu diesem Zeitpunkt abschließende Schlußfolgerungen zuzulassen, ist es offensichtlich, daß der Mangel an Gesetzen beziehungsweise ihre nachlässige Anwendung anarchische Zustände gefördert haben. Gleichwohl ist es schwer, eindeutig zu bestimmen, ob die Veränderungen zwischen 1960 und 1990 eher die Autonomie oder eher die Anarchie gestärkt haben. Daß in vielerlei Hinsicht beides zutrifft, ist wohl die tragfähigste Schlußfolgerung.

Von Bedeutung ist auf alle Fälle, daß sich die Auflösungserscheinungen eher in Stufen und ungleichmäßig vollzogen haben und zudem noch nicht an ihrem Ende angelangt sind. Wenn die Fundamente auseinanderbrechen, das Gebäude aber stehen bleibt, fällt ein Neuaufbau viel leichter, als wenn die Fundamente und mit ihnen das Gebäude selbst zusammenbrechen. Und obgleich – so sei erneut betont – eine Erneuerung der moralischen Ordnung keineswegs bedeuten muß, auf spezielle Arrangements oder Werte der Vergangenheit zurückzugreifen, benötigt die amerikanische Gesellschaft eine funktionale Alternative zu den traditionellen Werten: eine Mischung aus freiwillig akzeptierter Ordnung und gut geschützter, aber dennoch gebundener Autonomie.

Die 90er Jahre: Das Pendel schwingt zurück

Mit dem Beginn der 90er Jahre setzte die Suche nach einer Neuordnung ein, die zentripetalen Kräfte verstärkten sich und ließen das Pendel zurückschlagen, um die Anarchie abwehren und die soziale Ordnung erneuern zu können. Ich beschreibe diese neuen Entwicklungen als ein *Zurückschwingen des Pendels,* um hervorzuheben, daß die Gesellschaft, nachdem sie sich lange nur in eine Richtung bewegt hatte, eine Kehrtwende vollzog, ohne allerdings auf dem neuen Weg schon sehr weit vorangeschritten zu sein (und ohne die bereits gemachten Schritte zurückzunehmen). Darüber hinaus weisen einige der ersten, neu ergriffenen Maßnahmen in eine falsche Richtung, und so befindet sich die amerikanische Gesellschaft nach wie vor in einem ernsthaften moralischen Dialog über die Natur einer erneuerten Ordnung. Dazu gehören Auseinandersetzungen über das angemessene Mischungsverhältnis zwischen den integrationsstiftenden, freiwillig akzeptierten Normen und eher zwangsorientierten Maßnahmen sowie darüber, was im Rahmen des Versuchs, die Autonomie mit gewissen Bindungen zu versehen, als angemessen und was als exzessiv zu werten ist.

In welche Richtung das Pendel nun genau zurückschwingt, ist immer noch unklar. Wird es zu einer Restauration der traditionellen Sozialordnung im Stil der 50er Jahre kommen? Zu einer fundamentalistischen religiösen Ordnung? Zu einer moderaten sozialkonservativen Ordnung? Oder zu einer erneuerten kommunitären Ordnung? Hinter diesen alternativen Szenarien verbirgt sich die Grundsatzfrage, *ob eine Beschränkung des Individualismus und die Wiederbelebung bestimmter sozialer Werte zugleich eine signifikante Minderung der Autonomie verursachen werden.* Dies ist die Kernfrage für die nahe Zukunft nicht nur der amerikanischen Gesellschaft, sondern auch für andere Gesellschaften, die sich in einer ähnlichen Situation befinden.

Bereits gegen Ende der 80er Jahre strebten einige Gruppierungen ein höheres Ordnungsniveau an, aber die Gesellschaft im ganzen folgte ihnen dabei nicht. Zu den ersten, die auf den Niedergang der sozialen Ordnung reagierten, gehörte eine Gruppe von Arbeitern (bekannt als *hard hats*)*, die sich bereits in den späten 60er Jahren der Gegenkultur widersetzten. Die christliche Rechte hingegen konnte ihre ersten gut organisierten politischen Aktionen erst in den 70er Jahren verzeichnen.

Die Gruppen, die an einer Wiederherstellung der alten Ordnung interessiert waren, gewannen vor allem Anfang der 90er Jahre an Einfluß. Die christliche Rechte wie auch sozialkonservative Gruppierungen (wie etwa das *Council for National Policy*, der *John Randolph Club* und die *Progress and Freedom Foundation*) konnten einen Zuwachs an Mitgliedern verbuchen und gewannen zunehmend an Einfluß. Diese Gruppierungen dominierten 1992 das Wahlkampfkomitee der Republikanischen Partei und deren Parteitag. Im Jahre 1994 kontrollierte die religiöse Rechte die Parteiorganisationen der Republikaner in zwanzig Bundesstaaten und verfügte über maßgeblichen Einfluß in weiteren dreizehn Staaaten sowie

---

* wortl. Schutzhelme, im übertragenen Sinne: Bauarbeiter o. ä.; Anm. d. Ü.

in vielen Schulausschüssen. Die religiöse Rechte spielte auch eine Rolle bei dem erdrutschartigen Wahlsieg des Jahres 1994, der den Republikanern erstmals seit 1954 eine Mehrheit in Senat und Repräsentantenhaus und viele Erfolge bei Gouverneurswahlen und in den Parlamenten der Bundesstaaten bescherte. Die Kandidaten der Demokratischen Partei warben zunehmend um die Stimmen dieser religiösen Gruppierungen und reagierten verstärkt auf deren kulturkonservative Forderungen. (Bill Clinton suchte diese Kreise oftmals auf und sprach vor ihnen über den Wert der Familie, die Bedeutung des Glaubens und veranlaßte ein Gutachten, in dem das Recht, in öffentlichen Schulen zu beten, geklärt werden sollte.) William J. Bennett avancierte zum Kulturhelden. Sein *Book of Virtues* [Buch der Tugenden], von dem sein Verleger fürchtete, es werde ein Mißerfolg, wurde zum überwältigenden Bestseller.[35]

In diesem Kontext erwachte die kommunitaristische Bewegung und trug ihren Teil zu der neuerlich intensivierten Beschäftigung mit Fragen der moralischen Ordnung bei. Sie forderte eine Erneuerung zentraler sozialer Werte und bezog sich dabei einerseits auf einige traditionelle Werte, unterzog aber andererseits einige alte Werte einer gänzlichen Neuinterpretation oder formulierte sogar neue Werte; in jedem Fall ging es nicht um die schlichte Wiederbelebung der Vergangenheit. Ihr Programm und ihre Wortführer wiesen darauf hin, daß eine starke Stellung individueller Rechte (Autonomie) eher ein stark ausgeprägtes persönliches und soziales Verantwortungsgefühl (moralische Ordnung) zur Voraussetzung habe und nicht die Rückkehr zu einer auf Zwangsverpflichtungen basierenden Ordnung. Die Kommunitaristen sprechen sich dafür aus, die moralischen, sozialen und politischen Grundlagen der Gesellschaft zu stärken. Sie lehnen die liberale Vorstellung ab, wonach die Familie dysfunktional, überholt oder überflüssig sei, plädieren gleichzeitig aber nicht schlicht für die Rückkehr zu deren traditioneller Form; vielmehr befürworten sie eine gleichberechtigte Ehe, in welcher der Vater und die Mutter die gleichen Rechte und Verantwortlichkeiten haben, und in der sich beide stärker um ihre Kinder kümmern.[36] Kommunitaristen setzen auf moralischen Dialog, Erziehung und Bildung, wenn es darum geht, andere von ihren Idealen zu überzeugen, anstatt ihnen ihre Werte durch den Druck des Gesetzes aufzunötigen. Sie haben Vertrauen in das Vertrauen.

In den 90er Jahren gewannen kommunitaristische Ideen und Ideale, mehr im Sinne eines positiven Beitrags denn als kritische (und weitgehend akademische) Haltung, eine zunehmende öffentliche Beachtung. Neue Publikationen wurden in Angriff genommen, ein Programm formuliert, und es erschienen mehrere Positionspapiere zu spezifischen Themen.[37] Das Programm wurde von mehr als einhundert einflußreichen – keineswegs nur akademischen – Führungspersönlichkeiten des öffentlichen Lebens begrüßt. Führende Kräfte in ganz unterschiedlichen sozialen und politischen Positionen haben kommunitaristische Ideen übernommen.[38] Und bald schon folgten ihnen Führungspersönlichkeiten anderer westlicher Länder.[39]

Die Bewegung hat sich in bemerkenswerter Weise auf den öffentlichen Diskurs ausgewirkt. In allen maßgeblichen Zeitungen, Magazinen und politischen Zeitschriften wurden die kommunitaristischen Vorstellungen diskutiert. Die Kommunitaristen sind die einzige wichtige Gruppe, die der religiösen Rechten eine »kulturelle« Alternative entgegensetzen kann; allerdings läßt sich das Ausmaß, in dem das kommunitaristische Denken das Zurückschwingen des Pendels beeinflussen wird, noch nicht genau bestimmen.

Der intensiver gewordene moralische Diskurs der frühen bis mittleren 90er Jahre hat sich in bezug auf viele soziale Fragen von individualistischen Konzeptionen weg hin zu sozialkonservativen oder kommunitaristischen Vorstellungen bewegt. Immer mehr Amerikaner erkannten die Wichtigkeit der Familie, der Charakterbildung an den Schulen, der Verbundenheit mit der jeweiligen Gemeinde und sahen, daß die Mitglieder des Gemeinwesens aufeinander angewiesen sind. So gewann auch der aktive Einsatz für die Gemeinschaft an Gewicht, vor allem mit Blick auf Sicherheitsfragen (man mag hier an den verstärkten Einsatz kommunaler Sicherheitsdienste und an nachbarschaftliche Initiativen der Verbrechensbekämpfung denken.) Immer mehr Menschen gelangten zu der Einsicht, daß man den Individualismus in den zurückliegenden Jahrzehnten zu weit getrieben hatte, und man erinnerte sich wieder des vielzitierten Credos von John F. Kennedy: »Frage nicht, was Dein Land für Dich tun kann, sondern was Du für Dein Land tun kannst.« Die persönliche Verantwortung gegenüber sich selbst und die soziale Verantwortung gegenüber der Gemeinschaft wurden zu oft beschworenen Tugenden.

Die sexuelle Freizügigkeit, angefacht durch die massenhafte Verbreitung der Anti-Baby-Pille und eine liberale individualistische Ideologie in den 60er Jahren, stieß durch das Auftauchen sexuell übertragbarer Krankheiten, insbesondere AIDS, an ihre Grenzen und wurde durch ein neues normatives Denken gezügelt, das zwischen einer Rückkehr in viktorianische Zeiten und einem verantwortungsbewußtem Sexualverhalten hin und her schwankte.

Während die Erneuerung der Werte und Institutionen bereits eingesetzt hatte, waren die Auseinandersetzungen über die einzuschlagende Richtung zwischen Sozialkonservativen und Kommunitaristen noch lange nicht entschieden. Kernpunkt der Debatte war die Frage, ob die moralische Erneuerung auf der Grundlage traditioneller, insbesondere religiöser, Werte zu vollziehen sei, oder ob man sich auf einen moralischen Dialog stützen könne, in dem auch die Stimmen derjenigen zur Geltung kommen konnten, die auf einem säkularen humanistischen Boden standen. Diese Debatte wurde begleitet von einer Diskussion, die sich um die Frage drehte, ob die erneuerten moralischen Verpflichtungen allein auf der Basis von freiwillig gewonnenen Überzeugungen zu verwirklichen seien, oder ob es möglich sei, sie mit Hilfe von Gesetzen durchzusetzen, die soziale und moralische Angelegenheiten berühren; selbst auf die Gefahr hin, daß eine Vielzahl, ja vielleicht sogar eine Mehrheit von Gesellschaftsmitgliedern die auf diese Weise durchgesetzten Werte im Grunde nicht akzeptiert. Typisch waren hier vor allem Debatten über Homosexualität, Abtreibung, Schulgebet, Kriminalität, Drogenmißbrauch, Wohlfahrtshilfe, Gewalt in den Medien oder Sex mit Minderjährigen.

So scheint sich das Pendel Mitte der 90er Jahre tatsächlich in Richtung auf ein Mehr an sozialer Ordnung und ein Weniger an unsozialem Verhalten und sozialer Anarchie zu bewegen; unklar bleibt jedoch nicht nur, bis zu welchem Grade sich die neue Ordnung moralischen Kräften und nicht der staatlichen Gewalt verdankt; es bleibt auch weiterhin offen, welche Wirkungen sie auf die Autonomie ausüben wird.[40] Schließlich gibt es keine Anzeichen dafür, daß die amerikanische Gesellschaft in Zukunft einer den Individualisten vorschwebenden Art von Gesellschaft ähnlich sein wird, ihr näherkommt oder auch nur in diese Richtung sich bewegt.

Andere Gesellschaften

Die Anwendung des kommunitaristischen Paradigmas auf andere Gesellschaften befindet sich in einem noch vorläufigerem Stadium. Die Gesellschaften Westeuropas, insbesondere jene im Norden, haben ebenso wie

Kanada, Australien und Neuseeland ähnliche Entwicklungen durchgemacht wie die amerikanische Gesellschaft, allerdings in unterschiedlicher Intensität und in langsameren Schüben. Diese Gesellschaften haben sich auf einem anderen Niveau bewegt, weil sie von vornherein durch eine stärkere soziale Ordnung gekennzeichnet waren, eine Ordnung, die ein hohes Maß an sozialer Regulation mit der integrierenden Kraft starker moralischer Überzeugungen verknüpfte; und sie konnten dieses hohe Niveau auch in den Jahren zwischen 1960 und 1990 halten, als die soziale Ordnung langsam schwächer wurde. Die Richtung, in die sie sich entwickelten, war jedoch – im Unterschied zum Entwicklungsniveau – dem Trend der amerikanischen Gesellschaft ähnlich; es gab immer weniger allgemein akzeptierte Werte; die Pluralisierung der Gesellschaft nahm zu und die gemeinschaftsbezogenen Verhaltensweisen veränderten sich in Richtung eines stärkeren Individualismus; Devianz und Kriminalität nahmen zu. So stieg die Rate der Gewaltverbrechen in dem hier untersuchten Zeitraum an. In Westdeutschland beispielsweise erhöhte sich die Rate aller Gewaltverbrechen zwischen 1972 und 1987 um 75 Prozent[41]; in Großbritannien stieg die Zahl aller bekannt gewordenen Verbrechen zwischen 1960 und 1990 um das Fünffache.[42] Einen bemerkenswerten Unterschied gilt es zu erwähnen: Während die Rate der Gewaltverbrechen in Westeuropa, Kanada und Australien sich von jener der Vereinigten Staaten nicht erheblich unterschied, war die Zahl an Morden in den Vereinigten Staaten wesentlich höher.[43] Darüber hinaus hatten alle europäischen Länder eine geringere Scheidungsrate, weniger Familien mit nur einem Elternteil und weniger uneheliche Geburten zu verzeichnen. Und in allen europäischen Staaten, mit Ausnahme der Schweiz, lag die Wahlbeteiligung höher als in den Vereinigten Staaten.[44]

In den 90er Jahren näherten sich allerdings diese Länder mit zunehmender Geschwindigkeit dem Amerika der späten 80er Jahre an, da das Pendel in der amerikanischen Gesellschaft zurückzuschwingen begann. Zudem reagierten diese Gesellschaften auf die hier beschriebenen Entwicklungen in ähnlicher Weise wie die amerikanische, wenn auch zeitlich etwas verzögert: Auch hier erlebte man den Aufstieg sozialkonservativer, autoritärer oder rechtslastiger Gruppierungen und ebenso den Beginn einer kommunitaristischen Bewegung.[45] Um es zu wiederholen, diese vorsichtigen Kommentare sind lediglich als Hinweise für eine Erforschung der Dynamik sozialer Ordnung und sozial konstruierter Autonomie in nichtamerikanischen, demokratischen Gesellschaften zu verstehen. Eine solche grundlegende Forschungsarbeit gilt es noch zu leisten, und zwar unter sorgfältiger Berücksichtigung nicht allein der Unterschiede zwischen diesen Ländern und den Vereinigten Staaten, sondern vor allem der Unterschiede zwischen diesen Ländern selbst.

Die vormals kommunistischen Gesellschaften, insbesondere Rußland, erlitten in den frühen 90er Jahren einen Zusammenbruch ihrer Ordnung und stürzten von einem totalitärem Regime und einer primär durch Repression aufrechterhaltenen Ordnung auf direktem Wege in ein beachtliches Ausmaß an politischer und sozialer Anarchie. Darüber hinaus gab es sogar Anzeichen für eine Rückkehr zu einer autoritären Gesellschaftsform. Das Moskau seit Anfang der 90er Jahre lieferte mit seiner hohen Kriminalitätsrate, der Außerkraftsetzung alter und der kraftlosen Verfügung und Durchsetzung neuer Gesetze, seinem hohen Niveau an Korruption und egozentrischem Verhalten, ungezügeltem Kapitalismus sowie exzessivem Alkoholismus und Drogenmißbrauch, ein Anschauungsbeispiel dafür, was mit einer Gesellschaft geschieht, der es in hohem Maße sowohl an Ordnung wie auch an Autonomie gebricht.

Die Vorstellung, die vormals kommunistischen Gesellschaften könnten sich unmittelbar vom Kommunismus in eine Demokratie transformieren lassen, wie sie neo-liberale Wirtschaftsexperten und auch einflußreiche Insititutionen wie der Internationale Währungsfonds oder die Weltbank hegten, wurden schnell Lügen gestraft. Sie versäumten es, die lang anhaltenden Auswirkungen der Geschichte und Kultur dieser Gesellschaften in Rechnung zu stellen und beachteten nicht die Voraussetzungen, derer es bedarf, um eine neue moralische Ordnung zu errichten. Als die einzige nicht-religiöse, nicht-autoritäre Quelle von Werten und als Anleitung zur Schaffung neuer sozialer Formationen erwiesen sich für diese Gesellschaften kommunitaristische Ideen, obgleich man dort gerade erst damit begonnen hat, ihre Implikationen im einzelnen zu untersuchen.

Japan ist nach wie vor eine Gesellschaft mit starken kommunitären Anteilen, aber auch eine, die im Inneren nicht genügend ausbalanciert ist. Die soziale Ordnung ist stark: Die Scheidungsrate, die in den frühen 90er Jahren einen Höhepunkt erreichte, ist trotzdem nur halb so hoch wie in den Vereinigten Staaten. Die Rate unehelich geborener Kinder, die in Amerika bei 30,1 Prozent liegt, schwankt in Japan seit 1960 beständig um 1,1 Prozent. Gleichzeitig ist – gemessen an dem Modell einer guten

Gesellschaft – die individuelle Autonomie nur schwach ausgeprägt. Das Gleiche gilt, ungeachtet kleiner Fortschritte, auch für Japans Toleranz gegenüber individuellen Unterschieden sowie für die Rechte der Frauen und der Angehörigen von Minderheitengruppen. Obwohl die sozialen Pflichten unmißverständlich sind und durch die Stimme der Moral (sowie in geringerem Umfang durch den Staat) auch umgesetzt werden, wird der Umfang des Polizeiapparates kaum verringert. Wenn ein Japaner verhaftet wird, muß er davon ausgehen, auch verurteilt zu werden und verfügt über so gut wie keine Rechte. Praktisch alle Anklageerhebungen (98 Prozent) führen zu Verurteilungen.[46] Japan liefert ein Musterbeispiel für eine Gesellschaft, die sich in eine Richtung bewegen muß, die jener der westlichen Gesellschaften genau entgegengesetzt ist, sofern sie ein kommunitäres Gleichgewicht erreichen möchte.

Übersteuerung

Gesellschaften lassen sich mit Fahrradfahrern vergleichen, die beständig ihr Gleichgewicht halten müssen, indem sie sich jeweils der Straßenneigung anpassen. Gesellschaften, deren Steuerungsmöglichkeiten eher unterentwickelt sind, gleichen unerfahrenen Radfahrern: Sie korrigieren zu viel, eine Versuchung, die schwerlich ganz zu vermeiden ist, deren Ausmaß aber begrenzt werden kann. Um noch einen Augenblick bei dieser Analogie zu bleiben: Ein versierter Radfahrer korrigiert bereits, noch bevor das Rad zu weit in eine Richtung kippt, und er nimmt seine Korrekturen behutsam vor, stufenweise, so daß er das Rad in den meisten Fällen auf Kurs und auf der Straße halten kann. Im Gegensatz hierzu fahren unerfahrene (oder betrunkene) Radfahrer wild im Slalom und reagieren allzu heftig, so daß sie Schwierigkeiten haben, ihren Kurs zu halten und auf der Straße zu bleiben.

In einer Gesellschaft, deren soziale Ordnung zu erodieren beginnt, wird ein Übersteuern offensichtlich, wenn beispielsweise ein über Jahrzehnte angewachsenes unsoziales Verhalten den Ruf nach extremen politischen Maßnahmen provoziert, etwa die Forderung nach einer »Außerkraftsetzung der Verfassung bis der Krieg gegen das Verbrechen gewonnen ist«; oder wenn die Reaktion auf die AIDS-Epidemie darin besteht, »alle unter Quarantäne zu stellen, die sexuell übertragbare Krankheiten haben«[47]; oder wenn der Eindruck, daß viele Vorschriften albern, störend oder überflüssig sind, dazu führt, alle staatlichen Bestimmungen zum Schutz und zur Sicherheit der Konsumenten, Berufstätigen und des öffentlichen Lebens überhaupt pauschal in Frage zu stellen. Eine übertriebene De-Regulation ist ein beredtes Beispiel für eine Übersteuerung.

Das Ausmaß einer gesellschaftlichen Übersteuerung wird maßgeblich von folgenden Faktoren bestimmt: (a) der Größe der zentripetalen oder zentrifugalen Kräfte, die auf eine Gesellschaft »einwirken« (zum Beispiel strapaziert eine große Depression die gesellschaftlichen Steuerungsmöglichkeiten mehr als eine nur geringfügige Rezession); und (b) dem Vorhandensein von Fertigkeiten und Techniken, die die sozialen Steuerungsmechanismen (einschließlich der intellektuellen Gruppierungen, think tanks, Sozialwissenschaften, öffentlichen Medien, der Regierung und des öffentlichen Diskurses) in die Lage versetzen, die externen und internen Herausforderungen korrekt wahrzunehmen und angemessen darauf zu reagieren.

Unter sonst gleichen Umständen gilt: Je weniger ideologisch die Reaktion aufgeladen ist, und je wirkungsvoller die Kommunikation zwischen den Betroffenen und jenen, die für die Steuerung verantwortlich sind, vonstatten geht, um so weniger läuft man Gefahr, die Dinge zu übersteuern. Da die Politik kommunitärer Gesellschaften – wie wir gesehen haben – notwendigerweise demokratisch ist, unterlaufen diesen Gesellschaften weitaus seltener Übersteuerungen als autoritären Gesellschaften; von totalitären Gesellschaften ganz zu schweigen.[48] Dennoch kann die Gefahr der Übersteuerung aufgrund unseres nur beschränkten Verständnisses gesellschaftlicher Prozesse und der Wirkungsweise verschiedener Reaktionen selbst in kommunitären Gesellschaften bestenfalls minimiert, nicht aber gänzlich vermieden werden.[49]

Als Schlußfolgerung können wir festhalten, daß die amerikanische Gesellschaft in ihrem Bemühen um eine Erneuerung der sozialen Ordnung an der Spitze einer Entwicklung steht, die sich in allen westlichen Gesellschaften vollzieht. Die Frage, ob im Zuge dieser Entwicklung lediglich die Anarchie eingedämmt, oder ob eine Übersteuerung zur Verminderung der Autonomie führen wird, markiert eine Herausforderung, mit der sich die kommunitären Gesellschaften zur Zeit konfrontiert sehen. Vor allem aber wird das Ergebnis dieser Erneuerung zeigen, welches soziale Paradigma vorherrschen wird. Angespornt von religiösen Fundamentalisten und säkular-rechtsgerichteten Denkern könnten Sozialkonservative die westlichen Gesellschaften zu weit in die Richtung einer auf Repression beruhenden sozialen Ordnung und einer Schwächung der individuellen Autonomie drängen. Dies könnte umgekehrt wiederum zu einer »liberalen« Korrektur führen. Oder aber den Kommunitaristen gelingt es, gemeinsam mit moderaten Sozialkonservativen und moderaten Individualisten den betroffenen Gesellschaften dabei zu helfen, einen Kurs einzuschlagen, der sie einem kommunitären Gleichgewicht näher bringt. Das ist die »kulturelle« Frage des kommenden Jahrzehnts, bei der es insbesondere darum geht, wie normativ orientierte Richtlinien genauer auszusehen haben.

Folgerungen für die gesellschaftliche und politische Praxis

Um die Erneuerung der amerikanischen Gesellschaft voranzubringen, ist es nötig, daß sich die Mitglieder dieser Gesellschaft auf einen Kernbestand gemeinsam geteilter Werte verpflichten und nach Wegen suchen, diese im täglichen Leben und im Rahmen sozialer Einrichtungen wie etwa der Familie und der Schule zu verwirklichen. Diese Zusammenhänge werden in den nachfolgenden Kapiteln diskutiert. Allerdings gibt es einen übergreifenden Aspekt, der für die absehbare Zukunft von großer Bedeutung ist. Es geht darum, in welchem Verhältnis die zentrifugalen Auswirkungen globaler ökonomischer Kräfte, die politischen Entwürfe für den Umgang mit ihnen und die soziale Ordnung, insbesondere ihre moralische Grundlage, zueinander stehen. Die Weiterentwicklung kommunitaristischen Denkens und Handelns wird ernsthaft ins Stocken geraten, bevor nicht diese Zusammenhänge geklärt sein werden.

Auch hier führen die Vereinigten Staaten das Feld einer ganzen Reihe westlicher Nationen an, die ihrem politischen und ökonomischen Selbstverständnis gemäß auf den globalen Wirtschaftsmärkten in einem Konkurrenzkampf miteinander verwickelt sind. Dies zeigt sich etwa in der Reduzierung von Handelsbarrieren, der Schaffung von Freihandelszonen (beispielsweise durch die Europäische Gemeinschaft und das Nordamerikanische Freihandelsabkommen), in internationalen Vereinbarungen (zum Beispiel dem GATT-Abkommen), der Senkung von Lohnkosten (um in der Lage zu sein, mit den Billiglohnländern zu konkurrieren, in denen nur geringe Summen für soziale Sicherung oder den Umweltschutz aufgebracht werden müssen), im Abbau von öffentlichen Sozialleistungen (wie sie für den Wohlfahrtsstaat in Europa typisch sind, der nicht nur seinen armen, sondern all seinen Mitgliedern bestimmte Sozialleistungen zukommen läßt – beispielsweise Kindergeld oder kostengünstige Studienstipendien), und der Reduzierung der Ausgaben für Kontrollmaßnahmen wie z. B. die Lebensmittelüberwachung oder Arzneimittelprüfung. Außerdem haben die Unternehmen ihre Beiträge zur Gesundheitsfürsorge und Rentensicherung sowie andere Sozialleistungen reduziert.

Sozialleistungen, Löhne und Arbeitsplatzsicherheit sind zusätzlich durch den rasant angestiegenen Einsatz von »Gelegenheitsarbeitern« und Teilzeitarbeitskräften eingeschränkt worden. All diese Entwicklungen, auf die ich mich mit dem Begriff »zurechtgestutzte Gesellschaft« beziehen werde, haben im Ergebnis zu tief-sitzenden und weitverbreiteten Gefühlen der Verarmung, Unsicherheit, Angst, letztlich zu Pessimismus und Verdrossenheit geführt.[50] Dieses Unbehagen hat sich durch einen technologischen Wandel noch verstärkt, der sich dadurch von früheren Veränderungen unterscheidet, daß er vor allem in Europa zu konstant hohen Arbeitslosenzahlen geführt hat.

Die sozialen Auswirkungen dieser Entwicklungen sind in gewisser Weise durch die Tatsache abgefedert worden, daß in zunehmend mehr Haushalten eine zweite Person erwerbstätig wurde (typischerweise Frauen und oft Mütter). Dies führte seit 1973 zu einem Anstieg der Haushaltseinkommen, obwohl das Einkommen des einzelnen Arbeitnehmers nur geringfügig stieg. Aber diese Anpassung an die Verhältnisse hat wiederum soziale Kosten verursacht, und in dem Maße, in welchem der sozio-ökonomische Druck weiterhin wächst, wird man sich auf diesen Mechanismus nicht länger verlassen können, es sei denn, man würde eine Zunahme der Kinderarbeit in Kauf nehmen. (Bereits jetzt arbeitet eine große Zahl schulpflichtiger Jugendlicher mehr als 20 Stunden pro Woche.)

Deshalb lautet die entscheidende Frage für eine anstehende Erneuerung: *Wie weit vermag die Gesellschaft eine politische und unternehmerische Vorgehensweise zu tolerieren, die den ökonomischen Interessen ungezügelte Priorität einräumt* und die globale Wettbewerbsfähigkeit zu stärken sucht, *ohne die moralische Legitimität der sozialen Ordnung zu untergraben?*[51]

Die Befürworter des Individualismus meinen, die wachsende Wettbewerbsfähigkeit werde nach einer gewissen Übergangszeit viele neue Arbeitsplätze schaffen und zu einem höheren Lebensstandard für die meisten (wenn nicht gar alle) Mitglieder der Gesellschaft führen. Sollte dies so eintreten, wird sich in der Tat die Spannung zwischen den zentrifugalen Kräften des Wettbewerbs und den Bedürfnissen einer geordneten, guten Gesellschaft von selbst auflösen. Kommunitaristen denken darüber nach, was zu geschehen hat, wenn sich diese Prognosen als viel zu optimistisch herausstellen. Denn wenn sich in der Gesellschaft Frustration und Unzufriedenheit fortlaufend aufstauen, verschaffen sie sich schließlich ein Ventil in extremistischen Bewegungen, Hinwendung zu fundamentalistischen Gruppierungen, Fremdenfeindlichkeit und ähnlichen Äußerungsformen gesellschaftlichen Unmuts und Widerstands und bedrohen somit die soziale Ordnung.

Dies sind Probleme, auf die es keine fertigen Antworten gibt, vor allem in Anbetracht der Tatsache, daß der moralische Dialog über diese Fragen gerade erst begonnen hat. Zu den kommunitaristischen Optionen, die in Erwägung zu ziehen sind, gehören:

1. *Das Tempo der Anpassungsprozesse, die die Globalisierung mit sich bringt, muß verlangsamt werden.* Arbeitnehmern und Bürgern muß mehr Zeit eingeräumt werden, sich den neuen politischen und sozioökonomischen Verhältnissen anzupassen. Westeuropa, Australien und Neuseeland haben sich in dieser Hinsicht eindeutig für eine langsamere Gangart entschieden als die Vereinigten Staaten.[52] So kann man Zolltarife, Einfuhrquoten und andere Handelsbarrieren sowie staatliche Preissubventionen stufenweise statt aufeinmal reduzieren.

2. *Gemeinschaftsjobs.*[53] Die amerikanische Politik geht stillschweigend davon aus, daß es genügend Jobs für die Menschen gibt, und eine gute Ausbildung deshalb der beste Weg sei, um die Probleme derer, die ohne Arbeit und von Sozialleistungen abhängig sind, zu lösen. Wenn es aber schlicht zu wenig Arbeitsplätze gibt, dann werden weder Ausbildungsmaßnahmen greifen noch Abschreckungstechniken gegenüber jenen, die von der Sozialhilfe abhängen. Bestenfalls werden diese Maßnah-

men dazu führen, daß (bei hohen öffentlichen Kosten) einige wenige einen Arbeitsplatz finden, indem sie andere von deren Arbeitsplatz verdrängen.

Politiker versprechen sich von einem beschleunigten Wirtschaftswachstum bei gleichzeitig niedriger Inflation die Schaffung von Millionen neuer Arbeitsplätze. Es ist jedoch schwer vorstellbar, mittels welcher makroökonomischer Maßnahmen dies erreichbar sein soll. Die Schaffung einer großen Zahl staatlicher Arbeitsplätze, so geschehen während der Depression in den 20er Jahren, ist kostspielig und führt nicht unbedingt zu sozial wünschenswerten Ergebnissen.[54] Öffentliche Gelder (etwa im Rahmen eines Arbeitsbeschaffungsprogramms, das Sozialleistungen teilweise ersetzen kann) sollten den Schulen, öffentlichen Bibliotheken, Krankenhäusern, Umweltschutzorganisationen und anderen gemeinschaftsdienlichen Institutionen zur Verfügung gestellt werden. Damit könnten diese Institutionen Menschen für Arbeiten anstellen, die sie andernfalls nicht bezahlen könnten. Die Institutionen würden im Gegenzug dazu aufgefordert, für die Betreuung der Arbeitnehmer, ihre Beförderung zum Arbeitsplatz und die Beaufsichtigung ihrer Kinder zu sorgen. Ausschüsse sollten errichtet werden, denen sowohl Repräsentanten der Kommunen wie der Arbeiter angehören, um sicherzustellen, daß die neuen Gemeinschaftsjobs keine bereits existierenden Stellen ersetzen.

3. *Arbeitsplatzteilung und verstärkte Arbeitsplatzsicherung.* Die Arbeitgeberseite könnte sich mit der Arbeitnehmerschaft darauf verständigen, Überstunden zu reduzieren und eine kürzere Wochenarbeitszeit einzuführen, sofern dies zur Schaffung neuer Arbeitsplätze führt. Dabei gilt es zu beachten, daß Arbeitsplatzteilung in einem größeren Maßstab nur möglich ist, wenn die Höhe der Löhne proportional zur geleisteten Arbeitszeit geregelt wird (anstatt vollen Lohnausgleichs), ein Standpunkt, der mittlerweile sogar von einigen Gewerkschaften in Europa vertreten wird.

Vereinbarungen, bei denen bestimmte Vorteile (aus der Sicht der Arbeitnehmer etwa eine gute Gesundheitsvorsorge) gegen eine größere Arbeitsplatzsicherheit »eingetauscht« werden, könnten ebenfalls dabei helfen, den Übergang milde zu gestalten.

4: *Soziale Grundlagen.* Während in Westeuropa die meisten politischen Parteien darin übereinstimmen, daß der Wohlfahrtsstaat zurückgeschraubt werden muß, sprechen nur wenige davon, ihn gänzlich zu demontieren. In den Vereinigten Staaten haben Individualisten (einschließlich der Liberalkonservativen und Libertären) versucht, das gesamte Netz sozialer Sicherheiten zur Disposition zu stellen oder indirekt durch die Einführung einer umfassenden oder teilweisen Privatisierung außer Kraft zu setzen. Man kann die Sozialausgaben, andere öffentliche Kosten und den Umfang der Abhängigkeiten durch einen begrenzten Abbau des sozialen Netzes reduzieren, ohne es gänzlich aufzulösen. Die psychische Stabilität Arbeitsloser, Behinderter und Kranker hängt nicht so sehr von der spezifischen Höhe der Unterstützung ab, als vielmehr von der Gewißheit, im Notfall für sich selbst und seine Kinder medizinische Hilfe und Grundversorgung zu erhalten.

Die wachsenden Ängste in der Bevölkerung würden merklich eingedämmt, wenn sich alle Parteien darauf einigten, die Grundlagen des sozialen Sicherheitsnetzes nicht zum Gegenstand politischer Auseinandersetzungen zu machen und es nicht als konstitutiv für eine demokratische Gesellschaftsordnung grundsätzlich zur Disposition zu stellen. Die politische Debatte auf die Frage zu beschränken, welche spezifischen Elemente das soziale Netz im einzelnen beinhalten soll, wäre folglich eine wichtige Vorbedingung für eine gute Gesellschaft. Ohne die Absicherung solcher sozialer Grundlagen kann es für Millionen von Gesellschaftsmitgliedern keine Autonomie geben, ein Defizit, das wiederum die soziale Ordnung untergraben würde.

5. *Freiwillige Bescheidung.* Langfristig gilt es, sich mit einem ernsthaften Problem zu konfrontieren: Dem Streben von sechs Milliarden Menschen nach Wohlstand (worauf der globale Wettbewerb unterschwellig abzielt) liegt die Annahme zugrunde, die Erde sei imstande, einen Zustand zu verkraften, der in einer amerikanischen Stadt herrscht (eine Richtung, die beispielsweise von China und Indien eingeschlagen wird), und daß dies eine Welt sein könne, in der die Menschen allgemein zufrieden sind. Beide Annahmen scheinen irreführend zu sein. Neben einer weltweiten Teilhabe an grundlegenden sozialen Standards und einer damit einhergehenden Stärkung der individuellen Autonomie wird man künftig jenen Quellen der Zufriedenheit mehr Beachtung schenken müssen, die keine intensive Ausbeutung von Ressourcen zur Bedingung haben (ein Weg, auf dem die Wohlstandsgesellschaften sicherlich voranschreiten sollten).

Es sei extra betont, daß dies keineswegs bedeutet, die Armen in ihrem Elend zu belassen, um den Wohlstandsgesellschaften (und ihren Eliten) genügend Ressourcen für die Beibehaltung ihres Lebensstandards vorzubehalten. Im Gegenteil, je stärker die Wohlhabenden andere Formen der Zufriedenheit finden, desto eher wird es politisch umsetzbar sein, die Befriedigung der grundlegenden Bedürfnisse aller Mitglieder der Weltgemeinschaft sicherzustellen.

In diesem Zusammenhang sind insbesondere jene Wertkonzeptionen von Interesse, die sich durch eine *Kombination* aus freiwilliger Bescheidung (die Bereitschaft, den eigenen Konsum auf Dinge zu beschränken, die zur Befriedigung wirklicher Bedürfnisse notwendig sind und auf »Statussymbole«, wie etwa alles, was der neuesten Mode und dem letzten technologischen Schrei entspricht, zu verzichten) und einem ressourcenschonenden *Streben nach anderen Quellen der Zufriedenheit* auszeichnen; hier mag man vor allem an den kulturellen Bereich denken, an das Familienleben, ehrenamtliches Engagement und transzendentale Ideen.

Die Gegenkultur der 60er Jahre lehnte – oftmals in extremer Weise – die Konsumkultur ab und glaubte, ein geringerer Konsum versetze die Menschen in die Lage, Befriedigung bei einem Sonnenuntergang, durch den Genuß einer billigen Flasche Wein oder das Rauchen von Marihuana zu finden. Diese Vorstellungen sind mit einer modernen Wirtschaft (in der Arbeit nicht allein den Erwerb von Konsumgütern ermöglicht, sondern auch das Gesundheits- und Bildungswesen, Wissenschaft und Kunst finanziert) nicht vereinbar. Allerdings haben viele großstädtisch orientierte, beruflich erfolgreiche junge Leute und Akademiker eine moderatere Form der gleichen Idee übernommen. Sie haben erkannt, daß der Erwerb unbedeutender Konsumgüter (insbesondere von Gütern mit Statuscharakter) weniger befriedigend ist als andere Aktivitäten, die dazu noch weniger kosten: Bewegung und Sport beispielsweise. Und ein zunehmendes Engagement in diesen Bereichen wird das Bedürfnis nach Überstunden, Karrierebesessenheit und die damit verbundenen psychischen und sozialen Folgekosten reduzieren helfen. Ein solcher Wandel der Einstellung zu Statussymbolen verbindet sich zudem mit einem verstärkten Sicherheitsgefühl (denn es ist einfacher, die sozialen Grundlagen abzusichern als einen konsumfixierten Lebensstil) und ermöglicht den Ausbruch aus dem Teufelskreis ständigen Zeitdrucks.

Menschen, die die Idee einer freiwilligen Bescheidung begrüßen, könnten auch am ehesten bereit sein, ihre Güter mit denen, die in Not geraten sind, zu teilen, denn ein solches Teilen würde ihnen nicht die Befriedigung ihrer Bedürfnisse unmöglich machen. An dieser Stelle sind freiwillige Bescheidung und kommunitaristisches Denken nahezu deckungsgleich.

Wie kann man erreichen, daß die Ideale einer freiwilligen Bescheidung in größerem Maße Anklang finden? Mit Hilfe welcher Maßnahmen kann sie am besten verwirklicht werden, welche politischen Schritte können hier hilfreich sein? Die Antwort wird in einem moralischen Dialog zu finden sein, der von den Meinungsmachern und den maßgeblichen Personen des öffentlichen Lebens zwar angestoßen und getragen, nicht aber von ihnen angeordnet und beherrscht werden kann. Solche Dialoge werden in den beiden folgenden Kapiteln untersucht.

Grundwerte miteinander teilen

Der Gedanke, eine gute Gesellschaft benötige allgemein geltende, soziale Formulierungen des Guten sowie »republikanische Tugend«, brauchte kaum erwähnt zu werden, würde er nicht von Individualisten heftig bestritten. Sozialkonservative neigen dazu, die Vorstellung vom Allgemeinwohl so weit auszudehnen, bis sie alles durchdringt, ja, sogar zudringlich wird. Wie sieht es im Falle allgemein anerkannter *Grund*werte aus? Was ist die Quelle solcher Grundwerte und – vor allem – wie können wir sie wiederbeleben, wenn sie uns einmal abhanden gekommen sind?

Ein guter Kern

Grundlegende Definitionen und Thesen

Eine moralische Ordnung beruht – im Unterschied zu allen anderen Formen sozialer Ordnung – auf einem Kernbestand an Werten, den die Mitglieder einer Gesellschaft gemeinsam miteinander teilen und der in verschiedenen sozialen Einrichtungen verkörpert ist, vom Hochzeitsritual bis zur nationalen Gründungsurkunde, von der Art, die Feiertage zu begehen bis hin zur Amtseiden. Gemeinsam *geteilte* Werte sind Werte, denen sich die meisten Mitglieder einer Gesellschaft verpflichtet fühlen (wenn auch nicht immer im selben Ausmaß). Sie unterscheiden sich erheblich von *Übereinkünften*, die das Ergebnis bestimmter Verfahren sind, wie etwa Verträge, die auf dem Wege der Verhandlung oder Schlichtung vornehmlich aufgrund praktischer oder taktischer Erwägungen zustande gekommen sind, so daß es sich lediglich um eine Einigung zwischen Individuen mit unterschiedlichen Wertvorstellungen handelt.

Die Sprache steht hier einer größeren Präzision des Ausdrucks im Wege. Laut Wörterbuch kann das Wort »teilen« nicht nur verwendet werden, wenn sich eine Gruppe von Menschen, die ansonsten sehr wenig miteinander gemein haben, die Reise in einem Bus »teilt«, sondern auch, wenn sich mehrere Mitglieder einer Gemeinschaft untereinander einen Bus »teilen«, den sie gemeinsam erworben haben, und der gemäß den Gewohnheiten und Gebräuchen dieser Gemeinschaft Verwendung findet (so könnte es sein, daß er nie sonntags benutzt wird und daß Kinder unentgeltlich mit ihm fahren dürfen). In den folgenden Abschnitten bezieht sich »teilen, geteilt« auf jene sozialen Werte, die sich allgemeiner Zustimmung erfreuen und nicht so sehr auf ein bloß zufällig »geteiltes« Gut.

Ich habe von Beginn an hervorgehoben, daß eine gute, auf der Grundlage eines freiwilligen Einverständnisses aufgebaute Gesellschaft sich auf die Einsicht ihrer Mitglieder stützen muß, das von ihnen erwartete Verhalten stimme mit den Werten, an die sie glauben, überein. Keineswegs darf man dieses Verhalten allein durch die Furcht vor öffentlichen Autoritäten oder mittels ökonomischer Anreize herbeizuführen versuchen.

Häufig wird angenommen, die soziale Ordnung einer freien Gesellschaft beruhe auf Gesetzen, deren Einhaltung von Aufsichts- und Finanzbeamten, von der Polizei, von Gerichten und Gefängnissen gewährleistet wird. Könnte die Übereinstimmung jener zahllosen Handlungen, die tagtäglich in einer Gesellschaft verrichtet werden, mit den Gebräuchen der Gesellschaft nur mittels solcher Formen der Überwachung sichergestellt werden, so müßte die Hälfte der Bevölkerung zur Überwachung der anderen Hälfte eingesetzt werden. Diese »Wächter« würden allerdings – hierauf hat Plato bereits hingewiesen – wiederum eines Überwachungspersonals bedürfen, das selbst ebenfalls zu kontrollieren wäre. Das Ergebnis wäre eher ein Polizeistaat als eine gute Gesellschaft.

Dieses Problem ist alles andere als bloß theoretisch. Als die moralische Infrastruktur um 1960 zunehmend schwächer wurde, verließ sich die amerikanische Gesellschaft vertärkt auf den Einsatz der Polizei, der Drogenfahndung, auf Finanz- und Aufsichtsbeamte, auf Grenzkontrollen und Gefängnisse, um die soziale Ordnung aufrechtzuerhalten. Die dafür anfallenden Kosten gingen zu Lasten anderer sozialer Verpflichtungen.

Die Mittel für Bildung, insbesondere die höhere Bildung, wurden zugunsten des Ausbaus von Gefängnissen und der Vergrößerung des Polizeiapparates immer mehr gekürzt. Aufgrund mangelnder Kontrolle ist der Polizeiapparat mittlerweile selbst zu einer Quelle von Korruption, Brutalität und ethnischen Konflikten geworden. Und trotz dieser Maßnahmen ist die Ordnung in keiner Weise gefestigt. Die Schwierigkeit, mit staatlichen Mitteln bestimmte Verhaltensweisen durchzusetzen, und die erwünschten Nebeneffekte solcher Maßnahmen werden ganz besonders etwa im Bereich der Drogenpolitik sichtbar. Kurz, um die Ordnung in einer guten Gesellschaft aufrechtzuerhalten, ohne dabei in einen autoritären Staat abzugleiten, müssen sich die meisten ihrer Mitglieder, möglicherweise bis zu 98 Prozent, zu fast jedem Zeitpunkt *freiwillig* an die Gesetze und Gebräuche halten. Die Instanzen des Rechtsvollzugs mögen sich dann um die verbleibenden zwei Prozent kümmern.

Ein Kernbestand gemeinsam geteilter Werte *stärkt* ebenfalls *die Fähigkeit einer Gesellschaft, politische Konzepte* zu entwickeln. Gemeinsam geteilte Werte stellen Kriterien bereit, um Differenzen eher auf prinzipielle als auf spontane oder interessegeleitete Weise zu regeln. Zudem vermögen diese Werte Unterstützung für politische Entscheidungen zu mobilisieren, die diesen andernfalls fehlen würde. Tocqueville bemerkte, es sei »für den Bestand und noch viel mehr das Gedeihen einer Gesellschaft von wesentlicher Bedeutung, daß die Gesinnung aller Bürger immer von einigen Leitideen zusammengehalten werden sollten.« (1969, S. 433 f.) Man sagt, daß einer der Hauptgründe für den, im Vergleich zu den anderen dreizehn ehemaligen Sowjetrepubliken, sanfteren und umfassenderen Übergang Estlands und Lettlands von einer totalitären in eine kommunitäre Gesellschaft das Ausmaß an Übereinstimmung zwischen Politikern und Wählern sei. Dieser Konsens – der fünf Regierungen in Estland und vier in Lettland überlebt hat – ermöglicht es, die beiden Länder mit einem straffen Budget und marktwirtschaftlichen Reformen auf den Weg nach vorne zu bringen.

Einige hartnäckige Individualisten behaupten, in einem liberalen Staat seien gemeinsam geteilte Werte nicht nötig, weil die Bürger, von denen man annimmt, sie hätten identische oder einander ergänzende Interessen, sich auf allgemeine Maßnahmen einigen werden, die mit ihren individuellen Vorstellungen vom Guten übereinstimmen. Diese Behauptung widerspricht den Tatsachen. Diskussionen über normative Fragen – wie etwa, ob der Staat Abtreibung, Scheidung oder aber Homosexuelle im Militär dulden sollte; Auseinandersetzungen über eine Umverteilung des Wohlstands (beispielsweise zwischen Arbeitern, leitenden Angestellten und Aktionären); der Streit zwischen den Kommunen über den Standort umweltverschmutzender Anlagen (von Verbrennungsanlagen bis hin zu Atomkraftwerken) – diese Diskussionen illustrieren allesamt, daß es beträchtliche Unterschiede in Wertfragen und Interessenlagen gibt, die nur schwer miteinander zu versöhnen sind, wenn es nicht gemeinsam geteilte Grundwerte gibt, auf die man bauen kann.

Diejenigen Individualisten, die die Existenz unterschiedlicher Interessen und Werthaltungen anerkennen, befürworten bestimmte Wahl- und Abstimmungsverfahren, um in politischen Fragen Übereinstimmung zu erzielen. Kritiker wie William Galston und Michael Sandel haben allerdings darauf hingewiesen, daß sowohl der Vorstellung von Freiheit im Sinne der individuellen Freiheit, selbst zu definieren, was gut ist, als auch im Sinne der Verpflichtung gegenüber bestimmten Verfahren, bereits ein gewisser Begriff vom Allgemeinwohl innewohnt.[1]

Moderate Individualisten wie Amy Gutmann und Bruce Ackerman wiederum stimmen darin überein, daß allein die Vorstellung eines liberalen Staates zusätzliche Fähigkeiten voraussetzen muß (beispielsweise die des kritischen Denkens). Aber diese Denker versuchen die Liste so kurz wie möglich zu halten – bei größtmöglicher Beibehaltung von Autonomie. (Kritisches Denken wird beispielsweise benötigt, um den Staat in seine Schranken verweisen zu können und die Bürger in den Stand zu versetzen, sich als freie Persönlichkeiten auf sich selbst und nicht so sehr auf den Staat zu verlassen).

Nun zeigen aber soziologische Studien, daß eine Verpflichtung gegenüber Verfahren und eine dünne Schicht gemeinsam geteilter Werte oftmals nicht hinreichend sind. Man nehme etwa die Abtreibungs-Gegner und die Abtreibungs-Befürworter, die sich gemeinsam für Kinder in St. Louis enagieren.[2] Zum ersten ist ein solches Verhalten eher selten. Zweitens spiegelt sich in ihm die gemeinsame Teilhabe an einem substantiellen Wert: Engagement für Kinder! Die Schwierigkeiten, die Amerika mit dem Aufbau einer nationalen Wohlfahrtsfürsorge, einer nationalen Gesundheitspolitik und gemeinsamer Ausbildungsstandards bis heute hat, belegen die Problematik, mit der Politik und Bürger konfrontiert sind, wenn sie versuchen, in Fragen dcs staatlichen Handelns zu einem gemeinsamen

Standpunkt zu gelangen, ohne diejenigen Werte miteinander zu teilen, um deren Verkörperung es bei diesen Projekten geht.

Darüber hinaus ist ein Konsens, der nicht auf der Grundlage einer gemeinsamen Wertebasis erreicht wurde, nicht sehr stabil. Wenn sich die Umstände ändern, werden jene, die aus pragmatischen oder taktischen Gründen einer bestimmten Politik zugestimmt haben, vermutlich eher ihr Einverständnis widerrufen, als dies bei einer Politik der Fall ist, die auf einer gemeinsamen normativen Verpflichtung basiert. Dies ist einer der Gründe dafür, daß internationale Vereinbarungen oftmals zerbrechlicher sind als nationale. Ein verläßlicher Konsens stützt sich weit eher auf eine starke Schicht gemeinsam geteilter Werte.

Michael Walzer (1992) versucht, die Unterschiede zwischen der individualistischen und der kommunitaristischen Sichtweise zu überbrücken, indem er für unterschiedliche soziale Bereiche unterschiedliche Definitionen des Guten zuläßt. Er führt solche Bereiche auf wie Mitgliedschaft, Sicherheit und Wohlfahrt, Geld und Waren, das Amt (Bürokratie), harte Arbeit, Freizeit, Verwandtschaft und Liebe, göttliche Gnade, Anerkennung, Erziehung und Bildung sowie politische Macht. Somit wird eine Person, die in einem dieser Bereiche hoch angesehen wird, in einem anderen Bereich wiederum weniger geschätzt. Wie Soziologen schon seit langem betont haben, trifft dies auf offene demokratische Gesellschaften in der Tat zu. (Im Gegensatz hierzu nehmen im Kastenwesen – und bis zu einem gewissen Grad in rigiden Klassengesellschaften mit wenig sozialer Mobilität – Personen, die ökonomisch privilegiert sind, auch einen hohen Rang in Politik, Öffentlichkeit, u. a. ein.) Walzers Konzeption ist wichtig, weil sie eine Gemeinschaft (oder eine Gruppe von Gemeinschaften) beschreibt, die moralische Kriterien miteinander teilen kann, ohne über eine universale Definition des Guten verfügen zu müssen (und damit die Gefahren vermeiden kann, die aus einer solchen Definition erwachsen).

Dieser Ansatz fördert die Entwicklung »überlappender« Vorstellungen des Guten durch seine Befürwortung eines Pluralismus, der relativistische, alle spezifischen Wertvorstellungen einebnende Töne meidet, und der dennoch kein Universalismus ist. So mag eine Gruppe – beispielsweise die scientific community – den Wert, die Wahrheit zu sagen, für besonders wichtig erachten; eine andere Gruppe – etwa Sozialarbeiter – mag den Wert, zwischenmenschliches Mitgefühl zu zeigen, besonders betonen; beide Gruppen könnten dennoch darin übereinstimmen, daß die Wahrheit zu sagen und Mitgefühl zu zeigen positive, substantielle Werte sind.

Woran es immer noch mangelt, sind Kriterien, mit deren Hilfe Werte selbst gerechtfertigt werden können. Viele Gemeinschaften könnten mit Walzers Kriterium einer Pluralität von Definitionen des Guten etwa derart umgehen, daß sie in dem einen Bereich (z. B. bei den Geschlechterbeziehungen) männlichen Chauvinismus begünstigen, in einem anderen Rassismus, und in einem weiteren (dem wirtschaftlichen Bereich) Egoismus. Die Frage, was eine Gesellschaft als gut betrachtet und wie darüber geurteilt werden kann, ist ein Problem, das nicht zu umgehen ist.

Eine historische Perspektive

Das Erstarken säkularer Vorstellungen, der Glaube an Wissenschaft und Sozialtechnologie (einschließlich ökonomischer Theorien), die Fixierung auf Wirtschaftswachstum und der zunehmende Einfluß individualistischer Philosophien haben alle die Rolle moralischer Werte im allgemeinen und die gemeinsame Teilhabe an ihnen im besonderen vernachlässigt. Die Religion – eine wesentliche Quelle von Grundwerten – wurde von den Erben der Aufklärung als anachronistische Kraft eingestuft. Man hat in den Jahren nach der großen Depression und nach dem Zweiten Weltkrieg, in jüngerer Zeit in den vormals kommunistischen Ländern nach Wegen gesucht, ein bestimmtes Wohlstandsniveau zu erreichen oder zu bewahren. Und innerhalb der letzten Generation haben individualistisch orientierte Philosophien an politischer Bedeutung gewonnen.[3]

Ganz wie eine funktionale Theorie es erwarten läßt, führte eine Kombination aus lang- und kurzfristiger Vernachlässigung gemeinsam geteilter Werte zu einer Ausdünnung der moralischen Ordnung und zu vorhersehbaren dysfunktionalen Konsequenzen. Ein weiterer Indikator für das Vakuum, das durch die Schwächung allgemein anerkannter Werte entsteht, und für die Sehnsucht, dieses Vakuum wieder aufzufüllen, ist das Aufkommen starker religiös-fundamentalistischer Bewegungen in vielen Teilen der Welt, von Indonesien über Algerien bis hin zu den Vereinigten Staaten. Diese Bewegungen konzentrieren sich auf »kulturelle Faktoren«, auf Werte, während sie den Anforderungen anderer gesellschaftlicher

Bedürfnisse, insbesondere im Bereich der modernen Ökonomie, wenig Beachtung schenken. Die Auseinandersetzung über das spannungsvolle Verhältnis zwischen den Werten der Familie und einer Berufstätigkeit außer Haus mögen hier als Beispiel dienen.

Während es bei den Debatten mit religiösen Gruppen ganz offensichtlich um gemeinsame Werte geht, zeigen sich in zahlreichen anderen Auseinandersetzungen tiefe Differenzen hinsichtlich säkularer Werte, wenngleich diese Differenzen nicht immer explizit als normative erkannt werden. Zu den auf diese Weise kontrovers diskutierten Themen gehören die Verpflichtungen des Gemeinwesens gegenüber Kindern, die Art und Weise unseres Umgangs mit der Umwelt und unsere Verpflichtungen gegenüber Menschen ausländischer Herkunft.

Von einem funktionalen Standpunkt aus betrachtet, erscheint es konsequent, daß nach einer langen Periode der Vernachlässigung gemeinsamer Werte viele Gesellschaften in den 90er Jahren in eine intensive Phase der *Erneuerung von Werten* eingetreten sind. Hierbei wurden beträchtliche soziale »Energien« auf die Klärung folgender Fragen verwendet: Welche Werte sollten aufgegeben werden (zum Beispiel Keuschheit, auch bei Priestern?); welche Werte sollten neu gestärkt werden (beispielsweise Gegenseitigkeit oder Freiwilligkeit); und welche Werte bedürften einer Neuformulierung (etwa die moralischen Verpflichtung gegenüber Wohlfahrtsempfängern). Vor allem aber finden intensive Dialoge über die Frage statt, welche Werte zu einem gemeinsamen Grundbestand gehören und welche der individuellen Entscheidung überlassen werden können (beispielsweise wenn zur Diskussion steht, wer eingestellt, gekündigt oder befördert werden soll, wer auf eine Hochschule gehen darf und wem man sein eigenes Haus verkauft).

Zum gegenwärtigen Zeitpunkt ist noch weitgehend offen, wohin diese intensive Phase der Erneuerung führen wird. Wird es zu einer – wenn auch weniger extremen – Entwicklung wie im Iran kommen, wo religiös-fundamentalistische Werte die Gesellschaft im ganzen durchdrungen haben? Oder wird es verstärkt normative Spaltungen und wachsende Gruppenkonflikte geben? Oder wird die Suche nach Erneuerung einen, wenn auch begrenzten, Grundbestand an gemeinsamen und weithin unterstützten Werten hervorbringen, der die kommunitären Gesellschaften mit neuem Leben erfüllt?

Der Kontext der Debatte

Die hiermit umrissene Situation bildet zugleich auch den Kontext für jenes Stück intellektueller Geschichte, in dem sich das kommunitaristische Denken und die kommunitaristische Bewegung herausbildete. Die individualistischen Angriffe auf die Vorstellung gemeinsam geteilter Werte (beziehungsweise jene des Allgemeinwohls) vom 17. bis ins 19. Jahrhundert waren aus kommunitaristischer Perspektive als Reaktion und Korrektiv gegenüber früheren Definitionen des Allgemeinwohls gerechtfertigt, die zu restriktiv waren, und der Autonomie nur wenig Raum ließen.

Wenn heutige Individualisten allerdings diese Ideen bemühen, um im völlig veränderten Kontext der zweiten Hälfte des zwanzigsten Jahrhunderts Vorstellungen vom Allgemeinwohl anzugreifen, dann stören sie jenes Gleichgewicht, welches die Gesellschaft so dringend benötigt.

Um fair zu sein: Nicht nur Individualisten haben das Konzept des Allgemeinwohls in Frage gestellt, sondern auch marxistisch inspirierte Denker sowie die Anhänger der Konflikttheorie und der *Realpolitik*. Letztere behaupten, die Vorstellung gemeinsam geteilter Werte werde von jenen verteidigt, denen daran gelegen sei, die grundsätzlichen Interessenunterschiede zwischen den Klassen und die latent drohenden Klassenkämpfe zu verleugnen; zugleich gehen diese Realpolitiker davon aus, die Gesellschaft könne allein durch Zwang und ökonomische Interessen zusammengehalten werden. Allerdings blenden diese Argumente die Frage aus, ob diese Gesellschaften gute Gesellschaften sind oder zu solchen werden könnten. Die Kommunitaristen betonen dagegen die Bedeutung des *Allgemeinwohls* und weisen auf die Grenzen hin, die sich ergeben, wenn man sich nur auf individuelle Formulierungen des Guten stützt.

Welche Form aber soll die allgemeine Vorstellung des Guten annehmen? Ist sie lediglich prozedural zu verstehen? Substantiell, aber schwach? Stark? Alles durchdringend? Die Positionen variieren von moderaten Individualisten (besonders individualistischen Liberalen), die sich bewußt sind, daß eine Reihe von Wertorientierungen bereits der bloßen Vorstellung eines liberalen Staates zugrundeliegen (Gutmann und Ackerman beispielsweise), bis hin zu Kommunitaristen (wie etwa Galston), die darlegen, solche Wertortientierungen sollten in weitaus größerem Umfang vorhanden sein.[4]

Eine gute Gesellschaft bedarf eines sehr viel reichhaltigeren Kernbestands an Werten, um der Kultur einer Gemeinschaft einen Rahmen zu geben und dem Pluralismus Grenzen zu setzen, ohne ihn seiner Berechtigung gänzlich zu berauben. Was genau zum Bestandteil des Allgemeinguts werden soll, und was einzelnen Subkulturen überlassen bleiben kann, wird ausführlich in Kapitel 7 behandelt; aber religiöse Überzeugungen gehören sicherlich zu jener Art von Wertorientierungen, die nicht von allen geteilt werden sollten. Im Gegensatz hierzu favorisieren Sozialkonservative eher ein umfassendes Bündel von Werten. Beispielsweise bevorzugen sie die soziale Bindung an eine einzige Religion und rufen gar nach einem christlichen (oder muslimischen, bzw. hinduistischen) Staat; sie sind bestrebt, zahlreiche Aspekte des persönlichen Verhaltens – vom Sexualverhalten bis hin zum Alkoholkonsum – zu regulieren und lehnen eine der Vielfalt förderliche Ausweitung der Schul- und Universitätscurricula ab.

Soweit Individualisten überhaupt die Notwendigkeit eines Allgemeinwohls anerkennen, tendieren sie dazu, seinen Geltungsanspruch auf den *öffentlichen Raum* zu beschränken, ihn *aber* für den *privaten Bereich* außer Kraft zu setzen. Daß es für alle Gesellschaften nötig ist, die Teilhabe an gemeinsamen Werten zu fördern, tritt wesentlich deutlicher hervor, wenn es um das Verhalten in der Öffentlichkeit geht, also um das Verhalten der Menschen untereinander wie auch im Umgang mit gemeinsamen Gütern und Ressourcen; von Untergrundbahnen (beispielsweise das Tolerieren aggressiven Bettelns) über öffentliche Parks (zum Beispiel die Toleranz gegenüber der Intimität von Liebespärchen am hellichten Tag) bis hin zu öffentlichen Stränden (etwa das Tolerieren von Nacktheit). Geht es aber um das Verhalten im Privatbereich – im eigenen Haus oder Auto etwa – so neigen selbst moderate Individualisten zu der Annahme, nur theokratische Gesellschaften wie der Sudan (bzw. das calvinistische Genf und das puritanische Salem) oder säkulare, totalitäre Gesellschaften regulierten auch solch ein Verhalten.

In Wirklichkeit hält eine scharfe Trennung zwischen öffentlicher und privater Sphäre einer empirischen Untersuchung nicht stand und ist in normativer Hinsicht nicht zu rechtfertigen.[5] Soziologische Studien zeigen, daß es in allen Gesellschaften Gesetze gibt, die das private Verhalten regulieren, in denen sich gemeinsam geteilte Werte widerspiegeln. Dazu gehören etwa jene Handlungen, die Eltern gegenüber ihren eigenen Kindern zu unterlassen haben (sexueller Mißbrauch, schwere Prügel), und die ihnen gegenüber ihren Kindern obliegen (Schutzimpfungen durchführen lassen, Schulpflicht einhalten), aber auch Vorschriften, die das Verhalten von Erwachsenen untereinander regeln (etwa die Notwendigkeit, bestimmte Bedingungen zu erfüllen, um eine Eheerlaubnis zu erhalten). Zudem regulieren selbst hochgradig liberale Gesellschaften den Verkauf und Konsum pharmazeutischer und unter Kontrolle stehender Substanzen, und zwar auch im privaten Bereich der eigenen Wohnung. Und natürlich findet man Vorschriften, die das Verhältnis von Privatpersonen zu materiellen Objekten regeln (Besitz).

Von einem normativen Gesichtspunkt aus betrachtet ist ein Verhalten, das Grundwerte verletzt – etwa Vergewaltigung in der Ehe –, unmoralisch, ob es nun im Supermarkt oder Zuhause geschieht, auf öffentlichen Plätzen oder im eigenen Hinterhof. Das gleiche gilt natürlich auch für den Mißbrauch von Kindern, die Ausbeutung von Arbeitern und zahlreiche andere Verhaltensweisen. Ich teile hier die Meinung sowohl von Kommunitaristen, insbesondere Galston (1991), wie auch von Feministinnen wie Carole Pateman (1988), Elizabeth Frazer und Nicola Lacey (1993, S. 125 ff.), die auf den nur sehr begrenzten Nutzen einer Unterscheidung zwischen privat und öffentlich hingewiesen haben.

Der eigentlich gewichtige Unterschied besteht zwischen einem Verhalten, das von den Grundwerten einer Gesellschaft gedeckt ist, und einem Verhalten, auf das dies nicht zutrifft; eine Unterscheidung, die sich den Kategorien des Privaten und Öffentlichen nicht fügt. Deshalb dürfen Konsumenten auch nicht »privat« Kinderpornographie, Abhöranlagen oder Rauschgift erwerben. Diese Einschränkungen reflektieren einen oder mehrere unserer Grundwerte. Auch darf es den Menschen nicht privat gestattet werden, zu heiraten wen immer sie wollen (keine Polygamie, auch nicht für die Mormonen); sie müssen dafür eine entsprechende staatliche Erlaubnis einholen, sich einem Bluttest unterziehen etc. Freilich mögen sie in liberalen Staaten sowohl in aller Öffentlichkeit wie auch im Privaten frei reden, sich liebevoll umarmen und kleiden, wie sie wollen.

Werte: Ihre Quellen
und die Formen ihrer Neugestaltung

Kulturell, nicht persönlich

In einer kommunitären Gesellschaft (und in vielen anderen Gesellschaften) werden *Werte eher von einer Generation an die nächste weitergegeben, als daß sie erfunden oder ausgehandelt werden.* Dem entspricht die weitreichende Bedeutung jener Auffassung, derzufolge sich eine Gemeinschaft durch eine Identität, eine Geschichte und eine Kultur auszeichnet. David Miller, der über nationale Gemeinschaften schreibt, erklärt: »Was bedeutet es für die Menschen, eine gemeinsame nationale Identität zu besitzen, ihre Nationalität miteinander zu teilen? Im wesentlichen ist dies keine Frage von objektiven Charaktereigenschaften, die ihnen eigen wären, sondern eine Frage der gemeinsamen Überzeugungen: der Glaube, daß alle irgendwie zusammengehören; die Überzeugung, daß diese Zusammengehörigkeit weder von vorübergehender noch bloß instrumenteller Natur ist, sondern aus einer langen Geschichte gemeinsamen Zusammenlebens erwachsen ist, die sich (so hofft und erwartet man) auch in Zukunft fortsetzen wird.« (1992, S. 87)

Der Ausgangspunkt besteht typischerweise in gemeinsam geteilten Werten und nicht in individuellen Entscheidungen oder Formulierungen des Guten.

Untersuchen Individualisten die Quelle sozialer Werte, so neigen sie in der Regel zu der Annahme, daß die Individuen über die Richtung ihrer politischen und sonstigen Angelegenheiten miteinander diskutieren müssen, um alsdann hinsichtlich ihrer gemeinsamen Werte ein gegenseitiges Einverständnis zu erzielen.[6] Aus Gebräuchen werden Verträge, welche die Individuen auf rationalem Wege miteinander aushandeln.

John Locke verwendet eine methodische Abstraktion, um diesen Punkt zu beleuchten. Er stellt sich frei handelnde Individuen vor, die zusammenkommen, um ein gesellschaftliches Arrangement zu verabreden, das letztlich aus einem Bündel normativer Vorstellungen besteht. John Rawls greift mit seinem Schleier des Nichtwissens, hinter welchem Individuen die Gerechtigkeitsprinzipien festlegen, auf solch ein herুristisches Darstellungsmittel zurück. In den nach 1980 entstandenen Schriften gibt Rawls jedoch zu, daß sich seine Analyse stets auf Individuen bezieht, die

in einen gegebenen sozialen Kontext, namentlich in eine liberale Gesellschaft, eingebettet sind, und daß diese Individuen eine Reihe normativer
Bindungen in den Urzustand einbringen (vgl. Rawls 1993). Von hier aus
folgen sie allerdings dem Vertragsmodell.

Es ist keineswegs ein Zufall, daß Libertäre und Liberale aller Schattie-
rungen das Individuum zum Ausgangspunkt ihrer Überlegungen machen;
im Rahmen ihrer Paradigmen stellt das Individuum einen letzten moralischen Wert dar, und allein autonome Individuen sind in der Lage, sozialen Arrangements, Institutionen oder gewählten Volksvertretern Legitimität zu verleihen.

Es gibt weder die Spur eines Beweises noch irgendeinen vernünftigen
Grund für die Annahme, es hätte jemals reine Individuen gegeben, die
sich ihrer jeweiligen Werte bewußt waren, einzeln durch die Wälder
streiften und zusammenkamen, um wohlüberlegt jene Gemeinschaft zu
gründen, die ihren individuellen Zwecken und normativen Neigungen
entsprach. Auch gibt es keine Anzeichen dafür, daß eine bestimmte Anzahl von Individuen jemals zusammengekommen ist, um der Gemeinschaft irgendwelche Vorrechte abzutreten und dadurch bestimmte moralische Regeln aufzurichten oder Werte auszuwählen, denen die Mitglieder
der Gemeinschaft dann zu folgen hatten. Um fair zu sein: Die Befürworter des individualistischen Paradigmas behaupten nicht, die Gebräuche
oder die sozialen Werte seien auf diesem Wege entstanden; sie stützen sich
auf solche mythischen Erzählungen, um ihren Standpunkt zu illustrieren:
Individuen sind diejenigen, die im Rahmen einer Ansammlung von Individuen – wenn nicht sogar schlicht gänzlich auf sich selbst gestellt –
soziale Entscheidungen fällen (sie sind also wie Rechtsanwälte, die ein
Urteil untereinander aushandeln, oder wie Käufer auf einem Markt, die
ein Geschäft abschließen).

Die sozialen Gebräuche und Werte können nicht ad hoc und situativ
ausgearbeitet werden (wie im Antioch-Fall) und verdanken sich auch keinen vorgängig ausgehandelten Verträgen. Wenn eine Gesellschaft dieser
Vorgehensweise folgen würde, müßte sie zur Hälfte aus Anwälten bestehen, die Verträge abschließen (oder versuchen, aus ihnen wieder heraus-
zukommen). Es ist kein Zufall, daß die am meisten individualistisch orientierte Gesellschaft, die amerikanische, zugleich die prozeßsüchtigste ist.
Eine funktionierende Gesellschaft muß sich letztlich auf Kultur und Tradition sowie auf die ihnen innewohnenden Werte stützen. Allein diese

Werte stellen jene normativen Kriterien bereit, die wir benötigen, um ohne ständiges Feilschen voranzukommen und die Differenzen auszuarbeiten, die in Verhandlungssituationen zutage treten. Nicht zuletzt Emile Durkheim hat dies in seinen Ausführungen zur Bedeutung jener vorvertraglichen Wertbindungen und Verpflichtungen dargelegt, die Verträgen und ihrer Einhaltung zugrundeliegen.

Thomas Spragens erklärt, daß diese Tradition selbst wertvoll ist und Respekt verdient: »Die Teilnahme an einem realen, geschichtlich gewachsenen, bürgerlichen Verbund zieht notwendig moralische Verpflichtungen nach sich. Selbst wenn die betroffene Gesellschaft ernstliche Schwächen aufweist, steht doch jeder an ihrem Gemeinschaftsleben teilnehmende Bürger in der Schuld vieler anderer Mitbürger, die er nie getroffen hat und nicht einmal namentlich kennt. Die Institutionen, die Infrastruktur und die bloße Existenz einer politischen Ordnung, die Teil dessen ist, was uns ausmacht und am Leben erhält – all das wird als Erbteil an uns weitergegeben, ohne daß wir es erworben oder in irgendeinem kohärenten Sinne verdient hätten.« (1992, S. 46)

Man beachte, daß Spragens' Argumentation empirischer und nicht bloß normativer Natur ist.

Die Vorstellung der Individualisten, daß soziale Ordnung auf dem Wege der Verhandlung oder Verabredung zustande kommt, mißachtet darüber hinaus die Rolle gemeinsamer Werte (die sich beispielsweise auf den Umweltschutz beziehen), wenn es um den Erhalt wesentlicher Güter für die zukünftigen Generationen geht. Kinder stellen ein ernsthaftes Problem für libertäre Theoretiker dar, die sich unter Kindern entweder kleine Individuen mit denselben Rechten vorstellen oder – was weit eher die Regel ist – sie schlichtweg ignorieren. Es ist offensichtlich, daß weder zukünftige Generationen noch kleine Kinder am Verhandlungstisch Platz nehmen können, um für ihre Interessen und Vorstellungen vom Guten einzutreten; statt dessen finden Kinder unseren Schutz, indem wir sie in unsere gemeinsamen moralischen Verpflichtungen mit einbeziehen.

Mitte der 90er Jahre (und schon vorher) wurde die Frage nach dem Inhalt und der Prozedur einer gesellschaftlichen Erneuerung oftmals mit dem Verweis auf die Wiederbelebung der Zivilgesellschaft beantwortet. Das verstärkte Interesse am Thema der Zivilgesellschaft spiegelt sich bereits seit längerem in den Sozialwissenschaften, in der Philosophie, aber auch in den stärker in die Breite wirkenden Medien und in den Äußerungen politischer Repräsentanten wider.[7] Obgleich der Begriff »zivil« unterschiedliche Verwendungen gefunden hat, zielt er doch zumeist auf die Notwendigkeit, in Gesprächen über gesellschaftliche Fragen »zivil« miteinander umzugehen und, zum anderen, die zwischen Individuum und Staat stehenden intermediären Instanzen zu bewahren.

Solche Vorstellungen von einer zivilen Ordnung deuten bestenfalls auf ein schwaches Band von Werten hin. Sie benennen einige der Bedingungen, derer Individuen bedürfen, um Übereinkünfte miteinander abschließen zu können, nehmen aber zum normativen Gehalt solcher Überlegungen und Verhandlungen nicht Stellung. Um die Sache in allgemeinverständlicher Form auszudrücken: Eine zivile Gesellschaft gewährleistet eine gute Kommunikation, aber nicht die Fähigkeit, das Richtige vom Falschen zu scheiden und sich an die Folgen normativer Bestimmungen zu halten. Wer wie ich behauptet, daß eine zivile Gesellschaft nicht ausreicht, daß eine tugendhafte Gesellschaft einen Kernbestand gemeinsamer Werte benötigt, der leugnet nicht die Wichtigkeit einer zivilen Ordnung; sie ist eine notwendiges, aber alles andere als hinreichendes Element der sozialen Ordnung, die eine gute Gesellschaft benötigt.

Die Aversion gegen jegliche Form moralischer Substanz nahm 1995 geradezu humoreske Züge an, als einige Politiker die Menschen wiederholt dazu aufriefen, eine »gemeinsame Grundlage« zu suchen, ohne eine Diskussion darüber zu führen, worin denn diese gemeinsame Grundlage bestehen könne. Es war, als ob man jeden zu einem Treffen einladen würde, ohne Auskunft darüber zu erteilen, wann und wo es stattfinden soll. Aufforderungen zu einem zivilen Umgang miteinander sind sicher nützlich. Sicher, zivil zu sein ist an sich gut – allerdings nicht gut genug. Um es mit Gertrude Himmelfarb zu sagen: »Es genügt nicht, die Zivilgesellschaft wiederzubeleben. Die viel drängendere und weitaus schwierigere Aufgabe liegt darin, die Zivilgesellschaft zu remoralisieren.«[8] (Aus dem gleichen Grund genügt es nicht, Kindern die Klärung moralischer Werte oder moralisches Argumentieren beizubringen; was sie brauchen, ist eine moralische Erziehung.) Eine Gesellschaft, die sich erneuert, muß nicht nur das Vermögen des zivilen Gesprächs (wie überhaupt das Vermögen der Beratung) anerkennen, sie muß auch das Vermögen des zivilen Gesprächs über soziale Tugenden anerkennen.

Es ist eine interessante Frage, ob – wie Putnam hervorhebt – Menschen, die einem Schachclub, einem Kegelverein oder gar einer Chorgemeinschaft angehören, lediglich durch lose soziale Bande untereinander verknüpft sind, oder ob sie auch eine Verpflichtung gegenüber gemeinsamen Werten entwickeln. Ich vermute, daß sich diese Gruppierungen durch bestimmte Bindungen, aber keine moralische Kultur auszeichnen. (Sicher, ich habe einige Schachclubs und Kegelvereine besucht, in denen es durchaus starke Gemeinschaftsgefühle gab, aber diese Gefühle beruhten zumeist auf einigen wenigen gemeinsamen Gewohnheiten.)

Ein Kollege fragte sich einmal, ob man nicht die amerikanischen Kolonisten als einen Haufen von Individualisten zu betrachten habe, der zusammengekommen sei, um in beratender Weise eine Gesellschaft zu gründen. Die gleiche Frage könnte man hinsichtlich der Väter und Mütter einer jeden »geplanten« und antizipierten Gesellschaft stellen, angefangen bei Israel bis hin zu den kommunistischen Ländern. (Von den Kaffeehäusern der Schweiz sagt man, daß Lenin und seine Genossen hier viel Zeit mit der Vorbereitung der Revolution verbracht hätten.) Tatsache jedoch ist, daß niemand unter diesen Individuen als ungebundene freie Person zu den Versammlungen kam; sie kamen als Söhne und Töchter bestimmter Kulturen, die ihre Beratungen und Entscheidungen tiefgreifend beeinflußten. Beispielsweise stammten die Zionisten, die den Traum von einem jüdischen Staat formten, größtenteils aus den säkularen Bereichen der jüdischen Kultur; sie teilten eine starke Ablehnung der Diaspora, in der sie aufgewachsen waren, und stützten sich (insbesondere seit dem Beginn der Zweiten Alija*) auf sozialistische Ideologien. All diese »Erfahrungen«, die sie mit an den Verhandlungstisch brachten, bestimmten die von ihnen geteilten Grundwerte und prägten die Institutionen, die sie gemeinsam schufen.

Individuen sind niemals unbeschriebene Blätter. Die Gemeinschaft stattet sie mit Geschichte, Traditionen und Kultur aus, Faktoren, die von Werten tief durchdrungen sind. In früheren wie in gegenwärtigen Gesellschaften befanden sich Kinder (und Immigranten) immer schon inmitten einer Art von Gemeinschaft, in der bestimmte Grundwerte miteinander geteilt wurden. Diese Werte waren vielleicht beschädigt, wurden weithin infrage gestellt, waren dringend erneuerungsbedürftig oder hätten tief-

---

* wörtl. Aufstieg; Auswanderungswelle nach Israel; Anm. d. Ü.

greifend umgestaltet werden müssen – aber nirgends wird von einem Ausgangspunkt berichtet, der sich in einem moralischen Vakuum befunden hätte.

Die Tatsache, daß Kulturen über einen normativen Ausgangspunkt verfügen, impliziert nicht, daß Individuen bei der Bestimmung von Werten keine Rolle spielten; Kulturen stellen den Individuen »lediglich« eine Grundlage zur Verfügung, gegen welche diese rebellieren können, kulturelle Elemente neu entwickeln oder neue und traditionelle Elemente in andersartiger Weise zusammenfügen. Dennoch besteht der Hintergrund, gegen den diese Individuen sich auflehnen, und der teilweise die Richtung und Inhalte ihres Aufbegehrens bestimmt, aus eben jenen Werten, die ihrer Gesellschaft eigen sind. Die neue, erneuerte oder neu entworfene Kultur, die sie entwickeln, gründet sich unvermeidlich auf vorgegebene normative Elemente.

Was können Gesellschaften tun, um ihren Kernbestand gemeinsamer Werte abzusichern oder neuzugestalten? Und welche der möglichen Alternativen entspräche am ehesten kommunitaristischen Vorstellungen? Stellen die oftmals gerühmten Beratungen, stellt die »deliberative Demokratie« die Lösung dar?

Die Grenzen der Deliberation

Die Literatur zur Deliberation ist von der individualistischen Weise des Denkens tief beeinflußt, nicht nur bei Akademikern und vielen Meinungsmachern, sondern selbst in den Arbeiten und Überlegungen von Autoren und Persönlichkeiten, die ansonsten als nicht besonders individualistisch gelten. Die Individualisten behaupten, eine Gemeinschaft (oder eine Gesellschaft) ermittle ihre normativen Verhaltensrichtlinien und ihre Politik, indem sie eine Versammlung von Individuen einberufe, die über die aktuelle Sachlage, die aus ihr resultierenden Folgen und Handlungsoptionen leidenschaftslos diskutierten, um sich dann für ein empirisch zuverlässiges und stringentes Vorgehen zu entscheiden. Diese Idee beruht auf der Vorstellung der Aufklärung, die Vernunft werde den Menschen aus den Fängen des Aberglaubens und Unwissens befreien. Der Prozeß, in dessen Verlauf vernünftige Menschen ihre Ansichten miteinander austauschen und über die einzuschlagenden Wege verhandeln, wird

oftmals als »Deliberation« (Beratung, Beratschlagung) bezeichnet.[9] Das
für diese Art des Denkens bestimmende Bild ist hochgradig aufgeladen
mit einem positiven, affektiven und normativen Gehalt: das Bild der Stadtversammlungen Neu-Englands oder der antiken griechischen Polis.[10]
Miriam Galston erkennt dies in aller Deutlichkeit: »Die meisten zeitgenössischen Rechtstheoretiker, die sich mit den Angelegenheiten einer
Republik beschäftigen, treten für die eine oder andere Form deliberativer
Demokratie ein. Als Herzstück ihrer Empfehlungen für ein verstärkt deli-
beratives politisches Leben fungiert die Schaffung bestimmter Entschei-
dungsverfahren, die eine rationale oder vernünftige Basis für legislative,
judikative oder andere Beschlüsse befördern, wenn nicht gar sicherstellen
sollen.« (Galston 1994, S. 355)

James Kuklinski u. a. bringen die Sache auf den Punkt: »Von Kant bis zu
Rawls haben Intellektuelle auf ungebrochene Weise einem deliberativen,
rationalen Denken Vorrang eingeräumt und implizit Gefühle und Empfindungen (obwohl sie unvermeidlich sind) als legitime Elemente der Politik
abgelehnt.«[11] Jack Knight und James Johnson schreiben dazu: »Wir
betrachten Deliberation als einen idealisierten Prozeß, der faire Verfahren
gewährleistet, mit deren Hilfe politische Akteure durch vernünftige Argumentation zur Lösung politischer Konflikte beitragen können.«[12] Philip
Selznick wiederum erklärt: »Wenn Deliberation als maßgebliches Prinzip
ernstgenommen wird, dann hält sie populistische Impulse in Grenzen.
Denn Deliberation ist eher ein Appell an die Vernunft als eine Verkörperung des Willens, auch des öffentlichen Willens.«[13]

Deliberation und Zivilität (beziehungsweise das demokratische
Gemeinwesen) werden oft miteinander in enge Verbindung gebracht. So
sagt man von der Zivilgesellschaft, sie sei eine Gesellschaft, die mit ihren
Problemen auf deliberative Art und Weise umgehe. »Eine demokratische
Gesellschaft zieht vernünftige Entscheidungen unvernünftigen vor; wohlüberlegtes Nachdenken führt zu ersteren, Gefühle zu letzteren; deshalb ist
als Grundlage demokratischer Entscheidungsfindungen die Deliberation
einem emotionalen Reagieren vorzuziehen. In diesen Worten spiegelt sich
eine normative Sichtweise wider, die das Denken zumindest seit der Aufklärung beherrscht. Sie besagt, daß die Bürger sich durch wohlüberlegtes
Nachdenken und anhand objektiver Analysen mit der Politik zu beschäftigen haben, daß sie also ihren Kopf benutzen sollen, wenn es darum geht,
Urteile in öffentlichen Angelegenheiten zu fällen.«[14]

Die Gründungsväter als auch viele andere, die an demokratischen Abläufen interessiert sind, waren in tiefer Sorge vor einem »Mob«, der sich ohne Rücksicht auf die Stimme der Vernunft von seinen Gefühlen würde hinreißen lassen. Und in jüngster Zeit ist der zunehmende Konflikt zwischen der westlichen Zivilisation und den religiösen Fundamentalisten als Konflikt zwischen Vernunft und Leidenschaft beschrieben worden (vgl. Huntington 1996).

Allerdings gibt es drei gewichtige Gründe dafür, daß Deliberation nur schwer zu definieren ist. Zum ersten sind die Teilnehmer an gemeinschaftlichen Dialogen keineswegs autonome Akteure, die über die nötigen Informationen und analytischen Fähigkeiten verfügen; sie sind vielmehr Gemeinschaftsmitglieder, die für ihren Lebensunterhalt, ihre Kinder und manches mehr Sorge zu tragen haben und sich mit politischen Angelegenheiten nur in ihrer spärlichen Freizeit beschäftigen können. Aber selbst wenn jeder Beratungsteilnehmer über umfangreiche Informationen und ein in Statistik geschultes Denkvermögen verfügen würde – über die für rationale Entscheidungen notwendigen Informationen und analytischen Kapazitäten verfügt nicht einmal ein Supercomputer; ein Faktum, das jenen wohlvertraut ist, die sich der Erforschung künstlicher Intelligenz und Fragen der Entscheidungsfindung gewidmet haben. Beispielsweise ist es im Rahmen eines Schachspiels unmöglich zu entscheiden, welches der beste (rationalste) Zug ist, da die Zahl der Möglichkeiten zu groß ist. Aber verglichen mit den Problemen des wirklichen Lebens fallen die Entscheidungen im Schachspiel gewissermaßen auf nur sehr kleinem Raum. Beim Schach gibt es lediglich zwei Spieler, vollständig ausformulierte und unveränderbare Regeln, alle notwendigen Informationen stehen den Spielern unmittelbar vor Augen und das Machtverhältnis der Figuren untereinander ist klar festgelegt. In Gemeinschaften und Gesellschaften hingegen ist die Anzahl der Mitspieler groß und variabel, die Regeln werden gemäß den wechselnden Anforderungen modifiziert, die Informationen sind immer unzureichend, die relative Macht der Beteiligten und Betroffenen ist veränderbar und die Handlungsregeln befinden sich ständig in Fluß. Entsprechend sind alle an sozialen Entscheidungsprozessen beteiligten Akteure gezwungen, sich auf einen weitaus bescheideneren Auswahlprozeß einzulassen, als es die Theoretiker rationaler Verfahren zur Entscheidungsfindung, einem im Grund deliberativen Modell, vermuten.[15]

Zweitens handelt es sich bei den Teilnehmern an gesellschafts- oder gemeinschaftsrelevanten »Deliberationen« nicht um Individuen, sondern um Teilgruppen, um Repräsentanten solcher Gruppen oder um Individuen, deren Denken und deren Entscheidungen in vielerlei Hinsicht ihre Zugehörigkeit zu verschiedenen Gruppen oder Teilgemeinschaften widerspiegeln. Wenn also im Programmausschuß der Republikanischen Partei zwischen Sozial- und Liberalkonservativen über die Abtreibungsfrage diskutiert wird, oder wenn sich in der Demokratischen Partei die Neuen Demokraten mit den Sozialliberalen streiten, dann sind es vor allem Gruppenwerte und nicht von Individuen entwickelte Ideen, die zum Tragen kommen.

Schaut man sich die internen Abläufe dieser Gruppen genauer an, dann erfährt man etwas mehr über die Gespräche zwischen den Repräsentanten oder Mitgliedern der jeweiligen Gruppe. Viele Faktoren beeinflussen diese internen Abläufe, angefangen bei den Machtkämpfen im Innern bis hin zu den Bemühungen, jene zentrifugalen Kräfte zu bändigen, welche die jeweilige Teilgruppe stärker betreffen als die Gemeinschaft im Ganzen. Informationen über Sinn und Nutzen der jeweiligen Angelegenheit sind lediglich ein Faktor, der die nachfolgenden Auseinandersetzungen bestimmt.

Der dritte und wichtigste Punkt: Die Probleme, mit denen es Gemeinschaften zu tun haben, sind in einem beträchtlichen Ausmaß normativer und nicht so sehr empirischer oder logischer Natur. Diese Tatsache wird unter dem Eindruck des rationalistischen deliberativen Modells oft übersehen oder in ihrer Bedeutung heruntergespielt. Um diesen Punkt noch stärker hervorzuheben, behaupte ich sogar, selbst viele scheinbar völlig technische Fragen sind zutiefst von normativen Faktoren durchsetzt. So ruft zum Beispiel die Frage, ob man dem Trinkwasser einer Stadt Fluor beimischen soll, diejenigen auf den Plan, die hier sofort eine Form des staatlichen »Paternalismus« am Werke sehen; der Import mexikanischer Tomaten wiederum berührt Werte, die etwa mit der Frage zusammenhängen, in welchem Maße wir zum Zwecke eines freien Handels oder verbesserter nachbarschaftlicher Beziehungen reale oder imaginäre Gesundheitsrisiken auf uns nehmen sollten; und Auseinandersetzungen um die beste Methode, den Kindern von Immigranten die englische Sprache beizubringen, führen zur Problematisierung von Werten, die in Zusammenhang mit Fragen unseres nationalen Selbstverständnisses stehen. Es scheint so, als ob es keine wichtigen Entscheidungen gäbe, die frei von normativen Aspekten wären.

Wenn es schließlich darum geht, in wichtigen politischen Fragen einen Standpunkt zu beziehen, präsentiert sich das Problem der Werteauswahl auf schier überdimensionale Weise. So ist zum Beispiel das Nachdenken über konkrete Maßnahmen des Umweltschutzes stark davon beeinflußt, inwieweit die zahlreichen Mitglieder oder Gruppierungen eines Gemeinwesens den Wert der Sorgfaltspflicht miteinander teilen, inwieweit sie also die Verantwortung übernehmen, unseren Kindern die Umwelt nicht in einem schlimmeren Zustand zu übergeben, als wir sie vorgefunden haben. Argumente, die uns klar machen, daß wir uns die Zukunft verbauen, wenn wir fortfahren, Grundwasser, Seen und Luft mit Schadstoffen zu belasten, werden zwar überzeugte Umweltschützer beeindrucken, aber nicht diejenigen, die sich vor allem um ihr eigenes Wohl kümmern, oder sich anderen Werten verpflichtet fühlen.

Man beachte, daß unter dem Einfluß individualistischen Denkens und libertärer Strömungen in den Sozialwissenschaften die Neigung zu verzeichnen ist, alle Handlungen, die von Werten motiviert sind, so zu erklären, als ob sie weitgehend durch Eigeninteresse – oder bestenfalls aufgeklärtes Eigeninteresse – bestimmt seien. Dies sollte man freilich nicht als eine Lesart der Realität politischer Entscheidungsfindungen betrachten; eher handelt es sich hierbei um eine mit libertären Scheuklappen versehene Pose.

So wurde die jahrzehntelang in vielen Ländern diskutierte Frage, in welchem Ausmaß die Staatsverschuldungen reduziert werden müsse, oft in Begrifflichkeiten von Ökonomie und Eigeninteresse behandelt. Wird das Defizit begrenzt, so sinken die Zinsen, die Inflationsrate sinkt und die Wettbewerbssituation gegenüber anderen Ländern verbessert sich. Aber von einem rein wissenschaftlichen Standpunkt aus betrachtet, ist der Punkt, jenseits dessen Defizite Schäden verursachen, alles andere als offensichtlich. Japan ging es zum Beispiel in jenen Jahren, da sein Defizit um vieles höher lag als das der Vereinigten Staaten, verhältnismäßig gut. Ähnlich hatten zwischen 1990 und 1995 Länder, deren Bruttosozialprodukt weitaus schneller anwuchs als das in den großen Wirtschaftsnationen des Westens, Länder mit Wachstumsmärkten also, bedeutend höhere Defizite, Inflationsraten und Zinssätze als die Vereinigten Staaten. Daher ist es sehr aufschlußreich, daß sich die Debatte über Defizite häufig in normativen Begrifflichkeiten niederschlägt: Ist es »anständig«, unser Erbe aufzubrauchen und damit unsere Kinder zu berauben? Oder wie Präsident Reagan es oft formulierte: Ein Land ist wie eine Familie; es *sollte nicht* mehr ausgeben, als es verdient. Viele Ökonomen sind sich durchaus der Unterschiede bewußt, die hinsichtlich Finanzierungs- und Defizitfragen zwischen Familien und Nationen bestehen. Aber das nimmt der moralischen Kraft von Reagans Worten nichts hinweg.

Ich behaupte keineswegs, Informationen und Vernunft spielten bei Auseinandersetzungen über politische Fragen in Gemeinschaften oder Nationen keine Rolle. Ich bin allerdings der Meinung, daß sie von weitaus geringerer Bedeutung sind, als dies gemeinhin angenommen wird. Zum einen sind sie viel schwächere Werkzeuge, als man glaubte, zum anderen spielte ein anderer Faktor eine viel größere Rolle: die Berufung auf Werte. Eine umfassendere Untersuchung von Wertediskussionen (und moralischen Dialogen) wird ein besseres Verständnis jener Prozesse ermöglichen, in denen Werte gewonnen werden, aber auch davon, wie diese Prozesse selbst verbessert werden können.

Die Gefahr von Kulturkriegen

Im Gegensatz zu »Deliberation« deutet der Begriff »Kulturkrieg« an, daß die Öffentlichkeit in der Frage, welche Grundwerte den Kurs der Gesellschaft bestimmen sollten, gespalten ist, und Teile der Öffentlichkeit sich in einer Weise gegenüberstehen, die zumindest kontraproduktiv wirkt (Hunter 1991). Kulturkriege führen zu Aufspaltungen, zu mangelnder Entschlossenheit bei überfälligen Fragen, zu Gruppenhaß und Tribalismus. In den letzten Jahren verlief in Amerika die wichtigste Frontlinie zwischen der religiösen Rechten und den Liberalen; in Israel zwischen den säkularen und religiösen Gruppen. In früheren Zeiten tobte ein Kulturkampf zwischen der katholischen Kirche und Bismarck, nachdem dieser die Kirche der staatlichen Kontrolle unterstellen wollte.[16] Schlimmstenfalls münden Kulturkriege in Gewalt (wie wir es am Beispiel der Bombenanschläge auf Abtreibungskliniken in den Vereinigten Staaten beobachten konnten) oder gar in Krieg. »Kulturkriege gehen immer den Kriegen mit scharfer Munition voraus ... In der Tat, das letzte Mal, da dieses Land über Fragen des menschlichen Lebens, der Persönlichkeit und der Rechte von Bürgern insgesamt ›debattierte‹, folgte darauf einer der blutigsten Kriege, die jemals auf diesem Kontinent stattfanden: der Bürgerkrieg.« (Hunter 1994, S. 4 f.)

Vor dem Hintergrund dieses scharfen Kontrasts zwischen Vernunft und Leidenschaft, Deliberation und Bürgerkrieg, gütlichen Lösungen und emotionaler Konfrontation, bin ich nicht überrascht, daß selbst jene, deren individualistische Neigungen nur schwach ausgeprägt sind, eher das deliberative Modell bevorzugen. Aber auch diese Diskussion leidet an falschen Dichotomien. Es ist eine unbestreitbare Tatsache, daß Deliberationen in jener Reinform, wie sie den Individualisten vorschwebt, in der Realität nicht einmal annähernd verwirklicht werden können. Untersucht man, wie die Werte ausgewählt werden, die in einer Gesellschaft oder einer kleinen Gemeinschaft maßgeblich sein sollen, dann wird deutlich, daß sich diese Auswahlprozesse doch beträchtlich von jenen unterscheiden, die dem deliberativen Modell zugrundeliegen.[17] Freilich könnte man dieses Modell dennoch für moralisch überlegen halten. Aber es ist so weit von jeder Realität entfernt, die von ihm implizierten Werte werden so regelmäßig und oft verletzt, daß als Resultat eher Entfremdung als politisches Engagement die Konsequenz wäre. Vor allem aber gibt es einen stärker kommunitaristischen Ansatz, den ich als »Wertediskussion« bezeichne; damit meine ich jene Prozesse, durch die moralische Dialoge gefördert werden.

Der Verlauf moralischer Dialoge

Moralische Dialoge sind Verständigungsprozesse über Werte und die normativen Vorzüge alternativer Vorgehensweisen. Diese Dialoge unterliegen jeweils eigenständigen »Verfahrensabläufen«.

Eine Verfahrenstechnik, die bei moralischen Dialogen oft angewendet wird, besteht im *Appell an einen übergreifenden Grundwert*, der von den verschiedenen Parteien während ihres Beratungsprozesses geteilt wird. Robert Goodin (1989) wendet diese Regel bei seinem Versuch an, einer Gemeinschaft den Weg zu ebnen, die Rechte von Rauchern und Nichtrauchern sorgfältig gegeneinander abzuwägen. Auf den ersten Blick scheint sich zwischen den beiden Werten ein typischer Abgrund aufzutun: die Rechte der einen Gruppe stehen den Rechten der anderen gegenüber. Goodin weist allerdings darauf hin, daß beide Gruppen dem Wert verpflichtet sind, demzufolge die Freiheit des einen nicht die Freiheit des anderen beschneiden dürfe. Allgemeiner formuliert, mein Recht, meinen Arm auszustrecken, endet dort, wo meine Faust Deine Nase berührt (eigentlich schon ein kleines Stück vorher). Weil Nichtraucher, so Goodin, mit ihrem Nichtrauchen den Freiraum der anderen nicht beeinträchtigen, Raucher aber in den Freiraum der Nichtraucher eingreifen, sollten die Rechte der Nichtraucher Priorität genießen. Mit Hilfe eines umfassenden Grundwertes Konflikte zwischen zwei oder mehreren untergeordneten Werten zu lösen, stellt ein Verfahren für Gemeinschaften dar, einen normativen Maßstab für ihr politisches Handeln zu gewinnen.

Umfassende Grundwerte werden ebenfalls herangezogen, wenn es darum geht, bestimmte politische Vorgehensweisen als annehmbar oder inakzeptabel zu bewerten. So behaupten die Mitglieder einer Gemeinschaft häufig, daß bestimmte Maßnahmen mit einer freien, sich selbst achtenden oder auch fürsorglichen Gesellschaft nicht vereinbar seien. Dabei handelt es sich keineswegs um bloß technische Argumente; zumeist gibt es nur wenig Anhaltspunkte dafür, daß die Freiheit wirklich ernsthaft bedroht ist, wenn eine Gemeinschaft eine bestimmte Maßnahme zu ergreifen beabsichtigt. Tatsächlich geht es häufig um die Befürchtung, das Durchsetzen bestimmter Maßnahmen gefährde einen Wert, den die Gemeinschaft für bewahrenswert hält.[18] Vermutlich würde eine empirische Untersuchung erfolgreich verlaufender moralischer Dialoge zeigen, daß man sich auf übergeordnete Werte berufen hat, um einen Konflikt konkurrierender moralischer Forderungen aufzulösen.

Als weitere Möglichkeit kann ein dritter Wert ins Spiel gebracht werden. Beispielsweise behaupten jene, die die in den 60er Jahren bestandene Koalition zwischen Afroamerikanern und Juden erneuern wollen, daß sich beide Gruppen liberalen Ideen verpflichtet fühlen. Und auch bei dem Versuch, eine interreligiöse Koalition ins Leben zu rufen, bezog man sich auf die gemeinsame Bindung an eine Religion, um eine gemeinsame Stellungnahme zu erreichen.[19]

Tatsächlich geht es in den meisten ethischen Diskussionen eher um die relative Bedeutung verschiedener Werte als um einen Konflikt zwischen Gut und Böse. Wenn Mitglieder einer Gemeinschaft ihre Wertorientierungen bloß bekunden, handelt es sich nicht um Wertediskussionen; wenn sie sich beispielsweise beim Thema Abtreibung als Gegner oder Anhänger zu erkennen geben. Werte enthalten immer eine Standortbestimmung, die untersucht und infrage gestellt werden kann; z. B. durch

Argumente wie: Diese Werte sind mit anderen, die Du vertrittst, nicht vereinbar; oder: Diese Werte legen eine normative Schlußfolgerung nahe, die Du »unmöglich wollen kannst«.

Auch *Werterziehung, Überzeugungskraft* und *Führungseigenschaften* (mit deren Hilfe jene, die einem gegebenen Wert zunächst nicht zustimmen, davon überzeugt werden, es doch zu tun) tragen zur Überwindung von Wertkonflikten bei. Freilich sollte bemerkt werden, daß sie alle auch mißbraucht werden können.

Diese drei Möglichkeiten haben ein soziologisches Element gemeinsam; mit ihrer Hilfe vermag eine Person, die Werte oder Präferenzen einer anderen zu verändern. Diese Fähigkeit ist dem individualistischen Denken in besonderem Maße fremd und stellt für die individualistischen Paradigmen eine Bedrohung dar. Beispielsweise behaupten neo-klassische Ökonomen (die sich auf das individualistische Paradigma stützen), Werbung wirke eher informativ als suggestiv, und gehen systematisch über Untersuchungen hinweg, die darlegen, wie Kinder erzogen werden. Damit ignorieren sie die Art und Weise, in welcher deren Werte geformt werden; zudem mißachten sie die Rolle von Führungseigenschaften, die auf Menschen eine große Wirkung ausüben können. Freilich erscheint dies nur so lange seltsam, bis einem bewußt wird, daß Libertäre diesen soziologischen Aspekt minimieren, wenn nicht gar ignorieren müssen, sofern sie ihre Aufmerksamkeit weiterhin auf die Autonomie beschränken wollen. Wenn Menschen verschiedenen, von außen auf sie einwirkenden Formen des Wertewandels ausgesetzt sind, dann muß man sich mit den gesellschaftlichen Kräften beschäftigen, die diesen Wandel hervorrufen, anstatt davon auszugehen, daß der Weg eines Einzelnen nur seinen eigenen Überlegungen und Entscheidungen entspringt. Tatsächlich greifen Gemeinschaften häufig auf diese Möglichkeiten zurück, wenn sie ihre Werte auswählen.

Einige Regeln für Wertediskussionen

Um Wertediskussionen davor zu bewahren, in Kulturkriege umzuschlagen (und sie statt dessen kommunitaristisch zu gestalten), können Teilnahmeregeln formuliert werden. In ihnen spiegelt sich die Notwendigkeit wider, beim eigenen Handeln der Tatsache eingedenk zu sein, daß alle beteiligten Konfliktparteien Mitglieder ein und derselben Gemeinschaft sind.

Eine besondere Regel fordert, daß die miteinander streitenden Parteien sich nicht »dämonisieren« sollten, die Werte ihrer Gegner also nicht ausschließlich negativ beschreiben; das wäre der Fall, wenn sie diese als »satanisch«, verräterisch oder als Manifestationen des Antichristen diffamieren.[20] So sagte der wortgewaltige Sprecher des Repräsentantenhauses, Newt Gingrich, nach dem erdrutschartigen Sieg der Republikanischen Partei in den Wahlen von 1994, seine Partei werde von »gottesfürchtigen« Amerikanern unterstützt, denen eine »gottlose« Opposition gegenüberstünde.

Eine weitere Regel moralischer Dialoge besteht darin, *die tiefsten moralischen Bindungen anderer Gruppen nicht zu verletzen*. Es ist davon auszugehen, daß jede Gruppe einige Werte als sakrosankt betrachtet, Werte, die von anderen in besonderem Maße respektiert werden müssen. Das gilt ebenso für einige dunkle Momente in deren Geschichte, auf welche die Mitglieder nicht so gerne zu sprechen kommen. Einen Deutschen auf die Schrecken des Holocaust anzusprechen, wann immer man über einen spezifischen normativen Unterschied diskutiert, oder gegenüber einem Juden zu behaupten, der Holocaust sei nicht geschehen, untergräbt daher jegliche Wertediskussion. Eine Zurückhaltung in diesen Angelegenheiten fördert jene Prozesse, die moralischen Dialogen zugrundeliegen.[21]

Mary Ann Glendon legt plausibel dar, daß *ein zurückhaltender Gebrauch in der Formulierung von Rechtsansprüchen und eine verstärkte Verwendung der Sprache der Bedürfnisse, Wünsche und Interessen* das Erreichen allgemein akzeptabler Lösungen erleichtert: »In ihrer einfachsten amerikanischen Form ist die Sprache der Rechte eine Sprache ohne Kompromiß. Der Sieger erhält alles, und der Verlierer muß das Feld räumen. Das Gespräch ist beendet.« (1991, S. 9)[22]

Eine weitere wichtige Regel fordert, *einige Fragen aus der Debatte auszuklammern*, um das Feld des Streites einzugrenzen, und um sich auf bereits vorhandene, gemeinsame Grundlagen stützen zu können. Dies ist einer der Gründe, warum die Amerikaner sehr darauf bedacht waren, nicht erneut eine verfassungsgebende Versammlung einzuberufen und Verfassungsergänzungen zu erschweren.

Individualistische Liberale betonen, wie wichtig es ist, letztgültige Werte (insbesondere religiöse) aus Deliberationen herauszuhalten (um diese auf öffentliche Angelegenheiten zu begrenzen); damit soll auch sichergestellt werden, daß sich die Menschen mit einer offenen Haltung auf die Gespräche einlassen.[23] Ins Extrem getrieben, führt diese richtige Beobachtung dazu, daß Liberale ohne feste Überzeugungen in einen Dialog eintreten, nur um dann vernünftig, konstruktiv oder kompromißfähig zu erscheinen. Was aber passieren kann, wenn sie mit Gesprächspartnern konfrontiert werden, die unumstößliche Überzeugungen vertreten, mag man sich anhand der Gespräche vor Augen führen, die Präsident Clinton in den ersten zwei Jahren seiner Amtszeit geführt hat. Bevor überhaupt der erste Meinungsaustausch anfing, hatte Clinton bereits die Hälfte seiner Ideen und Vorschläge aufgegeben; den Rest nahm er dann im Gespräch zurück – und alles, nur um vernünftig zu sein. Es macht einen Unterschied, ob ich mit festen Überzeugungen in einen Dialog eintrete, bei gleichzeitiger Bereitschaft zuzuhören und zu antworten, oder ob ich mich aus Interesse an einem guten Verfahren daran beteilige. Um diesen Unterschied angemessen zu berücksichtigen, werde ich von »Überzeugungsdialogen« im Gegensatz zu »Verfahrensdialogen« sprechen. Um moralische Dialoge durchzuführen, sie sozusagen in Gang zu bringen, müssen sie von Überzeugungen und nicht von Verfahren geprägt sein. Weitere Regeln führt James Hunter an: »Erstens sollten diejenigen, die das Recht auf eine abweichende Meinung einklagen, sich nicht der Verantwortung zum Gespräch entziehen ... Zweitens sollten diejenigen, die das Recht zu kritisieren beanspruchen, die Verantwortung übernehmen, Verständnis zu zeigen ... Drittens sollten diejenigen, die auf dem Recht der Einflußnahme bestehen, die Verantwortung dafür tragen, nicht Haß zu schüren ... Viertens sollten diejenigen, die das Recht auf Teilnahme beanspruchen, die Verantwortung annehmen, mittels Überzeugung zu wirken.« (1994, S. 239).

Für kommunitäre Gesellschaften ist es von entscheidender Bedeutung zu verstehen, wie moralische Dialoge ablaufen und wie sie gefördert werden können, weil solche Dialoge eines der Schlüsselelemente für eine soziale Ordnung darstellen: Es geht in ihnen nämlich darum, daß Streitfragen unter nur begrenzten zentrifugalen Nebeneffekten geklärt werden. Es handelt es sich hier um einen Gegenstand, der noch weiterer Erforschung bedarf; einer Erforschung, die sich wahrscheinlich intensivieren wird, wenn erst einmal die Undefinierbarkeit von Deliberationen und die Wichtigkeit von Wertediskussionen, im Unterschied zu Kulturkriegen, auf breiterer Ebene anerkannt worden sind.

Gesellschaftsweite Gespräche (*megalogues*)

Unter denjenigen, die sich mit der Frage beschäftigen (sofern man sich überhaupt mit ihr beschäftigt), wie Menschen dazu kommen, Werte miteinander zu teilen, neigen viele zu der Ansicht, daß die Auswahl von Werten eine Sache von Familien oder kleinen Gemeinschaften ist. Dementsprechend wundern sie sich, wie es denn einer ganzen Gemeinschaft möglich sein solle, zusammenzukommen, um neue, erneuerte oder auch ganz andere Werte zu bestätigen. Diese Frage verdient eine sorgfältige Untersuchung. Der Nachweis, daß Gemeinschaften in moralische Dialoge eintreten, und zwar nicht nur im Verlauf von Gemeindeversammlungen (die häufig ohnehin nicht stattfinden), ist nicht schwer zu führen (vgl. Mansbridge 1980). Gleichwohl behaupten Kritiker des Kommunitarismus, daß solche Dialoge nicht auf gesellschaftlicher Ebene stattfinden können. Ich hingegen behaupte, *daß ganze Gesellschaften, sogar eine Gesellschaft, die einige hundert Millionen Einwohner zählt, sich in moralischen Dialogen engagieren*, die den Bestand gemeinsam geteilter Werte verändern. Dieser Prozeß vollzieht sich, indem Millionen von lokalen Gesprächen (zwischen Paaren, in Kneipen und Restaurants, in Kaffee- oder Teehäusern, an Imbißbuden und bei der Arbeit) in gesellschaftlichen Netzwerken und gemeinsamen öffentlichen Brennpunkten miteinander verbunden werden. Die Vernetzung vollzieht sich durch die regionalen und nationalen Treffen der vielen tausend freiwilligen Vereinigungen, die durch die Gespräche lokaler Vertreter gekennzeichnet sind; sie vollzieht sich in den bundesstaatlichen, regionalen und nationalen Parteiversammlungen; in den Parlamenten der Bundesstaaten und im Kongreß; zunehmend stärker auch auf der Grundlage elektronischer Verbindungen (wie etwa durch Gruppen, die sich im Internet zusammenfinden). Öffentliche Brennpunkte sind nationale Talkshows und andere Diskussionen im Fernsehen sowie überregionale Zeitungen und Zeitschriften. Mehrere Verbände widmen sich ausdrücklich der Aufgabe, lokale Wertediskussionen wie auch gesellschaftsweite »Gespräche« zu fördern. Viele glauben, daß diese Foren hauptsächlich der Verbreitung von Informationen und der Klarstellung von Positionen dienen, tatsächlich aber spielen sie eine beachtliche normative Rolle.

Gefördert, angestoßen und beeinflußt werden gesellschaftsweite Dialoge zudem häufig durch öffentliche Ereignisse wie Anhörungen (beispielsweise rückte der Fall Clarence Thomas/Anita Hill die Frage in den Mittelpunkt, was exakt unter sexueller Belästigung zu verstehen und wie angemessen auf sie zu reagieren sei), durch Gerichtsverfahren (wie der 1925 geführte Scopes-Prozeß, der das Unterrichten der Evolutionstheorie infrage stellte), Demonstrationen (die beispielsweise die normative Begründung für den Vietnam-Krieg untergruben) oder Protestmärsche (die in den 60er Jahren im ganzen Land die Einstellung zur Rassendiskriminierung veränderten). Während die Ansprachen des Präsidenten für die öffentliche Gesprächskultur eine geringere Rolle spielen, als ihnen gemeinhin nachgesagt wird (vor allem, wenn man die Erwartung hegt, eine wohlgeschliffene Rede des Präsidenten könne den Kurs des Landes verändern), können sie ein landesweites Gespräch doch zumindest anstoßen, auf einen bestimmten Punkt bringen oder schlicht fördern.

Gesellschaftsweite Dialoge sind oftmals ausufernd, chaotisch (in dem Sinne, daß ihnen kein klares Muster zugrundeliegt), haben keinen klar definierten Anfang und kein eindeutiges, problemlösendes Ende. Dennoch führen sie in verhältnismäßig kommunitären Gesellschaften zu beachtlichen Veränderungen der Grundwerte.

Um dies zu unterstreichen, seien einige Beispiele genannt. Bis zum Jahre 1968 wurde eine Person in dem Moment für tot erklärt, in dem ihre Herz- und Lungenfunktion aussetzte. Diese Vorstellung wurde unter anderem in Filmen verbreitet, in denen Menschen zu sehen waren, die ihr Ohr an den Brustkasten einer sterbenden Person legten oder dieser einen Spiegel vor den Mund hielten, um zu sehen, ob er beschlug. Als technologische Neuerungen lebensverlängernde Maßnahmen ermöglichten, die weit über jenen Punkt hinausgingen, an dem die Betroffenen noch in ein sinnvolles Leben zurückkehren konnten, legte eine Gruppe von Wissenschaftlern und Ethikexperten eine neue Definition für den Tod vor: den Gehirntod. Aber der gesellschaftliche Brauch verlangte weiterhin von Ärzten, alles in ihrer Macht stehende zu tun, um die Herzfunktionen künstlich aufrechtzuerhalten. An dieser Stelle entfachten verschiedene Wissenschaftler eine Diskussion über die Definition des Todes, die in der ganzen Gesellschaft Resonanz fand, und durch den Fall der Karen Ann Quinlan in den 70er Jahren noch an Dramatik gewann. Das daraufhin einsetzende gesellschaftsweite Gespräch führte schrittweise zu einer Veränderung in der öffentlichen Wahrnehmung (und filmischen Darstellung) des Todeszeitpunktes. Auch wenn dieser Wandel noch nicht abgeschlossen ist, war er umfangreich genug, um einen neuen sozialen Brauch zu etablieren.[24] In den zurückliegenden Jahrzehnten entwickelten sich ähnliche Dialoge über das Staatsdefizit, die Wohlfahrtsleistungen und die Rolle des Staates. Sie alle – wie auch frühere Diskussionen über die Rechte der Frauen – führten zu Veränderungen normativer Einstellungen.

So wurden auch der Erhalt der Umwelt bis zum Jahre 1970 in den westlichen (und vielen anderen) Gesellschaften nicht als ein gemeinsamer Grundwert angesehen. Freilich heißt das nicht, daß es nicht einige Studien und Persönlichkeiten gegeben hätte, die die Wichtigkeit des Umweltschutzes betont haben; aber die Gesellschaft insgesamt schenkte diesen Stimmen nur wenig Aufmerksamkeit, und so tauchte der Umweltschutz in der Liste amerikanischer Grundwerte nicht auf.[25] Wie so oft war es ein Buch, *Silent Spring* [dt. Der stumme Frühling] von Rachel Carson, das, vielfach gelesen und diskutiert, ein gesellschaftsweites Gespräch auslöste. Eine große Ölkatastrophe und die darauffolgenden Proteste in Santa Barbara, Kalifornien, brachten diese Thematik erstmals auf die nationale Agenda normativer Probleme. Tausende von Menschen versammelten sich in New York City, um den Reden der Umweltschützer zuzuhören und den Müll entlang der Fifth Avenue aufzulesen. Zweihunderttausend Menschen kamen 1970 in Washington, D.C., zusammen, um am ›Tag der Erde‹ ihr Interesse am Umweltschutz zu bekunden.[26] In der Folge wurde dieser zu einem gemeinsamen Grundwert.[27]

Gleiches gilt für jene Wertefragen, die Anfang der 60er Jahre durch die Bürgerrechtsbewegung in den Vereinigten Staaten thematisiert wurden, was schließlich zu einer breiten Verurteilung der legalen Rassentrennung in den Südstaaten führte. Ähnlich verlief die Diskussion über exzessive staatliche Eingriffe in die Wirtschaft, die in den frühen 1990er Jahren in eine weithin geteilte Ablehnung solcher Eingriffe mündete. Sogar Sozialliberale treten heute für einen schlanken, zurückhaltenden Staat ein.

Auch in anderen Gesellschaften gibt es solche vielstimmigen, umfangreichen Gespräche, etwa in Großbritannien und in den skandinavischen Ländern. Dort wird diskutiert, ob man der Europäischen Gemeinschaft beitreten solle und welche Veränderungen für die Werteinstellungen daraus folgen könnten, wie man mit Immigranten umzugehen habe, die für die nationalen Grundwerte eine Bedrohung darzustellen scheinen, und schließlich stellt sich auch dort die Frage nach der Zukunft des Wohlfahrtsstaates.

Phasen öffentlicher Urteilsbildung

Meinungsforscher wie Daniel Yankelovich haben verschiedene Phasen voneinander unterschieden, die zur Bildung »öffentlicher Urteile« führen. In der ersten Phase, die er mit *Erwachendes Bewußtsein* überschreibt, entsteht ein neues Problembewußtsein. Diese Phase wird weitgehend durch die Medien bestimmt und gelangt zumeist schnell an ihr Ende. Die Öffentlichkeit verhält sich relativ passiv und rezeptiv. Zu den jüngsten Beispielen eines solchen erwachenden Bewußtseins gehören das Problem der sexuellen Belästigung, die Rechte der Homosexuellen und die mit Aids verknüpften Probleme.

In Yankelovichs 2. Phase, dem *Durcharbeiten*, wird auf das in Phase 1 erkannte Problem reagiert. Diese Phase verläuft im allgemeinen wesentlich langsamer als Phase 1, wobei ihre Dauer von der emotionalen Bedeutsamkeit des Problems abhängt. Die passive Haltung der ersten Phase wird nun durch eine aktive Beteiligung der Öffentlichkeit abgelöst, in deren Verlauf es oftmals zu Kämpfen zwischen verschiedenen Lagern kommt. Solche Kämpfe beziehen sich gegenwärtig etwa auf die Gleichberechtigung in der Ehe, die Änderung der Scheidungsgesetzgebung und auf den rechten Umgang mit illegalen Einwanderern.

Die letzte Phase, die Phase der *Auflösung*, enthält den erfolgreichen Abschluß der ersten beiden Phasen. Eine Auflösung besteht aus der kognitiven Klärung der Tatsachen, der emotionalen Schlichtung widerstreitender Gefühle und der moralischen Einigung auf gemeinsame normative Verpflichtungen. Die weitgehende Beseitigung der legalen Rassentrennung in den Vereinigten Staaten mag als Beispiel für ein Problem gelten, das alle drei Phasen durchlaufen hat.

Die zu einem öffentlichen Urteil führenden Phasen können zwar leicht nachvollzogen werden, der Prozeß selbst aber gestaltet sich schwierig. Viele Hindernisse gilt es zu überwinden; angefangen bei dem Interesse der Medien, möglichst lange in Phase 1 zu verbleiben, bis hin zu Einwänden von Experten, die sich mißachtet fühlen. (Yankelovich 1991, S. 59 ff.)

Selbst in den meisten kommunitären Gesellschaften führt nicht jedes gesellschaftsweite Gespräch zu einer neuen normativen Haltung, die von allen geteilt wird. Kommunitäre Gesellschaften unterscheiden sich von autoritären Gesellschaften dadurch, daß sie mit einem kleineren Kern gemeinsam geteilter Werte auskommen können (der freilich bedeutend größer ist, als in den Gesellschaften, welche die Individualisten anstreben). Selbst mit Blick auf die gesellschaftlichen Grundwerte können kommunitäre Gesellschaften durchaus einige unauflösbare Differenzen verkraften. (Abtreibung ist hier ein passendes Beispiel.) Wenn allerdings keine oder nur sehr wenige Grundwerte geteilt werden, oder viele jener Werte, die eine Gesellschaft zum Kernbestand rechnet, ignoriert oder bestritten werden, dann ist die Gefahr eines Zusammenbruchs oder der Transformation dieser Gesellschaft sehr groß. Die Spaltung zwischen Indien und Pakistan ging zu großen Teilen auf tiefsitzende Wertdifferenzen zwischen Muslimen und Hindus zurück. Auch der libanesische Bürgerkrieg der Jahre 1975 bis 1990 wurde durch unüberbrückbare Unterschiede zwischen verschiedenen ethnischen und religiösen Gruppierungen ausgelöst, insbesondere zwischen Christen und Muslimen, und führte zu einem Auseinanderbrechen der Gesellschaft. Und Kanada wird derzeit mit der Frage konfrontiert, ob die Grundwerte, die die Kanadier miteinander teilen und von denen man weithin annimmt, sie seien eher schwach ausgeprägt, sich als stärker erweisen als die normativen Unterschiede zwischen der frankophonen Kultur Québecs und der anglo-kanadischen Kultur Restkanadas (vgl. Lipset 1990).

In vielen Gesellschaften finden zur Zeit intensive öffentliche Auseinandersetzungen über das angemessene Gleichgewicht zwischen Ordnung und Autonomie statt sowie über den Grad, in dem sich die soziale Ordnung auf Werte stützen soll. Die Gesellschaften fragen sich, ob sie sich – und wenn ja, in welcher Weise – kommunitär verstehen wollen. In der amerikanischen Gesellschaft verlaufen diese Diskussionen entlang zweier Achsen. Die erste Achse trennt religiöse von säkularen Fragen. Während sich die Medien auf bestimmte Aspekte konzentrieren (Abtreibung, öffentliches Beten, Gesetze gegen Homosexualität), steht im Zentrum der Auseinandersetzung die Frage, von welchen Grundwerten die Neuordnung der moralischen Ordnung bestimmt werden soll. Sollen es traditionelle christliche Werte sein oder säkulare zivile Werte, die auf dem sogenannten säkularen Humanismus aufbauen? Und inwieweit wird diese Ordnung einen freiwilligen oder aufgezwungenen Charakter haben?

Die zweite Achse wird durch den Gegensatz von individuellen Rechten und sozialer Verantwortung gebildet. Hier werden – wie es oftmals der Fall ist – Grundwerte anhand spezieller Einzelfragen diskutiert: etwa das Problem des angemessenen Umgangs mit Kriminellen, die Frage nach den

Rechten alkoholisierter Autofahrer oder dem Umgang mit drogenkonsumierenden Zugführern. Von den Ergebnissen dieser beiden öffentlichen Diskurse wird das zukünftige Gesicht der amerikanischen Kultur in beträchtlichem Maße abhängen.

Andere Gesellschaften der westlichen Hemisphäre führen ähnliche Diskussionen, die oftmals von der religiösen Rechten angestoßen und von miteinander streitenden Kommunitaristen und Individualisten ausgetragen werden. Dabei gilt es zu beachten, daß – anders als in den Vereinigten Staaten – in diesen westlichen Gesellschaften Ideen, die mit der liberalen Linken in Verbindung gebracht werden, immer noch großen Einfluß ausüben. Viele asiatische Gesellschaften, die sich der Suche nach einer kommunitären Gesellschaft von der entgegengesetzten Seite her annähern, da sie von einer starken sozialen Ordnung und einer nur schwach ausgeprägten Autonomie ausgehen, verfügen kaum über Traditionen und Einrichtungen zur Durchführung gesellschaftsweiter Gespräche. Je stärker sie allerdings eine kommunitäre Richtung einschlagen, desto mehr bemühen sie sich auch um die Entwicklung solcher Einrichtungen. Die vormals kommunistischen Gesellschaften, die gleichsam von heute auf morgen ihre wichtigsten ideologischen Grundlagen aufgegeben haben, und die mit ernsten ökonomischen und politischen Herausforderungen konfrontiert sind, müssen erkennen, daß ihre eher dürftig entwickelte öffentliche Diskussionskultur mit Problemen überlastet, wenn nicht gar überwältigt wird.

Folgerungen für die gesellschaftliche und politische Praxis

Regeln des Engagements

Die Regeln und ihre Bedeutung haben wir bereits diskutiert. Wenn diese Regeln jedoch fehlen oder ausgehöhlt worden sind, müssen moralische Dialoge oftmals mit einem *Gespräch über Gespräche* beginnen. Die politischen Persönlichkeiten und Meinungsbildner müssen vor den negativen Folgen, die unzivilisierte Formen der Auseinandersetzung mit sich bringen, ebenso warnen wie vor der Gefahr, in einen Kulturkrieg abzugleiten.

Parteien, die sich in einem Dialog befinden, wird man darum bitten müssen, während des Wahlkampfes und anderen moralischen Dialogen schädigende Werbekampagnen zu unterlassen.[28] Gesetzgeber und Gerichte definieren oftmals die angemessene Art und Weise des Umgangs der Parteien miteinander und bestehen darauf, daß Einzelne um Entschuldigung bitten müssen, wenn sie andere persönlich angegriffen oder sich einer unzivilisierten Sprache bedient haben. Die Medien untergraben die Regeln des Gesprächs, wenn sie Spaltung und Konfrontation anheizen, fördern diese Regeln aber, wenn sie Raum für ernsthafte Diskussionen schaffen. Vor allem aber können Regeln in dem Maße aufrechterhalten werden, in dem die Öffentlichkeit sie nicht zum bloßen Lippenbekenntnis verkommen läßt, sondern in ihrem Verhalten (von der Wahlbeteiligung bis hin zur »Abstimmung« mit der Fernbedienung des Fernsehers) zeigt, daß sie regelmißachtende Handlungen verurteilt.

Oftmals stellen die nationalen und lokalen Medien das Forum zur Verfügung, auf dem die moralischen Dialoge kleiner Gruppen zu einem gesellschaftsweiten Gespräch verbunden werden. Eine besondere Rolle fällt hier der Gesetzgebung zu, die den Möglichkeiten der Medienkonzerne, den Medienmarkt in den Städten oder Regionen – oder gar im ganzen Land – zu monopolisieren, Grenzen setzen muß. Ebenso wichtig ist die Erhaltung von Regeln, durch welche die Medien ermutigt werden, Sendezeit für moralische Diskussionen nicht bloß am frühen Sonntagmorgen oder nach Mitternacht einzuräumen. Die Existenz öffentlich zugänglicher Kanäle im Kabelfernsehen wirft zahlreiche Probleme auf, und in den Fällen scheinen sie moralische Dialoge weit weniger befördert zu haben, als man erwartet hatte. Gleichwohl sind die öffentlichen Rundfunkanstalten weiterhin wichtige Faktoren für die Realisierung notwendiger Diskussionen. Insofern sie dabei eine Tendenz für oder gegen eine bestimmte Weltanschauung zeigen, darf und muß man sie zur Unparteilichkeit ermahnen. Aber jeder umfassende Angriff auf diese Medien – etwa die Pläne, sie zu privatisieren oder zu kommerzialisieren – zerstört die Plattform, auf der moralische Dialoge ausgetragen werden können.

Schafft und erhält man öffentliche Räume, Stadtversammlungen und Foren aller Art, dann erhöht man auch die Chancen für moralische Dialoge. Die zahlreichen Vorschläge, die Bürger zur Verbesserung dieser Dialoge mit mehr Informationen zu versorgen (wobei vor allem an neue Computertechniken gedacht wird, welche die relevanten Informationen oft schon durch einen Knopfdruck greifbar machen), sind hilfreich, aber nicht so wichtig, wie ihre Befürworter annehmen. »Faktenüberprüfungen«, die nach den Wahlen im Jahre 1988 von den Medien in größerem Umfang eingerichtet wurden, sind von gewissem Wert, haben allerdings auch zu erheblichen Schäden geführt; die Medien neigen heute dazu, in den Äußerungen aller Kandidaten nach geringfügigsten Unstimmigkeiten zu suchen und fördern dadurch den Zynismus in der Wählerschaft. Besonders nützlich sind hingegen Probeläufe in den Schulen, bei denen die Jugendlichen die Kunst des Dialogs erlernen. Dazu gehören Planspiele, in denen die Vereinten Nationen, politische Versammlungen und Rechtsstreitigkeiten nachgestellt werden.

Initiativen, die Petitionen in den Bundesstaaten und Städten einbringen, um eine spezielle politische Streitfrage zur Abstimmung zu stellen, und Volksentscheide sind vielfach als Formen direkter Demokratie kritisiert worden.[29] Freilich dienen sie eher einem anderen Zweck – und tun dies auch recht gut: Sie stellen institutionalisierte Gelegenheiten für moralische Dialoge dar, in denen es etwa um das Problem der bevorzugten Behandlung allgemein diskriminierter Gruppen (*affirmative action*) geht (die *California Civil Rights Initiative*), um die Behandlung von Immigranten und um die Höhe der Steuern. Wenn natürlich sehr viele Initiativen – manchmal sind es über 200 zur gleichen Zeit – ins Leben gerufen werden, dann sind solche Dialoge nicht mehr möglich.

Gesellschaftsweite Gespräche werden auch durch Bürgerkomitees gefördert, in denen sich Bürger organisieren, um Regierungsbehörden Vorschläge und Ratschläge zu unterbreiten. So wurde kürzlich ein Bürgerkomitee gegründet, um an der Schaffung deregulierender Maßnahmen mitzuwirken. Gleiches gilt für präsidiale Kommissionen (wie jene, die sich der Untersuchung von Pornographie oder auch der sozialen Sicherheit gewidmet haben) und deliberative Meinungsumfragen, wie sie kürzlich von dem Politologen James Fishkin (1995) eingeführt wurden. In diesen können die Bürger zunächst über das jeweilige Thema nachdenken und diskutieren, bevor die Meinungsumfrage durchgeführt wird.

Besonders viel Aufmerksamkeit wird jenen moralischen Dialogen zuteil, die sich mit Fragen des Rechts oder Wahlen auseinandersetzen. Freilich sollte man nicht übersehen, daß moralische Dialoge, die sich an Orten des Gebets (beispielsweise in afro-amerikanischen Kirchen, in denen Gewaltfreiheit betont wird) und innerhalb freiwilliger Verbände und Vereine (wie etwa in der League of Women Voters) vollziehen, eine wichtige Rolle bei der Absicherung und Neubewertung von Grundwerten spielen; auch wenn sie häufig weniger Beachtung finden und nicht so dramatisch verlaufen.

Virtuelle Dialoge

Die Frage, ob man moralische Dialoge oder sogar Wahlen mit Hilfe der neuen elektronischen Medien (wie etwa dem Internet) veranstalten kann, ist besonders wichtig, da immer mehr Menschen Zugriff auf diese Medien haben und einige Regierungen sehr stark auf ihre Verbreitung setzen, vor allem auch mit Blick auf arme Bevölkerungsteile.

Die erste Frage lautet: Kann man im virtuellen Raum gemeinschaftliche Bindungen schaffen? Die Antwort scheint positiv zu sein: Es gibt eine ganze Reihe von Mitgliedern bei Online-Anbietern, die als Gruppe mit fest umschriebenen Mitgliedsbedingungen regelmäßig Kontakt miteinander pflegen (es mag sich etwa um eine Gruppe handeln, die daran interessiert ist, eine Suppenküche für Obdachlose ins Leben zu rufen), und die dadurch feste Bindungen und eine gemeinsame Kultur entwickeln. Tatsächlich zeigt sich, daß die Mitglieder einer virtuellen Gemeinschaft, wenn sie von einem anderen Mitglied kritisiert werden, ähnlich reagieren wie die Mitglieder einer »realen« Gemeinschaft (vgl. Rheingold 1993). Es ist befürchtet worden, virtuelle Gemeinschaften könnten die realen Gemeinschaften weiter schwächen und seien daher abzulehnen. Tatsächlich aber versetzen virtuelle Gemeinschaften Menschen, die an ihr Haus gebunden sind (aufgrund von Krankheit, Behinderung oder weil sie Kinder großziehen), in die Lage, an einer Gemeinschaft teilzunehmen. Es mag einige wenige geben, die zu einsamen Computernarren werden, anstatt soziale Kontaktfreude zu entwickeln, aber es scheint weitaus mehr Menschen zu geben, denen andernfalls jede Möglichkeit verwehrt bliebe, ihr Bedürfnis nach Gemeinschaftlichkeit zu stillen. (Virtuelle Gemeinschaften können zusätzlich durch Regeln gestärkt werden; beispielsweise die Regel, daß sich Mitglieder identifizieren müssen.) Alles in allem kann auch das Virtuelle sozial wertvoll sein.

Von besonderem Interesse sind Vorschläge für elektronische Stadt- und Gemeindeversammlungen, da sie uns Einsichten in die Natur des Dialogs und demokratischer Prozesse vermitteln. Ross Perot verkündete während des Präsidentschaftswahlkampfes 1992, daß er bei einem Sieg elektronische Stadversammlungen einführen wolle, bei denen ausgesuchte Experten (und eventuell Mitglieder des Kongresses und seiner Administration) wichtige Fragen und Themen darlegen und diskutieren würden. Alle paar Wochen sollte ein bedeutendes Thema, wie etwa das Haushaltsdefizit oder die Krise des Gesundheitswesens für eine Stunde im Fernsehen sachlich diskutiert werden. Daran anschließend sollten die Bürger auf telefonischem oder postalischem Wege ihre Meinung kundtun. Auf diese Art und Weise, so Perot, könne das Land wieder unter die Kontrolle seiner »Eigentümer« gestellt werden.

Diese Idee wurde von anderen als ein Anschlag auf die konstitutionelle Demokratie kritisiert und mit dem Versuch Napoleons verglichen, häufige Plebiszite and die Stelle der Legislative treten zu lassen. Leonard Garment, ein Berater Richard Nixons, sagte, Perot »wolle die demokratische Legislative durch pseudo-plebiszitäre Rathausversammlungen ersetzen.« Walter Goodman, ein intellektueller Autor der *New York Times*, schrieb dort am 21.6.1992, daß diese Idee »das für die Geschichte dieses Jahrhunderts bezeichnende Bild eines Big Brother wachruft, der die breite Masse aufwiegelt, um die Legislative einzuschüchtern oder die Opposition zu vereinnahmen.«

Kritiker weisen ebenfalls darauf hin, daß die Zuschauer während einer solchen Fernsehübertragung durch die Ausstrahlung manipulierter Bilder in die Irre geführt werden könnten. Und andere befürchten, daß die meisten Zuschauer sehr schnell auf andere Kanäle umschalten würden. Im Ergebnis jedenfalls würde ein anschließendes Zuschauervotum keineswegs die öffentliche Meinung widerspiegeln, sondern allein die Ansicht jener wenigen, die sich politische Programme ansehen oder bestimmten Interessengruppen angehören. Letztlich, so die Kritiker, können im Anschluß an solche Sendungen erhobene Umfragen leicht manipuliert werden; denn schließlich könne jeder – per Telefonanruf oder auf andere Weise – so oft abstimmen, wie er wolle.

Doch all diesen Einwänden zum Trotz hat die Idee technologisch fortgeschrittener Rathausversammlungen seit den 40er Jahren, da Buckminster Fuller sie in die Diskussion einbrachte, nichts von ihrer Anziehungskraft verloren. Man sollte sich schon allein deshalb mit ihr auseinandersetzen, weil sich viele Bürger von der großen Politik, wie sie derzeit praktiziert wird, abgewendet haben, und es notwendig ist, neue Wege zu erschließen, um diese Bürger erneut an politischen Prozessen zu beteiligen.

Auch macht es einen großen Unterschied, ob man unserem repräsentativen System ein *wenig* direkte Demokratie *hinzufügt* oder ob man es durch Fernsehsendungen und Knopfdrücke *ersetzt*.

Auch wenn also elektronische Versammlungen nicht das Allheilmittel für eine kränkelnde Demokratie sind, können sie doch ohne jene Fallstricke organisiert werden, welche die Kritiker zurecht gerügt haben. Die Liste der Vorsichtsmaßnahmen ist alles andere als kurz; es sollte niemanden überraschen, daß die Demokratie ein ziemlich komplexes Kompositum darstellt, das nicht ohne weiteres durch technologische Mittel nachgeahmt oder gar bereichert werden kann. Daher ist es vermutlich am besten, die »Teledemokratie« weder als »gefährlich und antidemokratisch« zu betrachten, noch davon auszugehen, sie »setze das Volk wieder in seine Rechte« ein. Vielmehr handelt es sich bei ihr um eine *Reihe modellhafter Möglichkeiten*, die mehr oder weniger erfolgreich die Bedingungen politischer Partizipationsprozesse erfüllen.

Ein wichtiges Prinzip muß noch genannt werden: Es wäre *undemokratisch*, *gewählte Repräsentanten* und die Legislative durch computergestützte Wahlen oder durch irgendeine andere Art elektronischer Zauberei zu *ersetzen*. Denn große Gruppen brauchen, wie schon Burke erkannte, mindestens zwei Ebenen der Repräsentation, damit eine dialoggestützte Politik überhaupt zustande kommen kann. In einem abgestuften System übertragen die Wähler ihren gewählten Repräsentanten »Mandate«, in denen sich der Wille der Wähler ausdrückt: Laßt uns aus Vietnam aussteigen; konzentriert euch auf innere Angelegenheiten; tut etwas für die Wettbewerbsfähigkeit. Die Details sollten die Wähler besser aussparen. Denn damit das System funktionieren kann, müssen die Bürger ihren Repräsentanten erlauben, innerhalb ihres Mandats flexibel auf Kompromisse einzugehen. Sonst käme es zu keinen politischen Beschlüssen, die von anderen Repräsentanten unterstützt werden.

Um die Teledemokratie der Wirklichkeit ein Stück näher zu bringen, kann man sich an einem Modell orientieren, das ich in New Jersey erprobt habe; ein Modell, das sowohl abgestuft ist als auch auf Mandaten beruht. Das Versuchsmodell von New Jersey wurde mit Hilfe der *League of Women Voters* durchgeführt. Einmal im Jahr wird innerhalb dieser Organisation entschieden, welche Themen Priorität genießen sollen. Wir teilten die Mitglieder der League in Gruppen zu je zehn ein. Diese führten reihum ihre »Ortsversammlungen« mittels telefonischer Konferenzschaltungen durch, wobei jede Gruppe entschied, welche Themen für sie vorrangig waren. Dann wählten die Gruppen jeweils eine Repräsentantin, von der die Vorschläge auf der nächst höheren Diskussionsebene eingebracht werden sollten. Anschließend wurden die Repräsentantinnen erneut in Gruppen von je zehn eingeteilt, die wiederum durch Konferenzschaltungen untereinander entschieden, welche Themen und Präferenzen in die dritte und letzte Ebene einfließen sollten. Und erst in dieser wurde die Entscheidung über die landesweit verbindliche Politik der Organisation gefällt. In einer anschließenden Befragung bestätigte sich, daß die Mitglieder mit den Ergebnissen sehr zufrieden waren. *Jedes* Mitglied konnte am Entscheidungsprozeß partizipieren, ohne auch nur einen Schritt vor die Haustür zu setzen; und zugleich waren die gewählten Repräsentantinnen – innerhalb ihres »Wahlkreises« – frei genug, um einen Konsens zu erarbeiten, der von der gesamten Organisation getragen wurde.

Daß dieses Modell auf ein nationales Publikum angewendet werden kann, zeigt bereits ein Blick auf den Verlauf mathematischer Exponentialkurven: Man stelle sich vor, eine landesweite Fernsehübertragung zeigte an einem Sonntag zwischen 10 und 11 Uhr eine Expertenrunde über die Frage, ob das Verteidigungsbudget über einen Zeitraum von fünf Jahren um 50 Prozent reduziert werden solle. Dann würde das vielstimmige Konferenzgeschehen zunächst in Gruppen von je achtzehn Bürgern beginnen, wobei jeder Gruppe eine Stunde Zeit für Diskussion und Abstimmung zur Verfügung stünde. Bis 18 Uhr (bei sieben Stufen) könnte das gesamte Land (beziehungsweise 110 Millionen Erwachsene) an dem Entscheidungsprozeß teilnehmen! (Das Experiment von New Jersey wurde vor Einführung des Internet durchgeführt. Mit der neuen Technologie wäre seine Durchführung noch um ein vielfaches einfacher.)

Die *Sesamstraße* erklärt Kindern die Demokratie auf folgende Weise: Ihr habt drei Dollar, die ihr ausgeben könnt. Einige wollen Malstifte, andere Limonade kaufen. Ihr stimmt darüber ab, was gekauft werden soll. Wenn die Mehrheit Malstifte will, gibt es Malstifte und umgekehrt. Eine derart simple Erklärung mag für kleine Kinder ausreichend sein, nicht aber für Erwachsene. Wer die Demokratie für eine Wahlmaschinerie hält, übersieht ein wichtiges Element, das durch Stadt- und Gemeindeversammlungen gewährleistet wird: Hier werden die Menschen mit widerstreitenden Argumenten konfrontiert, die sie dazu bringen, ihre Position zu überprüfen, bevor sie ihre Stimme abgeben.

Das Letzte, was eine Demokratie braucht, sind Menschen, die bei einer Abstimmung ihren Gefühlen oder ihren ersten Impulsen folgen, noch bevor sie Gelegenheit hatten, über diese nachzudenken und mit anderen über sie zu diskutieren. Deshalb ist es in höchstem Maße kontraproduktiv, die Menschen mit einer neuen Idee, Politik oder Rede zu konfrontieren und sie unmittelbar danach um ein Votum zu bitten, wie es bei Meinungsumfragen derzeit häufig geschieht. Es wäre wesentlich *demokratischer*, vor der eigentlichen Entscheidung wenigstens ein Tag Aufschub zu gewähren, damit die jeweilige Angelegenheit in der Familie oder mit Nachbarn und Kollegen besprochen werden kann.

Schließlich gilt es, Manipulationen zu verhindern, wie sie selbst bei Telefonbefragungen, in denen es nicht um große nationale Fragen ging, immer wieder vorgekommen sind. Beispielsweise wurde bei einer Umfrage von *USA Today* im Jahre 1990 die Frage gestellt, ob Donald Trump ein positives oder negatives Symbol für den Zustand der Vereinigten Staaten sei. Achtzig Prozent der 6.406 Befragten äußerten die Meinung, er sei eine große Persönlichkeit; 19 Prozent hielten ihn für ein »Stinktier«. Im Nachhinein stellte sich heraus, daß 72 Prozent der Anrufe auf zwei Telefonnummern zurückgingen! In einer anderen Umfrage des Jahres 1990 (in diesem Fall ging es um Abtreibung) gaben 21 Prozent der Anrufer ihre »Stimme« mindestens zweimal ab.

Dieses Problem kann gelöst werden, wenn die Anrufer ihre Sozialversicherungsnummer und zwei andere Identitätsmerkmale (etwa ihr Geburtsdatum oder den Mädchennamen ihrer Mutter) nennen müssen. Strafen, wie sie zur Zeit bei Wahlfälschung drohen, könnten auf elektronisch durchgeführte Abstimmungen ausgedehnt werden. Zwar würde dies die Integrität elektronischer Abstimmungsverfahren nicht gänzlich sicherstellen, aber das Gleiche gilt schließlich auch für normale, nicht-elektronische Wahlverfahren.

Mehrere der schärfsten Kritiker der Teledemokratie betonen, diese sei nicht repräsentativ. Sie weisen darauf hin, daß vor allem die gebildeten und politisch aktiven Schichten oder diejenigen, die besonders von einer Angelegenheit betroffen sind, an teledemokratischen Prozessen teilnehmen werden. All dies stellt nur dann ein Problem dar, wenn man befürchtet, elektronische Stadt- und Gemeindeversammlungen würden *an die Stelle* von öffentlichen Meinungsumfragen und Wahlen treten. Das Problem verliert an Dramatik, wenn die Teledemokratie lediglich *als Ergänzung* der anderen Mittel öffentlicher Meinungsäußerung eingesetzt wird. Letztlich haben alle Verfahren ihre spezifischen Mängel – Mängel, die in gewissem Umfang durch eine Kombination der verschiedenen Methoden ausgeglichen werden können. Öffentliche Meinungsumfragen spielen bei der Auswahl von Kandidaten für öffentliche Ämter eine große Rolle und beeinflussen die Politik in wahlfreien Perioden. Obwohl die angewendeten Erhebungsmethoden korrekt sind und auf einem repräsentativen Querschnitt der Bevölkerung basieren (was man bei Telefonbefragungen kaum erwarten darf), sind die Ergebnisse durch die Art und Weise der Fragestellung doch stark verzerrt. Bereits kleine Veränderungen in der Wortwahl führen zu beträchtlichen Abweichungen hinsichtlich dessen, was als »öffentliche Meinung« ermittelt wird. Darüber hinaus räumen die Interviewer in der Regel weder Zeit zum Nachdenken noch zur Diskussion ein und informieren die Befragten in keiner Weise über die zur Abstimmung stehenden Angelegenheiten.

Schließlich konstituieren auch jene, die sich an regulären nicht-elektronischen Wahlen beteiligen, keineswegs einen wissenschaftlich korrekten Querschnitt der Bevölkerung. Es handelt sich um Menschen, die gebildeter, politisch aktiver und oftmals in den Sachfragen leidenschaftlicher engagiert sind als jene, die der Wahl fernbleiben. Vor allem aber können die Bürger ihren politischen Willen nur selten bei Wahlen kundtun. Die täglichen Regierungsentscheidungen, die sich auf zahlreiche Angelegenheiten – von der Abtreibung bis zur Arbeitslosigkeit, von Schulbustransporten bis hin zu Sicherheitsfragen – unmittelbar auswirken, rufen regelrecht nach Möglichkeiten einer stärkeren Berücksichtigung der öffentlichen Meinung. Als Ergänzung der öffentlichen Meinungsumfragen werden elektronische Versammlungen die Partizipationsmöglichkeiten der Bürger somit verbessern. Zudem können beide Wahlverfahren die Schwächen des jeweils anderen korrigieren.

Die Begrenzung plutokratischer Tendenzen

Wenn die Politik eine Richtung einschlägt, die mit der normativen Ausrichtung einer Gesellschaft (oder Gemeinschaft) in Konflikt gerät oder diese gar umkehrt, wird dies zu einer Quelle ernsthafter Entfremdung; vor allem wenn diese Ausrichtung Ergebnis langwieriger Gespräche war. Die Bürger spüren dann völlig zurecht, daß ihr Bemühen, die demokratischen Hebel zu bewegen, von einer über ihnen stehenden Macht außer Kraft gesetzt wird. Es ist eine der wichtigsten gesellschaftlichen Aufgaben, die Instanzen politischer Entscheidungsfindung wieder an jene Dialoge anzubinden, die in den verschiedenen Gemeinschaften stattfinden.

Die Hauptverantwortung für die gekappte Verbindung zwischen diesen beiden Bereichen tragen Stadträte, Bundesparlamente und der amerikanische Kongreß (bis zu einem gewissen Grad auch Gouverneure und Präsidenten), die sich allesamt statt den Bürgern eher denjenigen zuwenden, die sie mit umfangreichen Zuwendungen für ihre Wahlkampfkampagnen ausstatten. Man hat versucht, das antidemokratische Element solcher Wahlkampfspenden hinwegzureden.[30]

Grundsätzlich müßte man das britische Modell übernehmen. Wahlkämpfe in England sind (mit der großen Ausnahme des letzten von 1997) von kurzer Dauer (vier Wochen). Die Höhe des Geldbetrages, den ein Kandidat für seine Wahlkampfzwecke ausgeben darf, ist gering und streng vorgeschrieben. (Ein gewählter Abgeordneter, der diese Grenze überschreitet, scheidet aus, und der verantwortliche Wahlkampfleiter kommt für ein Jahr ins Gefängnis.) Öffentliche Spenden werden zur Deckung der geringen Kosten des Wahlkampfes eingesetzt. Außerdem erhalten die Kandidaten kostenlose Sendezeiten im staatlichen Fernsehen, um ihre Position zu vertreten.

Wollte man das britische Modell auf die Vereinigten Staaten oder auf ein anderes Land übertragen, würde man weit weniger radikale Veränderungen ins Auge fassen. Gleichwohl wird es zu keiner Aussöhnung zwischen den Wahlkreisen und ihren gewählten Vertretern kommen, solange nicht die Rolle privater Gelder im öffentlichen Leben deutlich eingeschränkt wird. In anderen Demokratien (etwa in Japan oder Italien) ist es häufig die Korruption, die die Spaltung zwischen den gewählten Vertretern und der Gesellschaft vorantreibt: Abgeordnete werden um politischer Gefälligkeiten willen bestochen oder lassen sich in lukrative Geschäfte verwickeln. Außerdem gibt es in diesen Demokratien häufig starke bürokratische Apparate, die zwar sanft mit den Abgeordneten umgehen, sie aber ebenso häufig ignorieren und schlicht ihren eigenen Weg gehen. Kurz, eine jede Gesellschaft muß zwischen den moralischen Dialogen und der Politik neue Brücken schlagen, um den Bruch zwischen beiden Seiten zu überwinden. Keine Gesellschaft kann kommunitär genannt werden, die nicht auf diese Herausforderung reagiert.

Die Stimme der Moral

Jenseits des gemeinsamen Wertehorizonts: Die Notwendigkeit zu überzeugen

Viele Diskussionen über Wertfragen gehen unausgesprochen davon aus, daß gute Menschen das Produkt einer richtigen Erziehung sind, gerade so, als ob diese die Menschen mit einem Kompaß ausstattet, der ihnen stets anzeigt, wie sie sich gut und richtig zu verhalten hätten. In ähnlicher Weise meint man, daß gute Gesellschaften innerlich stabil seien. So liegt zum Beispiel zahllosen Diskussionen die Annahme zugrunde, eine Gemeinschaft hätte spätestens dann keinen Handlungsbedarf mehr, wenn sich ihre Mitglieder erst einmal auf bestimmte Verhaltensweisen geeinigt hätten. Es ist, als hätte man in diesen Diskussionen immer das Bild einer kleinen und überschaubaren Gemeindeversammlung vor Augen. Wollte man die soziologischen Züge dieses Bildes skizzieren, müßte man ungefähr so vorgehen: Eine Gemeinde beschließt nach mehreren Versammlungen, daß die Bewohner der Stadt ihre Rasengrundstücke so lange nicht bewässern und ihre Autos nicht waschen dürfen, bis der nächste große Regen fällt. Die meisten, wenn nicht gar alle Mitglieder der Gemeinde werden sich an diese neue Bestimmung halten, die Ausdruck ihres Interesses am Gemeinwohl ist. In ähnlicher Weise kann man davon ausgehen, daß in einer Gemeinde, die ihren Patriotismus bekunden will, fast jeder am vierten Juli seine Flagge hissen wird. Solch ein natürliches Einverständnis wird in der Regel eher implizit vorausgesetzt als explizit formuliert, und zwar genau deshalb, weil man ein Einverständnis in diesen Dingen als unproblematisch betrachtet.

Tatsächlich aber können Werte nicht auf ihren eigenen Füßen stehen, und es reicht nicht aus, sie bloß miteinander zu teilen, um sie in einer Gesellschaft oder im individuellen Verhalten zu verwirklichen.[1]

Der entscheidende Unterschied zwischen den Gesellschaften ist in diesem Zusammenhang vor allem durch das Ausmaß gekennzeichnet, in dem sie sich entweder auf formlose soziale Mechanismen und auf das verlassen, was ich die Stimme der Moral nenne, oder auf den Staat und seine rechtlichen Zwangsmittel. Gute Gesellschaften stützen sich viel eher auf die Stimme der Moral als auf Zwang.

Die Stimme der Moral: Eine erste Annäherung

Was ist die Stimme der Moral? Warum wirkt sie? Warum wird sie von den Individualisten gefürchtet und von den Sozialkonservativen nur widerwillig hingenommen? Die Stimme der Moral ist eine besondere Form der Motivation: Sie ermutigt Menschen, an bestimmten Werten festzuhalten, denen sie sich verschrieben haben. Sie ist von besonderer Qualität, weil sie – anders als es für Motivationen typisch ist – keine Suche nach körperlicher oder psychischer Befriedigung darstellt (wenn ich etwa Wasser trinke, um den Durst zu löschen) und auch nicht auf dem Lustprinzip basiert. Das Gefühl der Bestätigung, das sich bei Menschen einstellt, die sich an Werte halten, ist – wie wir bald sehen werden – von grundlegend anderer Natur.

Der Ausdruck »Stimme der Moral« ist in besonderer Weise angebracht, weil es sich um etwas handelt, das die Menschen »hören«. Wenn daher eine Person, die an einem bestimmten Wert festhält, versucht ist, ihn zu mißachten (indem sie zum Beispiel eine Verpflichtung gegenüber einem Freund nicht einhält), dann hört sie eine Stimme, die sie mahnt, recht zu handeln. Sicher, eine kleine Anzahl von Menschen hört die Stimme der Moral nicht; für gewöhnlich bezeichnet man sie als a-sozial. Die meisten Individuen allerdings hören diese Stimme, wenn auch unterschiedlich intensiv.[2]

Die Stimme zu hören bedeutet keineswegs, ihr jederzeit oder regelmäßig zu folgen, aber sie übt immer Einfluß auf das Verhalten aus. Eine Person, die beispielsweise zunächst die Stimme mißachtet, mag das später bereuen und ihren Fehler wettzumachen versuchen.

Die Stimme der Moral speist sich vor allem aus zwei Quellen, die sich gegenseitig verstärken: einer inneren Quelle (diejenigen Werte, von denen eine Person aufgrund ihrer Erziehung, Erfahrung und persönlichen Entwicklung glaubt, daß sie von allen geteilt werden sollten) und einer äußeren (die Ermutigung durch Mitmenschen, gemeinsamen Werten anzuhängen).

Die innere Stimme der Moral

Die innere Stimme der Moral, die vom handelnden Selbst ausgeht und auf dieses Selbst zielt, drängt eine Person dazu, sich an ihre Werte zu halten und sie nicht zu verletzen. Die meisten von uns brauchen nicht erst Soziologie oder Psychologie zu studieren, um zu wissen, was diese innere Stimme ist: Wir wissen aus eigener Erfahrung, wie sich ihr Ruf anhört. Normalerweise nimmt der Ruf oder die Aufforderung dieser Stimme die Form einer Aussage an, die ein »Ich sollte« im Unterschied zu einem »Ich möchte« enthält.[3]

Die innere Stimme fördert moralisches Verhalten, indem sie ein besonderes Gefühl der Bestätigung auslöst, wenn eine Person ihren Wertüberzeugungen folgt, und ein besonderes Gefühl der Unruhe, wenn sie diesen Überzeugungen nicht folgt. Ich wähle meine Worte mit Bedacht, da die Auswahl passender Begriffe im Rahmen einer säkularen Sprache eher begrenzt ist. Unser moralisches Vokabular (dessen sich die Stimme der Moral bedient) ist weitgehend zusammengeschrumpft, und die in Diskussionen über Motivation benutzten Begriffe neigen zum Reduktionismus. Sie reduzieren die moralische Motivation (wie etwa den Altruismus) auf das Lustprinzip. Um hervorzuheben, daß die Stimme der Moral hier nicht ihre Quelle hat, spreche ich lieber von einem Gefühl der Bestätigung als von einem der Befriedigung (Etzioni 1996a, S. 102-113).

Ich habe große Schwierigkeiten, Begriffe zu finden, die das einfangen, was eine Person »fühlt« oder »spürt« (unpassende Worte, weil sie eine Assoziation zum Lustprinzip hervorrufen), wenn sie sich an die Werte hält, von denen sie überzeugt ist. Das ist nicht mit jener Befriedigung vergleichbar, die uns erfüllt, wenn wir ein gutes Steak essen oder eine »phantastische« sexuelle Erfahrung machen. Derjenige, der die Armen (gemessen an seinen Standards) großzügig unterstützt, Eltern, die in ein brennendes Haus stürzen, um ihr Kind zu retten, jemand, der aus religiöser Überzeugung fastet – alle diese Menschen sind nicht »befriedigt«, sondern werden *geadelt* durch etwas, das ich, in Ermangelung eines besseren Ausdrucks, Wertbestätigung nenne (vgl. ebd., S. 93 f.).

Wertbestätigung übt einen großen Einfluß auf unser Verhalten aus. Wenn sich die Mitglieder einer Gesellschaft freiwillig an bestimmte Werte halten, so spiegelt sich darin ihre Überzeugung wider, daß den Verhaltensregeln, denen sie sowohl im privaten als auch im öffentlichen, unmittelbar das Gemeinwohl betreffenden Verhalten folgen, Werte zugrundeliegen, an die sie glauben. Untersuchungen des Wahlverhaltens zeigen, daß der Faktor, der vor allem bestimmt, ob eine Person zur Wahl geht oder nicht, ihr Glaube an die staatsbürgerliche Pflicht des Wählens ist; utilitaristische Faktoren wie die Wahlörtlichkeit oder das Wetter spielen eine untergeordnete Rolle.[4] Untersuchungen des Verhaltens von Menschen, die ihren Energie- und Elektrizitätsverbrauch reduziert haben, machen deutlich, daß es vor allem ihr Glaube an den Wert des Umweltschutzes ist, der ihr Verhalten beeinflußt hat (vgl. Etzioni 1996a). So gesehen sind Untersuchungen über die Rolle von Religion und Ideologie in der Geschichte zugleich Untersuchungen über die Macht der Stimme der Moral. Andere Studien zeigen, daß viele Menschen weitaus bereitwilliger ihre Steuern zahlen, wenn sie davon überzeugt sind, daß die Steuerlasten gerecht verteilt sind und daß die Steuergelder für legitime Zwecke eingesetzt werden, als wenn sie nicht davon überzeugt sind. Die Vereinigten Staaten hatten während des Krieges gegen das nationalsozialistische Deutschland und gegen das imperialistische Japan viel weniger Schwierigkeiten, Steuern zu erheben und die Wehrpflicht durchzusetzen als während des Krieges in Vietnam. Die an vielen öffentlichen Orten in den Vereinigten Staaten jüngst verhängten Rauchverbote stießen nur auf wenig Widerstand und wurden weitgehend befolgt, weil sie nach Jahrzehnten öffentlicher Aufklärung und Diskussion eingeführt wurden. Ähnliche Maßnahmen in Frankreich wurden meist mißachtet, da hier eine solche Vorbereitungsphase fehlte.

Die Bedeutung normativer Bindekräfte für die Existenz einer guten Gesellschaft kann kaum genug betont werden. Dies wird am deutlichsten, wenn man die Reaktionen von Menschen unter drei unterschiedlichen Bedingungen miteinander vergleicht: wenn sie gezwungen, bezahlt oder überzeugt werden.[5] Die Person, die man einem Zwang unterwirft, wird mißtrauisch und aggressiv, wie man es oft bei Gefängnisinsassen beobachten kann. Die bezahlte Person wird aufgrund der Bezahlung ihres Verhaltens einen entsprechenden Kurs beibehalten, sich insgeheim aber weiter wünschen, eigene Wege zu gehen. Jemand, der für Geld länger im Büro arbeitet, obwohl er eine Verabredung zum Kino hat, tut das nicht aus Liebe zur Arbeit, sondern um des Geldes willen. Auch hier lauert zumindest ein Rest von Entfremdung, insbesondere wenn die betroffene Person wiederholt zu Überstunden herangezogen wird. Wenn allerdings eine Person von ihrem Kurswechsel überzeugt ist, dann hat sich die Präferenz dieser Person verändert!

Um bei dem Beispiel des Büroangestellten zu bleiben: Wenn dieser Angestellte davon überzeugt ist, daß die Überstunden dazu beitragen könnten, eine Epidemie in den Griff zu bekommen, wird er seine Kinoverabredung aufgeben und sich dabei kaum entfremdet vorkommen. Im Gegenteil, es wird sich ein Gefühl der Wertbestätigung einstellen, das in einer tiefen Befriedigung münden kann. Es ist schwer genug, Soldaten zu zwingen, ihr Leben für ihr Land zu riskieren, Freiwillige zu finden, die sich gegen eine geringe Entlohnung zum Dienst in Entwicklungsländern bereit erklären, und von Eltern zu verlangen, daß sie um ihrer Kinder willen Dinge ertragen, die andernfalls als unzumutbar angesehen werden. Es ist dieses Gefühl der Bestätigung, das religiöse Menschen zu der Überzeugung bringt, Geben sei seliger denn Nehmen, und das ihre Ablehnung neoklassischer ökonomischer Theorien speist (die wiederum auf libertäre Ideen zurückgehen), wonach es richtig sei, so viel wie möglich zu bekommen und so wenig wie möglich zu geben.

Natürlich kann sich keine Gesellschaft ausschließlich auf eine einzige Quelle der Motivation verlassen, wenn es um die Zustimmung zu den Regeln der sozialen Ordnung geht. Deshalb stützen sich totalitäre Gesellschaften in gewissem Umfang sowohl auf Leistungsanreize (beispielsweise haben sie das differenzierte Lohnsystem nicht abgeschafft) als auch auf Überzeugungsversuche; und libertäre Gesellschaften verlassen sich in gewissem Umfang auf Zwangsmaßnahmen. Ähnlich können sich auch kommunitäre Gesellschaften nicht ausschließlich auf normative Mittel verlassen. Auch sie bezahlen ihre Staatsbeamten, unterhalten einen Polizeiapparat und so weiter. Allerdings stützen sie sich viel häufiger auf normative Mittel, und ihre Mitglieder fühlen sich dem Erhalt der Ordnung viel mehr verpflichtet und versuchen vermutlich weit weniger, sie zu untergraben als die Mitglieder anderer Gesellschaften. Kurz, die Ordnung guter Gesellschaften stützt sich weit mehr auf die *Stimme der Moral*, als dies in anderen Gesellschaften der Fall ist.

Die moralische Stimme der Gemeinschaft

Obgleich die Stimme der Moral in dem Sinne eine innere Stimme ist, als sie die Menschen in ihrem Innern anspricht (»Ich glaube, daß ich das tun sollte«), so ist sie doch teilweise auch Ausdruck der Gemeinschaft, der man angehört. In der Tat liegt hierin die Bedeutung von Gemeinschaften im Rahmen eines kommunitären Paradigmas: Gemeinschaften verfügen oft über starke moralische Stimmen und können daher hilfreich sein, eine soziale Ordnung zu bewahren, die sich maßgeblich auf Wertverpflichtungen stützt und von freiwilliger Natur ist, statt erkauft oder erzwungen zu sein. Weil diese Rolle der Gemeinschaften von so zentraler Bedeutung ist und zugleich auf breiter Ebene mißachtet wird, gilt es nun, diesen Schlüsselaspekt in den Mittelpunkt zu stellen.

Gemeinschaften werden oftmals als soziale Netze betrachtet, in denen die Menschen eher durch mehrfach sich überkreuzende Beziehungen als durch einzelne Ich-Du-Beziehungen miteinander in Verbindung stehen.[6] Deswegen werden Gemeinschaften häufig als »warme, ein wenig undeutliche« Orte dargestellt (Fowler 1991, S. 3 f.). So ist etwa eine Dorfgemeinschaft ein Ort, an dem der Briefträger deinen Vornamen kennt oder jemand tatsächlich eine Antwort auf die Frage erwartet, wie es dir geht.

Allerdings ist dies nur ein Element, das eine Gemeinschaft konstituiert; Gemeinschaften teilen ebenfalls ein Bündel an Werten miteinander, die wiederholt bekräftigt werden, sie ermutigen sich gegenseitig, an diesen Werten festzuhalten und ahnden es, wenn Mitglieder der Gemeinschaft dies nicht tun. Gemeinschaften verfügen über eine Stimme der Moral, die der Stimme des Ich von außen entgegentritt und die dazu dient, die innere Stimme der Mitglieder zu bestärken. Die innere Stimme der Moral und die der Gemeinschaft können zwar das gleiche Lied singen, sie werden sich aber häufig in der Tonhöhe unterscheiden, werden die Worte verschieden intonieren und die Noten unterschiedlich genau treffen.

Es ist vor allem die Stimme der Moral, mit der sich Individuen und Gruppen zu einem Verhalten ermutigen, das Ausdruck ihrer gemeinsam geteilten Werte darstellt, und mit der sie ein Verhalten tadeln, das gegen diese Werten verstößt. Die Stimme der Moral wird von flüchtigen Beobachtern (und in gewissem Sinne von Sozialwissenschaftlern) meist nicht wahrgenommen, weil sie informell, subtil und in hohem Maße dem Alltagsleben eingegliedert ist. Sie macht sich häufig bemerkbar durch Stirnrunzeln, sanft abfällige Bemerkungen (und Bemerkungen, die keineswegs so sanft sind), durch Lob, Tadel und Beifall.

Um bestimmen zu können, welche Werte von den Mitgliedern einer bestimmten Gemeinschaft unterstützt werden und wie standhaft ihre Stimme der Moral ist, kann man fragen, für welche Werte sie sich einsetzen und wie entschieden sie dies tun. Zu diesem Zweck habe ich einmal einen eher simplen Fragebogen entworfen, den man sich auch selbst vorlegen kann. Ich fragte: Würdest du es kommentieren bzw. eingreifen, (a) wenn du siehst, wie eine Familie einen idyllischen See verläßt, ohne ihre Getränkedosen und ihren Abfall zu entsorgen; (b) wenn du ein Liebespaar dabei beobachtest, wie es seine Initialen in die Rinde eines Baumes einritzt; (c) wenn du siehst, wie eine Mutter mitten im Supermarkt ihr Kind windelweich schlägt; (d) wenn sich in einer Schlange jemand vordrängelt; (e) wenn du ein Pärchen beobachtest, das sich am hellichten Tag in unmittelbarer Nähe von kleinen Kinder aufreizend erotisch verhält; (f) wenn du einen Bekannten siehst, der in deiner Nachbarschaft auf einer Straße mit Geschwindigkeitsbegrenzung zu schnell fährt (später gehst du zu dem Fahrer und stellst ihn zur Rede); (g) wenn du einen Teenager dabei beobachtest, wie er einem älteren Menschen anbietet, seine Lebensmittel zu dessen Auto zu tragen; (h) wenn du siehst, wie ein Bekannter von dir sich auf einen Behindertenparkplatz stellt, obwohl er nicht behindert ist; (i) wenn jemand eine (gemessen an seinem Einkommen) großzügige Spende macht.

Wenn die Mitglieder einer Gemeinschaft es nicht für nötig halten, andere zu ermutigen, sich an die gemeinsamen Werte der Gemeinschaft zu halten, dann verfügt diese Gemeinschaft eher über eine gebrochene oder schwache Stimme der Moral. Wenn sie sich dagegen hin und wieder einmischen, dann spiegeln sich in den Anlässen, bei denen sie ihre Stimme erheben, die Werte wider, denen sie sich am stärksten verpflichtet fühlen. Wenn sich die Mitglieder einer Gemeinschaft in fast allen Situationen und zu fast allen Anlässen einmischen und das auch noch sehr eifrig tun, dann handelt es sich um eine moralisierende Gemeinschaft. Sowohl starke religiöse Gemeinschaften (wie etwa einige Mönchsklöster) als auch säkulare ideologische (etwa die frühen Kibbuzim) sind hierfür treffende Beispiele. Sie verfügen über eine starke Stimme der Moral.

Innere Stimmen – Stimmen der Gemeinschaft

Man sieht hier, wie sehr die beiden Grundelemente einer Gemeinschaft, die sozialen Bindungen und die Stimme der Moral, miteinander verknüpft sind: Am besten hören die Menschen auf die Stimme der Moral, wenn sie sich auf diejenigen bezieht, um die sie sich sorgen, um jene, denen sie sich affektiv verbunden fühlen – also auf die Mitglieder ihrer Gemeinschaft. (Die Familie ist eine kleine Gemeinschaft dieser Art; sie verfügt über ein affektives Gewebe und ein Bündel von Werten.)

Selbst wenn die Gesellschaft nur teilweise kommunitär geprägt ist, wird ein Großteil des Verhaltens nur deshalb ausgeübt, weil die Menschen von der Richtigkeit ihres Handelns überzeugt sind und weil ihre moralische Perspektive durch andere, die diese Perspektive teilen, bestätigt wird. Paul Robinson kommentiert Ergebnisse sozialwissenschaftlicher Forschung: »Jenseits der Bedrohung durch gesetzliche Strafen gehorchen die Menschen dem Gesetz, weil sie die Mißbilligung durch ihre soziale Gruppe fürchten und weil sie sich selbst als moralische Wesen betrachten, die das, was sie für richtig halten, auch tun wollen.«[7]

Dazu folgendes Gedankenexperiment: Stelle dir vor, daß ein Fremder an einer Bushaltestelle dir zuflüstert, du seist nicht ordentlich bekleidet, du würdest zu laut reden und dringend ein Bad benötigen. Jetzt stelle dir die gleichen Bemerkungen vor, nur, daß sie von einem guten Freund, einem nahen Verwandten oder einem vertrauten Arbeitskollegen geäußert werden. In diesem Fall haben die Äußerungen aufgrund der affektiven Bindungen weitaus mehr Gewicht.

Psychologen könnten noch eine weitere Bindung anführen, die für die Art und Weise, wie Menschen erstmals für moralische Forderungen sensibilisiert werden, entscheidend ist: die Eltern-Kind Beziehung. Eltern machen sich die durch Pflege und Liebkosung ihrer Kinder entstehenden Bindungen zunutze, um sie zu einem Verhalten zu ermutigen, das in den Augen der Erwachsenen als richtig erscheint. Wenn das Kind älter wird dehnt sich dieses Verhältnis auf entfernter stehende Personen aus: Mitglieder aus dem weiteren Familienkreis, Lehrer und örtliche Vorbilder werden mit einbezogen.

Den gleichen engen Zusammenhang zwischen den affektiven Bindungen und der Stimme der Moral findet man unter den Mitgliedern der Gruppe, zu der man gehört. Zahlreiche Studien haben gezeigt, daß

Jugendliche durch die Stimme ihrer jeweiligen Clique viel stärker beeinflußt werden als durch irgendeine andere Stimme. Die besondere Überzeugungskraft solcher Peergroups in Gefängnissen, in der Armee, in Betrieben, unter Straßenbanden und bei Milizen ist gut dokumentiert. In diesen starken Gemeinschaften werden normative Appelle deutlich formuliert und verlieren in dem Maße an Kraft, in dem das soziale Netz der Bindungen schwächer wird.

Wenn also die Stimme der Moral schwach oder abwesend ist, wenn die Gemeinschaft nicht mehr darauf achtet, ob ihre Mitglieder die gemeinsamen Grundwerte befolgen oder ignorieren, dann wird das Schweigen der Gemeinschaft ein Hauptgrund für die Mißachtung der Werte. Edward Banfields (1958) berühmte Untersuchung eines süditalienischen Dorfes schildert auf anschauliche Weise die beunruhigenden Konsequenzen einer fehlenden Stimme der Moral.

Die moralische Stimme ist im Rahmen einer Gemeinschaft dann am wirkungsvollsten, wenn sie an diejenigen Werte appelliert, denen sich die Menschen bereits verschrieben haben. Deshalb wird es einen Atheisten kaum berühren, wenn man sich in seiner Gegenwart darüber beschwert, daß er am Sonntag nicht in die Kirche geht, wohingegen die gleich Äußerung einem Gemeindemitglied gegenüber weit wirksamer sein mag.

Sicher kann sich die Stimme der Moral auch in Quasi-Gemeinschaften melden (sagen wir bei Pendlern, die regelmäßig denselben Zug benutzen) und sogar im Internet (vgl. Schwartz 1994/95), aber sie ist besonders dann wirkungsvoll, wenn die gemeinschaftlichen Bindungen sehr stark sind. Aus diesem Grund gehen Verkäufer gerne schnell dazu über, ihre Kunden beim Vornamen zu nennen, ihnen freundlich auf die Schulter zu klopfen, Witze zu erzählen und nach der Familie zu fragen: Sie versuchen einen Anschein von Intimität zu erwecken. Sie greifen nach jener Art Nähe, die einer Gemeinschaft eigen ist und in der man gegenseitig auf Vorlieben und Abneigungen achtet.

Es ist wichtig, zu beachten, daß affektive Bindungen zwar das Hören der moralischen Stimme der Gemeinschaft gewährleisten, aber was diese Stimme dann sagen wird, muß nicht unbedingt meine oder deine Werte wiedergeben. Die moralische Stimme der Gemeinschaft spricht über die Werte, die von einer Gemeinschaft jeweils geteilt werden. Der ethische Rang bestimmter Werte *in* einer gegebenen Gemeinschaft und mithin der Gehalt der moralischen Stimme muß getrennt von der Frage untersucht werden, ob die von einer Gemeinschaft geteilten Werte generell ethisch akzeptabel sind oder nicht. (Diese Frage ist Gegenstand von Kapitel 8).

Wenn man auf die Bedeutung hinweist, die die Stimme der Moral für die Ordnung des sozialen Lebens hat, indem sie sicherstellt, daß die Menschen die Werte ihrer Gemeinschaft fast ohne Kontrolle einhalten, heißt das nicht, zu leugnen, daß am Ende immer noch das – freie – Individuum entscheiden muß, ob es diesen moralischen Forderungen entsprechen will oder nicht. Um es noch einmal zu wiederholen: Exakt weil diese Stimme keinen Zwang ausübt, ist sie wesentlich besser mit individueller Autonomie vereinbar als etwa stärkere staatliche Kontrollen; letztere sind von unübersehbarem Zwangscharakter.

Kritiken und Antworten

»Gemeinschaften können nicht definiert werden«

Mehrere Kritiker haben behauptet, daß das Konzept »Gemeinschaft« von zweifelhaftem Wert sei, weil es auf mangelhaften Definitionen beruhe und mithin über keinen identifizierbaren Bezugspunkt verfüge. Bell/Newby (1973, S. 49) zitieren das Buch »The Myth of Community Studies«, in dem Margaret Stacey behauptet, die Lösung dieses Problems liege in einer Vermeidung des Begriffs. Sie stellen lapidar fest: »Es hat noch nie eine Theorie der Gemeinschaft gegeben und auch keine zufriedenstellende Definition davon, was Gemeinschaft ist.« (1974, S. XIII) In einem anderen Text von ihnen heißt es: »Aber was ist Gemeinschaft? ... Man wird sehen, daß über neunzig Prozent aller Definitionen von Gemeinschaft analysiert worden sind und daß das einzige, ihnen allen gemeinsame Element der Mensch war!« (1973, S. 15)

Wie ich bereits darlegte, kann man »Gemeinschaft« sehr wohl mit angemessener Präzision definieren. Gemeinschaften zeichnen sich durch zwei Eigenschaften aus: erstens, ein Netz affektgeladener Beziehungen zwischen den Individuen einer Gruppe, Beziehungen, die sich oftmals überschneiden und gegenseitig bestärken (und nicht lediglich Zweierbeziehungen oder aneinandergereihte individuelle Beziehungen); zweitens, ein Gefühl der Verpflichtung gegenüber gemeinsamen Werten, Normen und Bedeutungen, gegenüber einer gemeinsamen Geschichte und Identität – kurz, gegenüber einer bestimmten Kultur.[8]

»Gemeinschaften sind repressiv, konformistisch und autoritär«

Diejenigen, die sich nach Gemeinschaft sehnen, so wird argumentiert, ignorieren leicht die Schattenseiten traditioneller Gemeinschaften. »Im Rahmen des neuen kommunitaristischen Appells an die Tradition, an Gemeinschaften ›von gegenseitiger Hilfe und gemeinsamem Gedächtnis‹ und an die Gründungsväter«, schreibt Linda McClain, »ist eine problematische Mißachtung der weniger attraktiven, ungerechten Gesichter der Tradition festzustellen.« (1994, S. 1029)

Gemeinschaften – so die Kritiker – benutzen die Stimme der Moral, um die Menschen zu unterdrücken. Sie seien von Natur aus autoritär und drängten die Menschen zu konformistischem Verhalten. Laut Will Kymlicka gehören zu diesen Formen der Unterdrückung die von einer Gemeinschaft vorgeschriebenen Rollen der Unterordnung, Rollen, die das persönliche Potential der Menschen einschränken und ihr psychologisches Wohlbefinden bedrohen.[9] Derek Phillips fügt hinzu: »In ihrer ekstatischen Feier des Zugehörigkeitsgefühls offenbaren die kommunitaristischen Autoren eine erschreckende Vergeßlichkeit der Vergangenheit. Sie erkennen nicht, daß zur Suche nach Gemeinschaft oftmals die Herrschaft einiger und die Unterordnung anderer gehört. Mit ihrer Kritik am nach-aufklärerischen Liberalismus und an einer Politik der Rechte drohen die kommunitaristischen Theoretiker, den Individuen ihren grundlegenden Schutz vor dem Mißbrauch der Macht zu entziehen. Indem die Kommunitarsten die Bedeutung der Gemeinschaft für das tägliche Leben der Menschen betonen, übersehen sie schlicht, daß der zentrale menschliche Wert Bindung ist und nicht Mitgliedschaft.« (1993, S. 195) Amy Gutmann formuliert überspitzt, Kommunitaristen »möchten, daß wir in Salem leben.« (1993, S. 80)

Im Hintergrund dieser kritischen Äußerungen steht das Bild alter oder totaler Gemeinschaften, die weder typisch für die moderne Gesellschaft, noch für eine kommunitäre Gesellschaft notwendig oder gar mit ihr vereinbar sind. Alte Gemeinschaften (traditionelle Dörfer) waren geographisch »gebunden« und zugleich die einzigen Gemeinschaften, denen die Menschen jeweils angehörten. Außer der Flucht ins Niemandsland, das oft das Reich der Banditen war, hatten Individuen tatsächlich nur wenige Möglichkeiten, sich ihre sozialen Bindungen selbst auszusuchen. Kurz, die alten Gemeinschaften übten eine monopolistische Macht über ihre Mitglieder aus.

Neue Gemeinschaften sind häufig in Ausdehnung und Einflußbereich begrenzt. Die Mitglieder einer örtlichen Gemeinschaft gehören oftmals auch anderen Gemeinschaften an – sei es der Gemeinschaft am Arbeitsplatz, sei es einer ethnischen oder religiösen Gemeinschaft. Folglich beziehen die Mitglieder einer Gemeinschaft ihre Bindungen aus mehreren Quellen, und wenn eine Gemeinschaft zu besitzergreifend wird, wenden sie sich einer anderen Gemeinschaft zu, der sie sich dann stärker verpflichtet fühlen. Wird eine Person etwa am Arbeitsplatz dazu gedrängt, einer Gewerkschaft beizutreten, Blut zu spenden oder in einer Suppenküche für Obdachlose zu arbeiten, dann wird sie, sofern sie diese Tätigkeiten nicht wirklich interessieren, vermutlich bald mehr Zeit, Energie und Neigung für andere Gemeinschaften aufbringen. Wenn sich eine kürzlich geschiedene Person in ihrer Kirchengemeinde ernsthaften Vorwürfen ausgesetzt sieht, mag es durchaus sein, daß sie auf andere Gemeinschaften ausweicht. Diese Zugehörigkeit zu mehreren Gemeinschaften beschützt die Individuen sowohl vor moralischer Repression wie auch vor Ächtung; in gewisser Weise dämpft sie die Stimme der Moral. Auf diesem Wege ist es einer Gemeinschaft möglich, ein Gleichgewicht zwischen der Stimme der Moral (und mithin der Ordnung) und einem gerechten Maß an Autonomie herzustellen. Die Stimme der Moral wird allerdings geschwächt, wenn die Werte der verschiedenen Gemeinschaften, denen eine Person angehören kann, miteinander in Konflikt geraten. Deshalb ist die umfassendere Gemeinschaft, die Gemeinschaft der Gemeinschaften, sprich die Gesellschaft mit ihren gemeinsamen Werten so wichtig.

Kurz gesagt, die Stimme der Moral ist dann am mächtigsten, wenn die Menschen Mitglieder nur einer Gemeinschaft sind, wenngleich das in solchen Fällen auch erdrückend sein kann. Ihr Einfluß ist verhaltener, wenn die Individuen mehreren Gemeinschaften angehören, aber solange diese verschiedenen Gemeinschaften wenigstens ein paar Grundwerte gemein haben, wird dieser Einfluß noch ausreichen, um der sozialen Ordnung als Stütze zu dienen.

Aus dem gleichen Grund ist die Kritik zutreffend, daß eine totale und monolithische Gemeinschaft die Menschen zum Konformismus drängt, wenn damit gemeint ist, daß die Menschen in einer solchen Gemeinschaft ihre individuellen Differenzen zugunsten gemeinsamer Werte preisgeben. Aber totale Gemeinschaften gibt es heutzutage eher selten, während die Zugehörigkeit zu mehreren Gemeinschaften eher die Regel ist. Wer sich also über einen allzu großen Traditionalismus Sorgen macht, der ist mit dem vergleichbar, der sich darüber aufregt, daß die Leute in einer heruntergekommenen und reformunwilligen Wirtschaft endlich anfangen zu sparen.

Ein anderer Aspekt derselben grundlegenden Kritik ist der Vorwurf, daß Gemeinschaften autoritär seien. Derek Phillips beispielsweise bemerkt: »Kommunitaristisches Denken ... entwertet vollständig die Autonomie des Individuums und löst das Selbst in alle möglichen Rollen auf, die ihm durch seine Position in der Gesellschaft auferlegt werden.« (1993, S. 183) Wie Robert Booth Fowler (1991, S. 142) formuliert, betrachten die Kritiker »das Gespräch über Gemeinschaft als störende Einmischung in den notwendigen Prozeß der Zerstörung dominanter Mächte und Kulturen.« Einige dieser Kritiker meinen damit, Gemeinschaften seien totalitär, ein Punkt, den wir bereits behandelt haben. Andere Kritiker weisen darauf hin, daß Gemeinschaften durch Machteliten oder Gruppen dominiert werden, die andere dazu zwingen, sich an jene Werte zu halten, die von der herrschenden Gruppe vertreten werden.

Diese Kritik hat ihre Berechtigung, aber sie zielt in die falsche Richtung. Einige frühe Gemeinschaften waren totalitär – und einige sind es auch heute noch. Das bekannte Sprichwort »Stadtluft macht frei« bringt auf den Punkt, was die Söhne und Töchter der Bauern aus traditionellen Dörfern empfunden haben müssen, wenn sie erstmals in eine der Städte des beginnenden Industriezeitalters kamen. (Ihre Arbeitsbedingungen und die Slums, in denen sie lebten, mögen ihre Autonomie kaum vergrößert haben, aber die Entfernung von den strikten sozialen Vorschriften ihrer Familien und Dörfer scheint ihnen ein Gefühl von Freiheit vermittelt zu haben, das in einigen Fällen geradezu anarchisches Verhalten hervorrief.) Totalitäre Gemeinschaften gibt es in einigen heutigen Gesellschaften – beispielsweise in Nord-Korea. Allerdings sind heutzutage die meisten Gemeinschaften, insbesondere innerhalb kommunitärer Gesellschaften, nicht autoritär, selbst wenn sie territorial begrenzt sind (was zumeist sowieso nicht der Fall ist). Auch die erleichterte Mobilität hat zur Folge, daß die Menschen sich oft aussuchen können, welcher Gemeinschaft sie angehören und in welcher sie leben wollen. Agnostiker werden sich kaum einer chassidischen Gemeinschaft in Brooklyn anschließen, und mit Vorurteilen behaftete Weiße werden sich nicht in eine von Muslimen geprägte Nachbarschaft begeben.

Die Beherrschung durch Machteliten sowie andere Formen autoritärer Regime sind keine grundsätzlichen Charakterzüge von Gemeinschaften, sondern zeigen an, wie Gemeinschaften zerstört werden können. Damit Gemeinschaften vollständig oder in hohem Grade kommunitär sein können, müssen sich die meisten, wenn nicht gar alle ihrer Mitglieder ihren Grundwerten verpflichtet fühlen. Um eine solche Verpflichtung zu erreichen, müssen die Werte, die es zu pflegen gilt, (a) ernsthaft von den Mitgliedern der Gemeinschaft akzeptiert werden, und (b) ihre grundlegenden Bedürfnisse widerspiegeln. Werden einige Mitglieder der Gesellschaft vom moralischen Dialog ausgeschlossen und nur manipulativ dazu gebracht, der Stimme der Moral zu gehorchen oder werden ihre wahren Bedürfnisse nicht wahrgenommen, dann reagieren sie früher oder später auf diese Mißachtung mit unsozialem Verhalten. Kurz, Gemeinschaften können durch diejenigen, die sich an der Macht befinden, entstellt werden, aber das hätte eine Schwächung der moralischen Ordnung zur Folge, die nur durch ein stärkeres Eingehen auf die Bedürfnisse der Gemeinschaftsmitglieder oder durch einen völligen – nichtkommunitären – Wandel des gesellschaftlichen Grundmusters behoben werden könnte.

Der Vorwurf des Konservatismus

Wieder andere haben den Kommunitaristen vorgeworfen, sie hätten nicht bloß die weniger sympathischen Züge traditioneller Gemeinschaften übersehen, sondern sehnten sich danach, diese Züge wiederzubeleben. Laut Michael Taves besteht die kommunitaristische Vision größtenteils aus »Forderungen, sich mit Blick auf die Familie, das Sexualverhalten, die Religion und die Ablehnung des Säkularismus erneut auf traditionelle Werte zu verlassen.« (1988, S. 7 f.) Und gemäß Judith Stacey haben »Zentristen« und Kommunitaristen genug mit Dan Quayle gemein, um auf der Linken leichtes Unbehagen hervorzurufen (1994, S. 119 f.).

Diese Kritik geht fehl. Frühen Kommunitaristen mag man vorwerfen, sie seien sozialkonservativ, wenn nicht gar autoritär gewesen. Aber viele heutige Kommunitaristen, vor allem jene, die sich als aufgeschlossene, responsive Kommunitaristen verstehen[10], sind sich darüber im klaren und betonen vielfach, daß sie *nicht* eine Rückkehr zu traditionellen Formen der Gemeinschaft samt ihren autoritären Machtstrukturen, ihrer rigiden Schichtung und ihrem diskriminierenden Umgang mit Minderheiten und

Frauen suchen. Verantwortliche Kommunitaristen wollen Gemeinschaften schaffen, die auf offener Partizipation, Dialog und wahrhaft gemeinsamen Werten beruhen.

Amerikas Stimme der Moral verliert an Kraft

In Zeiten starker zentrifugaler Kräfte, insbesondere wenn sie erfolgreich eine gute Gesellschaft aus dem Gleichgewicht gebracht haben, schwindet die Stimme der Moral oder vermag nicht mehr zu überzeugen. Wenn die moralische Stimme schwächer wird, gelangen mehr und mehr Menschen dahin, Äußerungen der Regierung oder anderer öffentlicher Autoritäten (von Parteien bis hin zu religiösen Institutionen) als PR-Aktion, Propaganda oder sonstwie als falsch und unaufrichtig zu betrachten. Als daher die Amerikaner in den letzten Jahren befragt wurden, ob die von den politischen Parteien verfolgte Politik dem Wohl des Landes oder dem Ausbau der je eigenen politischen Stellung diente, votierte die Mehrheit für letzteres; dies deutet an, daß die beiden großen Parteien Amerikas einen Großteil ihrer politischen Legitimität und mithin ihre moralische Stimme verloren haben.

Ein wesentlicher Faktor für die Ausdünnung der moralischen Stimme waren ideologische Strömungen, die bereits gegen die bloße Artikulation der Stimme der Moral – insbesondere wenn es um die moralische Stimme der Gemeinschaft ging – agitierten. Vor allem zwischen 1960 und 1990 spielten solche Ideologien in Amerika eine große Rolle, und sie sind immer noch alles andere als tot; sie verfügen sowohl in den Vereinigten Staaten als auch in anderen Gesellschaften des Westens über eine beträchtliche Wirkung (vgl. Magnet 1993). Diese amoralischen Ideologien sind vielfach beschrieben worden und sollen daher an dieser Stelle nur kurz behandelt werden, da sie ohnehin aufgrund der jüngsten Entwicklung an Einfluß verloren haben. Dennoch werden sie eine kommunitäre Erneuerung abbremsen, wenn man sie nicht weiter zurückdrängt.

Zu diesen Ideologien zählt unter anderen eine extreme Form des Individualismus, die nicht nur jegliche Vorstellung von staatlich verordneten Umgangsformen und Verhaltensweisen ablehnt, sondern auch den innerhalb einer Gemeinschaft vertretenen moralischen Grundsätzen kritisch gegenübersteht. Diese Kritik nimmt manchmal eher eine indirekte Form

an oder ist schlicht Ausdruck einer Verwechslung zwischen zwangsge-
stützten staatlichen Entscheidungen, die dem Handelnden grundsätzlich
keine Optionen belassen und solchen Entscheidungen, die sich gemeinschaftlich gewonnenen Überzeugungen verdanken, zu denen sich jeder
einzelne letztlich selbst bekennen muß. (Ein Kommunitarist weiß, daß der
beste Weg, um staatliche Zwangsmaßnahmen zu reduzieren, eher in einer
Förderung als in einer Ablehnung der Stimme der Moral liegt.)

Das individualistische Argument stützt sich häufig auf einen mehrdeu-
tigen Gebrauch des Wortes »Zwang«. Dieser Begriff soll ein weit gesteck-
tes Verhaltensspektrum – von der Gefängnisinhaftierung bis hin zu psychologischem Druck – abdecken. (Etwas subtiler, aber im Kern noch sehr
ähnlich ist es, Überzeugungsversuche immer als »Verführung« einzustufen.)[11] Wenn der Begriff allerdings auf diese Weise benutzt wird, übersieht
man, daß der Gebrauch von Gewalt (oder ihre Androhung) etwas ist, was
staatliche Zwangsmaßnahmen von anderen Formen der Machtausübung
unterscheidet. Ein gewisses Maß an psychologischem Druck ist beispielsweise den meisten, wenn nicht gar allen sozialen Beziehungen, und ganz
gewiß der moralischen Stimme der Gemeinschaft eigen. (Wenn sich jeder
stets in Übereinstimmung mit seinen eigenen und den Werten anderer
befände, bedürfte es kaum einer externen Stimme der Moral.)

Strenge Individualisten verknüpfen ihre Vorstellung von den Rechten
des Einzelnen und ihr negatives Bild von Freiheit (»Misch dich nicht ein«
oder das »Recht«, seine eigenen Wege zu gehen) zumeist mit einer ausgeprägten Aversion gegenüber Verhaltensratschlägen. John Stuart Mill
schreibt in *On Liberty*: »Aber weder ein einzelner noch eine Menge von
Personen sind berufen, einem anderen Menschen … zu sagen, daß er zu
eigenem Vorteil mit seinem Leben etwas nicht tun solle, was er sich vorgenommen hat.« (1974, S. 105). An anderer Stelle bemerkt er: »Der
Zweck dieser Abhandlung ist es, einen sehr einfachen Grundsatz aufzustellen, welcher den Anspruch erhebt, das Verhältnis der Gesellschaft zum
Individuum in bezug auf Zwang oder Bevormundung zu regeln, gleich-
gültig, ob die dabei gebrauchten Mittel physische Gewalt in der Form von
gerichtlichen Strafen oder moralischer Zwang durch öffentliche Meinung
sind.« (Ebd., S. 16) Mill sieht also keinen prinzipiellen Unterschied zwischen dem Zwang des Gesetzes und dem Drängen der moralischen
Stimme. Steven Kautz (1995, S. 193) meint, daß Individuen nicht nur
gegenüber dem Staat, sondern jeglicher Autorität gegenüber frei sein

müßten, ja, in der Tat auch frei von der moralischen Stimme der Gemeinschaft. Und dies deswegen, so argumentiert er, weil der Liberalismus eine Theorie sei, die auf der Zustimmung des Individuums beruhe. Sie muß daher davon ausgehen, daß sich die Bürger »nicht, oder nicht vollständig, durch ihre Gemeinschaften konstituieren.« Die beiläufige Bemerkung aber offenbart die Verwirrung, die hier herrscht zwischen einer Einflußnahme durch die Gemeinschaft, bei der der Einzelne immer noch in der Lage ist, seine eigenen Werte und Optionen kritisch zu hinterfragen, und einer vollständigen Determinierung durch soziale Kräfte, die man weder verstehen kann noch unter Kontrolle hat. Die erste, wirklich kommunitaristische Haltung ist vollständig mit der persönlichen Autonomie vereinbar. Allein für die zweite Position gilt dies nicht. Während Kautz für den Bruchteil einer Sekunde einräumt, daß Kommunitaristen keine Supertotalitaristen sind, die danach streben, die Köpfe und Herzen der Menschen zu beherrschen, unterstellt er trotzdem, daß sie eine total kontrollierende Gemeinschaft anvisieren. Er schreibt, daß »die Partisanen der Gemeinschaftsidee die liberalen Demokraten dazu drängen, ihren nüchternen Rationalismus aufzugeben. Insofern laden sie zu einer maßlosen beziehungsweise sklavischen Politik ein, ... [einer Politik, durch die die Individuen] gezwungen werden, die Gemeinschaft entweder gedankenlos zu begrüßen oder gedankenlos gegen sie zu rebellieren.« (1995, S. 215) Diese grobe Vereinfachung, derzufolge Individuen entweder frei von allen Einflüssen der Gemeinschaft agieren oder aber Sklaven sind, führt zu einer absurden Verfälschung der kommunitaristischen Position. Gertrude Himmelfarb (1995, S. 240 f.) zitiert Joycelyn Elders, die während ihrer Zeit als Chirurgin auf die Frage, ob es unmoralisch sei, uneheliche Kinder zu haben, antwortete: »Nein. Jeder hat andere moralische Maßstäbe ... Man kann die eigenen Maßstäbe nicht anderen *aufzwingen.*« Dabei ignoriert sie den Unterschied zwischen »aufzwingen« und »mit Argumenten eintreten für ...«

Individualisten sprechen häufig von »Zensur«, wenn einflußreiche und angesehene Personen des öffentlichen Lebens die Medien dazu auffordern, die freizügige Darstellung von Gewalt und Pornographie einzustellen; auch dieser Vorwurf spiegelt die Verwechslung zwischem dem »Ruf« einer gemeinschaftszentrierten Stimme der Moral und staatlichen Zwangsmaßnahmen wider. Nachdem die Musikzeitschrift *Billboard* das Album *Death Certificate* des Rap-Musikers Ice Cube wegen fremdenfeindlicher Textpassagen verurteilte, bemerkte Ice Cube: »Ich meine, der Herausgeber des *Billboard* hat ebenso wie ich ein Recht auf seine eigene Meinung. Aber wenn er sagt … überlegt euch das zweimal, bevor ihr diese Scheibe kauft, dann ist das eine Form von Zensur.« Jean Bethke Elshtain stellt von einem kommunitaristischen Standpunkt aus dieses Verständnis von Zensur infrage. Verwundert schreibt sie: »Warum Zensur? ›Käufer, denkt nach‹ ist nicht Ausdruck von Zensur, sondern einer engagierten Haltung.«[12]

Eine andere ideologische Strömung, die die bloße Existenz einer moralischen Stimme der Gemeinschaft bestreitet, ist aus sozialwissenschaftlichen Theorien hervorgegangen, die auf individualistischen Annahmen beruhen und von ihnen zehren. Diese Theorien haben das öffentliche Bewußtsein nicht unbeeinflußt gelassen; sie haben ihren Ursprung vor allem in der neoklassischen Ökonomie, einigen Teilgebieten der Psychologie und, in jüngster Zeit, der Politikwissenschaft und in ökonomischen Rechtstheorien. Diese Theorien gehen davon aus, daß die Menschen vom Lustprinzip angetrieben werden: Die Menschen streben danach, das Maß ihrer Befriedigung zu »steigern«, Schmerz zu vermeiden und sind insgesamt vom Eigennutz bestimmt. Moralische Belange werden oft als falsche Masken betrachtet, die, erst einmal entfernt, das Streben nach Lust offenbaren. Beispielsweise argumentieren individualistisch orientierte Sozialwissenschaftler, daß Menschen nur deswegen altruistisch handeln, weil sie ihre Vorgesetzten, Freunde oder Partner beeindrucken wollen oder weil sie schlicht mehr Befriedigung aus dem Geben als dem Nehmen ziehen.

Von dem Philosophen Thomas Hobbes, der im siebzehnten Jahrhundert zu jenen gehörte, die die Existenz einer moralischen Dimension geleugnet haben, wird erzählt, er habe einmal einem Bettler ein paar Münzen zugeworfen. Befragt, warum er dem Bettler etwas gegeben habe und ob dies nicht einem christlichen Gebot entspreche, antwortete er, er habe dies »ausschließlich in der Absicht getan, sein eigenes Gefühl der Bedrückung beim Anblick des Bettlers zu erleichtern.«[13] Diejenigen, die versucht haben, alle Hobbese dieser Welt dazu zu bringen, die Stimme der Moral nicht zu verleugnen, haben darauf hingewiesen, daß Hobbes in Anbetracht seiner Beweggründe einfach hätte weggehen können, ohne dem Bettler seine Münzen zuzuwerfen.[14]

Tatsächlich ist die eigentliche Stoßrichtung solcher Argumente, alles tugendhafte Verhalten und die damit verbundene soziale Anerkennung abzuwerfen. Wenn moralisches Verhalten lediglich eine andere Form egoistischen Verhaltens darstellt, dann spielt die Moral in allen Handlungen, die den Menschen dazu dienen, sich selbst zur Geltung zu bringen, keine Rolle. Interpretiert man sie so, dann wird die Stimme der Moral neutralisiert, denn wir haben gesehen, daß sie die Menschen oft dazu aufruft, entgegen ihrer Lust und in Übereinstimmung mit dem, was recht ist, zu handeln. Und auf diese Weise verlöre sie auch ihre Kraft, tugendhaftes Verhalten zu bewirken und gemeinsame Werte zu fördern.

Die individualistische Ideologie befürwortet auch die schnell zu erzielenden Vorteile im Rahmen von »Pseudo-Gemeinschaften«, eine Vorstellung, die die weitaus anstrengendere Arbeit untergräbt, gemeinschaftliche Bindungen und die auf ihnen beruhende moralische Stimme zu erneuern. In den frühen 60er Jahren (und in gewissem Umfang sogar schon vorher) stützte sich diese Denkweise auf Vorstellungen, die in dem von Dale Carnegie verfaßten, viel gelesenen und befolgten Buch *Wie man Freunde gewinnt. Die Kunst, beliebt und einflußreich zu werden* (Bern 1990; amerik. Orig. 1936) artikuliert wurden, einem Handbuch, dessen Wirkung durch Trainingskurse und öffentliche Lesungen noch gesteigert wurde. Seit dieser Zeit sind Amerikaner der Mittelklasse darauf gedrillt worden, zur Steigerung ihrer Macht und zur Verwirklichung ihrer Absichten den Anderen eher zu »streicheln«, anstatt sich ihn durch moralische Urteile zum Feind zu machen.

Carnegies Botschaft fand ein Echo in dem wachsenden Einfluß, den psychotherapeutische Konzeptionen auf die amerikanische Kultur ausübten und die darauf abzielten, die Stimme der Moral mundtot zu machen. Tausende von Therapeuten, Sozialarbeitern und Anthropologen, aber auch andere Berufsgruppen und Staatsbeamte weigerten sich zunehmend, ihrer Klientel die Werte der Gemeinschaft anzupreisen oder auch nur zu vermitteln.[15] Jeder Einzelne, so sagte man, habe das Recht, seinen eigenen »Lebensstil« zu wählen. Vor allem aber sollten nun Menschen, die gegen etablierte moralische Werte verstießen und ein Verhalten zeigten, das man – bevor dieser Begriff aus dem Wortschatz verbannt wurde – als »deviant« bezeichnete, ganz und gar gemäß psychologischer Kategorien interpretiert werden (so ist jemand nicht Alkoholiker, weil er unverantwortlich handelt, sondern weil er als Kind mißbraucht wurde, einen schwachen Vater oder unter anderen frühen Kindheitserfahrungen zu leiden hatte.)

Die Psychotherapie hebt oftmals ausdrücklich den Individualismus hervor, demzufolge – wie Robert Bellah u. a. (1987) erklärt – »jeder Mensch einen einzigartigen Kern individueller Gefühle und Intuitionen [hat], den es zu entfalten und auszudrücken gilt, wenn Individualität sich verwirklichen soll.« Der expressive Individualismus geht davon aus, daß das persönliche Wohlbefinden wichtiger ist als die soziale Verantwortung, ganz zu schweigen von der Verpflichtung gegenüber bestimmten Werten oder dem Erheben der moralischen Stimme: »In der therapeutischen Idealbeziehung geschieht alles völlig bewußt, und alle Parteien sind sich darüber im klaren, wie sie sich fühlen und was sie wollen. Jedes ›Könnte‹ oder ›Sollte‹ wird verbannt, denn es bedeutet das Eindringen eines extremen und zwanghaften Autoritarismus.« (Ebd.) Der Psychologe William Doherty beschreibt seine Erfahrungen wie folgt: »Wie viele andere wurde auch ich dahingehend ausgebildet, im Umgang mit meinen Klienten jedes ›sollte‹ zu vermeiden, ihnen die Sprache des ›du müßtest‹ nicht aufzudrängen. Ich wurde im Rahmen einer berufsausbildenden Therapie sozialisiert, die seit den 1970er Jahren die Überzeugung entwickelt hatte, daß jegliches ›sollte‹ die Menschen dazu verleite, ein fremdbestimmtes Leben zu führen. Gemäß dieser Denkschule basiert die einzige authentische Lebensform darauf, dem Diktat des ›Ich will‹ zu folgen.«[16]

Die Tatsache, daß die Psychotherapeuten nach den Sorgerechtsauseinandersetzungen zwischen Woody Allen und Mia Farrow in ihren Gutachten »Bedenken dagegen hatten, wertende Urteile zu fällen«, veranlaßte Ellen Goodman zu folgender, von Doherty zitierten Bemerkung: »Ich hege ganz gewiß keine Sympathie für Leute, die jede kleine Verhaltensregung mit der Aufschrift ›gut‹ oder ›böse‹ versehen. Aber es gibt Zeiten, in denen ich mich frage, ob die Akzeptanz einer solchen Zurückhaltung, das Aufgeben religiös gespeister Beurteilungen zugunsten einer säkularen Sprache gegenseitiger Bestärkung, ob diese Zurückhaltung nicht zu einem moralischen Analphabetentum geführt hat. Beraubt uns diese Zurückhaltung gegenüber jeglicher Form des Urteils nicht unseres Urteilsvermögens überhaupt?«

Kraft einer ent-moralisierten Sprache lernen die Menschen auf andere zu reagieren, indem sie die Äußerungen einer Person auf diese selbst zurückbeziehen (»validieren«) und ihr zu verstehen geben, daß sie »in Ordnung«, »o. k.« ist; dabei verlieren sie die Fähikgeit zu moralisch direktiven Reaktionen.

Im Mittelpunkt dieses Ansatzes steht unter anderem die Empfehlung, das Verhalten der anderen Person – was immer sie auch tut – zu billigen, um sie in ihrer Selbstachtung zu stärken. Pädagogen und Sozialarbeiter verhalfen psychologischen Vorstellungen zur Popularität, denen zufolge die Kritik am Verhalten einer anderen Person eine Minderung ihrer Selbstachtung zur Folge hätte, was wiederum die Verhaltenssicherheit dieser Person weiter untergraben müsse. Dabei handelt es sich um nichts anderes, als um die Anwendung einer nicht-direktiven Psychotherapie auf alle Mitglieder der Gemeinschaft durch Therapeuten, die keine sind.

Kritiker haben bezweifelt, daß eine starke Selbstachtung all die positiven Konsequenzen zeitige, die man ihr gemeinhin unterstellt.[17] In der Tat gibt es Grund für die Annahme, daß der Nutzen einer künstlich geförderten Selbstachtung letztlich deutlich überschätzt worden ist. Einige Kritiker gehen gar so weit zu behaupten, daß eine Billigung unangemessenen Verhaltens oder schwacher Leistungen langfristig betrachtet, der Selbstachtung eher schade als nütze. Das sei deswegen so, weil die Empfänger solch falscher Lobpreisungen entweder deren Unaufrichtigkeit durchschauten oder weil es besser für sie wäre, wenn sie ihr Verhalten überprüfen würden (um beispielsweise nicht schon im Jugendalter Kinder in die Welt zu setzen).[18]

Die vergangenen Diskussionen über diese ideologischen Strömungen beschäftigten sich vor allem mir deren Wirkung auf das kognitive Vermögen, den Wissenserwerb und die Arbeitsleistung. Hier geht es jedoch im Wesentlichen um ihre Auswirkungen auf das moralische Verhalten. Kann eine Gemeinschaft eine moralische Ordnung aufrecht erhalten, wenn ihre Mitglieder ständig davor zurückschrecken, ihre Freunde, Kinder, Nachbarn oder andere zu tadeln, nur um deren Selbstachtung nicht zu »verletzen«? Dennis Byrne liefert ein Beispiel: »Ein Freund von mir ging einmal mit seinen Kindern in einen Park, wo sie ein Kind dabei beobachteten, wie es auf das Ende einer Rutschbahn urinierte. ... Was sollte mein Freund tun? Hätte er seine Kinder durch den Urin rutschen lassen sollen? Oder sollte er die Rutsche selbst säubern und dadurch dem Knirps demonstrieren, daß Erwachsene Trottel sind und man mit allem ungestraft davon kommt? Oder sollte er seinen eigenen Kindern sagen: ›Tut mir leid, die Rutsche ist heute geschlossen; ihr werdet dafür bestraft, daß jemand anders sein Bedürfnis nicht zügeln konnte.‹«[19] Die Tatsache, daß die Antwort auf diese Frage nicht selbstverständlich ist, liefert einen Beweis für das Ausmaß, in dem die Stimme der Moral verstummt ist.

Man kann das wachsende Phänomen der Urteilslosigkeit auch als Stilfrage behandeln. Wenn man seine moralische Stimme erhebt, muß man nicht mit der Faust auf den Tisch schlagen, den anderen zusammenstauchen oder eher die Person als die Sache angreifen. Die Stimme der Moral vermag Urteile auszudrücken, ohne zu verurteilen, ohne bösartig oder selbstgerecht zu sein. Insofern ist eine Sensibilität gegenüber der Selbstachtung des anderen durchaus vereinbar mit der Stimme der Moral. Wenn allerdings viele Mitglieder einer Gemeinschaft ihre moralische Stimme unterdrücken, wird die Fähigkeit der Gemeinschaft, auf zentrifugale Kräfte zu reagieren, beschnitten und/oder die Abhängigkeit von anderen Mitteln zur Bewahrung der Ordnung, beispielsweise Zwangsmaßnahmen, wird stetig zunehmen.

Eine weitere Anschauung, die ebenfalls in diesem Zeitraum an Einfluß gewonnen hat, neigte dazu, eher das System als die Person für ihre Handlungen verantwortlich zu machen. Im Rahmen dieser Anschauung wurde für jedes nur erdenkliche unsoziale Verhalten einer Person das soziale System haftbar gemacht. Drogenmißbrauch, Alkoholismus und Gewalttätigkeit gäbe es allein deshalb, weil die Menschen arm und arbeitslos seien, weil sie an ihren Arbeitsplätzen in »berufliche Sackgassen« geraten seien (schlecht bezahlte Jobs machen bekanntlich trübsinnig und liefern kaum Sprossen, um auf der Karriereleiter nach oben zu kommen) oder schlicht sozial ohnmächtig seien. Zweifellos ist das soziale System nicht ohne Bedeutung, und bisweilen kann es die Situation bestimmen. Wenn man sozialen Faktoren aber die Bedeutung zumißt, sie ließen den »Opfern« keine Wahl und somit die Handelnden von ihrer moralischen Verantwortung entbindet, dann wird der Stimme der Moral ihre Grundlage entzogen.

Eine Auswirkung all dieser ideologischen Entwicklungen, die zu einem Verstummen der moralischen Stimme geführt haben, ist ein soziales Muster, das man als »Vermeidungsstrategie« bezeichnet hat. Nach M. P. Baumgartner (1988, S. 11) ist eine Vermeidungsstrategie eine »Einschränkung der Interaktion mit einer Person, deren Verhalten anstößig ist.« Bei ihrer Untersuchung einer Vorstadtgemeinde fand Baumgartner heraus, daß die vorherrschende Reaktion auf unpassendes Verhalten in der Regel »zurückhaltend und minimalistisch« ist (ebd., S. 10). Baumgartner gibt dazu folgendes Beispiel: »Die Shepards waren eine Familie der Mittelschicht, die während ihrer Zeit in Hampton stets gut mit den

Leuten auskamen. Allerdings beunruhigte sie die Tatsache, daß einer ihrer unmittelbaren Nachbarn dem Exhibitionismus zuneigte. ... Einmal kam dieser Nachbar beispielsweise völlig nackt an die Tür der Shepards, klingelte und erzählte der erschreckten Mrs. Shepard und ihren Kindern, er wolle lediglich einen Brief, der versehentlich bei ihm gelandet sei, abgeben. Mrs. Shepard fiel nichts anderes ein, als den Brief wortlos entgegenzunehmen ... Ein andermal wurde der Mann von einer der Shepard-Töchter und ihren Freundinnen dabei beobachtet, wie er sein Geschäft auf seinem Rasen verrichtete. (Die Mädchen waren sich sicher, daß der Mann so lange mit seinem Tun wartete, bis er sich beobachtet wußte.) Bei all diesen Vorfällen legte die Familie Shepard gegenüber dem Übeltäter ein liebevolles Verhalten an den Tag.« (Ebd., S. 74)

Kommunitaristisches Denken muß die Rolle gesellschaftlicher und psychologischer Faktoren unsozialen Verhaltens nicht herunterspielen. Gleichwohl scheuen sich Kommunitaristen nicht vor der Feststellung, daß sich viele Menschen, die unter den gleichen – schlechten – sozio-ökonomischen Bedingungen und mit vergleichbaren psychologischen Hintergründen leben, eher sozial denn unsozial verhalten. Das heißt, selbst benachteiligte Individuen verfügen über eine gewisse Autonomie. Darüber hinaus ist es moralisch unhaltbar, auch nur irgend jemanden von seinem Beitrag für die Gemeinschaft, für das gemeinsam geteilte Gut oder von seiner sozialen Verantwortung zu entbinden, selbst wenn man akzeptiert, daß man nicht beliebig viele Forderungen an den einzelnen richten kann und daß die Gesellschaft häufig etwas tun kann, um seine oder ihre Lage zu verbessern. An dieser Stelle anders zu verfahren hieße, solche Menschen für unmenschlich zu erklären, denn es ist ein Kennzeichen des Menschen, ein moralisches Wesen zu sein, das in der Lage ist, moralische Entscheidungen zu treffen und moralische Verpflichtungen einzugehen.

Es geht nicht darum zu leugnen, daß prägende Erfahrungen oder soziale Faktoren eine Wirkung auf handelnde Individuen ausüben, die sie nicht kontrollieren können; auch ist es völlig legitim, wenn diese Faktoren in Gerichtsverfahren oder in der öffentlichen Meinung als mildernde Umstände eingestuft werden. Der Punkt ist, daß diese Faktoren nicht als Rationalisierungen benutzt werden sollten, die die Handelnden davon freisprechen, in Anbetracht ihrer eigenen Geschichte das ihnen Bestmögliche zu tun, um gemeinsam geteilten Werten gerecht zu werden.

Je mehr eine Gemeinschaft die Vorstellung akzeptiert, daß eine Person über keinen Funken Autonomie verfügt, um so weniger Raum bleibt für eine moralische Ordnung.

Dafür sollte es (k)ein Gesetz geben

Zu viele Gesetze

Auf die Frage, wie eine Gesellschaft sicherstellen kann, daß Millionen ihrer Mitglieder gemäß den Bedingungen gemeinsam anerkannter Werte leben, lautet die oft zu hörende Antwort, dies sei durch das Gesetz zu gewährleisten. In der Tat liegt eine offensichtliche soziale Funktion des Gesetzes darin, vorzuschreiben, welches Verhalten man von den Menschen erwartet (von der Entrichtung der Steuern bis hin zur Fürsorgepflicht den Kindern gegenüber) und welches Verhalten sie unterlassen sollten (vom Rauchen an bestimmten Orten bis hin zum Kaufen, Verkaufen und Konsumieren von Rauschgift). Für gewöhnlich enthalten Gesetze auch Strafbestimmungen (oder Belohnungen), die gegenüber jenen, die solche normativen Vorschriften mißachten (oder einhalten), Anwendung finden.

Wenn die zentripetalen Kräfte nur mangelhaft wirken, rufen viele Menschen oft nach mehr Gesetzen, mehr Regeln, nach strengeren Strafen und mehr Ressourcen zur Durchsetzung des Gesetzes. Tatsächlich kann man in allen westlichen Gesellschaften leicht beobachten, daß der Ruf nach immer mehr und strengeren Strafen, mehr Polizei und mehr Autorität für die öffentlichen Gewalten mit dem Zerfall der sozialen Ordnung innerhalb der letzten Generation beständig lauter wurde. Auch wenn es schwer ist, das genaue Verhältnis zu ermitteln, läßt sich doch sagen, daß diese Gesellschaften viel eher auf Gesetze als auf eine neuerliche Bekräftigung der Stimme der Moral gesetzt haben, um die soziale Ordnung zu stärken.

Dagegen möchte ich davon ausgehen, daß eine Gesellschaft, die eine kommunitäre sein will, einen Großteil des Verhaltens »regulieren« muß, indem sie sich eher auf die Stimme der Moral stützt als auf das Gesetz, und daß *die Spannweite des Gesetzes selbst weitgehend auf das beschränkt bleiben muß, was von der Stimme der Moral unterstützt wird.*

Eine Sensibilität für dieses Problem offenbart sich etwa in dem Vorschlag, Unternehmen stärker an ihre soziale Verantwortung zu gemah-

nen. Während die meisten Vorschläge von Sozialliberalen auf die Gesetzgebung zielen, weist Tony Blair, der Vorsitzende der britischen Labour-
Partei, in seiner Rede über sogenannte Stakeholder (Anteilseigner im
Unterschied zu shareholders, d. h. Aktieninhabern) auf einen anderen
Ansatz hin: »Wir können nicht per Gesetz garantieren, daß sich ein
Unternehmen auf eine Art und Weise verhält, die dem Vertrauen und
einem langfristigen Engagement förderlich ist. Aber wir müssen endlich
damit anfangen, im Unternehmen nicht nur ein Instrument des Kapital-
marktes zu sehen, sondern auch eine Gemeinschaft oder Partnerschaft, in
der jeder Angestellte mitreden kann.«[20]

Außerdem hat eine an Werten orientierte Durchsetzung des Gesetzes
positive Rückwirkungen auf die Stimme der Moral selbst. Diese Beobachtung soll nun genauer erläutert werden.

Ich kann nicht genügend betonen, daß die Stimme der Moral wesentlich besser mit einem hohen Maß an Autonomie – und folglich mit einer
guten Gesellschaft – vereinbar ist als jede Form der Rechtsdurchsetzung.
Der entscheidende Punkt ist: Wenn Bürger das Gesetz mißachten, dann
werden ihre Löhne gepfändet, ihre Hypotheken gekündigt oder ihre Häuser werden verkauft; sie werden ins Gefängnis geworfen oder sogar hin-
gerichtet. Wenn man dagegen die Stimme der Moral mißachtet, kann man
in seinem Handeln fortfahren und muß höchstens mit »sozialen Kosten«
rechnen. Das heißt, die grundsätzliche Autonomie der Person bleibt
gewahrt.

Kommunitaristen werden häufig gefragt, welche politischen Maßnahmen sie befürworten, um die moralische Ordnung zu erneuern. Welche
Gesetze, Regulationen und verwaltungstechnischen Veränderungen sollten eingeführt werden? Meine Antwort stützt sich auf sozialwissenschaftliche Erkenntnisse, die darauf hindeuten, daß ein öffentlicher Diskurs
über die Werte der Gesellschaftmitglieder und über den Grad ihrer Verpflichtung gegenüber den von ihnen bejahten Werten der beste Weg ist,
um die Richtung der gesellschaftlichen Entwicklung zu ändern. Im Vergleich zu einigen politischen Empfehlungen anderer sozialer Bewegungen,
politischer Parteien oder Denkwerkstätten, hat man meine Antwort als
wirr beurteilt oder als bloßen Appell aufgefaßt. Jacob Weisberg meint beispielsweise: »Der Kommunitarismus liefert eher Ermahnungen als eine
konkrete Anleitung für politisches Handeln. Man erfährt nichts darüber,
wie man den Staat wieder instandsetzen kann – wie ein ausgewogener

Haushalt, eine Erneuerung des Gesundheitswesens oder eine Reform des Wohlfahrtssystems zu erreichen ist.«[21] Der *Economist* kritisiert: »Für Politiker, die bei Herrn Etzioni nach Inspirationen suchen, liegt das Problem darin, daß er nur wenige politische Vorschläge unterbreitet, weil er davon überzeugt ist, daß der Staat sowieso viele soziale Probleme nicht zu lösen vermag.« (18. März 1995, S. 59).

Tatsächlich sind öffentliche Diskurse in dem Sinne undurchsichtig, als man nicht präzise vorhersagen kann, wann sie beendet sein werden, welche Werte die Oberhand gewinnen, welche politischen Maßnahmen aus ihnen folgen und wie man sie gegebenenfalls umsetzen kann. Daher kann man einzig vorhersagen, daß der Diskussionsprozeß oftmals zusammenhanglos erscheinen und von Wiederholungen gekennzeichnet sein wird sowie emotional und schlingernd verläuft. Aber das alles sind typische Kennzeichen eines Prozesses, in dem gleichsam eine ganze Bevölkerung ihre Werte untersucht und neu definiert, indem sie ihre moralische Verpflichtungen neu ausrichtet – Kennzeichen moralischer Dialoge, die zur ernsthaften Unterstützung eines sozialen Wandels von wesentlicher Bedeutung sind.

Dies alles bedeutet freilich nicht, daß Gesetze und die politischen Maßnahmen in einem solchen Wandlungsprozeß – zu dem auch eine moralische Erneuerung gehört – keine Rolle spielten, sondern nur, daß es sich bei ihnen nicht um die entscheidenden Faktoren handelt. Vor allem aber *müssen die Gesetze und die politischen Maßnahmen den Wertewandel widerspiegeln* und sollten nicht erheblich von ihm abweichen. Im Ergebnis heißt das: Je mehr sich eine Gesellschaft auf den Staat als solchen verläßt, um so mehr werden *sowohl* die moralische Ordnung *als auch* die Autonomie geschwächt, und um so weniger wird die Gesellschaft zu einer kommunitären. Je mehr die Mitglieder einer Gesellschaft davon überzeugt sind, daß ihre Gemeinschaft eine legitime und gerechte Ordnung errichtet hat und je mehr sie sich freiwillig in Übereinstimmung mit den durch diese Ordnung gestützten Werten verhalten (weil sie ihnen auch selber zustimmen), desto kommunitärer ist die Gesellschaft. Um es noch schärfer zu formulieren: Die kommunitäre Gesellschaft basiert nicht überwiegend auf Recht und Ordnung, sondern auf den gemeinsamen moralischen Werten, die von ihren Mitgliedern getragen werden. Es handelt sich um eine Gesellschaft, die vorrangig auf Tugenden aufbaut und auf Gesetzen, in denen sich diese verkörpern.

Aus den gleichen Gründen ist das wesentliche soziale Gebilde nicht der Staat (oder das politische Gemeinwesen), und die Hauptakteure sind nicht die wählenden Bürger, sondern die Gesellschaft (als Gemeinschaft von Gemeinschaften) und deren Mitglieder. Soziales Handeln, wie es sich etwa zwischen Familienangehörigen, in Vereinen und Gemeinschaften abspielt, genießt eine höhere Priorität als politisches Handeln. Ich unterscheide mich an dieser Stelle von jenen, die oftmals unbewußt dazu neigen, soziales und politisches Handeln sowie Gesellschaft und Staat gleichzusetzen.[22]

Alan Wolfe hat auf überzeugende Weise und empirisch gut belegt darauf hingewiesen, daß wir sowohl in der Politik wie auch in den Sozialwissenschaften unter Vernachlässigung der Gesellschaft die Spaltung zwischen Markt und Staat in den Mittelpunkt stellen, obgleich sowohl der Markt als auch der Staat eine gesunde Gesellschaft benötigen, um gut funktionieren zu können: »Das Erfolgsgeheimnis der am besten funktionierenden politischen Ökonomien liegt weder in der Politik noch in der Wirtschaft«, lautet seine Schlußfolgerung (1989, S. 189). Für ihn führt diese irreführende Gewichtung zu einer Vernachlässigung und Verarmung der Zivilgesellschaft.[23]

Wolfe rügt jene Sozialwissenschaftler, die die Rolle der Zivilgesellschaft selbst dann vernachlässigen, wenn sie den Markt als auch den Staat kritisch beurteilen: »Charles Lindblom schrieb beispielsweise ein Buch mit dem Titel *Politics and Markets*, als ob Politik und Markt die einzigen Alternativen wären, die uns zur Verfügung stünden; auf ähnliche Weise verfährt ein Buch, das den Erfolg der skandinavischen Sozialdemokratien dem Faktor Solidarität zuschreibt, »*Politics Against Markets*«, so als ob Solidarität ganz und gar ein politisches und nicht ebenso auch ein soziales Konzept wäre.« Es ist die Zivilgesellschaft, der wir uns zuwenden sollten, mahnt Wolfe: »In den modernen liberalen Demokratien – ob sie sich nun eher dem Markt oder dem Staat (oder beidem) verpflichtet fühlen – ist es unabdingbar, einen dritten Weg des Nachdenkens über moralische Verpflichtungen zu entdecken.« (1989, S. 189 u. 188)

Benjamin Barber führt in seiner Arbeit vor, was ein Rechtsanwalt, der die Interessen der Gesellschaft repräsentiert, als Beweisstück A qualifizieren würde: »Akzeptieren wir, daß die Menschen von Natur aus sozial sind, dann können wir die Bürgerschaft nicht bloß als eine unter vielen künstlich geschaffenen sozialen Rollen betrachten, die man der natürlichen Vereinzelung des Menschen aufpropfen kann. Vielmehr ist sie die einzig legitime Form seiner natürlichen Abhängigkeit.« (1994, S. 211)

Als das Kommunitaristische Programm (Communitarian Platform) ins Deutsche übersetzt wurde, übersete man den Begriff »member« (of a community) mit *Bürger*.[24] Als mir klar wurde, daß »Bürger«, zurück-übersetzt ins Englische, »citizen« bedeutet, berichtete man mir, daß es im Deutschen kein Wort gebe, das den Gehalt von *membership* vollständig einzufangen vermag. (Das Wort »Mitglieder« steht eher dem Wort »Bei-tragszahler« nahe.) In diesem semantischen Versehen spiegelt sich die all-gemeine Tendenz wider, daß man sich der kommunitären Elemente einer Gesellschaft nicht bewußt ist.

Wer Staatsbürgerschaft und Mitgliedschaft ineins setzt, verdeckt die Wichtigkeit der Zivilgesellschaft als dritte Säule unseres Gemeinwesens (Markt und Staat sind die beiden anderen). Obwohl man der Stärkung der Zivilgesellschaft (im Sinne Tocquevilles) in den letzten Jahren viel Auf-merksamkeit gewidmet hat – man denke vor allem an Robert Putnams Arbeiten –, hat diese Stärkung häufig eher die Funktion, die staatliche Handlungskompetenz zu verbessern anstatt sie einzuschränken und vor allem die Gesellschaft mehr in den Mittelpunkt zu stellen. Damit soll nicht gesagt sein, staatliche Aufgaben seien gänzlich auf die Zivilgesellschaft abzuwälzen, sondern nur, daß eine sorgfältig gepflegte Stimme der Moral sowohl den Staat als auch die Zivilgesellschaft deutlich entlasten kann.

Diskutiert man heute Maßnahmen, die dabei helfen sollen, den Rassis-mus, die Armut oder den Bildungsverfall zu bekämpfen, so zielen die mei-sten Vorschläge als Konsequenz der Politisierung des sozialen Denkens auf eine Veränderung der Politik oder der Gesetze. Dabei übersieht man viel-fach, daß Eltern, Nachbarschaften oder auch Vereine über viele der not-wendigen Heilmittel selbst verfügen oder aber man behauptet, daß diese Mittel nur durch politische oder gesetzliche Maßnahmen mobilisiert wer-den könnten.[25] Dagegen bleibt festzuhalten, daß eine Gesellschaft ein aus-balanciertes Verhältnis von Autonomie und Ordnung umso mehr verkör-pert, je stärker sich ihre soziale Ordnung auf soziale Bindungen und die Stimme der Moral verläßt und je weniger sie sich auf den Staat (oder den Markt) stützt. Das hat seinen Grund darin, daß ein Weniger an Zwang (und an utilitaristischen Beziehungen) dazu beitragen kann, die Erwartun-gen, die die Bürger an ihre Gesellschaft richten und diejenigen, die diese an ihre Bürger richtet, miteinander in Einklang zu bringen.

Kommunitäres Recht

Wenn Recht und Gesetz nicht die vorrangige Grundlage einer guten Gesellschaft darstellen, welche Rolle fällt ihnen dann zu? Auf welche Weise vermag das Recht hilfreich zu sein, um das kommunitäre Gleichgewicht zwischen Ordnung und Autonomie zu bewahren oder, wenn es ins Wanken geraten ist, wieder herzustellen?

Es ist viel geschrieben worden über das Verhältnis des Rechts zum gesellschaftlichen Wandel.[26] Einige Gelehrte meinen, daß sich im Recht die fortschrittlichsten Tendenzen einer Gesellschaft spiegeln (oder spiegeln sollten); das Recht sollte den gesellschaftlichen Wandel vorantreiben. Ein oft zitiertes Beispiel ist jener Armeeoffizier in den Südstaaten, der bereits 1943 die Aufhebung der Rassentrennung schlicht per Befehl zu verwirklichen suchte.[27] Andere, insbesondere auf Seiten der marxistischen Linken, haben behauptet, daß das Recht mit einer Nachhut vergleichbar sei; daß es dem sozialen Wandel hinterherhinke und ein Reflex untergehender Regime sei, folglich ein Anachronismus. Wiederum andere wenden ein, man könne sich mit dem Thema nicht beschäftigen, ohne vorher die entsprechende Literatur hinzugezogen zu haben. Mir liegt einzig daran aufzuzeigen, daß sowohl Sozialliberale als auch Sozialkonservative immer noch dazu neigen, diejenigen Aspekte, die ihnen problematisch erscheinen, auf gesetzlichem Wege ändern zu wollen, ganz gleich, ob eine solche Änderung von den Bürgern unterstützt wird oder nicht. Schon allein deswegen müssen die Kommunitaristen betonen, daß *das Recht in einer guten Gesellschaft zuallererst eine Fortführung der Moral mit anderen Mitteln darstellt*. Das Recht mag durchaus in gewissen Grenzen zu gesellschaftlichen Veränderungen führen, aber wenn dieser Wandel in der moralischen Kultur (gemeinsam geteilte Werte und die Verpflichtung diesen gegenüber) ohne Resonanz bleibt, dann kann die soziale Ordnung nicht mehr auf freiwilliger Basis aufrechterhalten werden; die Gesellschaft wird ihrer kommunitären Struktur verlustig gehen und wird sich am Ende gar in eine autoritäre Gesellschaft verwandeln.

Will man sich die Vergeblichkeit vor Augen führen, sozialen Wandel durch rechtliche Maßnahmen zu bewirken, die nicht durch gemeinsame Werte gestützt sind, hilft ein Blick auf die gescheiterten Bemühungen, den Drogenhandel in Gefängnissen zu unterbinden. Wenn es nicht einmal in einem Gefängnis möglich ist, ein Gesetz durchzusetzen, obwohl dort die

Insassen einer nahezu totalen Kontrolle ausgesetzt sind, die sie fast des letzten Rests an Autonomie beraubt, wie kann man da die Durchsetzung eines Gesetzes erwarten, dem es an moralischer Rückendeckung in einer kommunitären Gesellschaft fehlt?

Gesetze ohne festen moralischen Rückhalt, »ungedeckte« Gesetze, schädigen die Gemeinschaft eher, als daß sie ihr nützen. Die Bekämpfung des Drogenhandels korrumpiert die Autorität des Gesetzes, die Gerichte, das Gefängnispersonal und die Zollbeamten sowie in vielen Ländern auch die Militärs und gewählten Volksvertreter. Die »Lösung« besteht nicht notwendigerweise in einer Legalisierung der Drogen, sondern in der Schaffung einer echten moralischen Unterstützung für die vorhandenen gesetzlichen Regelungen. Die Black Muslims haben beispielsweise gezeigt, daß der Drogenkonsum innerhalb der eigenen Gemeinschaft minimiert werden kann, wenn es gelingt, eine entsprechende moralische Rückendeckung aufzubauen. Der Erfolg gesetzlicher Vorhaben, die – wie etwa in Iowa und Michigan – darauf zielten, die Scheidung erneut schwieriger zu gestalten und den sexuellen Kontakt zwischen Minderjährigen unter Strafe zu stellen, wird davon abhängen, inwieweit es gelingen kann, diesen Regelungen zuallererst moralische Rückendeckung zu verleihen, ein Aspekt, der von Politikern häufig ignoriert wird, die glauben, an Beliebtheit zu gewinnen, wenn sie nur Gesetze erlassen, ganz egal wie gut oder schlecht diese dann durchgesetzt werden.

Aber bedeutet das, daß eine Gemeinschaft, die sich einer Fehlentwicklung bewußt wird, etwa eines in ihr verbreiteten Fremdenhasses, erst dann gesetzliche Bestimmungen erlassen kann, wenn sie die dafür notwendige moralische Basis errichtet hat (vorausgesetzt diese ist überhaupt nicht oder nur sehr schwach vorhanden)? Wenn der zu bewältigende Mißstand sehr gravierend ist, mag der Kampf dagegen wichtiger sein als unerwünschte Nebeneffekte oder eine geringe Erfolgsrate. Aber diese Ausnahme setzt nicht die Regel außer Kraft: Gesetze zur Geltung bringen zu wollen, denen es an moralischer Abstützung fehlt, ist ein ebenso antikommunitäres wie aussichtsloses Unterfangen. Auch wenn eine gute Gesellschaft einige wenige solcher ungedeckten Gesetze zu verkraften weiß, können sie nicht ihre wichtigste Stütze sein. *Leges sine moribus vanae* (Gesetze ohne Moral sind vergeblich).

Der sozialkonservative Ruf nach Gesetzen

Sozialkonservative, insbesondere wenn sie auch noch einen religiösen Hintergrund haben, nehmen, wie wir gesehen haben, die kommunitaristische Rechtsskepsis in der Regel nicht ernst. Sie haben oftmals überraschend wenig Vertrauen in nicht-dirigistische Prozesse (in Erziehung, Überzeugung, Bekehrung, missionarische Arbeit und vor allem in moralische Dialoge) und versuchen, die Werte, von denen sie überzeugt sind, auf dem Rechtswege durchzusetzen. Alan Keyes, sozialkonservativer Anwärter der Republikanischen Partei auf das Amt des Präsidenten im Jahre 1996, behauptete, wir würden ja sowieso andauernd die Moral gesetzlich dekretieren; warum also nicht Abtreibung, Scheidung und andere von ihm als unmoralisch angesehene Handlungen schlicht verbieten? So wie ich die Sache sehe, liegt das Hauptproblem nicht in einer gesetzlich verordneten Moral, sondern in der Distanz, die zwischen denjenigen Werten liegt, die wir geschlossen als Gemeinschaft angenommen haben, und jenen Werten, die im Gesetz Niederschlag gefunden haben. Regierungen können Gesetze zur Ächtung der Scheidung erlassen, wie es in vielen katholischen Ländern geschehen ist, aber in dem Maße, in dem die Bevölkerung die zugrundeliegenden Werte nicht wirklich teilt, führen solche Gesetze zu verschiedenen Formen unsozialen Verhaltens. So leben zum Beispiel viele Männer in Italien mit ihrer Geliebten und haben außereheliche Kinder, predigen aber gleichzeitig den Wert der Institution Ehe. Ferner werden Frauen, die die moralische Richtigkeit von Abtreibungsverboten nicht einsehen, Auswege finden, um dennoch eine Abbtreibung vornehmen zu lassen. Auch die früher unternommenen Versuche, den Gebrauch von Verhütungsmitteln zu verbieten, führten lediglich zu ihrer Verbannung unter den Ladentisch, hatte also die typisch verqueren Konsequenzen von Gesetzen ohne moralische Rückendeckung und hielten nicht einnmal Katholiken davon ab, regelmäßig Verhütungsmittel zu gebrauchen. Daß Wertfragen als moralische Unterfütterung jeder Gesetzgebung vorausgehen, sie begleiten und ihr auch nachfolgen müssen, könnte man folglich als ihre zentrale soziologische Funktion bezeichnen.

Gesetzeslücken

Auch das Gegenteil trifft zu: Eine starke sozialmoralische Infrastruktur gewinnt an zusätzlicher Kraft, wenn sie sich gesetzlich niederschlägt. Richard Epsteins Behauptung, wonach eine gesetzlich verordnete Nächstenliebe die moralische Selbstverpflichtung zerstören würde, ist insofern unbegründet.[28] Tatsächlich können durch solche Gesetze bereits vorhandene moralische Verpflichtungen weitergehend ausgedrückt und artikuliert werden und unterstützen ihre Verwirklichung. Aus dem gleichen Grunde sind die individualistischen Prämissen solcher Theorien unbegründet, die rechtliche Fragen in ökonomischen Interessen verankern.

Empirische Studien werfen Licht auf diese Thematik. Im Rahmen einer Untersuchungen bat man die Befragten, das Verhalten einer Person moralisch zu beurteilen, die einer ertrinkenden Person nicht zu Hilfe eilt, obwohl sie selbst gut schwimmen kann. Diejenigen Befragten, denen man mitgeteilt hatte, es gebe für solche Situationen eine gesetzlich geregelte Pflicht zur Hilfeleistung, verurteilten die Tatenlosigkeit weit schärfer als jene Befragten, denen gesagt wurde, eine solche gesetzliche Pflicht sei nicht vorhanden (Glendon 1991, S. 88).

Eine kommunitäre Gesellschaft wird auch geschwächt, wenn die Gesetze auf breiter Front den Veränderungen der moralischen Infrastruktur hinterherhinken. Anfang bis Mitte der 1990er Jahre herrschte in der amerikanischen Gesellschaft ein Zynismus vor, weil gewählte Repräsentanten oftmals die moralische Stimme der amerikanischen Gesellschaft mißachteten. Beispielsweise stimmte die Öffentlichkeit weitgehend darin überein, daß die Flut privater Wahlkampfspenden eingedämmt werden müsse, aber der Kongreß blieb in dieser Sache untätig.[29] Die überwältigende Mehrheit der Bevölkerung plädierte für ein Waffenkontrollgesetz, aber der Kongreß lehnte die meisten Maßnahmen zur Kontrolle von Schußwaffen ab. Staatliche Subventionen (etwa in der Landwirtschaft) wurden trotz eines breiten Widerstandes in der Öffentlichkeit weiter gewährt. Kurz, die staatliche Gesetzgebung befindet sich oftmals nicht in Harmonie mit den Grundwerten der meisten Amerikaner.

In einer besser ausbalancierten kommunitären Gesellschaft bewegen sich das Recht und die Moral im Idealfall wie die zwei Beine eines Menschen: sie sind nie weit voneinander entfernt. Ein Beispiel hierfür ist die Art und Weise, in der sich die Einstellung zum Rauchen in den Vereinigten Staaten im Vergleich zu anderen Ländern verändert hat. Erst am Ende einer 25 Jahre währenden moralischen Diskussion stellte sich in den Vereinigten Staaten eine breite Akzeptanz für ein Rauchverbot an öffentlichen Orten ein, und Anti-Raucher-Gesetze konnten in die Gesetzgebung vieler Bundesstaaten Eingang finden. Diese Gesetze stießen nur vereinzelt auf Proteste und, besonders wichtig, sie wurden allgemein befolgt. Als im Vergleich hierzu in Frankreich fast zur selben Zeit ähnliche Gesetze ohne eine entsprechende Vorbereitungsphase verabschiedet wurden, stießen sie in der Bevölkerung auf erheblichen Widerstand.[30]

Es ist wichtig, sich klar zu machen, daß die Akzeptanz der Anti-Raucher-Gesetze in den Vereinigten Staaten erst dann einsetzte, als die Öffentlichkeit über die Gefahren des passiven Rauchens unterrichtet wurde. Es stieg also nicht lediglich die Zahl derjenigen, die gegen das Rauchen waren, sondern der normative Status des Rauchens insgesamt wandelte sich. Hatte man bislang das Rauchen als unkluges, aber, innerhalb eines abgegrenzten Bereichs der Autonomie, vertretbares Verhalten des einzelnen betrachtet (ein Verhalten, vor dem die Gesellschaft zwar warnt, das sie aber nicht verbietet), so sah man nun im Rauchen ein Handeln, das auf direktem Wege anderen und mithin dem Gemeinwohl Schaden zufügt.

Wozu sollten dann aber überhaupt noch in einer kommunitären Gesellschaft Gesetze erlassen werden? Es sind vor allem zwei Punkte, die mit Blick auf die Rolle des Rechts hier erwähnt werden müssen. Zum ersten verkörpern Gesetze, wie wir gesehen haben, die Werte der Gemeinschaft. Zweitens helfen kommunitäre Gesetze die soziale Ordnung zu bewahren, indem sie auf jene reagieren, die die Stimme der Moral mißachten. Ihre Zahl ist in einer perfekten kommunitären Gesellschaft klein, aber man darf nicht erwarten, daß es sie gar nicht gibt. Denn es gibt einige Menschen, die über kein oder ein nur schwach ausgeprägtes moralisches Empfinden verfügen, und solche Menschen sind gegenüber der Moral der Gemeinschaft immun, versuchen, sie zu umgehen oder fordern sie offen heraus. Wenn es die Gesellschaft unterläßt, auf solche Menschen zu reagieren, dann werden diejenigen, die sich an die Normen und Gesetze der Gesellschaft halten, die Autorität der moralischen Ordnung und die Verpflichtung ihr gegenüber in Zweifel ziehen, was wiederum ihren schleichenden Niedergang nach sich ziehen wird, da immer mehr Menschen mit ihren Verpflichtungen dieser Ordnung gegenüber brechen werden.

Viele Liberale übersehen diesen Sachverhalt, wenn sie nicht in Rechnung stellen, daß es *eben auch* Kriminelle gibt, die von der Stimme der Moral nicht erreicht werden und daher – oftmals für lange Zeit – eingesperrt werden müssen. In besonderem Maße wird dies offensichtlich, wenn es um Psychopathen und Sexualstraftäter geht, wobei vor allem letztere eine hohe Rückfallquote aufweisen.[31] Gleichwohl ist der Anteil an grundsätzlich unverbesserlichen Straftätern äußerst gering. Sozialkonservative, die davon ausgehen, daß zur Wiederherstellung der sozialen Ordnung eine starke öffentliche Autorität vonnöten ist, unterliegen an dieser Stelle einer Fehleinschätzung. Was vonnöten ist, ist eine moralische Erneuerung und nur in *einigen wenigen* Fällen gesetzlicher Druck. Auch wenn das Verhältnis in Zahlen kaum präzise ermessen werden kann, mag man davon ausgehen, daß die moralische Ordnung 70 Prozent und der gesetzliche Druck 30 Prozent des Gewichts tragen muß. Beides ist notwendig, jedoch nicht in gleichem Umfang.

Das vorgeschlagene Verhältnis schließt dabei jene, die durch das Gesetz abgeschreckt werden, mit ein und bezieht sich nicht allein auf diejenigen, die von den Gesetzeshütern unmittelbar in Schranken gehalten werden müssen. Letztere machen sicher einen noch viel kleineren Anteil aus, vermutlich unter zwei Prozent. Wenn das Gesetz auf eine größere Zahl von Bürgern keine abschreckende Wirkung ausübt, herrscht offensichtlich eine Art Gesetzlosigkeit vor, die noch dem Schaden, der durch illegales Verhalten selbst verursacht wird, hinzuzurechnen ist. So führt der Eindruck »Keiner bezahlt seine Steuern« nicht nur dazu, daß die Finanzministerien, etwa in Frankreich und Italien, betrogen werden, sondern verstärkt auch das Gefühl, daß die moralische Ordnung (insbesondere wenn es im Unterschied zu familiären und freundschaftlichen Pflichten um öffentliche Pflichten geht) beschädigt ist. Das gleiche gilt in vielen Ländern, insbesondere in den Vereinigten Staaten, für den Bereich der Drogengesetzgebung.

Um die Wechselwirkung zwischen der Durchsetzung des Gesetzes und der moralischen Ordnung nochmals zu unterstreichen, soll eine in den Vereinigten Staaten seit kurzem zu beobachtende Entwicklung untersucht werden: der Trend, das Fahren unter Alkoholeinfluß als moralisch verwerflich zu bewerten. Diese Charakterisierung hat unter dem Einfluß der Organisationen *Mothers Against Drunk Driving* und *Students Against Drunk Driving* und der Medien zunehmend mehr Anklang gefunden (wenngleich sie Mitte der 90er Jahre ihre volle Wirkung noch immer nicht entfaltet haben.) Außerdem gab es verschiedene Kampagnen, die auf eine Veränderung des moralischen Vokabulars abzielten (so hieß es nun: »Freunde, laßt Freunde nicht betrunken ans Steuer«; auch zeigte man mehr Dankbarkeit gegenüber denjenigen, die sich bereit erklärten, angetrunkene Freunde oder Bekannte nach Hause zu fahren und bot ihnen nicht auch noch »ein letztes

Glas zum Abschied« an). Diese Anstrengungen gilt es noch durch Alkoholkontrollen zu verstärken, deren gesetzliche Einführung sich in den USA
allerdings weitaus schwieriger gestaltet und deren Anwendung viel nach-
lässiger gehandhabt wird als im Falle der Anti-Raucher-Gesetze, weil sich
die sozialmoralische Infrastruktur der Gesellschaft noch nicht entsprechend gewandelt hat. (Die Öffentlichkeit scheint zwar über betrunkene
Autofahrer weitaus erzürnter zu sein als über Raucher, zeigt aber dennoch
weniger Bereitschaft, Alkoholkontrollen zu akzeptieren, als Anti-Raucher
Vorschriften hinzunehmen. Es ist nicht recht klar, warum Alkoholkontrollen über ein solches Legitimitätsdefizit verfügen, aber es geht wohl um die
starke Ablehnung des Polizeieinsatzes bei solchen Kontrollen. Anti-Rau-
cher-Zonen werden ja in der Regel von Restaurantbesitzern, Arbeitgebern
oder Mitbürgern eingerichtet.) Kurz, das Recht kratzt die Reste vom Teller,
nachdem der moralische Wandel die Hauptbrocken zu sich genommen hat;
und ebenso stellt das Recht eine wesentliche Stütze der moralischen Ordnung dar und verhindert ein Zerbrechen dieser Ordnung, indem es sich mit
jenen befaßt, die sich nicht an die Stimme der Moral halten.

Eine vergleichende Perspektive

In Anbetracht der vorausgegangenen Diskussion über die Rolle des Rechts
könnte sich die Frage ergeben: Warum hält man Gesellschaften für besonders kommunitär, deren soziale Ordnung im Vergleich zu den Vereinigten
Staaten stärker auf Gesetze zurückgreift?[32] Tatsächlich gibt es eine lange
Liste spezifischer Verhaltensweisen, die in solchen Gesellschaften durch
das Gesetz geregelt werden, Verhaltensweisen, von denen sich Amerikaner
nur schwer vorstellen können, daß sie gesetzlichen oder staatlichen Bestimmungen unterliegen könnten. In Frankreich werden die Lehrpläne
aller öffentlichen Schulen von einer zentralen Regierungseinrichtung in
Paris bis in die Feinheiten hinein überwacht. In Deutschland gibt es technisch gut ausgerüstete Autos, deren Aufgabe einzig darin besteht, zu über-
wachen, ob die privaten Haushalte die Gebühren für die staatlichen Rund-
funk- und Fernsehanstalten bezahlt haben. (Das Fernsehen sendet zum
Aufspüren solcher Fälle bestimmte elektronische Signale aus). In England
werden Gebete an öffentlichen Schulen zur Pflicht gemacht. In Deutschland wiederum hängen in vielen öffentlichen Schulen Kruzifixe an den

Wänden. In vielen westlichen Gesellschaften gibt es strenge Gesetze, die den Inhalt der Fernsehprogramme für Kinder regeln. Die Trennung von Staat und Kirche ist in Skandinavien unbekannt, wo die lutherische Kirche durch Steuern finanziert wird und der Staat Bischöfe ernennt.

Daß man diese Gesellschaften ungeachtet ihres starken Vertrauens auf Gesetze dennoch kommunitär nennen kann, liegt daran, daß diese Gesetze die moralischen Verpflichtungen dieser Gesellschaften *wiederspiegeln* und nicht von ihnen *abweichen*. Vor diesem Hintergrund könnte man also sagen: Gesetz ist nicht gleich Gesetz. Gesetze, die tatsächlich einen Zwangscharakter haben, stehen in Konflikt mit den Werten der Bevölkerung, wie es etwa bei sowjetischen Gesetzen der Fall war, die die Ausübung der Religion unter Strafe stellten. Solche Gesetze mindern die kommunitäre Natur der sozialen Ordnung (obwohl, um es zu wiederholen, alle Gesellschaften in gewissem Umfang solche Maßnahmen ergreifen.) Wenn allerdings die Mehrzahl der Gesetze den moralischen Werten einer Gemeinschaft oder Gesellschaft folgt, haben solche Gesetze weitaus weniger Zwangscharakter, und wer sich auf sie stützt, tut dies viel eher aus Überzeugung. Diese Nähe könnte sich empirisch in einem geringeren Anteil an Menschen niederschlagen, die solchermaßen moralisch gedeckte Gesetze brechen. Kurz, während man in einer ersten Annäherung an das kommunitaristische Paradigma sagen kann, daß eine Gesellschaft vor allem dann kommunitär ist, wenn sie sich wenig auf Gesetze und viel auf Werte stützt, müßte eine umfassende Bewertung davon ausgehen, daß eine kommunitäre Gesellschaft sich vor allem auf Gesetze mit moralischer Rückendeckung stützen muß und nicht so sehr auf Gesetze, die gewissermaßen moralisch nackt sind.

Folgerungen für die gesellschaftliche und politische Praxis

Die Pflege von Gemeinschaften

Die Politik vermag Gemeinschaften zu fördern und zu pflegen, indem sie sicherstellt, daß der Staat keine Kompetenzen an sich reißt, die den Gemeinschaften vorbehalten bleiben sollten. Die Kritik der Individuali-

sten an exzessiven staatlichen Eingriffen in die Wirtschaft trifft ebenso auf
Gemeinschaften zu. In den Gesellschaften, in denen der Wohlfahrtsstaat
viele der Aufgaben übernommen hat, die früher den Gemeinschaften vorbehalten waren, hat dies zu einer Schwächung der Gemeinschaften
geführt. Deshalb müssen einige Funktionen zurück in die Hände der
Gemeinschaften gelegt werden, wenn diese erneuert werden sollen. In
Dänemark hat man das versucht, indem man etwa den Kommunen zuge-
stand, über die Verwendung ihres Bildungsetats (im Rahmen staatlicher
Richtlinien) selbst zu entscheiden statt der dänischen Tradition zu folgen,
die die strenge Kontrolle örtlicher Schulen in die Hände zentralstaatlicher
Autoritäten legte. In den Vereinigten Staaten hat der Rückgang staatli-
cher Dienstleistungen die Aktivität der Gemeinschaften enorm gesteigert.
Beispielsweise wuchs in der Folge des Rückgangs staatlicher Dienstleistungen in New York City die Zahl organisierter Gruppen von 3.500 im
Jahre 1977 auf 8.000 im Jahre 1995.[33]

Zu den Aufgaben, die der Staat ganz oder teilweise den verschiedenen
Gemeinschaftsorganisationen überlassen hat und deren Übernahme auch
andere Gemeinschaften erwägen könnten, gehören: die Feuerwehr (1994
waren 75,2 Prozent aller Feuerwehrleute in den Vereinigten Staaten Freiwillige); die öffentliche Sicherheit (durch nachbarschaftlich organisierte
Verbrechens- und Drogenbekämpfung – das sogenannte *crime watch*);
gegenseitige Hilfsmaßnahmen (bei denen etwa Freiwillige als Techniker
im medizinischen Notdienst tätig sind); die Bildung von Kreditgenossen-
schaften, Mietervereinigungen, örtlichen Gesangsvereinen und Musik-
gruppen; die Schaffung öffentlicher Parkanlagen; die Unterstützung der
örtlichen Schulen.[34]

In den meisten Fällen decken die Gemeinschaften nur einen Teil der
staatlichen und privaten Aufgaben ab und ersetzen sie folglich nicht.
Gleichwohl genügt die Zunahme solcher Gemeinschaftsinitiativen, um
die öffentlichen Kosten zu senken. Darüber hinaus sind gemeinschaftliche
Dienstleistungen (ob sie sich nun vollständig auf Freiwilligkeit oder teilweise auf Spenden oder öffentliche Gelder stützen) mehr auf die individuellen Bedürfnisse vor Ort zugeschnitten, sind von humanerem Charakter und weniger anfällig für übertriebene Ansprüche. Außerdem stärken
solche Gemeinschaftsaktivitäten das Netz zwischenmenschlicher Bindungen, die eines der zwei Kernelemente von Gemeinschaften darstellen.
Diese Bindungen führen wiederum, wie herausgefunden wurde, zu einem

längeren, gesünderen und glücklicheren Leben.[35] Daher hat die Pflege gemeinschaftlicher Initiativen – vom gemeinsamen Säubern der Parkanlagen bis hin zur Begleitung der Schulkinder auf ihrem Schulweg – den willkommenen Nebeneffekt, die Bindungen unter den Mitgliedern einer Gemeinschaft zu stärken.[36]

Obwohl Gemeinschaften nur einen Teil der staatlichen Funktionen übernehmen können[37] – besonders für diejenigen, die arm sind – gewinnen die meisten Gemeinschaften an Kraft und werden immer fähiger, auf die Bedürfnisse ihrer Mitglieder einzugehen, je mehr sie eine solche Übernahme anstreben. Was für viele Sportler gilt, gilt also auch für Gemeinschaften: nur durch beständiges Üben kommen sie weiter. Diesen Punkt haben vor allem jene betont, die sich sowohl theoretisch als auch praktisch mit Gemeinschaften und ihrem Funktionieren auseinandergesetzt haben.[38]

Gesetzlicher Schutz und Zwang

Obgleich es bereits einige Gesetze zum Schutz kommunitärer Aktivitäten gibt, gilt es, noch einige zusätzliche einzufordern. In allen amerikanischen Bundesstaaten gibt es Gesetze, die einen Arzt, der bei einem Notfall einer verletzten Person zu Hilfe eilt, rechtlich absichern. Seit 1983 gibt es in 38 Bundesstaaten Gesetze, die allen eventuellen Rettern Immunität gegenüber zivilrechtlichen Haftungsansprüchen gewähren. In fünf Bundesstaaten gibt es eine gesetzliche Pflicht zur Hilfeleistung. Jeder, der sich einer zumutbaren Hilfeleistung verweigert, erhält von der Polizei eine Vorladung oder sieht sich mit anderen Formen gesetzlicher Strafandrohungen konfrontiert.[39] In Europa sind solche Gesetze allgemein üblich. Diese Gesetze machen es beispielsweise zur Pflicht, nach Hilfe zu rufen, wenn man einen verunglückten Motorradfahrer sieht oder Zeuge eines tätlichen Angriffs auf eine andere Person wird. Es gibt auch schon den diskussionswürdigen Vorschlag, Gastgeber (Privatpersonen wie auch Gastwirte) Strafe anzudrohen, wenn sie bereits angetrunkenen Gästen, die noch Auto fahren wollen, weiteren Alkohol ausschenken.

Umgekehrt sind wohl zusätzliche rechtliche Sicherheiten für die Gründer von Mieter- und anderen sozialen Vereinigungen nötig.[40]

Finanzielle Unterstützung für religiöse und nicht-religiöse Gruppen

Es gibt eine ganze Liste von Gesetzesvorschlägen, um denjenigen Gemeinschaften, die bislang vom Staat geleistete Aufgaben übernehmen wollen, eine Starthilfe zur Verfügung zu stellen. Zu diesen Gesetzen gehören: Eine finanzielle Unterstützung für kommunale Organisationen, die in Kooperation mit der Polizei Verbrechensbekämpfung betreiben; Gutscheine, die Frauen in privaten oder religiösen Entbindungsheimen einlösen können; Zusätzliche Befugnisse für das Wohnungs- und Stadtentwicklungsministerium, um unbewohnte Einfamilienhäuser der Verfügungsgewalt lokaler Verwaltungen zu unterstellen, die dann diesen Besitz an kommunale Entwicklungsgesellschaften weiter veräußern sollen. Der Senator Dan Coats fordert auch eine Steuervergünstigung von 500 Dollar für Spenden an Wohltätigkeitsorganisationen, die sich der Armutsbekämpfung gewidmet haben. Schließlich demonstrative Zuwendungen an Glaubensgemeinschaften, die es sich zur Aufgabe gemacht haben, Wohlfahrtsempfängern und Kleinkriminellen zu helfen.[41]

In diesem Zusammenhang gibt es zwei Probleme, die getrennt zu behandeln sind. Das erste hat mit der Frage zu tun, ob der Staat auch mit nur sehr geringen Zuschüssen in der Lage ist, Gemeinschaften zu reaktivieren. Ich meine, solche Zuwendungen haben zwar einen begrenzten, aber sehr positiven symbolischen Effekt. Das zweite betrifft die Frage nach den Auswirkungen auf das Prinzip der Trennung von Staat und Kirche, wenn religiöse Organisationen in den Genuß staatlicher Zuwendungen kommen. Die Erfahrungen mit öffentlichen Geldern für kirchliche Krankenhäuser zeigen allerdings, daß derartige Bedenken weit übertrieben sind. Im Jahr 1994 erhielten lutherische Sozialdienste 54 Prozent ihres Einkommens aus staatlichen Quellen; katholische Wohlfahrtsorganisationen erhielten 62 Prozent und jüdische Verbände 59 Prozent. Andere Gesellschaften allerdings (in Europa, aber auch Israel oder Argentinien), in denen Staat und Kirche weit enger miteinander verbunden sind, müßten sich eher in die entgegengesetzte Richtung bewegen, wenn sie kommunitäre Initiativen unterstützen wollten.

Mehr Aufgaben für die Gemeinschaften

Gemeinschaften können – vor allem wenn sie schwach sind oder es ihnen an Ressourcen mangelt – mit Aufgaben überfordert werden und bedürfen der Unterstützung von außen, entweder durch besser ausgestattete

Gemeinschaften oder durch die Gesellschaft, deren Teil sie sind. Allerdings können solche Zuwendungen auf eine Art und Weise erfolgen, die die Gemeinschaften eher stärkt als untergräbt. Dazu müssen öffentliche Gelder an Freiwilligenverbände und andere Gemeinschaftseinrichtungen weitergeleitet werden, nicht aber an staatliche Einrichtungen.

Eine ganze Reihe höchst erfolgreicher kommunaler Programme sind früher durch Bundesbehörden gekippt worden, die Pauschalsubventionen an die Bundesstaaten bevorzugten. Zu den aufgegebenen Programmen gehörten nachbarschaftlich organisierte Wohnprojekte, die vom Wohnungs- und Stadtentwicklungsministerium finanziert wurden, sowie Verbrechensbekämpfungsprogramme, bei denen lediglich die örtlichen Organisatoren vom Bundesjustizministerium bezahlt wurden. Die restlichen Aufgaben, wie Kontroll- und Überwachungsaufgaben und die Kenntlichmachung privaten Eigentums (meist durch die Sozialversicherungsnummer des Eigentümers), wurde von den Mitgliedern der lokalen Gemeinschaften selbst übernommen. Solche Programme sollte man erweitern. Andere Programme könnten an Kommunen und Gemeinschaften unter Vorgabe nationaler Richtlinien weitergegeben werden. Lokale Nonprofit-Organisationen sind gut dafür geeignet, gemeinnützige Arbeiten für Sozialhilfeempfänger und Arbeitslose zu entwickeln (vgl. Rifkin 1995). Programme, die zum Ziel haben, die Zahl der Schwangerschaften bei Minderjährigen einzudämmen, sollten in den lokalen Schulen angeboten werden, vorzugsweise in Kooperation mit den Krankenhäusern. Eine Stärkung bürgernaher Polizeidienste ist gut, wenn die Kommunen und Gemeinschaften auch tatsächlich beteiligt werden. Freiwillige Recycling-Programme gehören nicht zum Aufgabenbereich des Staates, sondern zu dem der Kommunen. Eine zunehmende Beteiligung der Eltern an Bildungsfragen geschieht am besten auf wohnortgebundener nachbarschaftlicher Ebene. Und gleiches gilt für viele weitere soziale Aufgaben.

Lokale Institutionen als Mittelpunkt der Gemeinschaft

Lokale Institutionen, vor allem öffentliche Schulen, aber auch Postämter, Bibliotheken und Krankenhäuser, stiften oftmals eine Gemeinschaftsidentität und dienen der Durchführung von Versammlungen und öffentlichen Veranstaltungen. Die Tendenz, lokale Institutionen aus Gründen der Effizienz auf regionaler Ebene zusammenzuschließen, kann nicht vermieden werden, aber vor dem Vollzug solcher Fusionen sollte man sämtliche Kosten in Rechnung stellen, einschließlich des möglichen Schadens für den sozialen Zusammenhalt lokaler Gemeinschaften. Dies läßt viele, wenn auch nicht alle dieser Fusionen bereits aus reinen Kostengesichtspunkten wenig attraktiv erscheinen.

Der Schutz öffentlicher Räume

Öffentliche Räume wie Marktplätze, Bürgersteige, Parkanlagen und Spielplätze ermöglichen es den Mitgliedern einer Gemeinschaft, sich zu begegnen und zu unterhalten; sie haben prägenden Einfluß und bieten Raum für die Stimme der Moral. Damit diese Orte als Orte der Gemeinschaft dienen können, müssen sie sicher sein und dürfen nicht von Drogendealern, aufdringlichen Bettlern, Straßenbanden oder irgendwelchen anderen Gruppen in Beschlag genommen werden. Man muß diesen Gruppen andere Möglichkeiten bieten und sollte nicht die Rechte einiger weniger Bürger über die aller anderen und über die Bedürfnisse der Gemeinschaft stellen. Obdachlosen sollte es verboten sein, öffentliche Plätze in Beschlag zu nehmen, aber gleichzeitig müssen ihnen anderweitig Zufluchtsorte angeboten werden. (Wenn sie diese anderen Zufluchtsorte ablehnen, vorausgesetzt es handelt sich um sichere und saubere Unterkünfte, sollte man ihnen den Aufenthalt in öffentlichen Parkanlagen verbieten können.) Drogendealern und den Mitgliedern von Straßenbanden sollten Rehabilitationsprogramme angeboten werden. Die Einführung von Überwachungskameras an Orten, die als öffentliche Räume angesehen werden, kann ebenfalls hilfreich sein. Wie auch immer, öffentliche Plätze und Räume müssen für die Gemeinschaft zugänglich bleiben, ohne daß deshalb die speziellen Bedürfnisse bestimmter Gruppen übergangen werden dürfen.

Kommunale Gerichte

Kommunale Gerichte können eine Alternative zum offiziellen Justizsystem darstellen, wenn es um Wiedergutmachungen und Rehabilitationen geht. In Manhattan gibt es etwa im Times Square District ein dreijähriges Pilotprojekt mit einem solchen Gericht. Dieses Gericht ist zuständig für Drogenabhängige, Prostituierte, unerlaubten Straßenhandel, aufdringliche Bettler, Schwarzfahrer, Hausierer mit gefälschten Waren, Ladendiebe, Vandalismus und für sonstige Kleinkriminelle, die die Nutzung öffentlicher Orte beeinträchtigten. Das Gericht kann den Angeklagten zur Auflage machen, an Drogen- und Alkoholtherapieprogrammen teilzunehmen, Arbeitsberatungsstellen aufzusuchen und gemeinnützige Dienstleistungen auszuführen. Wenn zum Beispiel jemand wegen Vandalismus vor Gericht steht, wird er meistens dazu verurteilt, Graffiti und andere Schmierereien von den Mauern und Gebäuden der Gegend zu entfernen.

Eine bürgernahe Polizei

Durch die Verstärkung der Fußstreifen in den Wohnvierteln und durch eine Umstellung von reagierenden zu vorbeugenden Maßnahmen ist es gelungen, die Polizei wieder stärker in die Gemeinden zu integrieren. Wenn aber die bürgernahe Polizei wirklich erfolgreich sein will, dann ist es oftmals notwendig, die Zusammensetzung der Polizeikräfte selbst zu verändern. Unter den Polizisten müssen mehr Menschen sein, die die Sprache ihrer Nachbarn sprechen. Auch muß die Einstellung der Polizisten gegenüber Menschen mit anderen kulturellen oder sozialen Hintergründen verbessert werden. Um die erhofften Erfolge zu erzielen, ist es aber vor allem notwendig, daß die Gemeinde beständig an den Gesprächen beteiligt ist, in denen die Prioritäten der Polizeiarbeit festgelegt werden.[42]

Stadtplanung

Mehrere Städteplaner haben Entwürfe für Wohnviertel vorgelegt, die wieder stärker gemeinschaftsorientiert sind. Grundsätzlich habe man, so sagen sie, die Gewerbebetriebe aufgrund ihrer umweltbelastenden Emissionen weit entfernt von den Wohngegenden angesiedelt. Heute, da die meisten Unternehmen mit Computern arbeiten, sollten sich die Arbeitsplätze (und Geschäfte) in Laufweite der heimischen Wohnung befinden. Dies würde es ermöglichen, schmale Straßen, weit ausladende Bürgersteige und der Straße zugewandte Terassen vor den Häusern zu bauen und zugleich den Autoverkehr zu reduzieren, alles Maßnahmen, die das Gemeinschaftsgefühl steigern. Einige Städte sind bereits nach diesen Vorstellungen gebaut worden. Obwohl diese besondere Art der Gestaltung nicht unbedingt *das* kommunitäre Muster abgeben muß, gibt es doch deutliche Anzeichen dafür, daß die Gestalt der Wohnviertel oder gar ganzer Orte einen entscheidenden Einfluß auf ihren kommunitären Charakter hat. Der Einsatz von Barrieren, Kontrollstellen und Schranken ist bedenklich und sollte nur geduldet werden, so lange polizeilich oder kommunal organisierte Maßnahmen nicht ausreichen (wie in vielen amerikanischen Städten), um Leib und Leben der Bürger zu schützen.

Abgestufte Reaktionen

Der Umfang, in dem eine Gemeinde Rehabilitationsmaßnahmen für Drogenabhängige, Alkoholiker und Straftäter bereitstellen kann oder sollte, ist seit langer Zeit ein Zankapfel zwischen Sozialliberalen und Sozialkonservativen. Wie wir gesehen haben neigen erstere dazu, Rehabilitation (und Prävention) in den Vordergrund zu stellen, während letztere eher für Strafmaßnahmen votieren. Doch denkbar sind auch abgestufte Reaktionen, so daß diejenigen, die polizeilich zum ersten Mal aufgegriffen werden, volle Rehabilitationsmöglichkeiten erhalten, die sie allerdings auch, bei Androhung einer Gefängnisstrafe, annehmen und nutzen müssen. Wiederholungstäter würde man härter bestrafen, aber auch ihnen stünden noch Rehabilitationsprogramme offen. Doch wenn sie auch dann immer wieder rückfällig werden, wird schließlich der Punkt erreicht, an dem der Täter nicht länger auf öffentliche Kosten rehabilitiert werden sollte. Ähnlich könnte man mit der Möglichkeit verfahren, gemeinnützige Dienste als »milde« Form der Bestrafung einzusetzen: Kleinkriminellen Ersttätern würde man eine solche Form der Bestrafung eher zukommen lassen als gefährlichen Wiederholungstätern.

Alternative Konfliktlösungsstrategien

Sehr viel ist über Sinn und Unsinn sogenannter alternativer Konfliktlösungsstrategien geschrieben worden. Sie sind eindeutig kostengünstiger und lassen in der Regel alle Parteien versöhnter zurück, als dies nach gerichtlichen Auseinandersetzungen der Fall ist, bei denen es nur Sieger und Besiegte gibt. In diesem Sinne sind alternative Konfliktlösungsstrate-

gien zutiefst kommunitär. Allerdings wird weit seltener bemerkt, daß
diese Strategien zu einer Bevorzugung der stärkeren Partei neigen, da
es der dritten beteiligten Partei oftmals eher darum geht, eine friedliche
oder annehmbare als eine gerechte Lösung zu finden. In Scheidungsfällen
etwa schneidet in der Regel der Mann besser ab. Finanzmakler benutzen
Schlichtungsverfahren, um es ihren unzufriedenen Kunden nahezu unmöglich zu machen, ihren Streitfall zu gewinnen. Wenn diese Konfliktlösungsstrategien also eingesetzt werden, sollten sie in zweierlei Hinsicht
auf Freiwilligkeit beruhen: Den Beteiligten sollte es zum einen erlaubt
sein, das Schlichtungsergebnis vor Gericht anzufechten, sofern sie bereit
sind, dem Gericht dieses Ergebnis mitzuteilen, zum anderen sollten diese
alternativen Konfliktlösungsstrategien nur eine Option unter anderen
sein.

Rechtsanwälte sollten (enger) an die Gerichte gebunden werden

Folgenden hypothetischen Fall legte ich mehreren Rechtsexperten zur
Beurteilung vor: Acht Frauen klagen einen Arzt an, er habe sie an einen
Draht angeschlossen, der jede weitere Bewegung gefährlich mache und sie
dann sexuell belästigt. Die Verteidigung argumentiert, daß die Frauen
sich die ganze Sache nur ausgedacht hätten, um gemeinschaftlich Geld
von dem Arzt erpressen zu können. Nicht der kleinste Beweis wird zur
Stützung dieses Arguments vorgebracht. Nun stelle man sich aber vor,
daß die Verteidigung ihr Argument frei erfunden hat: sollte dies erlaubt
sein?

Alle Befragten antworteten, daß der Anwalt einzig seinem Mandanten
gegenüber verpflichtet sei. George E. Bushnell Jr., seinerzeit Präsident der
Amerikanischen Anwaltschaftsvereinigung, formuliert es überdeutlich:
»Auch wenn Ihr Bericht über die Verteidigungsstrategie in diesem Falle
auf den ersten Blick unverantwortlich erscheint, stimme ich nicht überein,
daß die Rechte des Angeklagten in irgendeiner Weise verändert oder
modifiziert werden sollten. Im Gegenteil, es ist meine feste Überzeugung,
daß *einzig und allein* der volle Schutz der Rechte des Angeklagten der
gesamten Gemeinschaft dient. Denn allein, indem wir die Rechte des
Schwächsten unter uns betonen, können die Rechte aller, die Rechte der
gesamten Gemeinschaft bewahrt werden.«[43]

Es ist eine geläufige Vorstellung, Anwälte würden natürlich Dinge von sich geben, die »nichts mit der Wahrheit zu tun« haben, weil es ihnen ja allein darum geht, alles ihren Mandanten Entlastende vorzubringen. Es ist so, als würde man sich an einen Pokertisch setzen: man sollte davon ausgehen, daß die andere Seite blufft.

Aber Gerichte sind keine Spielsalons. Die moralische Ordnung wird untergraben, wenn das Schicksal des eigenen Lebens, der Freiheit und des Besitzes davon abhängt, wer das Spiel besser (oder mit mehr Einsatz) zu spielen versteht. Der Gerechtigkeit ist nicht gedient, wenn beide Seiten vor Gericht um ihren vollen Einsatz spielen. Gibt es Möglichkeiten, die juristische Streitkultur zu bewahren, gleichzeitig aber die Anwälte an ihre Pflichten gegenüber dem Gericht, mithin gegenüber der Gemeinschaft zu gemahnen?

Tatsächlich gibt es bereits mehrere Regelungen und einen juristischen Berufskodex, die die Anwälte an die Interessen der Gemeinschaft binden. Wenn beispielsweise ein Anwalt weiß, daß sein Mandant beabsichtigt, einen Meineid zu leisten, ist er verpflichtet, seinen Mandanten daran zu hindern oder das Gericht davon in Kenntnis zu setzen.[44] Ähnlich entschied der Oberste Gerichtshof der Vereinigten Staaten, daß Anwälte ihre Mandanten nicht dazu bringen dürfen, Angaben zu machen, von denen auch der Anwalt weiß, daß sie falsch sind. Ferner darf die Verteidigung mittlerweile nicht mehr jeden Aspekt aus der sexuellen Vorgeschichte eines Vergewaltigungsopfers zur Sprache bringen. Warum sollte man diese Regelungen nicht im Interesse der Gemeinschaft und der Gerechtigkeit verschärfen?

So könnte man zum Beispiel Anwälten verbieten, auf »nicht schuldig« zu plädieren, wenn sie wissen, daß ihr Mandant schuldig gesprochen würde, vorausgesetzt das Gericht oder die Geschworenen verfügten über alle dem Anwalt bekannten Fakten; oder man verbietet den Anwälten, die Glaubwürdigkeit der Gegenseite infrage zu stellen, wenn sie um die Wahrheit der Aussagen wissen, die von der Gegenseite vorgetragen werden.

Es könnte höchst nützlich sein, die Richter zu einem etwas aktiveren Verhalten zu ermutigen. Um das System der Rechtsprechung zu verbessern, könnten Anwälte, die ihre Pflicht vernachlässigen, während der Gerichtsverhandlung ermahnt werden, man könne sie auch nach dem Verfahren maßregeln oder schriftliche Bemerkungen in den Urteilstext einfügen.

Politische Implikationen des Verhältnisses zwischen Recht und moralischer Ordnung

Der bislang vorgestellte Katalog politischer Maßnahmen sei wie folgt zusammengefaßt:

1. Intensive moralische Dialoge und eine öffentliche Aufklärung *gehen* im günstigsten Fall bedeutsamen Gesetzesänderungen *voraus*, sofern keine oder eine nur ungenügende Unterstützung für die beabsichtigten Änderungen vorhanden ist.
2. Man kann davon ausgehen, daß moralische Dialoge *langwierig, vertrackt* und *kostspielig* sind.
3. Solche Dialoge folgen vermutlich den von Yankelovich vorgeschlagenen Phasen, beginnend mit dem *Erwachen des Bewußtseins*, gefolgt vom *Durcharbeiten* bis hin zur *Auflösung*. Die Schwierigkeit, für anvisierte Gesetzesänderungen eine breite Unterstützung durch die Stimme der Moral zu erhalten, ist viel geringer, wenn sich erhebliche Teile der Öffentlichkeit bereits in Phase 2 (ganz zu schweigen von Phase 3) befinden; die Schwierigkeit ist erheblich größer, wenn Phase 1 gerade eingesetzt hat. Während der ersten Phase Gesetze zu erlassen, verstößt in besonderem Maße gegen den kommunitaristischen Geist.
4. *Die Stimme der Moral an sich genügt nicht, um alle Verhaltensbereiche zu kontrollieren*, einschließlich der privaten Bereiche, in denen Eltern ihre Kinder erziehen oder in denen das Sexualverhalten sich ausprägt. Selbst in einer sehr kommunitären Gesellschaft sind einige Gesetze vonnöten. (Das mußten etwa israelische Kibbuzim zu ihrem eigenen Bedauern feststellen, als sie sich gezwungen sahen, zur Aufklärung von Mordfällen in den eigenen Reihen die Polizei hinzuzuziehen. Sie verfügten über keine eigenen Polizeikräfte.)
5. Vorschläge zur Änderung eines Gesetzes sind selbst Teil des moralischen Dialogs. Initiativen zur Einführung eines neuen oder Modifizierung eines bestehenden Gesetzes tragen oft dazu bei, den moralischen Dialog zu straffen und auf ein bestimmtes Thema zu konzentrieren. Die Gesetze sind schließlich auch Träger von Werten, nicht nur Mittel der Abschreckung gegenüber einem Verhalten, das mit den Normen der Gesellschaft bricht. Deshalb ist es von entscheidender Bedeutung,

daß gesetzliche Bestimmungen nicht bloß Ausdruck ökonomischer Erwägungen sind, sondern ebenso die Werte einer Gemeinschaft widerspiegeln.

6. Welche Rolle die Stimme der Moral spielen kann, mag man am Beispiel der zurückgehenden Organgspenden illustrieren, ein Rückgang, der jährlich tausenden von Menschen das Leben kostet und für viele andere Menschen eine Minderung ihrer Lebensqualität nach sich zieht. Einige Individualisten rufen nach einer Bezahlung der Organspender, andere sprechen sich dafür aus, weiterhin auf den guten Willen zu setzen. Überzeugte Sozialkonservative würden gerne Gesetze erlassen, die Organspenden verpflichtend machen. Kommunitaristen hingegen würden versuchen, eine Haltung zu fördern, derzufolge das Spenden eines Organs als Teil der eigenen moralischen Pflicht empfunden würde; anstatt die Menschen zu fragen, ob sie bereit wären, ihre Organe zu spenden, sollte man sie (oder ihre Familienmitglieder) bei Einweisungen ins Krankenhaus an diese moralische Pflicht erinnern. Sollten sie eine Spende ablehnen, könnten sie dies schlicht durch Ausfüllen eines entsprechenden Formulars kundtun. Auch sollte es in Krankenhäusern keine HIV-Zwangstests geben; vielmehr sollten die Ärzte Risikopatienten um einen freiwilligen HIV-Test bitten (da sie ohnehin das Blut dieser Patienten überprüfen). Ist der Patient infiziert, sollte ihm das Ergebnis am besten im Verlaufe einer Beratung mitgeteilt werden, in deren Rahmen auch der Erwartung Ausdruck verliehen wird, daß die betreffende Person vorherige und zukünftige Partner über das Ergebnis in Kenntnis setzen möge.

Die Implikationen der menschlichen Natur

Die Debatte über die menschliche Natur

In dem Bemühen, eine gute Gesellschaft zu schaffen und zu bewahren, spielen unweigerlich Annahmen über die menschliche Natur eine bedeutende Rolle. Geht man beispielsweise davon aus, daß die menschliche Natur – etwa im Sinne Rousseaus – von Geburt an gutartig ist, würde das zur Ablehnung gesellschaftlicher Programme führen, die diese gute Natur des Menschen nicht zur Entfaltung kommen lassen. Geht man hingegen – in Übereinstimmung mit dem hl. Augustinus – davon aus, daß der Mensch von Natur aus schlecht oder sündig ist, bedürfte es starker sozialer Institutionen und eines energischen Staates, um die menschliche Natur unter Kontrolle zu halten. Geht man davon aus, daß der Mensch von Natur aus halb Bestie, halb Gott ist, stellt sich die Frage, unter welchen Umständen sich die bessere Hälfte am ehesten entwickeln kann, ein Problem, mit dem sich Aristoteles auseinandergesetzt hat. Ganz bewußt beruft man sich in der Frage nach der Natur des Menschen zumeist eher auf Annahmen als auf Tatsachen, weil man weitgehend darin übereinstimmt, daß es sehr schwer ist, in diesem Zusammenhang von Tatsachen zu sprechen. Nichtsdestoweniger verdienen diese Annahmen unsere Aufmerksamkeit, denn sie haben beträchtliche Auswirkungen auf unser Denken, unsere Paradigmen und auf die Politik.

Ich beziehe mich auf eine universale menschliche Natur, um hervorzuheben, daß ich mich strikt mit denjenigen Grundzügen der menschlichen Natur beschäftige, von denen man annimmt, daß sie allen Menschen zu eigen sind, Grundzüge, die durch biologische Bedürfnisse, die Mensch und Tier miteinander gemein haben, geformt werden (beispielsweise das Bedürfnis nach Nahrung) und die das Ergebnis universaler »Sozialisationserfahrungen« sind (so legt die notwendige Pflege der Kinder durch Erwachsene zugleich den Grundstein für alle weiteren Bindungen). Der hier entwickelte Ansatz steht daher in direktem Widerspruch zu anderen Ansätzen, die sich darauf konzentrieren, aus *Einzelheiten* der menschlichen Natur, wie etwa den Unterschieden in der genetischen Zusammensetzung, Schlußfolgerungen zu ziehen.[1] Um es anders auszudrücken, ich stimme mit jenen überein, die erkannt haben, daß wir alle Kinder Gottes sind; zu glauben, daß es höher- und minderwertige Menschen gibt, deren Zustand durch unveränderliche Faktoren bedingt ist, halte ich hingegen für eine im Kern rassistische Einstellung.

Im folgenden möchte ich zwei Grundannahmen über die menschliche Natur diskutieren, die in der Vergangenheit eine wichtige Rolle gespielt haben; diese Diskussion liefert den Kontext für diejenigen Vorstellungen, die einem kommunitaristischen Paradigma am ehesten entsprechen. Ich kann nicht genügend betonen, daß es nicht meine Absicht ist, jene uralte, komplexe Debatte über die Natur des Menschen an dieser Stelle aufzuarbeiten.[2] Mein begrenztes Ziel ist es, eine Position zu skizzieren, die das kommunitaristische Nachdenken über die gute Gesellschaft untermauern oder zumindest befruchten kann.

Der anthropologische Optimismus

Die Vorstellung, daß der Mensch von Natur aus gut und vervollkommnungsfähig ist, bildet das Herzstück der aufklärerischen Weltanschauung. Individualisten bevorzugen vielfach diese zuversichtliche Sichtweise. Sie glauben an den Fortschritt; sie gehen davon aus, daß Vernunft, Wissenschaft und Technik (einschließlich bestimmter Sozialtechniken) das Zusammenleben der Menschen und den Menschen selbst unbegrenzt verbessern, wenn nicht gar perfektionieren können.

Zwei große politische Richtungen, die in vielen Gesellschaften Anklang finden, sind durch diese optimistische Vision bestimmt. Eine steht in Verbindung mit den Individualisten, die annehmen, daß zahlreiche, weit verbreitete soziale Mängel aufgrund staatlicher Interventionen entstanden sind und zu einem pervertierten Verhalten geführt haben. Würden diese Interventionen erst einmal zurückgeschraubt, so daß die Menschen befreit den natürlichen Kräften des Wettbewerbs (oder des

Markts) gegenüberstünden, dann hätte ihr unsoziales Verhalten ein Ende, und es könnte ein Verhalten zum Vorschein kommen, das Ausdruck ihrer im Prinzip guten Natur wäre.

In den vergangenen Jahren ist diese Sichtweise oft in Diskussionen über staatliche Wohlfahrtsleistungen laut geworden, von denen man sagte, sie verursachten »Abhängigkeiten«. Die Menschen würden erst dann zu ihrem von Natur aus guten Verhalten zurückkehren, wenn ihre Abhängigkeit vom Staat ein Ende fände. Einige Individualisten behaupten, daß sogar Verbrechen aus Leidenschaft, Vergewaltigung und Mord nur auf falsche, triebbedingte Reflexe zurückzuführen seien; im Grunde unterscheide sich ein Verbrecher seiner Natur nach nicht von einem Metzger, einem Bäcker oder Kerzenmacher; auch ein Verbrecher sei wesensmäßig gut oder doch zumindest vernunftbegabt und von Natur aus sozial.[3]

Die optimistischen Annahmen über die Natur des Menschen sind nicht bloß von ontologischem Gewicht; sie spielen auch im Zusammenhang mit normativen Schlußfolgerungen eine Rolle. Das wird durch die Tatsache unterstrichen, daß diese Sichtweise der universalen Natur, die in der neoklassischen Ökonomie vorherrscht, zu der normativen Vorstellung von der *Souveränität* des Konsumenten führt. Neoklassische Ökonomen gehen in der Regel davon aus, daß individuelle Entscheidungen nicht in Zweifel zu ziehen seien (sie sollten nicht zur »Debatte« stehen, wie es die Nobelpreisträger Gary Becker und George Stigler formulieren)[4] und daß sie – in ihrer Summe – das Wirtschaftsleben bestimmen.

Auch einfache Demokratietheorien gehen von einer informierten Bürgerschaft aus, deren Mitglieder in der Lage und berechtigt sind, ihre Präferenzen je individuell festzulegen. Die Summe dieser Präferenzen sollte dann die Richtlinien für die Politik liefern. Und die Idee, daß die Rechte der Individuen dem Allgemeinwohl grundsätzlich vorausgehen, stützt sich zum Teil auf die gleiche optimistische Vorstellung von der Natur des Menschen.

Die zweite Variante dieser zuversichtlichen Sichtweise wird für gewöhnlich mit der sozialliberalen Ideologie in Verbindung gebracht. Liberale dieser Couleur neigen zu der Behauptung, daß unsoziales Verhalten weitgehend durch externe Faktoren verursacht wird, allerdings lokalisieren sie diese Faktoren an einer anderen Stelle als die Libertären. Sozialliberale führen persönliches Fehlverhalten eher auf sozioökonomische Benachteiligungen zurück, auf vergangene und gegenwärtige Diskri-

minierung oder auf gewalttätige Eltern; sie glauben nicht an unsoziale
Neigungen der Person, die, auch in ihrer Sicht, von Natur aus gut ist. Deshalb, so argumentieren sie, brauche man nur für angemessene Bedingungen zu sorgen (eine »gute«, »sinnvolle« und angemessen bezahlte Arbeit,
die Karriereaussichten bietet), ihnen Hoffnung, eine gute Bildung,
Ernährung, Berufsausbildung und einige psychotherapeutische Angebote
zu machen, damit »Abweichler« ihr unsoziales Verhalten aufgeben und
zu guten Mitgliedern der Gesellschaft werden.

Liberale Pädagogen, die der optimistischen Sichtweise von der Natur
des Menschen anhängen, meinen, daß Kinder so natürlich lernen wie es
die Enten zum Wasser hinzieht; Pädagogen und Erzieher sollten den Kindern lediglich dabei helfen, ihrer natürlichen Entwicklung zu folgen.
Bereits John Stuart Mill glaubte, daß die »menschliche Natur ... nicht
eine Maschine [sei], nach Modell gebaut und ans Werk gesetzt, um genau
die vorgeschriebene Arbeit zu machen, sondern ein Baum, der wachsen
und sich nach allen Seiten ausbreiten will gemäß dem Gesetz der ihm
innewohnenden Kräfte, die ihn zu einem lebenden Organismus machen.«[5] Wie Gertrud Himmelfarb bemerkt, liegt das Problem einer solch
freien Entwicklung darin, daß Mill »die Freiheit als ein Mittel betrachtet
hat, mit dem die höchsten Gipfel des menschlichen Geistes zu erreichen
sind; er zog nicht ernsthaft genug die Möglichkeit in Betracht, daß der
Mensch seine Freiheit ebensogut dazu nutzen könnte, um in die Tiefen
seiner Niedertracht hinabzusteigen.« (1974, S. 321)

In einer Diskussion über Kinder behauptet Ivan Illich, daß in einer
idealen Welt jeder Schüler einen individuellen Erziehungsweg zurücklegt,
bei dem sich erst im Rückblick »ein Programm erkennen lassen würde.
Ein kluger Schüler würde von Zeit zu Zeit fachmännischen Rat einholen:
Hilfe bei der Festsetzung eines neuen Lernziels, Erläuterung von aufge-
tretenen Schwierigkeiten, die Entscheidung zwischen verschiedenen Methoden. Auch heute würden die meisten Menschen zugeben, daß das
Wichtigste, was ihre Lehrer für sie getan haben, solche Fingerzeige oder
Ratschläge bei zufälligen Begegnungen oder in einer Privatstunde gewesen sind.«[6]

Wenn es um die Bekämpfung des Drogenmißbrauchs geht, legen Sozialliberale das Gewicht häufig eher auf Rehabilitationsmaßnahmen als auf
Bestrafungen, weil sie davon ausgehen, daß die Menschen geheilt werden
können, statt von Natur aus verdorben zu sein.

Vor allem aber zeigt sich der Optimismus in der Idee des Fortschritts, in der Vorstellung eines Zeitalters der Vernunft, auf das wir uns als Individuen und als Gesellschaft lediglich zubewegen müssen, um unser Schicksal zu verbessern. Wir sind keineswegs Geißeln des Schicksals, des Glücks, der Sterne, des Chaos oder des Zufalls, wie es einige weniger optimistische Paradigmen verkünden. Die Wissenschaft vermag Krankheiten zu bannen; Staatsmänner und -frauen können Konflikte lösen; politische Analytiker sind in der Lage, wirkungsvolle Sozialprogramme zu entwickeln. Die Vergangenheit ist dunkel, die Zukunft aber von hellem Glanz. Wir sind voller Fähigkeiten, und die Welt ist eine Auster, die es zu öffnen und zu genießen gilt. Wir sind die Sonne, um die sich die Welt dreht.

Der anthropologische Pessimismus

Sozialkonservative, insbesondere solche autoritären Zuschnitts, zeichnen sich durch eine eher pessimistische Sichtweise der menschlichen Natur aus. Sie betrachten den Menschen als im Kern brutal, impulsiv, irrational oder sündig. Tugenden müssen mit Hilfe von Indoktrination (einer energischen Einpflanzung von Werten) und Kontrollmaßnahmen etabliert werden.

Auch wenn die Religionen in hohem Maße voneinander abweichen, so betrachten doch mehrere bedeutende westliche Religionen den Menschen als grundlegend sündig und im wesentlichen dem Bösen unterlegen, obgleich nicht vollständig von ihm besiegt. Im Katholizismus hat diese Idee mindestens seit Augustinus ihren Ausdruck in der Lehre von der Erbsünde gefunden (das heißt, wir alle haben Teil an der Sünde von Adam und Eva). Protestantische Kirchen stehen in beträchtlichem Maße unter dem Einfluß von Martin Luther und Johannes Calvin. Nach Luther bedarf es der Heilkost von *sola scriptura* und *sola fide* (»allein die Schrift« und »allein der Glaube«), um die Seele, die von der verdorbenen Leiblichkeit des Menschen zur Sünde getrieben wird, zu retten.[7] Calvinisten wiederum gehen davon aus, daß der Mensch vollkommen verdorben ist und einem vorherbestimmten, von ihm nicht beeinflußbaren Schicksal unterliegt. Nur die Auserwählten, die beharrlich ihrem Glauben folgen, können überhaupt auf göttliche Gnade hoffen.[8] Für Baptisten und Evangelikale ist der Menschen zumeist durchdrungen von »totaler Lasterhaftigkeit«.[9] Das Judentum sieht in der Menschheit die Neigung, »ihren Weg zu verlieren«, da sie vom bösen Trieb, dem *yetzer ha-ra*, angetrieben ist, während der *yetzer ha-tov*, der gute Trieb, eine weniger bedeutsame Stellung einnimmt.[10]

Obwohl alle diese religiösen Gruppen für religiöse Indoktrination in der Familie, in ihren Gebets- und Gotteshäusern und in den Schulen eintreten, gehen sie nicht davon aus, daß die Individuen dadurch zu tugendhaften Menschen werden. Im Gegenteil, sie alle teilen die Annahme, daß die Menschen immer sündigen werden – denn ihr natürliches Wesen ist durch Schwachheit gekennzeichnet und, zumindest in gewissem Umfang, verdorben.

Obwohl Sozialkonservative leugnen mögen, ein pessimistisches Menschenbild zu vertreten, verrät sie doch ihr vehementes Eintreten für Strafmaßnahmen. Dies ist vor allem in den letzten Jahren deutlich geworden, als entsprechende Gruppen an politischem Einfluß gewannen, die Unterstützung für Rehabilitations- und Präventionsprogramme zurücknahmen und sich zunehmend für härtere Urteile, weniger Bewährungsstrafen, eine Ausweitung der Todesstrafe und strengere Strafvollzugsbestimmungen aussprachen. (In Alabama wurden sogar Fußfesseln aus Eisen und Zwangsarbeit für Gefängnisinsassen wieder eingeführt.) Dieses pessimistische Menschenbild findet einen weiteren Reflex in der amerikanischen Öffentlichkeit. 38 Prozent aller Amerikaner befürworten die Prügelstrafe an Schulen. Und als die Behörden Singapurs einen jungen Amerikaner wegen eher geringfügiger Vergehen mit dem Rohrstock züchtigen ließen, fand diese Form der Bestrafung bei vielen Amerikanern Zustimmung. Sie schienen davon auszugehen, daß es junge Menschen gibt, die schwer zu zivilisieren sind und nur durch harte Strafen erzogen werden können. Das hierzu passende Bild ist das der »gefährlichen« menschlichen Natur, die »im Zaum« gehalten werden muß. Nur durch externen Zwang kann die soziale Ordnung überhaupt aufrechterhalten werden.

Weit davon entfernt, an den Fortschritt zu glauben, unterstellen jene, die sich diesem Menschenbild verschrieben haben, daß es einen historischen Zerfall und eine Vergangenheit gegeben hat, die tugendsamer als die Gegenwart war. Alasdair MacIntyre, der alles andere als ein wilder Extremist oder Ideologe ist, lamentiert, daß »das neue finstere Zeitalter ... bereits über uns gekommen ist.« (1987, S. 350) Andere romantisieren die Vergangenheit (und werden, um sie von den Vernunft- oder Fortschrittsgläubigen zu unterscheiden, Romantiker oder Neoromantiker genannt.) Wiederum andere betrachten die Geschichte als ein sich drehendes Rad, mit Höhen und Tiefen, und beschreiben alle Versuche, jemals ein höheres Niveau oder gar eine Art Erlösung zu erreichen, als vergeblich und naiv.[11]

Wenngleich kein zwingender Zusammenhang vorliegt, betrachten die Anhänger des pessimistischen Menschenbilds Gemeinwesen, die das Individuum einbinden, als den Sitz der Tugend. Der Dienst am Vaterland oder für die Nation, für die Kirche oder die Partei wird anderen Verpflichtungen übergeordnet. Tugend heißt, seiner Pflicht Genüge zu tun und die menschliche Natur allen Versuchungen zum Trotz unter Kontrolle zu halten. Russel Kirk schreibt etwa, daß »der Mensch seinen Willen und sein Begehren einer Kontrolle unterwerfen muß, denn Konservative wissen, daß der Mensch eher von Gefühlen als vom Verstand regiert wird. Tradition und gesunde Vorurteile halten die anarchischen Impulse des Menschen in Schach.«[12]

Letztlich steht den Anhängern des pessimistischen Menschenbildes das Szenario vor Augen, daß die Menschen sich und die Gesellschaft zerstören werden, wenn es ihnen erlaubt ist, ihren natürlichen Neigungen zu folgen. Deshalb sind starke Institutionen, wozu auch der Staat gehört, eine Vorbedingung für Frieden, Zivilisiertheit und soziale Ordnung.

Die menschliche Natur in ewigem Kampf

Eine dritte Sichtweise ist mit dem kommunitaristischen Paradigma, insbesondere dem responsiven Kommunitarismus, vereinbar. Dieses Paradigma stellt die Gemeinschaft nicht über das Individuum (oder das Gemeinwohl über die Individualrechte), sondern plädiert für eine soziale Welt, in der sich eine auf Freiwilligkeit basierende Ordnung im Gleichgewicht mit der Autonomie befindet.

Eine *dynamische (entwicklungsbezogene)* Sichtweise der Natur des Menschen entspricht dem kommunitaristischen Denken am meisten. Ihr zufolge sind die Menschen in der Tat von Natur aus wild und roh, ähnlich wie es die Sozialkonservativen formulieren würden, aber ausgestattet mit dem Potential, tugendhafter zu werden, wenn auch nicht so tugendhaft, wie es wiederum die Individualisten und Sozialliberalen für möglich halten.

Vor allem aber gilt es zu betonen, daß die menschliche Tugendhaftigkeit von drei Bedingungen abhängig ist: erstens, von der *Internalisierung* – und nicht bloß der Bekräftigung – von Werten, damit sie zum integralen Bestandteil des Selbst werden; zweitens, von der Entwicklung *sozialer Gebilde*, die die gegebenen Werte untermauern; und drittens, von einer *Reduzierung des unvermeidbaren Widerspruchs* zwischen umfassender Ordnung und umfassender Autonomie, indem die wichtigsten sozialen Gebilde stärker auf die menschlichen Bedürfnisse eingehen.

Der Ausgangspunkt: Der Rohzustand zum Zeitpunkt der Geburt

Mein Ausgangspunkt ist von der Beobachtung bestimmt, daß Säuglinge physisch zwar als Menschen zur Welt kommen, psychisch, sozial und moralisch aber eher auf der Stufe von Tieren stehen. Obwohl die Menschen das *Potential* besitzen, tugendhaft zu werden, verfügen sie jedoch über keine angeborenen oder »eingebauten« Werte. Tatsächlich werden sogar solche elementaren menschlichen Eigenschaften wie der aufrechte Gang und die Fähigkeit zur Kommunikation mittels Symbolen, der wesentlichen Grundlage für Sprache und Kultur, eher erlernt, als daß sie angeboren wären.

Ein vielsagendes Beispiel ist der Bericht über ein dreizehnjähriges Mädchen, das man in Temple City, Kalifornien, entdeckte. Seine Eltern hielten es in einem Hinterhaus versteckt und versorgten es mit Nahrung, mehr taten sie aber auch nicht. Als man das Mädchen entdeckte, glich es grundsätzlich einem Tier, knurrte vor sich hin und verhielt sich aggressiv, fletschte seine Zähne und kratzte sich wie ein Tier, war der Sprache nicht mächtig und verfügte weder über Kultur noch über Werte.[13] Douglas Candland zeichnete die Porträts von vier Kindern, die außerhalb der menschlichen Gemeinschaft vermutlich unter Tieren aufwuchsen.[14] Peter, im Jahre 1774 in der Nähe von Hameln entdeckt, wies »einige wenige Anzeichen von Sozialisation oder Zivilisiertheit auf«, war »immer in Alarmbereitschaft und voller Mißtrauen ...«, hockte auf seinem Gesäß oder verharrte auf allen Vieren«, »rührte gekochte Nahrung nicht an, aber aß bereitwillig rohes Gemüse und Gras, ... fing Vögel, zerlegte sie und aß sie stückweise auf.«[15] Als die Pariser Bevölkerung sich auf den Weg machte, um Victor (bekannt als der Wilde von Aveyron) zu besichtigen, sahen sie »ein entwürdigtes menschliches Wesen, allein der Gestalt nach ein Mensch; eine dreckige, mit Narben überzogene, undeutliche Laute von sich gebende Kreatur, die vor sich hin trottete und grunzte wie das Vieh auf dem Feld, mit auffallendem Vergnügen den schmutzigsten Unrat fraß, ganz offensichtlich zu keinerlei Aufmerksamkeit in der Lage war, nicht einmal heiß oder kalt voneinander unterscheiden konnte, und die ihre Zeit damit verbrachte, apathisch vor und zurück zu schaukeln wie die Tiere im Zoo.«[16] Der Versuch, Victor in die die Zivilisation einzuführen, scheiterte.

Wenn man sich einen Urwald voll solcher Kreaturen im Naturzustand vorstellt, bekommt man eine Ahnung davon, wie weit diese Welt von jener entfernt ist, die in den individualistischen Märchen des Liberalismus gemalt wird. Wenn denn überhaupt je ein grundsätzliches Problem geklärt werden könnte, dann wohl das, das sich um die ursprüngliche Natur des Menschen drehte. Die kommunitaristische Überzeugung, daß *das Ich das Wir braucht*, ist ganz offensichtlich die einzige, die mit den Ergebnissen und Beobachtungen der Sozialwissenschaften übereinstimmt. Die normativen Implikationen dieser Tatsache sind indes offen für unterschiedliche Interpretationen; unbestreitbar ist allerdings, daß Menschen sich entweder sozial oder aber wie Tiere verhalten. Säuglinge werden nur mit einem menschlichen Potential geboren, das sich nicht von selbst entfaltet. Sie müssen zu Menschen gemacht werden.

Die Schlüsselrolle der Internalisierung

Ist einem erst einmal in vollem Umfang klar geworden, daß Säuglinge am Anfang ihres Lebens die wahren Barbaren sind, liegt die Bedeutung, ihnen die Werte der Gemeinschaft zugänglich zu machen, offen auf der Hand. Sodann stellt sich die Frage, welche sozialen Kräfte zur Verfügung stehen, um diese Werte an die neuesten und jüngsten Mitglieder der Gesellschaft weiterzugeben.

In diesem Zusammenhang ragt die Rolle der Internalisierung hervor – oder sollte das doch zumindest tun. Internalisierung meint jene Prozesse, durch die Kinder Werte in ihr sich entwickelndes Selbst aufnehmen, bis diese Werte zu ihren eigenen Werten, zu einem integralen Bestandteil ihres Selbst werden und auf diese Weise ihre Präferenzen formen. Dies ist nicht der einzige Weg, auf dem eine Einwilligung in soziale Werte erzielt werden kann. Werte sind *ebenso* Bestandteil der jeweiligen sozialen Umgebung. Kinder und Erwachsene folgen bisweilen auch äußeren Motiven, handeln aus Furcht vor Bestrafung oder um einer Belohnung willen. Gleichwohl kann man deutlich erkennen, ob ein Verhalten internalisierten Werten entspringt oder einer bloßen Anpassung an äußere Zwänge. Entspringt ein Verhalten äußeren Zwängen, wird es nur so lange verfolgt, wie es sichtbar und nicht zu verstecken ist oder wie die damit verbundenen Bestrafungen und Belohnungen den Gewinn übertreffen, den ein Ignorieren dieser Bestrafungen und Belohnungen und ein Mißachten der gesellschaftlichen Konventionen mit sich brächte. Darüber hinaus bieten Werte, die nur äußerlich sind, den Anreiz, eine Akzeptanz dieser Werte vorzutäuschen, ansonsten aber zu tun, was man will, und leisten also einem Verhalten Vorschub, das die Vermeidung von Strafen oder das Streben nach Belohnungen erlaubt, während man gleichzeitig fortfährt, etwa heimlich zu rauchen, Krankheiten vorzutäuschen oder die eigenen Kinder zu mißbrauchen. Man kann also so tun, als sei man ein guter Sohn oder eine gute Tochter, eine vorbildliche Studentin, ein vorbildlicher Ministrant und, später, ein guter Bürger, während man in Wirklichkeit in der einen oder anderen Weise weiterhin unsozial handelt.

Selbst wenn ein bloß äußerlich angepaßtes Verhalten sozusagen funktioniert, wenn die Anpassung komplett ist und nicht nur auf Täuschung beruht, ist sein Preis immer noch sehr hoch, denn es macht Überwachungs- und Kontrollmaßnahmen notwendig und verlangt einen beständigen Strom von Bestrafungen und Belohnungen. Außerdem verursacht eine solche Anpassung ohne Internalisierung Entfremdung, weil die Person dazu angehalten wird, einen Kurs zu verfolgen, den sie nicht wirklich zu verfolgen wünscht. Entfremdung wiederum, insbesondere wenn sie starke Ausmaße annimmt, hat schädliche Folgen, sei es die Zunahme psychosomatischer Krankheiten, sei es offener Widerstand. Wenn Werte hingegen wirklich internalisiert werden, ist die Zustimmung von hoher Qualität, verursacht nur geringe Kosten und erzeugt ein positives Gefühl der Bestätigung. Folglich fühlen Menschen, die ihren Werten treu sind, eine besondere Auszeichnung, was wiederum ihre sozialen Verpflichtungen stärkt.

Man muß keineswegs die traditionellen Theorien über den Verlauf von Internalisierungsprozessen akzeptieren – Theorien, die davon ausgehen, daß ein Kind, das von der Mutter gepflegt wird, eine Bindung entwickelt, die es der Mutter erlaubt, ihm das erwünschte Verhalten beizubringen; diese wird dann vom heranwachsenden Kind »generalisiert« und somit verinnerlicht.[17] Dennoch müssen wir verstehen lernen, unter welchen Bedingungen sich Internalisierung vollzieht, und unter welchen Bedingungen sie fehlschlägt, um die Internalisierung gemeinsamer Grundwerte zu fördern und die Gesellschaft auf diesem Wege stärker kommunitär zu gestalten. Eines ist klar: Internalisierung vollzieht sich in engen, affektgeladenen Beziehungen. Und diese Beziehungen sind eines der zwei Elemente, die für Gemeinschaften bestimmend sind.

Doch die Phase des Erwerbs von Werten beschränkt sich nicht auf die frühe Kindheit. Internalisierung vollzieht sich das ganze Leben hindurch, zumeist im Rahmen enger Beziehungen in der Schule, am Arbeitsplatz und unter den Nachbarn einer Gemeinde. Je stärker die Bindungen unter den Mitgliedern einer Gruppe sind, um so wahrscheinlicher ist es, daß ein neu hinzustoßendes Mitglied die Werte der Gruppe internalisiert.

Der Begriff »Gruppenzwang« ist in diesem Zusammenhang besonders ungeeignet und reflektiert unbewußt ein individualistisches Vorurteil. Er unterstellt, daß, was immer auch Gruppen zu tun pflegen, vom Ego als eine externe – und mithin negative – Kraft, als Zwang erfahren wird. Zweifelsohne gibt es solchen Gruppenzwang, aber wer sich ausschließlich auf den Aspekt des Zwangs konzentriert, ignoriert, daß man sich innerhalb von Gruppen gegenseitig helfen kann, ein höheres Niveau an Vollendung, Freude, gegenseitiger Ergänzung und Bereicherung zu erlangen. Die Formulierung »(gegenseitige) Förderung durch die Gruppe« sollte dem Begriff »Gruppenzwang« zur Seite gestellt werden.

Die Stärkung sozialer Verbände: Die moralische Infrastruktur

Obwohl die Bedeutung der Internalisierung nicht genügend betont werden kann, darf man nicht erwarten, daß durch sie allein die Aufrechterhaltung einer hochgradig durch Freiwilligkeit bestimmten sozialen Ordnung gewährleistet wird.[18] Es ist eine unbestreitbare soziale Tatsache, daß es immer noch signifikante Grenzen für das Ausmaß gibt, in dem Men-

schen die Werte ihrer Gemeinschaften für sich selbst übernehmen, selbst
wenn die Kräfte und Prozesse der Sozialisation in höchstem Maße effektiv wirken. Hieraus leitet sich sehr viel für das Verständnis der universalen Natur des Menschen ab.

Einer der Hauptgründe für die Grenze, an die Internalisierungsprozesse stoßen, liegt in dem unvermeidlichen Widerspruch zwischen den
Bedürfnissen der sozialen Ordnung und dem Bedürfnis nach individueller
und gruppenspezifischer Autonomie. Teilweise spiegelt sich in dem Bedürfnis nach Autonomie die animalische Grundlage der menschlichen
Natur. Ob man dabei an eine Reihe spezifischer Bedürfnisse (nach Nahrung, Obdach und sexueller Befriedigung) denkt oder an libidinöse Energien, man wird sie nie vollständig formen und für soziale Rollen und die
in ihnen verkörperten Werte in Anspruch nehmen können. Um es mit
Freud zu sagen, die Sublimierung ist oft weit davon entfernt, gänzlich zu
gelingen und läßt immer einen unsozialisierten »Rest« zurück, der ziemlich groß und sicher größer ist, als es das opitimistische Menschenbild
nahelegt. Deshalb mag eine Kirche jahrtausendelang predigen, daß ihre
Priester zölibatär zu leben haben, viele von ihnen werden dennoch auf die
eine oder andere Weise mit dieser Vorschrift brechen, um dem Ruf ihrer
Natur zu folgen, und das, obwohl sie einer ausgewählten und gut ausgebildeten Elite angehören, umgeben von Gleichgesinnten, Glieder einer
umfassenden Kultur, die geprägt ist von starken Internalisierungsprozessen.

Das Streben nach ständiger Erfüllung unserer Bedürfnisse ist ein weiteres Element der menschlichen Natur. Unsere Physiologie kennt keinen
Grund für eine dauerhafte Selbstverleugnung und konstanten Triebver-
zicht (deshalb die großen Schwierigkeiten, mit denen Menschen zu kämpfen haben, die ihr Gewicht reduzieren und halten wollen). Weil die soziale
Ordnung nicht selten eine gewisse Selbstverleugnung fordert, einen Aufschub an Befriedigung und ferner individuelle und gemeinschaftliche
Kräfte in den Dienst an gesellschaftlichen Bedürfnissen stellt, stehen diese
Forderungen häufig mit biologischen Dispositionen in Konflikt.

Internalisierungsprozesse finden darüber hinaus in merkwürdiger
Weise eine gewisse Grenze an sich selbst. Die die diesen Prozeß bewegen-
den Kräfte sind oft selbst unter den besten Umständen nicht *kompatibel*,
sind untereinander nicht gänzlich in Übereinstimmung zu bringen. Und
die Umstände sind zumeist alles andere als ideal. Gestörte und auseinan-

derbrechende Ehen, Konflikte zwischen Eltern und Schulen oder zwischen verschiedenen Gruppen – all das setzt dem Prozeß der Internalisierung eine Grenze. Das Ergebnis all dieser Faktoren ist eine Spannung zwischen der Kultur, die mittels der Internalisierung zum Tragen kommt, und denjenigen Kräften, die die Wirkungen der Internalisierung auszulöschen versuchen und die Person auf ein weniger sozialisiertes Niveau zurückwerfen wollen.

Da ich bis zu diesem Zeitpunkt fast ausschließlich sozialwissenschaftliche Erkenntnisse und deren normativen Implikationen aufgenommen habe, sollte hier erwähnt werden, daß diese Erkenntnisse schon aufgrund persönlicher Erfahrungen mit sich selbst, also ohne weitere Beobachtungen möglich sind. Die meisten Individuen »hören Stimmen«: eine Stimme etwa drängt darauf, mit einem bestimmten Verhalten, das Freude hervorruft, fortzufahren (das Lustprinzip), eine andere Stimme signalisiert den moralischen Weg (ein Reflex internalisierter Werte). Einfache Sätze wie »Ich würde gerne länger schlafen, muß aber zur Arbeit gehen« und »Ich würde gerne ein neues Auto kaufen, aber ich habe mir selbst versprochen, dieses Geld für die Ausbildung meiner Kinder aufzubewahren« spiegeln die Spannung zwischen dem Lustprinzip und der Stimme der Moral.[19]

Vermutlich am vielsagendsten ist die Tatsache, daß Menschen, die die zweite, innere moralische Stimme nicht hören – Psychopathen – viel eher unsozial handeln und dabei nicht einmal Gewissensbisse verspüren. Und diejenigen, die die Stimme der Moral nur sehr schwach vernehmen, werden sich unsozialer verhalten als diejenigen, die diese Stimme stärker hören. Eine kommunitäre Person befindet sich deshalb ständig in einem Kampf zwischen ihren natürlichen (durch ihre Kultur gefärbten) Trieben und der Stimme der Moral, schwankt gleichsam beständig zwischen ihrem höheren und ihrem niederen Selbst.

Eine ähnliche Konzeption des Selbst haben auch andere Autoren vorgelegt, deren Ansätze hier kurz beleuchtet werden sollen, um meinen eigenen Ansatz besser in den Blick zu bekommen. Der Philosoph Harry Frankfurt erklärt etwa, daß das, was den Menschen zum Menschen macht, weder der Wille noch die Entscheidungsfähigkeit ist: »[Die Menschen] unterschieden sich darin nicht von den Mitgliedern anderer Arten, von denen einige anscheinend sogar Erwägungen anstellen und Entscheidungen nach vorhergehender Überlegung treffen.« Was uns auszeichnet ist, daß wir unsere Entscheidungen und Wünsche *bewerten* können, und zwar durch – wie Frankfurt es nennt – »Wünsche zweiter Stufe«, die im wesentlichen auf der Fähigkeit beruhen, uns wünschen zu können, was wir uns wünschen wollen: »Kein Tier außer dem Menschen scheint dagegen die Fähigkeit zur reflektierenden Selbstbewertung zu haben, die sich in der Bildung von Wünschen zweiter Stufe ausdrückt.«[20] Ein Beispiel eines Wunsches zweiter Stufe wäre die Erfahrung einer Person, die es genießt und wünscht, Schokolade zu essen, und um ihrer Gesundheit willen *wünscht, nicht den Wunsch* nach Schokolade zu verspüren. Die Spannungen zwischen den Wünschen erster und zweiter Stufe stehen in Parallele zu den bereits diskutierten Spannungen zwischen unserer animalischen Triebstruktur und den Wirkungen der Sozialisation.[21]

Auch Charles Taylor bemüht sich um eine Erklärung dieser Spannungen. Er führt aus, daß das Selbst wesentlich »dialogisch« ist: geformt durch Gespräche mit bestimmten Gesprächspartnern. »In diesem Sinne ist es ausgeschlossen, allein ein Selbst zu sein. Ein Selbst bin ich nur im Verhältnis zu bestimmten Gesprächspartnern ... Ich spreche hier von ›Geweben des sprachlichen Austauschs‹, und nur in diesen existiert das Selbst.« (1994, S. 71)[22] Nur durch einen solchen sprachlichen Austausch, durch solche Dialoge, erfahren wir, was Beziehungsbegriffe wie »Zorn, Liebe, Angst [und] das Streben nach Ganzheit« für uns bedeuten. Auch wenn es den Anschein hat, uns bliebe damit nicht sehr viel Raum für Unabhängigkeit, erklärt Taylor: »Auch als ein im höchsten Maße unabhängiger Erwachsener kenne ich Augenblicke, in denen ich außerstande bin, mir über meine Empfindungen klar zu werden, ehe ich darüber mit einem bestimmten besonderen Partner (oder Partnern) gesprochen habe, die mich kennen, die Weisheit besitzen oder denen ich mich verwandt fühle.« (Ebd.) Deshalb wird sich unsere Vorstellung von uns selbst in dem Maße verändern, in dem sich unsere Gespräche verändern, so daß jene »Gewebe des sprachlichen Austauschs« ungeheuer wichtig sind.

Sowohl Frankfurts wie auch Taylors Position verraten viel über die Natur und Gestalt des im Innern gespaltenen Selbst. Gleichwohl stellt sich keiner von ihnen die Frage, welche Auswirkungen dieser Wesenszug des Selbst für die soziale Ordnung hat. In diesem Sinne sind ihre Analysen eher von allgemeiner Art: Die »andere« Stimme mag tatsächlich nicht-normative Erwägungen anstellen, wenn sie etwa die kultivierten Vergnügungen den natürlichen vorzieht (der Feinschmecker, der Fast Food ablehnt). Die Subkategorie der Stimmen zweiter Stufe enthält hier dagegen explizit die internalisierten Werte, die selbst bei einer denkbar gut erzogenen Person noch mit der Stimme erster Stufe in Konflikt gerät.

So gesehen, steht die hier vorgetragene Konzeption jenen Vorstellungen sehr nahe, die Kennzeichen vieler Religionen sind, Religionen, die von einer jahrhundertelangen Erfahrung und Beobachtung sozialer Phänomene zehren: sie beschreiben den Kampf zwischen Gut und Böse, zwischen Gott und Teufel, als einen Kampf im Innern der menschlichen Seele.

Möglichkeiten und Grenzen der menschlichen Natur

Wenn man den Kampf zwischen dem niederen und dem höheren Selbst zum Ausgangspunkt nimmt, stellen sich folgende Fragen: Wie groß ist die Kluft? Wie weit sind die von diesen beiden Stimmen geforderten Verhaltensweisen voneinander entfernt? Inwieweit ist der Kampf von dem Versuch bestimmt, die beiden miteinander zu versöhnen? Die Antwort hängt in vielerlei Hinsicht davon ab, wie sehr man die Natur des Menschen für formbar oder widerspenstig hält. Ist man der Überzeugung, daß der Mensch beliebig formbar ist, neigt man eher dem optimistischen Menschenbild zu. Selbst wenn man daher annimmt, daß die Menschen zwar nicht tugendhaft geboren werden, aber zu guten Menschen herangezogen werden können, dann gewinnt die individualistische Version der sozialen Welt an Plausibilität. Hält man aber die Natur des Menschen für widerspenstig, rückt man der pessimistischen Sichtweise vom Menschen näher, die von Sozialkonservativen und mehr noch autoritär denkenden Menschen vertreten wird. Je mehr man der Meinung ist, daß die Natur des Menschen den Spielraum der zivilisierenden Internalisierungsprozesse begrenzt, desto stärker wird man sich auf das Mittel der Indoktrination oder auf das der Kontrolle verlassen.

Nimmt man diese beiden Extrempositionen, so findet sich der Kommunitarismus eher in der Mitte wieder: Der Kommunitarismus geht davon aus, daß Internalisierungsprozesse zwar weitreichend wirken können, sieht aber zugleich, daß diese Prozesse nicht die alleinige Stütze der moralischen Ordnung sein können. Der Mensch bedarf in beträchtlichem Maße sekundärer (das heißt über den Zeitraum der Kindheit hinausgehender) Internalisierungen wie auch der wiederholten Bestärkung moralischer Verpflichtungen.

Die Zwänge der menschlichen Natur:
Grenzen ethischen Heldentums

Den gesellschaftlichen Bemühungen sind durch die Natur des Menschen zwingende Einschränkungen auferlegt, die es zwar nicht unmöglich machen, einen gegen die menschliche Natur gerichteten normativen Kurs zu verfolgen, aber außerordentlich hohe Kosten verursachen, wenn ein solcher Kurs eingeschlagen wird. Der Begriff »heroisch« ist in der Ethik verwendet worden, um ungewöhnlich harte Forderungen zu charakterisieren.[23] Dafür einzutreten, daß Menschen in einer Wohlstandsgesellschaft regelmäßig einen Tag in der Woche fasten, um die somit eingesparte Nahrung den Armen zukommen zu lassen, ist deshalb eine heroische Forderung. Damit ist aber keineswegs gesagt, daß eine Gemeinschaft heldenhafte Werte nicht fördern könne, sondern nur, daß man sich dabei keinen Illusionen hingeben darf. Dieser Punkt verdient eine ausführlichere Betrachtung.

Wie widerspenstig die menschliche Natur ist, zeigt sich schon daran, daß selbst die denkbar wirkungsvollste Charakterbildung und stabilste moralische Infrastruktur unsoziale Triebe nicht zu tilgen vermögen (ich denke etwa an Aggressionen oder krankhafte sexuelle Neigungen). Damit ist aber auch deutlich, daß eine, insbesondere kommunitäre, Gesellschaft nur sehr wenig Werte effektiv aufrechterhalten kann, jedenfalls wenn sie darauf verzichtet, von ihren Mitgliedern heroische Anstrengungen zu verlangen.

Totalitäre Gesellschaften zeichnen sich vor allem dadurch aus, rücksichtslos über die Natur des Menschen hinwegzugehen, um die von den gesellschaftlichen Eliten vertretenen Werte durchzusetzen. Deswegen werden sie von den Bürgern nur eine begrenzte Zustimmung zu ihren Werten erhalten, und deswegen sind sie auf Propaganda und Zwang angewiesen.

Sicher, in bestimmtem Umfang spiegeln sich in totalitären Zwangsmaßnahmen auch andere Faktoren wider – beispielsweise die Konfrontation zwischen jenen, die die Macht innehaben, und den Klassen oder Gruppen, die dieser Macht Widerstand leisten (die z. B. von den Kommunisten »Reaktionäre« oder »Kulaken« genannt wurden). Aber diese Gruppen verlieren zumeist sehr schnell an Kraft, wenn sie nicht sogar ermordet oder vertrieben werden. Der beständigste Widerstand kommt von jenen Mitgliedern der Gesellschaft, die das Gefühl haben, daß die ihnen aufgezwungenen Forderungen nicht nur gegen ihre Werte, sondern auch gegen ihre Natur gerichtet sind. Charakteristisch sind folgende autonomiebegrenzenden Maßnahmen: Festsetzung einer bestimmten Anzahl an Kindern, die eine Familie haben darf; das Verbot, den ethnischen und/oder religiösen Unterschieden Ausdruck zu verleihen; scharfe Beschränkungen der geographischen Mobilität und der freien Religionsausübung.

Totalitäre Gesellschaften sind nicht die einzigen, die bei der Durchsetzung ihrer Politik die Grenzen, welche durch die menschliche Natur vorgegeben sind, unterschätzen. Beispielsweise haben zahlreiche religiöse Ordens- und säkulare Lebensgemeinschaften versucht, das Gelübde der Armut zu befolgen, aber die meisten dieser Gemeinschaften sind zu dem Ergebnis gekommen, daß ein hohes Niveau an Askese nicht aufrechtzuerhalten ist, selbst dann nicht, wenn sie ihren Mitgliedern erlaubt haben, die Gemeinschaft wieder zu verlassen, und auf diese Weise nur ein kleiner Rest Auserwählter übrig blieb, der theoretisch eher in der Lage schien, einem strengen Regime Folge zu leisten.

Hiermit soll *nicht* gesagt sein, daß eine Gemeinschaft oder eine Gesellschaft den Anspruch auf gemeinsame Werte und deren Akzeptanz aufgeben sollte. Gleichwohl legen die Tatsachen nahe, daß die Mitglieder einer Gemeinschaft und die Politiker *darauf achten müssen*, ob die von ihnen verfolgten Praktiken oder politischen Maßnahmen mit der menschlichen Natur übereinstimmen oder ob sie mit ihr in Konflikt stehen. »Darauf achten« heißt, daß sie sich nicht über die menschliche Natur hinwegsetzen sollten, zumindest solange nicht, bis zwingende moralische Gründe dafür vorliegen, und auch dann erst, wenn alternative Möglichkeiten zur Entwicklung dieser Werte nicht in Sicht sind.

Die hieraus hervorgehende moralische Matrix mag man sich anhand der folgenden Frage vor Augen führen: Soll man saubere Nadeln an Drogenabhängige verteilen? Diejenigen, die solchen Verteilungen kritisch gegenüberstehen, gehen von ihrer hohen moralischen Warte aus, daß sie Dogenabhängigkeit nicht verhindern, sondern fördern und zudem noch gesellschaftlich legitimieren. Im Gegenzug empfehlen sie Abstinenz. Wenn man jedoch erst einmal erkannt hat, daß es in einer kommunitären Gesellschaft (im Unterschied etwa zur autoritären Gesellschaft Saudi Arabiens) begrenztere Möglichkeiten gibt, das Drogenproblem unter Kontrolle zu bekommen, dann sieht man sich der Frage gegenüber: Wie sieht es mit der Verantwortung einer Gemeinschaft gegenüber jenen aus, die sich nicht selbst disziplinieren können? Das heißt, nicht alle *moralischen* Argumente laufen ausschließlich auf die Forderung nach Abstinenz hinaus. Außerdem kann eine Politik Drogenabhängigkeit aufs schärfste verurteilen – und es zugleich erlauben, daß das Leben jener, die der Forderung nach Abstinenz nicht Folge leisten, geschützt wird.

Gerade weil gute Gesellschaften ihre Ordnung weitgehend auf die freiwilligen Verpflichtungen ihrer Mitglieder stützen müssen und ein relativ hohes Niveau an Autonomie gewähren sollten, können sie ihren Mitgliedern nur in begrenztem Maße eine »heroische« Moral voll schwerer Forderungen zumuten – Forderungen, die »schwer« sind, weil sie mit der Natur des Menschen nicht kompatibel sind.

Wohlmeinende Liberale fragen sich häufig mit berechtigter Sorge, warum denn die »reichste aller Nationen« ihre Mittel nicht dazu einsetzt, den Armen und Kranken (unter ihnen vor allem den Kindern) in anderen Ländern oder doch wenigstens im eigenen Land zu helfen. Natürlich kann man die Menschen dazu bewegen, unter bestimmten Bedingungen beträchtliche Opfer, bis hin zum Opfer des eigenen Lebens zu bringen, aber die meiste Zeit über hören die Menschen nicht auf solche heroischen Rufe. Dies alles mangelnder Führungskraft, der Konsumkultur oder den Medien anzulasten, bedeutete, die Natur des Menschen, einschließlich der eigenen, zu mißachten.

Die menschliche Natur als Ressource

Gleichzeitig kann die Natur des Menschen jedoch auch als Ressource dienen, auf die Gemeinschaften und Gesellschaften zur Förderung ihrer normativen Agenda zurückgreifen können. Es wäre ein schwerwiegender Irrtum, die menschliche Natur lediglich als Hindernis normativer Bemühungen anzusehen. Für eine kommunitaristische Agenda ist das Bedürfnis nach menschlich-affektiven Bindungen besonders wichtig, das zumeist von Familien oder Freunden, in Vereinen oder anderen (nicht notwendigerweise ortsgebundenen) Gemeinschaften befriedigt werden kann. Weil es sich dabei auch um jene sozialen Verbände handelt, in denen Internalisierungsprozesse stattfinden und die Stimme der Moral aufrechterhalten wird, kann eine Gesellschaft, die diese Verbände fördert, damit rechnen, daß die in ihr geltenden Werte erfolgreich internalisiert werden. Deshalb kann man auf einem grundlegenden menschlichen Bedürfnis aufbauen, um moralische Pflichten, die sich nicht von selbst entwickeln, zu fördern.

Zu diesem Thema liegt eine umfangreiche Literatur vor, die sich auch mit anderen Aspekten der menschlichen Natur beschäftigt – beispielsweise mit dem Bedürfnis nach transzendentem Sinn und dem Verhältnis zu letztgültigen Werten. Ich kann an dieser Stelle nur die Verbindung zwischen diesen Vorstellungen und dem kommunitaristischen Paradigma andeuten.

Möglicherweise hat es zunächst den Anschein, als ob das hier entwickelte Argument widersprüchlich ist. Auf der einen Seite wurde behauptet, daß die menschliche Natur dem Verfolgen eines normativen Weges Grenzen setzt, und andererseits, daß die Menschen aufgrund eben ihrer menschlichen Natur auf eine höhere Ebene der Moral geführt werden können. Dieser scheinbare Widerspruch löst sich auf, wenn man im Auge behält, daß eine Gesellschaft sich sehr wohl auf die menschliche Natur stützen kann, um besser zu werden, allerdings nur in dem Maße, in dem sie die Grenzen des Machbaren nicht überschätzt; erhebt sie Forderungen, die über diese Grenzen hinaus gehen, werden die psychischen, sozialen und materiellen Kosten normativer Anstrengungen steigen, auch wenn eine Weiterentwicklung durchaus nicht unmöglich ist.

Soziale Verbände und der innere Kampf

In Anbetracht der Tatsache, daß die Natur des Menschen nicht beliebig formbar, aber auch nicht nur widerspenstig ist, stellt sich die Frage, welche Faktoren denn die endgültigen Ergebnisse einer kommunitären Entwicklung bestimmen, die die Vorherrschaft des niederen Selbst über das höhere Selbst brechen will? Dieses Ergebnis hängt weitestgehend von den sozialen Verbänden einer Gesellschaft ab. Denn die Unterschiede zwischen diesen Verbänden haben einen erheblichen Einfluß darauf, ob der Kampf zwischen den beiden Hälften des Selbst tatsächlich zugunsten der besseren Hälfte ausgeht. Diese Verbände können neu gestaltet werden, sowohl um Internalisierungsprozesse stärker voranzutreiben als auch um bislang unzureichende Prozesse zu vervollkommnen. Sie stützen sich zum einen auf externe Stimuli (die moralische Stimme der Gemeinschaft), zum anderen aber auch auf utilitaristische Anreize und auf Zwangsmaßnahmen, die den gewünschen Ruf des Gewissens »bekräftigen« sollen.

Feiertage und Rituale sind in diesem Zusammenhang als Beispiele zu nennen. Sie haben in allen Kulturen dazu gedient, die Bindungen der Menschen an ihre Werte zu festigen und abzusichern. Weihnachten und Ostern, Pessach und Yom Kippur, die Feiern zum Ersten Mai, Ramadan, Feiern zum Unabhängigkeitstag und Gedenktage zeitigen alle diese Wirkung: Sie reißen die Menschen aus ihren alltäglichen (»säkularen«) Erfahrungen heraus, die dazu neigen, ihre normativen Verpflichtungen auszuhöhlen, und bringen sie erneut in Verbindung mit dem Heiligen oder seinen bürgerlichen Äquivalenten.[24]

Gewisse Feiertage und Rituale scheinen auf den ersten Blick eher einer gegenteiligen Absicht zu dienen, indem sie Freiräume für das Lustprinzip schaffen; dazu gehören beispielsweise Fastnacht und Neujahr, das Oktoberfest und vielleicht Purim. Gleichwohl handelt es sich dabei um sorgfältig abgegrenzte Anlässe – Aschermittwoch beendet die Fastnacht –, die den Zweck haben, ein wenig die Spannung abzubauen, die aus der Anstrengung resultiert, all die anderen Tage des Jahres in Übereinstimmung mit bestimmten Werten zu leben. Allein in Gesellschaften, in denen die Werte hohl geworden oder verloren gegangen sind, geraten diese »spannungsentladenden« Feiertage und Rituale zu zentralen Ereignissen, während die wertebekräftigenden Feiertage und Rituale an Kraft verlieren; in den Vereinigten Staaten mag man etwa an den Memorial Day (Heldengedenktag), den vierten Juli oder an Hochzeitsrituale in der Zeit zwischen 1960 und 1990 denken.

Die Medien stellen eine andere wichtige soziale Institution dar, die maßgeblich an der Bestärkung oder Untergrabung von Internalisierungsprozessen beteiligt ist. Allerdings sind ihre Wirkungen erheblich komplexer und vielfältiger, als dies einige ihrer härtesten Kritiker, die die Medien für den Werteverfall mitverantwortlich machen, angenommen haben.[25] Wenngleich die Medien unbestritten auch einige negative Auswirkungen zeitigen, dienen sie doch zugleich als Forum für nationale Dialoge, die das moralische Engagement der Bürger oft überhaupt erst auslösen (wenn sie etwa Bilder verhungernder Kinder sehen), bieten den politischen Entscheidungsträgern Raum für nationale Ansprachen und so weiter. Und schließlich stehen sie glücklicherweise immer noch nicht unter einer monopolartigen Kontrolle, so daß sowohl Einzelne als auch Gruppen im

Medienbereich über ein viel größeres Maß an Autonomie verfügen, als es die Kritiker eingestehen.

Obwohl alle sozialen Verbände Internalisierungsprozesse beeinflussen, unterscheiden sie sich doch erheblich in ihrer Zusammensetzung. Diejenigen, die ich der »moralischen Infrastruktur« zuordne, bedienen sich vor allem der Stimme der Moral, wie sie etwa in Familien und in Gotteshäusern laut wird, um Internalisierungs- und Stabilisierungsprozesse zu fördern, während andere soziale Institutionen und Verbände sich stärker auf andere Mittel konzentrieren (etwa auf verschiedene Formen der Kontrolle). Eine gute Gesellschaft ist in besonderem Maße von ihrer moralischen Infrastruktur abhängig.

Die moralische Infrastruktur

Die moralische Infrastruktur zehrt von vier sozialen Phänomenen: der Familie, der Schule, den Gemeinschaften in einer Gesellschaft und der Gemeinschaft von Gemeinschaften.

Die vier Kernelemente der moralischen Infrastruktur sind ineinander verschachtelt und bilden soziologisch betrachtet ein die Entwicklung der Gesellschaftsmitglieder begleitendes Kontinuum. Säuglinge werden in *Familien* hineingeboren, die die historisch gewachsene Aufgabe haben, mit dem Prozeß der Einpflanzung von Werten zu beginnen, durch den die Entwicklung eines moralischen Selbst in Gang gesetzt wird. *Schulen* setzen diese Entwicklung bei älter werdenden Kindern fort, indem sie deren Selbst (beziehungsweise deren »Charakter«) etwas hinzufügen, oder Charaktermängel, die von den Familien herrühren, zu beheben versuchen.

Jugendliche, die die Familie und Schule hinter sich lassen, sind nun – selbst wenn sie angemessen erzogen und gebildet wurden – auf die Bindungen der *Gemeinschaft* angewiesen, in der die Stimme der Moral wirkt. Und schließlich ist die Internalisierung und Stabilisierung der moralischen Stimme auf *die Gemeinschaft der Gemeinschaften* angewiesen (die Gesellschaft im ganzen), die dazu beiträgt, daß die moralischen Verpflichtungen ihrer Mitglieder über die jeweilige Gemeinschaft hinausreichen. (Dies wird Gegenstand des nächsten Kapitels sein.)

Man kann diese vier Elemente als Checkliste benutzen, um den Zustand der moralischen Infrastruktur einer Gesellschaft zu bestimmen.

Wenn in einem Land selbst in Friedenszeiten und bei wirtschaftlicher Prosperität die moralische Infrastruktur zerfällt, dann wird es offensichtlich einen Anstieg unsozialen Verhaltens geben. Und in dem Maß, in dem die Elemente der moralischen Infrastruktur beschädigt sind, müssen sie neu gestärkt werden, was nicht unbedingt eine Rückkehr zur Tradition bedeuten muß. Die sozialen Bewegungen, die eine Erneuerung anstreben, können durchaus nach funktionalen Alternativen suchen.

Die in den letzten Jahren aufgeworfene Frage, die besonders in den frühen 90er Jahren im Zuge eines wachsenden Interesses an der moralischen Infrastruktur der westlichen Gesellschaften virulent wurde, lautet: Was sind die funktionalen Alternativen? Vorausgesetzt es gibt in vielen Gesellschaften ein Bedürfnis nach einer stärkeren moralische Infrastruktur, kann man dann die jeweiligen sozialen Institutionen bzw. Verbände verändern, ohne sie der Fähigkeit zu berauben, weiterhin ihrer sozialen Funktion gerecht zu werden? (Dabei gilt es zu bedenken, daß funktionale Bedürfnisse zwar auf verschiedene Weisen befriedigt werden können, daß aber diese unterschiedlichen Möglichkeiten nie gleichwertig sind. Deshalb darf man nicht alleine danach fragen, ob es Alternativen gibt, sondern muß auch ihre Leistungsfähigkeit betrachten, insbesondere im Hinblick auf die Internalisierung und Bekräftigung von Werten.)

An dieser Stelle wird ein großer Unterschied zwischen der kommunitaristischen Position und derjenigen verschiedener religiöser sozialkonservativer Gruppen sichtbar. Beide anerkennen die Notwendigkeit einer Neuordnung der moralischen Infrastruktur, aber die Konservativen wollen zu den traditionellen Formen zurückkehren, während die Kommunitaristen nach neuen Wegen suchen. (Libertäre mit einem optimistischen Menschenbild sehen hier weder für alte noch für neue soziale Verbände einen Bedarf, es sei denn die Individuen entschließen sich auf einer vertraglichen Basis zu solchen Veränderungen. Oft stufen sie die Ehe als einen solchen Vertrag ein, während sie in Wirklichkeit eine moralische Bindung mit offenem Ausgang ist.)

Individualisten, die den meisten, wenn nicht gar allen Formen einer Erneuerung der Familie (und anderen Elementen der moralischen Infrastruktur) ablehnend gegenüberstehen, insbesondere wenn sie auf Überzeugungsversuche oder politische Maßnahmen zurückgehen, anstatt die »freie« Entscheidungen von Individuen widerzuspiegeln, verweisen darauf, daß diese Elemente in der Vergangenheit oftmals nicht sehr viele

Mitglieder einer Gesellschaft umfaßten (beispielsweise war es durchaus üblich, daß Familien nach Todesfällen auseinanderbrachen[26]).

Die Feststellung, daß eine gute Gesellschaft prosperiert, wenn bestimmte Elemente der moralischen Infrastruktur (zum Beispiel die Familie) sich in guter Verfassung befinden und wohl geordnet sind, impliziert meines Erachtens jedoch nicht, daß in historischer Perspektive *alle* Mitglieder einer gegebenen Gesellschaft einem bestimmten sozialen Verband (etwa der Zwei-Eltern-Familie) angehörten. Und dennoch: Selbst wenn nur einer Mehrheit (und nicht allen) auf diese Weise gedient war, konnten solche Verbände gleichwohl die von ihnen erhofften Wirkungen zeitigen, wenn auch nur in begrenztem Rahmen. Ein sozialer Verband verliert also seine gesellschaftliche Funktion nicht durch den Nachweis einer begrenzten Reichweite.

Außerdem impliziert der Hinweis auf die Leistungen dieser Verbände nicht ein Leugnen möglicher schädlicher Wirkungen, die sie gehabt haben mögen; auf tausend Mitglieder einer Gesellschaft, die aus bestimmten Verbänden einen Nutzen ziehen, kommen immer einige wenige, die ihrer nicht bedürfen oder sogar zurückgesetzt werden durch sie. Daher ist die Tatsache, daß einige Kinder von ihren Eltern mißbraucht werden und deswegen von ihren Familien getrennt werden müssen, kein Argument gegen die Familie an sich, noch ist die Tatsache, daß es für einige Leute besser ist, sich scheiden zu lassen, ein zwingendes Argument für Wegwerf-Ehen.

Nachfolgend wenden wir uns kurz einem Aspekt der moralischen Infrastruktur zu, der an anderer Stelle bereits ausführlicher behandelt worden ist.[27] Zur kommunitaristischen Analyse, zumindest wie sie hier praktiziert wird, gehört ein ausgeprägtes Bewußtsein für die Notwendigkeit der Verkörperung von Werten; das heißt, damit Werte zu verhaltensanleitenden Richtlinien werden, muß eine Gesellschaft soziale und personale Formationen entwickeln, die ihre Werte untermauern. So können Politiker und Geistliche in ihren Ansprachen oder Predigten noch so viel über den Wert der Familie reden – von solchen Reden allein geht nur eine geringe Wirkung aus, solange die Gesellschaft folgende Fragen nicht beantwortet hat: Wie können Eltern ihren Kindern mehr Zeit widmen, wenn das finanzielle Überleben der Familie zugleich nur durch eine Berufstätigkeit beider Elternteile gewährleistet werden kann? Wie kann der Status der Elternschaft aufgewertet werden, so daß Hausfrauen oder

Hausmänner nicht als Bürger zweiter Klasse gelten? Und manches mehr. Das gleiche gilt für alle anderen Werte. Entweder es gelingt, Werte zu verkörpern, oder sie gehen zugrunde – dieses kommunitaristische Motto steht hinter vielem, was folgt.[28]

Verkörperung meint zum einen die Notwendigkeit, daß gemeinsame Werte von den Mitgliedern der Gesellschaft internalisiert werden, und zum anderen, daß diese Werte in gesellschaftliche Verbände einfließen, die das soziale Verhalten zu formen helfen. Ohne eine solche Verkörperung üben Werte oftmals eine nur begrenzte gesellschaftliche Wirkung aus und drohen, zu verschwinden. Verkörperung vollzieht sich oft auf kollektiven Wegen – man denke an nationale Trauertage, die durch Schweigeminuten, Flaggen auf Halbmast oder Gebete gekennzeichnet sind. Bei anderen Gelegenheiten wiederum ermutigt die Gesellschaft ihre Mitglieder dazu, gemeinsame Werte in ihrem individuellen Verhalten zu verkörpern, wenn es etwa darum geht, kostbares Wasser einzusparen, öffentliche Verkehrsmittel zu benutzen, oder den Müll zu trennen.

Die kommunitäre Familie: Die Ehe als Gemeinschaft gleichrangiger Partner

Obwohl es beträchtliche Meinungsverschiedenheiten darüber gibt, in welchem Ausmaß es in früheren Zeiten oder in anderen Gesellschaften Familie gegeben hat, herrscht doch Einigkeit darüber, daß die traditionelle Familie in den Gesellschaften des Westens, vor allem aber in den Vereinigten Staaten zwischen 1960 und 1990, einem Verfallsprozeß ausgesetzt ist. Nur so konnte sich die Frage aufdrängen, ob es andere soziale Institutionen gibt, die die moralische Erziehung leisten können, die in der Vergangenheit der Familie anheimgefallen war. Man hat andere Formen ausprobiert – zum Beispiel die kollektive Erziehung von Kindern in Israel und in Kuba. Diese Modelle sind von der gegenwärtigen Realität der meisten Amerikaner derart weit entfernt und außerdem so kostspielig, daß sie an dieser Stelle nicht weiter diskutiert werden sollen. Die im Westen am meisten diskutierte Alternative ist die Versorgung der Kinder durch Dritte (z. B. Kindermädchen) oder durch spezielle Institutionen (etwa Kindertagesstätten).

Bedenkt man, daß sich nur wenige Mitglieder einer Gesellschaft ein Kindermädchen leisten können und daß die Großeltern häufig an anderen

Orten wohnen oder aus anderen Gründen die – moralische – Erziehung der Kinder nicht übernehmen können oder wollen, so stellt sich für diejenigen, die die Alternativen zur traditionellen Familie untersuchen, die Frage, ob Kindermädchen, Kindergärtnerinnen oder Pädagogen die von den Eltern wahrgenommene moralische Erziehung tatsächlich erfolgreich funktional ersetzen können. Entscheidend sind die frühen Jahre eines Kindes, insbesondere die beiden ersten Lebensjahre. Das Problem liegt nicht darin, für Obhut zu sorgen oder gar Lernprozesse zu gewährleisten, sondern darin, die Internalisierung von Werten sicherzustellen, für die die Fundamente während der ersten Lebensjahre gelegt werden. Wenn es zutrifft, daß ohne die in dieser Zeit herauszubildenden psychischen Grundlagen der Fähigkeit zu Selbstkontrolle und Empathie die Werte einer Gesellschaft keinen Halt finden können, liegt die Bedeutung dieser Entwicklungsjahre für die spätere Internalisierung von Werten offen zu Tage.

Es gibt auf diese Frage keine abschließende Antwort. Gleichwohl haben zahlreiche Erhebungen Zweifel daran geweckt, ob das zur Betreuung von Kindern eingesetzte Personal die notwendigen Aufgaben zufriedenstellend erfüllen kann (insbesondere wenn das Personal schlecht bezahlt und unzureichend ausgebildet ist und es einen ständigen Personalwechsel gibt; all das trifft auf die meisten amerikanischen Kindergärten und Kindertagesstätten zu). Andere westliche Gesellschaften haben diese Frage indirekt beantwortet, indem sie Erziehungsgelder für Eltern zahlen, die während der ersten Lebensjahre ihrer Kinder zu Hause bleiben, und indem sie es den Arbeitgebern zur Pflicht gemacht haben, die Arbeitsplätze dieser Eltern mindestens für ein Jahr, in vielen Fällen sogar für länger, frei zu halten.

Die Frage, ob alleinerziehende Eltern die Zwei-Eltern-Familien ersetzen können, mag zunächst den Anschein einer separaten Frage haben: tatsächlich aber stehen beide Phänomene in einem engen Zusammenhang. Die meisten Alleinerziehenden müssen für ihren Lebensunterhalt sorgen und arbeiten oftmals außer Haus, so daß für sie die Betreuung der Kinder ein noch größeres Problem ist als für Zwei-Eltern-Familien, bei denen beide Elternteile außer Haus arbeiten.

Die Kommunitaristen stimmen jenen zu, die in der frühen Bindung der Kinder an ihre Eltern eine Notwendigkeit sehen, haben aber zugleich nach einer Alternative Ausschau gehalten, die sowohl für Alleinerziehende wie auch für die traditionelle Familie in Frage kommt. Sie sind dabei zu dem Schluß gekommen, daß die beste Antwort – mit Blick auf die moralische Erziehung der Kinder, auf die sozioökonomischen Kosten und die Gleichberechtigung der Geschlechter – in einer Familie mit zwei Elternteilen zu sehen ist, in der dem Vater und der Mutter die gleichen Rechte und Verantwortlichkeiten zufallen: die *Ehe als Gemeinschaft zwischen gleichrangigen Partnern.*[29]

Diejenigen, die davon ausgehen, daß die beiden Elternteile häufig eher notgedrungen als freiwillig außer Haus arbeiten, haben sicher recht. Sie argumentieren damit aber im Grunde für und nicht gegen politische Maßnahmen, die die Eltern in die Lage versetzen, mehr Zeit mit ihren Kindern zu verbringen. Am Ende werden, bei gleichen ökonomischen Bedingungen, immer Werte darüber entscheiden, ob die Eltern ihre Zeit und ihre Ressourcen für ihre Kinder aufbringen oder ob sie sie für den Erwerb von Konsumgütern oder ihre Karriere verwenden.

Kurz, während es viele Möglichkeiten der Bewertung alternativer Familienstrukturen und alternativer Arrangements der Kinderbetreuung, insbesondere der Betreuung von Kleinkindern, gibt, scheint die Ehe unter gleichrangigen Partnern – mit Blick auf Internalisierungs- und Stabilisierungsprozesse – die beste Lösung zu sein, wobei der Erfolg dieser Lösung von einer Gesellschaft abhängig ist, die den Eltern die sozioökonomischen Bedingungen bereitstellt, die es ihnen ermöglichen, mehr Zeit mit ihren Kindern zu verbringen.

Folgerungen für eine familienfreundliche Politik

Wenn man mit den vorausgegangenen Überlegungen übereinstimmt, stellt sich folgende Frage: Wie sieht eine familienfreundliche Politik aus kommunitaristischer Sicht aus?

Wie für andere Politikbereiche auch sollte von der Regierung ein *Sachverständigenrat* für Familienfragen ins Leben gerufen werden. Solch ein Rat soll sich aus einer Reihe erstklassiger Experten zusammensetzen, die im Vorfeld möglichst noch keine feste Position zu den zur Diskussion stehenden Fragen eingenommen haben. Der Rat sollte nun all die Untersuchungen genau begutachten, die sich damit beschäftigen, inwieweit es einen Unterschied macht, ob ein Kind in einer Kindertagesstätte oder zu Hause großgezogen wird; das Hauptaugenmerk läge dabei auf persönlichkeitsbildenden und moralischen Aspekten und nicht so sehr auf kognitiven Fähikgeiten. Die Ergebnisse des Rats könnten den öffentlichen Diskurs und die Maßnahmen der Politik entscheidend beeinflussen. Die folgenden Überlegungen gehen davon aus, das Ergebnis des Rates gleichsam vorwegnehmend, daß nur durch das intensive Engagement wenigstens eines Elternteils das Kind seine Bindungsfähigkeit erlangt; daß eine solche Bindung notwendig ist, damit es überhaupt zu einer Vermittlung und Verinnerlichung bestimmter Werte kommen kann; und daß im allgemeinen zwei Elternteile diese soziale Verantwortung eher erfüllen können als ein Elternteil.

Eine solche Bewertung würde mehrere Ebenen politischen Vorgehens rechtfertigen:

1. *Eine Politik, die sich nicht gesetzlicher Regelungen bedient, um die Familie zu stärken,* kann sich auf Studien stützen, die zeigen, daß Paare, die zusammenbleiben, mindestens ebensoviel Konflikte haben wie Paare, die sich trennen, daß sie mit diesen Konflikten aber konstruktiv umgehen.[30] *Konfliktlösungsstrategien* sollten zu diesem Zweck in allen Schulen gelehrt werden. Allen heiratswilligen Paaren sollte eine *vor*eheliche Beratung zur Verfügung stehen, die ihnen bereits im Vorfeld behilflich ist, sich wenigstens mit den grundlegenden Fragen, die auf sie zukommen werden, auseinanderzusetzen, also etwa mit der Frage, ob Kinder geplant sind oder danach, wie mit den Finanzen umzugehen ist.[31] Andere Maßnahmen sind denkbar, die zu einer Stärkung der Familie beitragen können, etwa ehebegleitende Beratungen oder kirchliche Veranstaltungen, die einer Erneuerung des Ehegelübdes dienen.

2. Die Politik muß *sozioökonomische Bedingungen* schaffen, die Eltern in die Lage versetzen, ihren elterlichen Aufgaben auch wirklich nachkommen zu können. Hierzu gehören die Gewährung von Kindergeld; Erziehungsurlaub und Arbeitsplatzgarantie für drei Jahre; proportionale Lohnzusatzleistungen für Teilzeitbeschäftigte; Rückverlagerung von Arbeitsprozessen in häusliche Bereiche, um Heimarbeit zu ermöglichen; flexible Arbeitszeiten. Besonders kostenentlastend für den Staat sind Gesetze, die denjenigen Elternteil, der ein Kind verläßt oder sich nicht um es kümmert, zu finanziellen Abgaben zwingen, die dann der Förderung von Kindern zugute kommen.

3. *Maßnahmen, die zu einer erhöhten Anerkennung der Familie führen.* Hierzu gehören feierliche Anlässe auf nationaler Ebene (das Bundesverdienstkreuz könnte auch Müttern, Vätern und Personen, die sich besondere Verdienste um die Familie erworben haben, verliehen werden), auf lokaler und persönlicher Ebene (z. B. die Feier von Hochzeitsjubiläen und die Erneuerung des Eheversprechens). Außerdem sollte der öffentliche Diskurs nicht damit aufhören, den Eltern ihre Erziehungspflicht ins Gedächtnis zu rufen.

4. *Gesetzesänderungen* machen nur Sinn, wenn die Gesellschaft den Wert der Familie erneut bekräftigt hat. Zu den Änderungen, die in Betracht gezogen werden könnten, gehören Bedenkzeiten vor Scheidungen oder eine Regelung, die sicherstellt, daß für die Kinder im Falle einer Scheidung ein gewisser Geldbetrag hinterlegt wird (der nicht lediglich zwischen den Eltern aufgeteilt werden soll). Die Wiedereinführung irgendeiner Form des Schuldprinzips scheint hingegen weniger vielversprechend zu sein.[32]

Die Schule als Stätte der Charakterbildung

Die öffentlichen Schulen sind der zweite Baustein der moralischen Infrastruktur. Wenngleich schon in früheren Zeiten Schulen für die Charakterbildung wichtig waren, spielt die öffentliche Schule in den gegenwärtigen gesellschaftlichen Verhältnissen aus kommunitaristischer Perspektive eine noch viel größere Rolle, da die Familie heute viel seltener diese Aufgabe allein erfüllen kann. Außerdem sollte eine auf Erneuerung zielende Agenda bedenken, daß Familien nur indirekt politisch beeinflußt werden können, während öffentliche Schulen erheblich direkter auf gesellschaftliche Bedürfnisse reagieren können.

Eine amerikanische Untersuchung der Schulen in den frühen 90er Jahren kommt zu dem Ergebnis, daß die Schulen nur widerwillig eine ausdrückliche und systematische Charaktererziehung verfolgen, und das aus mehreren Gründen: weil sie oftmals mit anderen Aufgaben überfrachtet sind und finanziellen Engpässen gegenüberstehen; weil die Öffentlichkeit eher die Ausbildung kognitiver Fähigkeiten fordert; weil viele Individualisten und Sozialkonservative eine moralische Erziehung an öffentlichen Schulen ablehnen; und weil die Schulen keine klaren Vorstellungen über ihre diesbezüglichen Aufgaben haben. Mit Beginn der 90er Jahre, als die Notwendigkeit einer Charaktererziehung immer offensichtlicher wurde, hat man neue Lehrpläne entwickelt, die von zunehmend mehr Schulen übernommen werden. Gleichwohl verfügen die meisten öffentlichen Schulen noch immer über kein ausformuliertes Programm, sind aber unwissentlich, auf unsystematische Weise und ohne sich hierüber genügend Rechenschaft abzulegen an der Charaktererziehung ihrer Schüler beteiligt. Den größten Einfluß auf diese Erziehung haben ohnehin Erfahrungen, die die Schüler nicht im Rahmen des normalen Lehrplans machen können.

Um sich auf die Schulen als Stätten der Charakterbildung verlassen zu können, ist es aus kommunitaristischer Sicht am wichtigsten, daß sie sich auf die Entwicklung derjenigen persönlichen Fähigkeiten konzentrieren, die die Menschen in die Lage versetzen, auf zivilisierte und moralisch akzeptable Weise miteinander umzugehen. Zu diesen Fähigkeiten gehört vorrangig, die eigenen Impulse kontrollieren zu können. Dabei wird angenommen, daß aggressive und unsoziale Impulse nicht ausgelöscht werden können; eine reife Persönlichkeit muß lernen, diese Impulse – beispielsweise ihren Ärger – anzuerkennen und sich Wege aneignen, um sie in Schach zu halten oder auf konstruktive Weise umzuformen. Zweitens muß eine sozial verantwortliche Person über das verfügen, was Adam Smith »Sympathie« nannte: sie muß sich, grob gesagt, in die Haut des anderen hineinversetzen können, muß, wie wir heute eher sagen würden, über die Fähigkeit zur Empathie verfügen. Ohne diese Fähigkeit ist es sehr unwahrscheinlich, daß Kinder ein großzügiges, faires und gegenüber anderen Menschen respektvolles Verhalten erlernen können. Ist aber eine Person im Besitz dieser beiden Fähigkeiten, dann sind die psychologischen Grundlagen gelegt, die ein Einhalten der internalisierten Werte gewährleisten.

Wenn die Schulen die Persönlichkeitsentwicklung erst einmal wirklich fördern, verliert die Frage, welche spezifischen Werte unterrichtet werden sollen, an Gewicht, wenngleich diese Frage immer noch eine Antwort erfordert. Jedenfalls lautet die Frage nicht, ob Schulen überhaupt Werterziehung betreiben sollen. Jede Schule beeinflußt auf die eine oder andere Weise die moralischen Überzeugungen ihrer Schüler. Schließlich kann das meiste Lehrmaterial nicht moralisch gesäubert oder neutralisiert werden, selbst wenn man das wünschte. Der Geschichtsunterricht wird immer eine moralische Botschaft enthalten – egal, ob man die Schüler nun lehrt, nach 1945 hätte es in Deutschland einen politischen und gesellschaftlichen Neuanfang gegeben, oder ob man dies für einen Mythos erklärt. Auch wer den Dreißigjährigen Krieg oder den Zweiten Weltkrieg unterrichtet, wird nicht umhin kommen, Werte zu vermitteln. Die geistes- und sozialwissenschaftlichen Fächer können nicht wertfrei gelehrt werden. Und selbst wenn dies in einigen Bereichen gelingen könnte, enthielte sogar ein solcher Unterricht eine moralische Botschaft: die nämlich, daß eine »objektive«, nicht-relativistische, wertfreie Sichtweise moralisch vorzuziehen sei. Noch einmal: es gibt keine wertfreie Bildung. Die Schulen unterscheiden sich lediglich darin, daß sich einige Schulen derjenigen Werte, die sie vermitteln, sehr bewußt sind und offen über sie Rechenschaft abzulegen vermögen, während andere Schulen entweder keine Klarheit über die von ihnen vermittelten Werte besitzen oder aber die moralische Erziehung dem Belieben der Lehrer anheim stellen, die sich kaum darum kümmern, welche Werte die Gemeinschaft kennzeichnen, in deren Mitte sich ihre Schulen befinden. Und es ist eine Grundannahme der Kommunitaristen, daß es in jeder Gemeinschaft eine recht große Zahl gemeinsamer Werte gibt, die ihre Mitglieder letzlich anerkennen.[33]

Die Schule ist anzusehen als eine Gemeinschaft, die am stärksten wirkt, wenn sie ihre Mitglieder an sich bindet. Vor diesem Hintergrund ist es wichtig, daß alle an der Schule gemachten *Erfahrungen* daraufhin überprüft werden, ob sie das Vermögen der Selbstdisziplin und das der Empathie fördern oder untergraben. Zu diesen Erfahrungen gehören auch Aktivitäten außerhalb des Unterrichts, insbesondere sportliche Aktivitäten; ferner die Kriterien, anhand derer Zensuren vergeben und Urkunden verliehen werden; die Art und Weise, wie mit kleinen und großen Regelverstößen umgegangen wird, und die Art und Weise, in der diese Regeln bestimmt und verändert werden; schließlich die Art und Weise, in der das Verhalten in den Gängen, auf den Pausenhöfen und Parkplätzen und in der Cafeteria geregelt wird. Wenn diese Erfahrungen der Charakterbildung nicht dienlich sind, müssen sie neu aufeinander abgestimmt werden.

Lehrer sind mehr als nur Vermittler des Stoffs, den die Lehrpläne vorschreiben. Sie sollten Konfliktlösungsstrategien unterrichten und mit Hilfe von Rollenspielen und anderen Techniken einüben können. Regelverletzungen werden am besten eher als pädagogische Herausforderung betrachtet, anstatt sie zu ignorieren oder allein mit Strafen auf sie zu reagieren. Schüler könnten bei der Entwicklung von Regeln und ihrer Durchsetzung beteiligt werden, wenngleich Schulen sicher keine durch und durch demokratische Institution sein können. Die Autorität der Erwachsenen sollte offen anerkannt werden. Man sollte sich besonders darum bemühen, alle Regeln zu erklären und überflüssige Regeln zu vermeiden. Aufgrund der Tatsache, daß die Schule an die Stelle der Eltern tritt und daß Erzieher und Schüler nicht in einer feindlichen Beziehung zueinander stehen, sollten die rechtlichen Klagemöglichkeiten der Schüler beschränkt werden.

Die Schulen werden besser in der Lage sein, die Entwicklung des Charakters zu fördern, wenn ihnen dazu mehr Stunden pro Schultag, mehr Tage in der Woche und mehr Monate im Jahr zur Verfügung stehen. Solche »Gemeinschaftsschulen« werden eine intensivere und umfassendere Beteiligung der Schüler zur Folge haben und zugleich wird es diesen Schulen besser gelingen, die Schüler von der Straße zu holen oder dem Einfluß des Fernsehens zu entziehen. Insgesamt könnte eine verlängerte Schulzeit den Erfahrungsschatz der Schüler – und nicht nur ihr Wissen – erheblich vergrößern.

Das schulische Engagement der Eltern ist für die Entwicklung des Charakters hilfreich. Dies muß ohne Vortäuschung und Manipulation erreicht werden, und es muß eine klare Grenzziehung geben zwischen professionellen Angelegenheiten, deren Regelung der Schule vorbehalten bleibt (etwa die Unterrichtsgestaltung) und den Angelegenheiten, die nicht ohne Zustimmung der Eltern geregelt werden dürfen (so sollten Eltern ihre Kinder dem Sexualkundeunterricht fernhalten dürfen, wenn sie sich vorher über dessen Inhalte informiert haben.)[34]

Die Gemeinschaft als moralische Kraft

Es liegt an der Natur des Menschen, daß Kinder selbst dann noch nicht genügend auf die kommunitäre Gesellschaft vorbereitet sind, wenn sie in einer Familie aufgewachsen sind, die sich sehr stark ihren Kindern und der Moralerziehung ihrer Kinder gewidmet hat, oder wenn sie sozial engagierte Schulen besucht haben. Dieser Umstand wird oftmals von jenen übersehen, die davon ausgehen, daß Menschen ganz automatisch von ihrem inneren moralischen Kompaß geführt werden, wenn sie sich die sozialen Tugenden erst einmal angeeignet haben. Überhaupt wird ja das Gewissen oft mit einem solchen inneren Kompaß gleichgesetzt.

Nun kann aber nicht bestritten werden, daß ein guter und tugendhafter Charakter auch verwahrlosen kann. Sich selbst überlassen, verwickelt in die Routine des Alltagslebens, verlieren Individuen stufenweise die Bindung zu ihren Werten – es sei denn sie werden kontinuierlich bestärkt. Eine wesentliche Funktion der Gemeinschaft als einem Eckstein der moralischen Infrastruktur liegt darin, den Charakter der Individuen zu stärken. Wir haben gesehen, wie dies durch die Stimme der Moral erreicht werden kann, die in ein Netz informeller, affektgeladener Beziehungen, einem konstitutiven Element jeder Gemeinschaft, eingeflochten ist. Allgemeiner formuliert, je schwächer eine Gemeinschaft ist – weil die Bevölkerungsfluktuation sehr hoch ist, weil es nur wenig gemeinsame Werte gibt oder weil eine allzu große Heterogenität unter der Bevölkerung herrscht –, um so dünner ist das soziale Netz und um so leiser ist die Stimme der Moral.

Um es noch prägnanter zu formulieren: Man kann jedes einzelne Element des sozialen Beziehungsgeflechts einer Gemeinschaft daraufhin untersuchen, ob es die moralische Infrastruktur stärkt, vernachlässigt oder untergräbt.

Die Bedeutung von Verbänden und Vereinen, die sich auf freiwilliges Engagement stützen, ist in diesem Zusammenhang bereits vielfach hervorgehoben worden und zwar in ihrer Schutzfunktion für den Einzelnen gegenüber dem Staat (ein Schutz, den der Einzelne nicht hätte, würde er dem Staat allein als isoliertes oder »atomisiertes« Individuum gegenübertreten) wie auch als vermittelnde Instanzen, die individuelle Signale, die hier vermehrt zusammenlaufen, an den Staat weitergegeben. Mit Blick auf die moralische Infrastruktur einer Gesellschaft erfüllen die gleichen Vereine und Verbände oftmals noch eine ganz andere Funktion: Sie dienen als soziale Räume, in denen die Mitglieder einer Gemeinschaft ihr soziales Netz bekräftigen und ihre moralische Stimme artikulieren können. Das heißt, sie bilden häufig Subgemeinschaften innerhalb umfassenderer Gemeinschaften.

Kirchengemeinden fungieren in diesem Sinne als Vereine auf freiwilliger Grundlage. Allerdings unterscheiden sie sich von ihnen in einer Hinsicht: Obgleich sie ebenfalls die affektiven Bindungen stärken, verleihen sie der moralischen Stimme doch ein größeres Gewicht, als das in vielen anderen Vereinen und Verbänden der Fall ist. Ja, man könnte sogar sagen, daß sie ihren Beitrag zur Stärkung der moralischen Infrastruktur vernachlässigen, wenn sie ihre Ressourcen oder Räumlichkeiten vermehrt für soziale Aktivitäten (vom Tanz- bis zum Skatabend) verwenden.

Die Kommunitaristen konzentrieren sich zu Recht auf den Zustand öffentlicher Räume, da sie diejenigen Orte sind, an denen sich (im Unterschied zu Privathäusern) Gemeinschaft ereignet. Selbst wenn man viele Freunde hat, die man besucht oder mit denen man Fahrgemeinschaften bildet, so bleiben dies doch im wesentlichen Aktivitäten kleiner Freundschaftsgruppen (was Robert Putnam »alleine kegeln« nennt);[35] Gemeinschaften brauchen umfassendere Netze, und diese werden an öffentlich zugänglichen Versammlungsorten gebildet und gestärkt – von Schulsportplätzen bis zu öffentlichen Parkanlagen, von Marktplätzen bis zu Uferpromenaden. In dem Maße, in dem diese Orte unsicher werden, verlieren Gemeinschaften eine der Hauptquellen ihrer Lebenskraft; solche Orte der Gemeinschaft wieder zugänglich zu machen, ist daher wesentlicher Bestandteil einer kommunitären Erneuerung.

Wenn eine Gesellschaft zusätzlich zu stabilen Familien und sozial engagierten Schulen, die für die Charakterbildung zuständig sind, auch über Gemeinschaften verfügt, deren soziales Netz intakt ist und deren moralische Stimme sich klar artikulieren kann, wird sie einen großen Schritt hin zu einer sozialen Ordnung machen, deren Zusammenhalt weitgehend moralischen Verpflichtungen entspringt.

Pluralismus in der Einheit

Ordnung und Autonomie im Verhältnis zwischen Gemeinschaften

Wenn man nicht systematische Anstrengungen unternimmt, in den Beziehungen zwischen Gemeinschaften Achtung sowohl für Ordnung als auch für Autonomie zu sichern, wird es lediglich kommunitäre Inseln in einem nicht-kommunitären Meer geben, können leicht Feindschaft und Streit aufflackern oder gar die Oberhand gewinnen. Während sich einige Kommunitaristen auf die interne Struktur und Dynamik einzelner Gemeinschaften konzentriert haben, bezieht das hier entwickelte Paradigma auch die Beziehungen der Gemeinschaften untereinander mit ein.

Gute Gesellschaften müssen ein Gleichgewicht zwischen sozialer Ordnung und Autonomie finden und bewahren, aber nicht bloß für ihre einzelnen Mitglieder, sondern auch mit Blick auf die Beziehungen zwischen der Gesellschaft im ganzen (die am Ende des zwanzigsten Jahrhunderts immer noch oft eine nationale Gesellschaft ist) und den ihr zugehörigen Gemeinschaften und Subgruppen sowie zu anderen Gesellschaften. Über die Sicherung des inneren Friedens hinaus versetzt ein solches Gleichgewicht jede Gemeinschaft in die Lage, ihre spezielle Tradition und kulturelle Eigenheit zu bewahren, ihren Interessen und Bedürfnissen nachzugehen, während sie gleichwohl mit anderen Gemeinschaften einen Kernbestand gemeinsamer Werte aufrechterhalten kann.

Eine Gemeinschaft von Gemeinschaften zu schaffen und zu erhalten, stellt eine besonders große Herausforderung für Kommunitaristen dar, denn Gemeinschaften neigen dazu, je stärker ihre Binnenbeziehungen ausgebildet sind, sich um so weniger als Teil eines Verbunds von mehreren Gemeinschaften zu betrachten und dementsprechend zu agieren.

Die Mitglieder vieler Gemeinschaften würden gerne die Zugbrücken einholen, an den Toren Wachposten aufstellen und sich nur den Mitgliedern der eigenen Gemeinschaft moralisch verbunden fühlen. Diese Selbstbezogenheit von Gemeinschaften spiegelt sich auch darin wider, daß sie in der Regel alles dafür tun, um die Ansiedlung risikoreicher Projekte bei sich zu verhindern und andere Gemeinschaften damit zu belasten, selbst wenn mit solchen Projekten neue Dienstleistungen und Arbeitsplätze verbunden sind. Zu solchen abgelehnten Einrichtungen gehören Müllverbrennungsanlagen, Asylheime, Gefängnisse, Drogenrehabilitationszentren und Atomkraftwerke, Wiederaufbereitungsanlagen oder Atommüllager.

Extremere Formen der Selbstbezogenheit von Gemeinschaften spielen eine Rolle bei gewalttätigen Auseinandersetzungen zwischen Gruppen. Obwohl es in der zweiten Hälfte unseres Jahrhunderts keine Weltkriege gab, ist dieser Zeitraum von zahllosen kriegerischen Auseinandersetzungen zwischen Gemeinschaften gekennzeichnet. Abgesehen von den bekannten Bürgerkriegen mit ethnischen und rassischen Hintergründen im Libanon, in der früheren Sowjetunion und dem ehemaligen Jugoslawien, gab es ebenfalls Auseinandersetzungen unter anderem in Somalia, Afghanistan, Ruanda, Liberia, Äthiopien, Sri Lanka, Nordirland und Indien. Einige Gesellschaften sind auseinandergefallen; die Tschechische Republik und die Slowakei sind beispielsweise getrennte Wege gegangen. Sogar schon lange existierende, demokratische und grundsätzlich kommunitäre Gesellschaften erlebten eine Reihe von Spannungen zwischen ihren Gemeinschaften. Kanada schlägt sich mit einer starken separatistischen Bewegung in Quebec herum. Großbritannien hat es mit einer separatistischen Bewegung in Schottland zu tun, wo zwei Drittel der Bevölkerung sich eher als Schotten denn als Engländer betrachten und extremistische Organisationen den Einsatz von Gewalt befürworten, um die Unabhängigkeit zu erreichen.

Zwar glauben viele Amerikaner, es handele sich hier weitgehend um ein außeramerikanisches Problem, doch auch in den Vereinigten Staaten gibt es Gruppenkonflikte, die sehr ernst zu nehmen sind. Es gibt keine zuverlässigen systematischen Daten aus den Jahren vor 1990, doch vieles deutet auf einen Anstieg der Gewaltdelikte zwischen ethnischen Gruppen seit 1980 hin.[1] Laut einer Angabe aus dem Jahre 1992 »wurde jeder vierte bis fünfte erwachsene Amerikaner einmal im Jahr aufgrund von Vorurteilen Opfer von Belästigung, Einschüchterung, Beleidigung oder eines Angriffs.« Abgesehen von Konflikten zwischen Afroamerikanern und Weißen, sind Gruppenkonflikte in den letzten Jahren auch auf andere ethnische Gemeinschaften übergesprungen. Arthur Schlesinger Jr. warnt davor, daß »der Streit der Ideologien von ethnisch bedingten Konflikten abgelöst und zum explosiven Problem unserer Zeit werden wird.« (1992, S. 10)

Für das kommunitaristische Paradigma liegt die Herausforderung darin, aufzuzeigen, wie die Bindungen innerhalb einer umfassenderen Gemeinschaft bewahrt werden können, ohne die Teilgemeinschaften zu unterdrücken. In vielerlei Hinsicht ist die angestrebte soziale Gestalt jener recht ähnlich, die im Verhältnis zwischen dem Individuum und einer einzigen Gemeinschaft von Bedeutung ist: eine Autonomie, die sich eher durch Verpflichtungen als durch völlige Ungebundenheit auszeichnet. Und ebenso wie individuelle Rechte mit der Verpflichtung gegenüber einem Grundbestand gemeinsamer Werte ausbalanciert werden müssen, so gilt es auch, die Verpflichtung gegenüber der eigenen Gemeinschaft (oder den eigenen Gemeinschaften) in *ein Gleichgewicht* zu den Verpflichtungen gegenüber der eher umfassenderen Gesellschaft *zu bringen*.

Diese kommunitaristische Denkweise unterscheidet sich beträchtlich von der individualistischen, die das gleiche Problem zu lösen versucht, indem sie jeden zum Mitglied eines Universalstaates macht, mit jeweils gleichen Rechten und Pflichten, aber ohne besondere Verpflichtung gegenüber einer Gemeinschaft. (Diese Idee äußert sich auch in der Auffassung, wir sollten eine farbenblinde Gesellschaft sein, beziehungsweise die Menschen nur als Individuen und nicht als Mitglieder von Gruppen behandeln).[2] Selbst wenn ein derartiger Staat erstrebenswert wäre, kann man doch die Zugehörigkeit von Menschen zu einer Gemeinschaft und deren Bindung an die Werte ihrer Gemeinschaft nicht übergehen. Es gibt also keinen anderen Weg, als sich mit den Beziehungen auseinanderzusetzen, die Gemeinschaften untereinander und zur Gesamtgesellschaft eingehen.

Schmelztiegel, Regenbogen oder Mosaik?

Wenn wir die Beziehungen zwischen rassischen und ethnischen Gemeinschaften in Amerika betrachten, suchen wir häufig nach einem aussagekräftigen Bild. Einige sprechen vom *Schmelztiegel*[3], in dem sich alle

Gruppen assimilieren und zu einem homogenen Amalgam werden. Die Metapher vom Schmelztiegel wurde zu Beginn dieses Jahrhunderts populär, als die Vereinigten Staaten eine große Anzahl an Ost- und Südeuropäern aufnahmen. »Der Schmelztiegel ist das älteste und bekannteste Modell, um zu beschreiben, was mit den Immigranten geschieht, wenn sie in Amerika sind. Am aussagekräftigsten wurde es von jenen verkörpert, die kaum in Ellis Island angekommen ihren Namen änderten, um sich der neuen Gesellschaft anzupassen.«[4] Die Aufteilung der Amerikaner in Gruppen wird oft rundum abgelehnt und stattdessen gefordert, daß sie als Individuen und nicht als Mitglieder dieser oder jener Gruppe zu behandeln seien: »Die gegenwärtige Leidenschaft, Amerikaner zu klassifizieren und aufzuteilen, ist ein Anzeichen für roten und braunen Faschismus. Wo eine an Gemeinschaften orientierte Perspektive vorherrscht, ... fließt Blut, und keinem widerfährt Gerechtigkeit. Auf der anderen Seite haben wir vielfach dafür gekämpft, nicht als Angehörige einer Klasse von Menschen, sondern als individuelle Wesen anerkannt zu werden.«[5]

Andere wiederum sehen im *Regenbogen* eine Metapher für die amerikanische Gesellschaft: Menschen ähnlicher Hautfarbe stehen näher beieinander als solche, die sich stärker unterscheiden. Jesse Jackson führte dieses Bild während seiner Wahlkampagne im Jahre 1984 in die Diskussion ein. Wieder andere sprechen von der amerikanischen Gesellschaft als einer »multiethnischen Gesellschaft.« In der *Time* war 1983 zu lesen, daß »die amerikanische Kultur für gewöhnlich als eurozentrischer Schmelztiegel dargestellt wurde, in dem andere Kulturen aufgelöst werden ... Heute scheint sie eher ein Straßenjahrmarkt zu sein, mit verschiedenen Markt- und Imbißbuden und vielerlei Menschen, die sich auf dem gemeinsamen Bürgersteig miteinander vermischen.«

Das Bild, das der gebundenen Autonomie in einem Beziehungsgeflecht zwischen den Gemeinschaften am ehesten entspricht und zu einer kommunitaristischen Gesellschaft am besten paßt, ist meines Erachtens das Mosaik.[6] Ein Mosaik zeichnet sich durch Elemente unterschiedlichster Formen und Farben aus, die aber von Leim und Rahmen zusammengehalten werden. Das Mosaik symbolisiert eine Gesellschaft, in der die verschiedenen Gemeinschaften ihre kulturellen Eigenheiten (von der Religion über die Sprache bis hin zu Küche und Musik) bewahren und sich selbstbewußt auf ihre spezifische Tradition beziehen können. Gleichzeitig sind sich die unterschiedlichen Gemeinschaften bewußt, daß sie selbst jeweils integraler Bestandteil eines umfassenderen Ganzen sind. Darüber hinaus verbindet sie miteinander eine starke Verpflichtung gegenüber dem gemeinsamen »Rahmen«. »Wir kamen auf unterschiedlichen Schiffen, aber nun sitzen wir alle im selben Boot«, um es mit den Worten eines populären Liedes zu sagen. Roberto Suro beobachtete zutreffenderweise, daß »die Immigranten nicht in einem uniformen nationalen Typus aufgehen, aber auch nicht auf immer an fest fixierten und trennenden ethnischen Identitäten festhalten.« (1994, S. 65)

Desweiteren gibt es auch innerhalb einer jeden Gruppe wichtige Unterschiede. Einige sind eher auf den »Rahmen« hin ausgerichtet, andere eher partikularistisch orientiert. Oft wird unterstellt, daß Latinos, Afroamerikaner oder einige andere Gruppen eher zur letzteren Einstellung neigen, aber diese Annahme ist kaum zutreffend. Als beispielsweise Immigranten gefragt wurden, ob es für die Vereinigten Staaten besser sei, wenn man die Einwanderer dazu ermutigen würde, in der amerikanischen Kultur aufzugehen, antworteten 59 Prozent der Immigranten mit Ja, während nur 27 Prozent sagten, es wäre besser, die Immigranten blieben bei ihrer eigenen Kultur.[7]

Starke Heterogenität – schwache gesellschaftliche Integration

Je heterogener eine Gesellschaft ist, um so größer ist die Herausforderung, die Autonomie der Gruppen so zu binden und zu verbinden, daß eine gemeinschaftliche Gesellschaft bestehen kann, die sich an der goldenen Regel orientiert. Die Heterogenität der amerikanischen Gesellschaft ist größer als in den meisten anderen Demokratien. In den Vereinigten Staaten haben die Weißen einen Anteil von 77 Prozent der Gesamtbevölkerung; im Gegensatz dazu liegt der jeweils dominierende ethnische Anteil der Bevölkerung in den meisten europäischen Ländern bei 90 Prozent; und in Japan liegt dieser Wert bei 99 Prozent.[8] Und die Heterogenität nimmt in den Vereinigten Staaten beständig zu. Die hohe und weiter ansteigende Heterogenität spiegelt sich in der Tatsache wider, daß zahlreiche öffentliche Schulen mit Kindern zurecht kommen müssen, deren Muttersprache nicht Englisch ist. Der Anteil der Bevölkerung in den Vereinigten Staaten, die zuhause eine andere Sprache als Englisch sprechen, stieg im Laufe der 80er Jahre um mehr als 40 Prozent an und umfaßt im Jahre 1990 32 Millionen Einwohner. Mehr als 2,5 Millionen Schüler nahmen 1992 an Programmen zum Sprachunterricht teil, eine Zahl, die zehnmal so hoch ist wie 1972. Und daß es Anzeichen für zunehmende Gruppenspannungen und Streitigkeiten gibt, ist bereits erwähnt worden. (Diese zentrifugalen Tendenzen werden in gewissem Umfang dadurch abgemildert, daß mit steigender Heterogenität zugleich ein machtvoller Mechanismus der sozialen Integration verstärkt zum Tragen kommt: Mischehen zwischen Angehörigen verschiedener Gruppen.)

Die sozialen Mechanismen, um mit Heterogenität und den zentrifugalen Kräften einer Gesellschaft umzugehen, wirken in der amerikanischen Gesellschaft schwächer als in vielen anderen westlichen Gesellschaften. Die amerikanische Gesellschaft kann sich nicht auf ein national einheitlich geltendes Bildungscurriculum stützen, mit dessen Hilfe gemeinsam geteilte Grundwerte von einer Generation an die nächste und schließlich auch an die neuen Mitglieder der Gesellschaft vermittelt werden. Die Medien vermitteln kaum normative Bindungen und stehen zunehmend unter lokaler Kontrolle. Nur bei wenigen Gelegenheiten, wie etwa während der Besiedlung des Westens, vermischten sich Menschen aus unterschiedlichen Gesellschaften und Kulturen. Relativ starke zentrifugale Kräfte und ein Mangel an wirkungsvollen Integrationskräften führen zu einer Gesellschaft, in der die verschiedenen ethnischen Gemeinschaften sich zunehmend auseinander bewegen.

Ein weiteres Anzeichen dafür, daß sich die amerikanische Gemeinschaft der Gemeinschafen lockert, ist in der Neigung bestimmter Bevölkerungsgruppen zu sehen, genau zu kalkulieren, welchen Anteil an den Leistungen der Gesamtgesellschaft man erhält und welchen Beitrag man selbst zu leisten hat (Steuern, Dienstleistungen und ähnliches). Dem schließen sich typischerweise Forderungen an, den Anteil, den man erhält, dem eigenen Beitrag anzugleichen. Die Gemeinschaften verhalten sich, als ob sie vollständig autonome Einheiten darstellten, man keine gemeinsamen Interessen hätte oder keine Neigungen verspürte, den schwächeren Teilen der Gesellschaft beizustehen oder dem Gemeinwohl insgesamt zu dienen.

Was dabei verloren geht und und woran es mangelt, das wird einem vielleicht klar, wenn man sich ein verheiratetes Paar vorstellt, das darauf

bedacht ist, daß jeder Partner jeweils die Hälfte aller Kosten trägt und
jeweils die Hälfte aller Hausarbeiten erledigt. Eine solche Maxime führt
zu beständigen Auseinandersetzungen über die Gleichwertigkeit von Aufgaben, Arbeitszeitberechnungen und manchem mehr. Obwohl solche
Überlegungen sicher ihre Berechtigung haben, sind Ehen – und andere
gemeinschaftliche Bindungen – stabiler, wenn die Beteiligten sich mehr
Spielraum zugestehen, etwa in Anlehnung an die bekannte 75-Prozent-
zu-75-Prozent-Regel, derzufolge jede Seite aus dem Interesse an der
gemeinsamen Bindung jeweils mehr gibt als erforderlich ist, ohne auf das
Recht auf Ausgleich zu verzichten, wenn das Verhältnis aus dem Gleichgewicht gerät. Die gleiche Regel gilt für Beziehungen zwischen Gemeinschaften: Je stärker ein Anteil an den Leistungen gefordert wird, der exakt
dem eigenen Beitrag entspricht, um so größer sind die zentrifugalen
Kräfte.

In den Vereinigten Staaten nehmen also die ethnischen Spannungen zu,
in einer Gesellschaft, die durch eine zunehmende, objektive Heterogenität
ihrer Bevölkerung gekennzeichnet ist. Desweiteren handeln in einer Gesellschaft, deren Mechanismen zur Ausbildung eines nationalen Gemeinschaftsgefühls alles andere als stark sind, immer mehr Menschen gemäß
ihrer Zugehörigkeit zu einer bestimmten Gruppe.

Andere Gesellschaften sind mit dem gleichen grundsätzlichen Problem
konfrontiert: Wie kann die Integration einer ganzen Gesellschaft – ein
Schlüsselelement sozialer Ordnung – aufrechterhalten werden, ohne die
Autonomie der einzelnen Subgruppen zu beeinträchtigen? Das Problem
stellt sich in vielen westlichen Gesellschaften, wenn auch nicht in der Bri-
sanz wie in den USA.

Andere Gesellschaften wiederum haben niemals jenen Grad der Integration erreicht wie die Vereinigten Staaten – dies gilt beispielsweise für
die frühere Union der Sowjetrepubliken, das ehemalige Jugoslawien, und
viele vormals europäische Kolonien, insbesondere in Afrika, wo die
nationalen Grenzen willkürlich gezogen wurden und unterschiedliche
ethnische Gemeinschaften umschließen. Viele Gesellschaften haben den
ihnen zugehörigen Gemeinschaften nicht genügend Autonomie eingeräumt und leiden in der Konsequenz vermehrt unter Spannungen. Dies
zeigt sich etwa am Beispiel der Koreaner in Japan. Die Probleme, die der
Irak und die Türkei in ihren Beziehungen zu den Kurden haben, sind weitere Beispiele. Bei allen Unterschieden im einzelnen kommt doch kaum

eine Gesellschaft daran vorbei, sich mit dem Problem der Beziehungen von Gruppen untereinander und deren Verhältnis zur Gesellschaft insgesamt auseinanderzusetzen. Die nachfolgende Diskussion konzentriert sich auf den amerikanischen Kontext, wobei die Schlußfolgerungen auch auf andere Gesellschaften übertragen werden können.

Der Umgang mit wachsender Vielfalt

Eine Art, mit gruppenbedingten Zentrifugalkräften umzugehen, ist die *Assimilation* (Schmelztiegel), derzufolge Menschen unterschiedlicher Herkunft ihre Zugehörigkeit zu einer Subkultur und insbesondere ihre Gruppenloyalität aufgeben, um zu nicht mehr unterscheidbaren Mitgliedern der Gesamtgemeinschaft zu werden. Diesen Weg beschritt die UdSSR, um mit ihren Minderheiten, insbesondere den Juden, zurecht zu kommen, und China im Umgang mit Tibet. Beide Länder kombinierten das Drängen auf Akkulturation mit Zwangsmaßnahmen zur Unterdrückung kultureller Unterschiede. In der amerikanischen Gesellschaft haben die Befürworter der Assimilation weitgehend auf Akkulturation gesetzt, wenngleich man auch gelegentlich einen an Zwang grenzenden Druck ausgeübt hat. Kindern wurde sogar auf Spielplätzen und in Schulhöfen verboten, ihre Muttersprache zu sprechen, und in mehreren Bundesstaaten hat man Gesetze verabschiedet, die bestimmten, daß Stimmzettel, Straßenschilder und der gesamte offizielle Schriftverkehr allein in englischer Sprache abgefaßt sein dürfen. In Quebec wurde per Gesetz der Gebrauch des Englischen bei Straßenschildern und Speisenkarten der Restaurants untersagt.

Gemessen am kommunitaristischen Paradigma sind solche Assimilationsideologien und eine entsprechende Politik als »Übersteuerung« zu betrachten. Es gibt keinen zwingenden Grund, Amerikaner einander anzugleichen bis sie nicht mehr unterscheidbar sind. Es gibt für Amerikaner griechischer, polnischer, afrikanischer oder anderer Herkunft keine Notwendigkeit, sich selbst schlicht als Amerikaner ohne besondere Unterscheidungsmerkmale, ohne eigene Geschichte und Kultur zu begreifen. Und ebenso können Amerikaner, wenn sie es wollen, ihre jeweilige Religion – von der griechisch-orthodoxen bis hin zur buddhistischen –

und ihre jeweilige Kultur (einschließlich der besonderen Geschmäcker in Sachen Musik, Tanz und Küche) beibehalten, ohne damit das Ganze Amerikas zu bedrohen.

Tatsächlich ist diese Kultur durch das Eindringen verschiedener Elemente reicher geworden: der Jazz und die klassische Musik; der Tango und die Polka; die italienische und die chinesische Küche etc. Die amerikanische Gesellschaft würde nicht darunter leiden, wenn wir über die verschiedenen Hintergründe und Traditionen mehr erführen und lernten – wenn wir die Lehren des Korans, die asiatische Philosophie oder die Traditionen der amerikanischen Ureinwohner kennenlernten; und es gereicht der Gesellschaft sicher nicht zum Nachteil, wenn jede ethnische Gemeinschaft auf ihr besonderes Erbe stolz ist und ihr Interesse für das jeweilige Herkunftsland bewahrt.

Es ist – wie Schlesinger Jr. (1992, S. 10) bemerkte – eine der großen Tugenden Amerikas, daß es die Menschen als Individuen betrachtet und eher danach fragt, wohin sie wollen (in die Wissenschaft? die Politik?), als danach, woher sie kommen (aus einer aristokratischen Familie? aus bäuerlichen Verhältnissen?). Aber das heißt nicht, daß Amerikaner ihr Interesse an und ihre Kenntnisse von der spezifischen Vergangenheit ihrer Kultur oder ihre Bindungen an sie aufgeben müßten, um allein unter dem Blickwinkel ihres gegenwärtigen Beitrags betrachtet zu werden oder damit ihre Loyalität zur umfassenden Gemeinschaft der Gemeinschaften bewahrt bliebe.

Die soziologische Herausforderung besteht darin, gesellschaftliche Formationen zu entwickeln, die den bereichernden Besonderheiten autonomer Subkulturen und Gemeinschaften genügend Raum verschaffen und gleichzeitig einen Grundbestand an gemeinsamen Werten aufrechterhalten. (Die Beziehung der amerikanischen Gesellschaft als ganzer zu wiederum noch umfassenderen Gemeinschaften wie Nordamerika, zur westlichen Welt oder zu allen Staaten der Erde, wird hier nicht weiter untersucht. Es genügt, darauf hinzuweisen, daß diese noch umfassenderen Einheiten bislang noch keine ausreichend kommunitaristischen Elemente entwickelt haben, um als lebensfähige Gemeinschaften gelten zu können, so sehr man dies auch bedauern mag.)

Das Konzept einer *Gemeinschaft der Gemeinschaften* (beziehungsweise der Vielfalt innerhalb einer Einheit) ist in dem Bild eines Mosaiks, das von einem soliden Rahmen eingefaßt ist, treffend eingefangen. Das

Motto »E pluribus unum« vermag dieser Idee nicht gerecht zu werden; es unterstellt, daß die Vielen sich zu einer Einheit wandeln, läßt mithin keinen Raum für Pluralismus als stetiger Eigenschaft einer mannigfaltigen und dennoch einheitlichen Gesellschaft.[9]

Vielfalt und die Notwendigkeit eines Rahmens

Bis hierher ging es um zwei miteinander konkurrierende Bilder für die Gesellschaft, dem Bild der Assimilation und dem einer Gemeinschaft der Gemeinschaften. Eine dritte Sichtweise anerkennt die Unterschiede, schenkt aber einem gemeinsamen Rahmen nur wenig Aufmerksamkeit. Die Anhänger dieser Vorstellung sprechen von »Vielfalt« ohne Qualifizierungen oder Zusätze. Sofern sie überhaupt auf einen gemeinsamen Rahmen zu sprechen kommen, lehnen sie ihn ab und betrachten den bestehenden Rahmen als Reflex traditioneller weißer, männlicher oder europäisch-amerikanischer Werte. Solche Befürworter der Vielfalt ignorieren sehr leicht die Frage, ob die Vielfalt irgendwelcher Bindungen bedarf, ganz abgesehen davon, welcher Qualität solche Bindungen sein könnten.

Auf einer Plenarveranstaltung der *American Sociological Association* 1995 sollten drei jeweils führende Persönlichkeiten der afro-amerikanischen, hispanischen und asiatisch-amerikanischen Gemeinschaft ihre Visionen über die Beziehungen zwischen den ethnischen Gruppen Amerikas im Jahr 2020 darlegen. Alle drei Sprecher betonten das ihrer Bevölkerungsgruppe jeweils widerfahrene Unrecht in der Vergangenheit, zwei von ihnen äußerten die Vermutung, daß es möglicherweise erst zu einem Bürgerkrieg kommen müsse, bevor ihrer jeweiligen Gemeinschaft Gerechtigkeit widerfahren könne. Alle drei vermieden die Frage nach der Qualität eines gemeinsamen – wenn auch neu zu gestaltenden – Rahmens für die soziale Ordnung. Dies bleibt unbeantwortet, für die amerikanische Gesellschaft wie auch für viele andere Gesellschaften, beispielsweise im Hinblick auf die Beziehungen zwischen jüdisch-israelischen und arabisch-israelischen Bürgern in Israel.

Extreme Verfechter einer nicht näher qualifizierten Vielfalt vertreten die Ansicht, daß es eine Gesellschaft an sich überhaupt nicht gebe, sondern allein verschiedene Gruppen, die sich gegenüberstehen, oder eine Gruppe, die über die anderen dominiert.[10] Solche Sichtweisen untergraben ernsthaft die Legitimität eines gemeinsamen Rahmens und mithin einer Gemeinschaft der Gemeinschaften. Die im folgenden vertretene Position stützt sich auf die Beobachtung, daß Gesellschaften mit schwachem Gerüst Opfer von Spannungen, wenn nicht gar Bürgerkriegen werden, die sowohl Ordnung als auch Autonomie mindern. Dagegen stellt die Frage, ob das existierende gesellschaftliche Gerüst neu gestaltet werden kann, für eine kommunitäre Gesellschaft keine Bedrohung dar, denn diese Frage erkennt die grundsätzliche Notwendigkeit eines Grundrahmens für das Funktionieren einer Gesellschaft bereits an.

Der Rahmen: Locker oder fest?
Prozedural oder substantiell?

Die Diskussion darüber, an welchen sozialen Kräften alle teilhaben sollten im Unterschied zu jenen, die nur partikulare Bedeutung haben, kreist häufig darum, welche Werte von allen anerkannt werden müssen. Es werden unterschiedliche Begriffe benutzt, aber soziologisch gesprochen geht es immer um die (gleichen) Fragen: Muß eine Nation von einer Grundüberzeugung geprägt sein? Braucht sie eine eigenständige Identität? Eine einheitliche Kultur? Oder gibt es so etwas wie einen einheitlichen amerikanischen Charakter?[11] Seymour M. Lipset gehört zu jenen, die diese Frage bejahen, und liefert eine detaillierte Analyse, gestützt auf Daten aus nationalen Meinungsumfragen, um das »Besondere« der amerikanischen Gesellschaft, ihre eigentümlichen Werte aufzuzeigen (1966).

Solche Diskussionen über den normativen Inhalt des Rahmens überspringen jedoch eine Frage, die es zu allererst zu behandeln gilt: Soll der Rahmen überhaupt gemeinsame Werte enthalten? Wie wir gesehen haben, behaupten Individualisten, daß von der Gesellschaft vorgegebene Bestimmungen des Guten eine Bedrohung für die Rechte des Individuums darstellen. Exemplarisch für diese Position ist die Forderung nach einer Redeweise, der zufolge Amerika nicht als eine – trotz allem kulturellen und ethnischen Differenzierungen, die nur von nachgeordneter Bedeutung sind – einheitliche Gesellschaft bezeichnet wird, sondern einfach als eine »vielfältige und pluralistische Gesellschaft«.[12] Keine gemeinsamen Bindungen und Werte. Folglich gilt hier Demokratie explizit als etwas, »das diejenigen *Prozesse* in Gang setzt, mit deren Hilfe solche [aus der Vielfalt resultierenden] Konflikte ausgetragen werden können.«[13] Im Gegensatz dazu vertreten Kommunitaristen die Meinung, daß ohne eine Reihe gemeinsamer *substanzieller* Grundwerte, ohne einen festeren Rahmen, der von vielen Menschen einer Gemeinschaft als verbindlich betrachtet wird, die soziale Ordnung selbst nicht überlebensfähig ist.

Daß gemeinsame substanzielle Werte bedeutend sind, heißt jedoch keineswegs, daß diese Werte einen strikten und rigiden Glauben enthalten, einen unveränderlichen Kanon bilden, der von einer Generation an die nächste weiterzugeben ist. Im Gegenteil, die historische Erfahrung zeigt, daß der substanzielle normative Gehalt eines gemeinsamen Rahmens fortwährend an die sich verändernden Verhältnisse innerhalb einer Gesellschaft wie auch an weltweite Veränderungen unter Wahrung der eigenen Kontinuität angepaßt wird (Barber 1994, S. 101). Die amerikanische Verfassungsgeschichte liefert hierfür deutliche Beispiele. So wird etwa der Wert ›Privatsphäre‹, der heute als wesentliches Element der amerikanischen Verfassung gilt, in den ursprünglichen Dokumenten der Verfassung nicht einmal erwähnt. Die Vorstellung, daß einige Amerikaner nicht als vollwertige Personen anzusehen seien[14], ist vor langer Zeit aufgegeben worden, wie auch die Vorstellungen, daß Frauen kein Wahlrecht zustünde und allein jene, die besitzvermögend sind, sich um ein Amt bewerben dürften. Letztlich besteht die Tätigkeit des Obersten Gerichtshofes hauptsächlich darin, die verfassungsrechtliche Tradition immer wieder neu zu interpretieren und ihr dabei möglichst treu zu bleiben.

Wenn man der Notwendigkeit eines festen gemeinsamen Rahmens – auch wenn es ein neu gestalteter sein mag – zustimmt, aus welchen Schlüsselelementen setzt er sich dann zusammen?

Kernstück I: Demokratie als Wert (und nicht bloß als Verfahrensweise)

Individualisten betrachten die Demokratie als einen Mechanismus; Kommunitaristen hingegen als einen Grundwert, der allen gemeinsam sein muß. Denn wenn Demokratie lediglich als ein Arrangement oder eine

Verfahrensweise angesehen wird, könnte sie in dem Augenblick preisgegeben werden, wenn sie mit den Interessen mächtiger Gruppen in schwerwiegende Konflikte gerät. Demokratie in diesem Sinne verstanden gleicht einem Vertrag, dessen Einhaltung letztlich auf vorvertraglichen Verpflichtungen beruht (da die Furcht vor einer zwangsweisen Durchsetzung von Verträgen allein die Vertragsparteien oft nicht stark genug an einen Vertrag bindet, werden die Vertragsparteien versuchen, die Verträge zu umgehen oder sie zu verletzten, wenn sich entsprechend starke Anreize dafür ergeben).[15] Ähnlich ist es für den Bestand der Demokratie am besten, wenn sie den Rang eines substanziellen Wertes statt bloß den eines Instruments einnimmt.

Es handelt sich hier um alles andere als eine bloß theoretische Angelegenheit. In der Auseinandersetzung mit den Fundamentalisten geht es exakt um diesen Zusammenhang: Erhalten ihre Werte den Vorzug, wenn sie in Konflikt geraten mit den Werten, die von der Mehrheit bevorzugt oder in die Verfassung Eingang gefunden haben? Wir haben ja bereits gesehen, daß die Vorstellung, religiöse Werte sollen private Angelegenheiten und demokratische Entscheidungen öffentliche Angelegenheiten regeln, nur bis zu einem gewissen Punkt tragfähig ist, wie es die Auseinandersetzungen über eine gesetzliche Regelung von Abtreibung, Scheidung und Homosexualität beispielhaft illustrieren. Überdies hegt die Gemeinschaft den Verdacht, daß diejenigen, die eine strenge religiöse Bindung haben, dieser auch dann folgen, wenn sie ein öffentliches Amt bekleiden. Dies wurde deutlich, als John F. Kennedy, um sich der Wahl zum Präsidenten stellen zu können, die Wähler zunächst überzeugen mußte, daß seine Verpflichtungen dem Papst gegenüber keinen Vorrang vor den Interessen des Landes genießen würden.

Die starke Rolle, die eine normative Bindung an die Demokratie spielt, wurde besonders in den Haushaltsdebatten im Jahre 1995 deutlich. Zunächst stimmte das Parlament mit einer Mehrheit von nur sechs Stimmen gegen Einschnitte bei Umweltschutzprogrammen; aber dann revidierte das Parlament seine Entscheidung und billigte umfangreiche Kürzungen. Die zweite Abstimmung hätte das gegenteilige Ergebnis gehabt, wenn auch nur ein einziges Mitglied anders gestimmt hätte oder schlicht nicht erschienen wäre. Soweit ich das überprüfen konnte, behauptete dennoch nicht ein einziger Abgeordneter – nicht einmal der eingefleischteste Umweltschützer –, es sei unangemessen, daß eine solch hauchdünne Mehrheit in einer so entscheidenden Angelegenheit den Ausschlag gegeben habe. Die Spielregeln der Demokratie genießen eine außerordentlich hohe Wertschätzung, und das in einer Gesellschaft, die bereits sehr viele andere Dinge ernsthaft in Zweifel gezogen hat. Kurz, die normative Bindung an die Demokratie sollte prinzipiell von allen empfunden werden. Sie ist Bestandteil des Grundgerüstes einer Gemeinschaft der Gemeinschaften, trotz aller Fehler dieser Staatsform, die dennoch die bestmögliche ist und darüber hinaus ständig verbessert werden muß.

Kernstück II: Die Verfassung und ihre Grundrechte

Ein weiteres Grundelement der amerikanischen Gesellschaft (und vieler, wenn auch nicht aller demokratischen Gesellschaften) ist die Verfassung und ihre Grundrechte. Die Verfassung verkörpert die für die amerikanische Politik und Gesellschaft richtungsweisenden Grundwerte. Dies sind vor allem allgemein anerkannte Vorstellungen darüber, wie die Freiheiten zu bewahren sind und mit welchen Mitteln die Rechte von Individuen und Minoritäten sowie die Zivilgesellschaft erhalten werden können.

Seltener wird bemerkt, daß die Verfassung auch Leitlinien enthält für die Beziehungen der Gemeinschaften, aus denen die Gesellschaft sich zusammensetzt, sowohl untereinander als auch zur Gesellschaft im Ganzen. Hier zieht die Verfassung eine Grenze zwischen den Entscheidungen, die von lokalen (oder nicht geographisch definierten) Gemeinschaften gefällt werden dürfen und jenen, die von der Gesamtgesellschaft getroffen werden. Dies ist also eine Grenze zwischen Entscheidungen, die von Gemeinschaft zu Gemeinschaft sehr verschieden sein können, und solchen, von denen einzelne Gemeinschaften nicht abweichen dürfen. Entsprechend lassen sich Angelegenheiten, bei denen die Mehrheit bestimmen darf, von solchen unterscheiden, auf die die Mehrheit keinen Zugriff hat, weil sie Rechte des Individuums und der Minderheiten berühren. Beispielsweise darf keine Mehrheit entscheiden, Individuen als Sklaven zu verkaufen, ihnen das Wahlrecht oder das Recht auf freie Meinungsäußerung zu entziehen oder ähnliches. Andererseits ist die Mehrheit befugt, die Höhe der Steuern festzulegen, über die Verteilung der Haushaltsmittel zu befinden u. v. a. m.

Obwohl die Grenze zwischen legitimen Mehrheitsentscheidungen und jenen Bereichen, in denen die Mehrheit kein Entscheidungsrecht besitzt, nicht *notwendigerweise* parallel zu der Grenze zwischen den Einzelgemeinschaften und dem gesellschaftlichen Gemeinwesen (den Teilen und dem Rahmen des Mosaiks) verläuft, ist dies de facto dennoch oft der Fall. Die meisten politischen Entscheidungen im Bereich des Bildungs- und Verkehrswesens beispielsweise fallen auf kommunaler Ebene, zahlreiche andere politische Entscheidungen werden von den Bundesstaaten getroffen. In der Politik, die auf kommunaler und bundesstaatlicher Ebene verfolgt wird, kommen häufig bestimmte Werte zum Ausdruck, die von den Gemeinschaften jeweils bevorzugt werden. Das ist der Grund dafür, daß die Anti-Drogen-Politik in Houston, Texas, strenger ist als in New York; daß Immigranten in südkalifornischen Gemeinschaften härter behandelt werden als in Maine; und so weiter. In jeder dieser Gemeinschaften bestimmen lokale oder bundesstaatliche Mehrheiten ihren eigenen Weg. Gleichwohl müssen sie alle im Rahmen der verfassungsmäßig vorgegebenen Werte handeln. Dadurch werden die Gemeinschaften daran gehindert, ihren eigenen Werten in den Bereichen zu folgen, für die die Gesamtgesellschaft bereits gemeinsamen Werten einen Vorrang eingeräumt hat. Zu diesen Werten gehören vor allem verschiedene Freiheitsrechte – beispielsweise die Freiheit der Meinungsäußerung, die Vereins- und Versammlungsfreiheit –, die einzelne Gemeinschaften davon abhalten, unerwünschte Reden und Publikationen zu verbieten oder ethnische Gruppen zu diskriminieren. Dem setzt die Verfassung Grundwerte entgegen, die der gesamten Gesellschaft als Gemeinschaft der Gemeinschaften gemeinsam sind, so daß sie der lokalen Politik Grenzen ziehen. (Auf gleiche Weise schränkt die Verfassung Mehrheitsentscheidungen auf nationaler Ebene ein, indem sie gesamtgesellschaftliche Werte gegen Werte einer bestimmten Gruppe schützt. So wurde etwa in jüngerer Zeit vom Obersten Gerichtshof ein Gesetz außer Kraft gesetzt, das das Verbrennen der nationalen Flagge verboten hatte, obwohl sich 66 Prozent der Amerikaner für einen entsprechenden Verfassungszusatz zum Schutz der Flagge aussprachen.)

Auch wenn die Trennlinie zwischen Autonomie der Gemeinschaft und gesellschaftlicher Ordnung das Herzstück amerikanischer Demokratie darstellt, werden die Kompetenzgrenzen zwischen einzelnen Gemeinschaften und der Gemeinschaft der Gemeinschaften beständig in Frage gestellt und neu gezogen, jedenfalls dort, wo es Unschärfen gibt. Zwei kürzlich getroffene Entscheidungen des Obersten Gerichtshofes illustrieren dies sehr eindrücklich. Diese Entscheidungen werden oft unter der Überschrift »Trennung von Staat und Kirche« diskutiert, was aber tatsächlich nur einen Aspekt eines weitaus umfangreicheren Problems bezeichnet: In welchen Fragen ist eine Einzelgemeinschaft berechtigt, selbständig Entscheidungen zu treffen, und wann muß sie sich der Gesamtgesellschaft, der Gemeinschaft der Gemeinschaften, fügen?

In einem Fall aus dem Jahre 1990 stellte sich die Frage, ob die *Native American Church* berechtigt sei, während ihrer religiösen Zeremonien das Rauschmittel Meskalin zu benutzen, wie es ihre Tradition vorschreibt, oder ob sie sich an die nationalen Gesetze halten muß, die den Gebrauch von Rauschgiften verbieten. (Diese Frage gleicht derjenigen, ob es während der Zeit der Prohibition legal war, bei der Eucharistiefeier oder beim Kiddusch Wein zu trinken.) Der Oberste Gerichtshof stimmte der Entscheidung eines Bundesgerichts zu, das den Genuß des Meskalins verbot, und man kann sich fragen, ob in diesem Fall die Linie zwischen dem für alle Gültigen und dem Besonderen korrekt gezogen wurde. In der Tat wurde dann diese Entscheidung widerrufen, als der Kongreß im Jahre 1993 das Gesetz zur Wiederherstellung der Religionsfreiheit verabschiedete.

Ein anderer Fall betrifft die Gemeinschaft der Santeria, eine Gruppe, die vorwiegend in Florida, Südkalifornien und New York City beheimatet ist und die im Rahmen ihrer religiösen Zeremonien lebende Tiere opfert. Die Gruppe verklagte im Jahre 1989 die Stadt Hialeah, Florida, weil diese eine städtische Verordnung erließ, der zufolge die Opferung von Tieren verboten war. Der Oberste Gerichtshof entschied, daß der Staat nur im Falle eines zwingenden Interesses religiöse Praktiken einschränken dürfe und im vorliegenden Falle solche Gründe nicht vorgebracht wurden. Deshalb durften in diesem Fall die Werte einer einzelnen Gemeinschaft gegenüber den nationalen Normen für den Umgang mit Tieren den Vorzug erhalten.

Wenn allerdings eine Gruppe afrikanischer Immigranten auf die Idee käme, in einer amerikanischen Stadt die Beschneidung von Frauen zu praktizieren, würde man erwarten, daß die öffentlichen Gesundheitsbehörden und soziale Einrichtungen eine solche Praxis unterbinden. Darüber hinaus würden die Gerichte sehr wahrscheinlich ein solches Einschreiten legitimieren, weil die Beschneidung von Frauen und Mädchen gegen Grundwerte der amerikanischen Gesellschaft im Blick auf Kindesmißbrauch verstößt.

Diese Fälle sollten darauf hinweisen, daß es auf rechtliche Fragen bezugnehmende, moralische Dialoge beziehungsweise gesellschaftsweite Diskurse darüber gibt, wo die Grenze zwischen den allgemeinen Werten der Gesellschaft und den besonderen der Einzelgemeinschaften zu ziehen ist, zwischen den Werten der Gemeinschaft der Gemeinschaften und denen ihrer Einzelgemeinschaften. Daß der Verlauf dieser Linien verändert werden kann, ist ein Beleg für die Anpassungsfähigkeit des amerikanischen Systems. Gleichwohl ändert dies nichts an der Grundtatsache: Rahmen können verändert werden, aber keine Gesellschaft ist ohne Rahmen.

Kernstück III: Abgestufte Loyalitäten

Um ein angemessenes Gleichgewicht zwischen partikularen Gemeinschaften und der Gesamtgesellschaft bewahren zu können, bedarf es *abgestufter Loyalitäten*. Dies erfordert das Verteilen von Loyalitäten auf die Gemeinschaft, in der man unmittelbar lebt, und auf die umfassendere Gemeinschaft, wobei man letzterer in einigen zentralen Angelegenheiten Priorität einräumen muß. Gesellschaften funktionieren also nur, wenn die Mitglieder aller Gemeinschaften sich sowohl als Teil einer unmittelbaren Gemeinschaft wie auch als Teil eines umfassenden Ganzen (zu dem auch andere Gemeinschaften als die eigene gehören) betrachten.

Daß solchermaßen abgestufte Verpflichtungen entwickelt werden können, wird durch die Geschichte Amerikas gut belegt. Bis in die 1890er Jahre hinein betrachteten sich viele Amerikaner in erster Linie als Mitglieder ihrer jeweils lokalen Gemeinschaft. (Wurde man gefragt »Wer bist du?«, lautete eine typische Antwort »Ich bin Texaner.«) Gegen Ende des neunzehnten Jahrhunderts sahen sich viele Amerikaner mehr und mehr als Mitglieder einer zweifach gestuften Gemeinschaft. Auf die Frage »Woher kommst du?« würde heute – insbesondere wenn man in Übersee gefragt wird – die Antwort typischerweise lauten: »Ich bin Amerikaner (aus Texas).« Symptomatisch für diesen Wandel ist, daß der Oberste Gerichtshof, wenn er von den Vereinigten Staaten sprach, bis in die 1890er Jahre den Plural verwendete (indem er das Verb »sind« benutzte

[»the United States are …«]), während er in der Folgezeit den Singular bevorzugte (»ist« [»the United States is …«]).[16] Und erst seit 1866 wurde kraft der Verabschiedung des Vierzehnten Verfassungszusatzes die Staatsangehörigkeit eines Bundesstaates auch in allen anderen Bundesstaaten anerkannt.

Es scheint, daß erst seit den 60er Jahren die Amerikaner sich selbst in erster Linie als »Amerikaner« ansehen statt zunächst und vor allem als Bürger eines Bundesstaates oder einer Region. Dennoch waren zwischen 1960 und 1990 immer mehr Amerikaner zu beobachten, die sich selbst als Angehörige des einen oder anderen »Stammes« betrachteten und deren Loyalität zur umfassenden Gemeinschaft der Gemeinschaften merklich nachgelassen hatte. Viele Immigranten aus spanischsprachigen Ländern lehnten es ab, amerikanische Staatsbürger zu werden, selbst wenn sie schon seit vielen Jahren im Lande lebten. Einige Afroamerikaner sahen sich vor allem als Angehörige einer eigenen Nation. »Alles was wir auf dieser Erde wollen ist Gleichberechtigung. Aber um gleiche Chancen zu erhalten, müssen wir etwas besitzen, das der weiße Mann selbst ebenfalls brauchte, bevor er seine Nation aufbauen konnte. … *Wir brauchen ein Stück Land, das allein uns gehört!* … Wie sonst sollten zwanzig Millionen Schwarze, die heute *eine Nation in der Nation* darstellen, darauf hoffen, überleben zu können …?«[17]

All dies bestätigt die soziologische Einschätzung, daß es der Pflege abgestufter Loyalitäten bedarf, wenn eine kommunitäre Gesellschaft Bestand haben will.

Kernstück IV: Neutralität, Toleranz oder Achtung

Um die Gemeinschaft der Gemeinschaften aufrechtzuerhalten, müssen die Mitglieder der Einzelgemeinschaften die Wertschätzung und Verpflichtung gegenüber ihren jeweils eigenen besonderen Traditionen, Kulturen und Werten mit der Achtung vor denen der anderen verknüpfen. Dies muß ohne Furcht davor geschehen können, daß eine solche Respektbezeugung als Indiz für die Übernahme oder Bejahung der Werte anderer mißdeutet wird.

Individualisten scheuen dieses Thema, weil sie nicht entscheiden möchten, was eine soziale Tugend ist. Dementsprechend bleiben sie neutral in solchen Fragen – etwa nach dem gesellschaftlich relevanten Unterschied zwischen Homosexualität und Heterosexualitität.

Strenge Sozialkonservative und vor allem Fundamentalisten plädieren für einen einheitlichen Wertekanon und wollen all jene ausgrenzen, die anderen Werten folgen, von den Homosexuellen angefangen über die Juden bis hin zu den Katholiken und Zen-Buddhisten. Die Haltung der meisten strengen Sozialkonservativen in Sachen Vielfalt kann man getrost als intolerant charakterisieren.

Andere hingegen plädieren für Toleranz, was keineswegs bedeutet, alle Ansichten für ebenso gültig zu halten wie die eigenen, sondern zu lernen, friedlich mit jenen zusammenzuleben, die anderer Meinung sind (z. B. Hunter 1994). Der Begriff »Toleranz« beinhaltet jedoch eine beachtliche Distanz. Er impliziert, daß man sich mit abweichenden Sichtweisen nur aus Gründen der Anständigkeit oder um des lieben Friedens in der Gesellschaft willen abfindet, sie aber gegenüber den eigenen Überzeugungen als moralisch minderwertiger beurteilt. Andere Kulturen zu achten, soweit es dabei um deren Besonderheiten geht und nicht um das Gerüst von Sitten, Gebräuchen und Werten (den Kern gemeinsamer Werte), erscheint im Gegensatz dazu einer kommunitaristischen Haltung mehr zu entsprechen. Achtung heißt, keine normativen Einwände gegen die Gültigkeit bestimmter Werte für andere zu erheben, auch wenn diese Werte nicht die eigenen sind. Ich bin kein Buddhist, aber ich achte den Buddhismus; ich bin kein Liebhaber des Jazz, aber ich achte (im Gegensatz zu vielen religiösen Fundamentalisten und Kommunisten) jene, die es sind.

Es läßt sich soziologisch nicht belegen oder begründen, daß die Verpflichtung der eigenen Kultur gegenüber mit der Kenntnis und Achtung anderer Kulturen unverträglich ist. Mehr noch, sich ausschließlich auf die eigene Kultur zu konzentrieren, verhindert interkulturelle Kommunikation und stellt mithin ein Hindernis für die Gemeinschaft der Gemeinschaften dar. Ein typisches Beispiel ist ein Lehrer, der amerikanische Kinder asiatischer Herkunft tadelt, weil sie den Augenkontakt meiden, der in ihrer Kultur als unhöflich gilt. Wenn alle Mitglieder der Gesellschaft andere Kulturen besser kennen und schätzen würden, untergrübe dies keineswegs den Kernbestand amerikanischer Werte, Kultur und Integrität, sondern deren Pluralität wirkte bereichernd. Derartige Kenntnis und Wertschätzung wäre für die Amerikaner natürlich auch im Umgang mit den anderen Regionen der Welt äußerst hilfreich.

Kernstück V: Eingeschränkte Identitätspolitik

Die zentrifugalen Auswirkungen demographischer und kultureller Gruppenunterschiede verschärfen sich in einer politischen Kultur, die den Stellenwert von Unterschieden hervorhebt und den von Gemeinsamkeiten herunterspielt. Dies zeigt sich etwa in dem Versuch, Menschen auf eine einzige soziale Stellung festzulegen, sie als Mitglieder nur einer Gemeinschaft zu behandeln statt als Mitglied mehrerer, sich gegenseitig überschneidender und miteinander verflochtener Gemeinschaften.

Dem entspricht es, wenn die Menschen dazu ermuntert werden, sich selbst vorwiegend, wenn nicht gar ausschließlich als Schwarze oder Weiße, Männer oder Frauen, oder was auch immer zu betrachten. Diese monolithische Orientierung ignoriert die Tatsache, daß jede Person mehrere soziale Positionen einnimmt – das heißt, jemand mag eine schwarze Hautfarbe und dennoch mit einigen Weißen zum Beispiel die Eigenschaft gemein haben, eine Frau zu sein, und mit wiederum anderen die Eigenschaft teilen, eine Angehörige der Arbeiterklasse zu sein, und so weiter. Die angedeutete Vorstellung übersieht außerdem, daß alle Mitglieder einer einzigen Gesellschaft sind. Diese Haltung – die sich in einer sogenannten »Identitätspolitik«[18] niederschlägt – wird noch bekräftigt, indem man Gruppenunterschiede als absolut darstellt und andere Gruppen als Feinde charakterisiert. Stattdessen müssen Gruppenunterschiede als Unterschiede zwischen Mitgliedern ein und derselben Gemeinschaft betrachtet werden. Sie sollten so behandelt und beurteilt werden, daß die Gemeinschaft bewahrt wird, selbst wenn sie im Zuge dieses Prozesses weitgehend umgestaltet wird.

Wenn man die Unterschiede *innerhalb* von Gruppen außer Acht läßt, könnten statistische Behauptungen über die Unterschiede *zwischen* verschiedenen Gruppen aufgestellt werden, vor allem über »eine mythische, dominante Gruppe aus ›weißen heterosexuellen Männern.‹ ... Indem sie sich auf die durchschnittlichen Unterschiede zwischen statistischen Gruppen oder auf ›typische‹ Beschreibungen von Individuen innerhalb verschiedener Kategorien konzentrieren, fördern die Politiker und die Medien die schädliche Vorstellung, daß sich unsere Nation aus homogenen Gruppen mit jeweils gleichen Interessen und sozialen Eigenschaften zusammensetzt.«[19]

Im Gegensatz zu der Betonung von Unterschieden anhand eines einzigen Merkmals bedrohen nach kommunitaristischem Verständnis alle

Selbstdefinitionen – und alle *von* anderen und *über* andere getroffenen Definitionen –, die den Einzelnen auf eine einzige Eigenschaft reduzieren, die Gemeinschaft der Gemeinschaften. Es geht hier nicht darum, ein gutes und loyales Mitglied der einen oder einer anderen Gemeinschaft zu sein. Worum es geht, ist die ausschließliche Orientierung an einer Zugehörigkeit, der Versuch, ein Merkmal zu monopolisieren, um alle anderen auszuschließen (vgl. Hollinger 1995).

Offensichtlich verbreitete sich zwischen 1960 und 1990 in vielen Gesellschaften eine Identitätspolitik, die entlang ethnischer und geschlechtsspezifischer Linien verläuft (während eine an Klassen orientierte Identitätspolitik aus vielerlei Gründen verstummt ist; sicher auch, weil die anderen Trennlinien sich überschneiden und daher die Grenzlinien der Klassenzugehörigkeit verschwimmen.) Gleichwohl ist es viel weniger klar, inwieweit die Masse der Gruppenmitglieder ihren Anführern tatsächlich folgen, die die Identität der Gruppe definiert haben und nun Anspruch auf exklusive Loyalität erheben. Sollte dies in großem Umfang geschehen, wäre das für eine kommunitäre Gesellschaft sehr schädlich.

Auch wenn es hierzu wenig empirische Befunde gibt, ist doch die Weigerung der meisten Mitglieder verschiedener Gemeinschaften aufschlußreich, das ihnen zugedachte Etikett zu akzeptieren und sich mit »ihrer« Gruppe zu identifizieren. So betrachten sich viele »Latinos« keineswegs lediglich als Latinos, sondern als Mitglieder einer ganzen Vielzahl von ethnischen Gruppen (wie etwa den kubanischen Amerikanern, mexikanischen Amerikanern, Puertorikanern); innerhalb jeder dieser Gruppen variieren zudem die Meinungen zu vielen Themen in beträchtlichem Maße. Ähnlich verhält es sich bei Amerikanern »asiatischen« Ursprungs, die sich meistenteils als koreanische Amerikaner, Philipinos oder japanische Amerikaner verstehen und nur in seltenen Fällen als asiatische Amerikaner. Die Mitglieder dieser Gruppen verstehen außerdem diese Etikettierungen jeweils höchst unterschiedlich.

Die politischen Ansichten variieren innerhalb verschiedener Minoritätengruppen oft genauso stark und manchmal noch mehr als zwischen ihnen. Konservative Afroamerikaner haben sich unterdessen zu einer eigenständigen Gruppe zusammengefunden. Und jeder, der glaubt, daß alle Frauen eine geschlossene Front bilden, braucht nur an die Konservative Phyllis Schlafly und die Feministin Catharine MacKinnon zu denken, um sich der unterschiedlichen Sichtweisen bewußt zu werden.

Aber auf durch eindeutige Grenzlinien definierter Gegnerschaft zu beharren und entsprechende Konfrontationen zu suchen, so argumentieren die Anführer verschiedener Gruppen, sei ein wirkungsvoller Weg, die eigene Gruppe zu mobilisieren, Gelder einzutreiben, die eigenen Anhänger loyal zu halten und ein hilfreiches Mittel, um sie blockweise abstimmen zu lassen. Das Geheimnis einer erfolgreichen Politik der Gemeinschaft der Gemeinschaften besteht freilich darin, den Einzelgemeinschaften oder Gruppen bewußt zu machen, daß sie für ihre Interessen zwar kämpfen müssen – aber das mit einer Hand auf den Rücken gebunden. Ihnen muß deutlich werden, daß die maximale Befriedigung von Gruppeninteressen unter Mißachtung gemeinsamer Bindungen diese Bindungen in Gefahr bringt. Wenn beispielsweise jede Gruppe so viele Subventionen, Bundesmittel und Steuervergünstigungen für sich beanspruchen würde, wie sie den Politikern nur abpressen könnte, dann würde das dadurch entstehende Staatsdefizit die Wirtschaft zerstören. Um eine kommunitäre Gesellschaft zu erhalten muß daher Identitätspolitik ersetzt werden durch eine komplexere Politik. Sie ermöglicht es einer Gruppe, ihren Bedürfnissen Rechnung zu tragen und gleichzeitig anzuerkennen, daß ihre Mitglieder auch Bindungen zu anderen der Gesellschaft zugehörigen Gruppen eingehen können und der umfassenderen Gemeinschaft der Gemeinschaften ihre Loyalität schulden. Je mehr Individuen in verschiedenen und sich überschneidenden Gruppen aktiv sind – beispielsweise Mitglied einer nationalen Berufsgenossenschaft und einer lokalen ethnischen Gruppe sind –, um so eher wird der kommunitäre Charakter einer Gesellschaft bestehen können. Je mehr Individuen von irgendeiner Gruppe monopolisiert werden, um so weniger kommunitär wird die Gesellschaft sein.

Kernstück VI: Gesellschaftsweite Dialoge

Wir haben bereits (in Kapitel 5) gesehen, wie wichtig es ist, Dialoge auf zivile Art zu führen und sie nicht in Kulturkriege umschlagen zu lassen. Mit Blick auf diese Liste der Kernstücke einer Gemeinschaft der Gemeinschaften bleibt anzumerken, daß diese These auch auf Dialoge zwischen den Gemeinschaften zutrifft und nicht bloß auf Dialoge innerhalb einer Gemeinschaft.

Kernstück VII: Versöhnung

Einer der am wenigsten untersuchten Prozesse, durch die kommunitäre Gesellschaften gebildet und erhalten werden, ist der Prozeß der Versöhnung. Das wenige, was wir über Versöhnung wissen, betrifft weitgehend Beziehungen zwischen Individuen und nicht die zwischen Gruppen. Versöhnung sollte nicht mit Vermittlung, Konfliktlösung oder Verhandlungen verwechselt werden: Diese Verfahren gehen von unterschiedlichen Interessen der Beteiligten aus und stützen sich daher vor allem auf Instrumente zum Erzielen von Kompromissen. Bei Versöhnung geht es dagegen um affektive Elemente wie Ärger und Haß und damit verbundene psychische Zustände.

Nicholas Tavuchis bestimmt vier Stufen der Versöhnung: der Ruf nach Entschuldigung, die Entschuldigung selbst, Vergebung und schließlich die eigentliche Versöhnung (1991, S. 15-44). Vor jeder Entschuldigung muß deutlich sein, daß die verletzte Gruppe die Bedeutung der sich entschuldigenden Gruppe anerkennt (ebd., S. 21) und eine Entschuldigung auch anzunehmen bereit ist.

Der Akt des Entschuldigens selbst muß mehrere Bedingungen erfüllen. Er muß öffentlich vollzogen und klar »zu Protokoll« gegeben werden. Insgeheim oder privat geäußerte Entschuldigungen zwischen Gruppen können in der Regel offizielle, öffentliche Entschuldigungen nicht ersetzen. Beispielsweise wurde in den 1980er Jahren bekannt, daß der CIA risikoreiche Experimente an kanadischen Staatsbürgern ohne deren Einwilligung durchgeführt hatte. Zwar haben Beamte des CIA kurz darauf diese Vorfälle persönlich bedauert, aber sie verweigerten eine öffentliche Entschuldigung im Namen der US-Regierung. Diese hat es daher, obwohl eingefordert, nie gegeben.

Ein Beispiel für eine angemessene Entschuldigung ist jene, die Japan für seine Rolle im Zweiten Weltkrieg vor der Generalversammlung der Vereinten Nationen abgelegt hat. Dies trug viel zur Versöhnung zwischen Japan und seinen asiatischen Nachbarn bei. Ebenfalls exemplarisch ist die offizielle (und viel zu spät erfolgte) Entschuldigung der Vereinigten Staaten von Amerika im Jahre 1988 für die Internierung von Amerikanern japanischer Herkunft während des Zweiten Weltkriegs. Die damit verbundenen Geldzahlungen an die noch lebenden Betroffenen sollten weniger eine Entschädigung darstellen als vielmehr die Ernsthaftigkeit der

Entschuldigung zum Ausdruck bringen. In diesem Sinne wurde das Vorgehen weithin begrüßt.

Die Entschuldigung muß ein klares Bekenntnis zum begangenen Unrecht enthalten. In seinem Buch über die Versöhnung zwischen den Rassen betont Harlon Dalton, daß es außer der Offenheit für Unterschiede nötig sei, alle »unsere Vor-Urteile auf den Tisch zu legen.«[20] In der Darstellung eines Versöhnungsprozesses zwischen Deutschen und Juden meint ein anderer Autor: »Eine echter Wandel vollzieht sich nur dann, wenn ... Juden und Deutsche gemeinsam die schmerzliche Erinnerung teilen und sich ungeschützt einander aussetzen.«[21] Tavuchis bemerkt (1991, S. 56 f), daß diese Notwendigkeit, offen zu sein, erklären kann, warum viele Menschen in den Vereinigten Staaten von Richard Nixon enttäuscht waren: Obwohl er sein Bedauern öffentlich äußerte, weigerte er sich beständig, mit klaren Worten zu benennen, was er bedaure und machte es daher außerordentlich schwer, ihm zu vergeben.

Allzu leichtfertige Vergebung deutet darauf hin, daß die urprüngliche Tat entschuldbar war. Außerdem darf Vergebung nicht so allumfassend sein, daß sie schließlich zum Vergessen führt. Deshalb waren beispielsweise viele Juden sogar gegenüber zutiefst aufrichtig gemeinten Entschuldigungen durch Deutschland eher zurückhaltend.

Die letzte Stufe der Versönung wird auch als Wandlung beschrieben. In seiner Darstellung der allmählichen Versöhnung zwischen Juden und Deutschen schreibt Björn Krondorfer: »In meiner Vorstellung ist Versöhnung ein ritueller Vorgang oder eine rituelle Erfahrung, die auf Wandlung zielt. Sie befreit ... [beide Seiten] aus dem Griff gegenwärtiger diskursiver Praktiken und ermutigt zur Suche nach neuen Wegen in der Beziehung zueinander, ohne dabei die Geschichte und die Erinnerung zu vernachlässigen ...«[22]

Fälle von partieller und weitgehender Versöhnung spielen bei der Bildung von Gemeinschaften eine viel größere Rolle als allgemein angenommen. Es wurde bereits auf die Anfänge von Versöhnung zwischen Schwarzen und Weißen, Juden und Deutschen hingewiesen. Andere Beispiele wären die Versöhnung zwischen den Nord- und Südstaaten durch die Generationen nach dem Bürgerkrieg; und die Versöhnung zwischen Deutschland und Frankreich, die auf drei große Kriege folgte und zu einem Hauptstützpfeiler der Europäischen Gemeinschaft wurde.

Eine Hauptsprache?

In vielen Gesellschaften wird darüber diskutiert, ob Sprachen Teil des gemeinsamen Rahmens einer Gesellschaft sind – das heißt, ob alle Mitglieder der Gesellschaft in derselben Sprache miteinander kommunizieren sollen, oder ob mehrere Sprachen nebeneinander bestehen können. Dieses Problem war eine bisweilen heftig diskutierte Streitfrage in Belgien, der Schweiz, Kanada, Israel und auch in den USA. Dort haben einige ultra-konservative Gruppen die Verpflichtung auf die englische Sprache als Parole ihres Kampfes gegen Immigranten und für amerikanische Ursprünglichkeit benutzt. Einige dieser Gruppen stehen mit Bewegungen in Verbindung, die keine Immigranten ins Land lassen sowie Amerika weiß und arisch halten wollen. Andere wiederum belassen es bei der Forderung, Verkehrsschilder, Wahlzettel und staatliche Dokumente allein in englischer Sprache abzufassen und Englisch zur offiziellen Landessprache zu erklären (vgl. dazu Porter 1990, S. 193-221). Einige Linke haben dieses Eintreten rassistisch motivierter Gruppen für das Englische als Argument dafür betrachtet, daß Englisch als Hauptsprache die Immigranten ihrer Kultur beraube. »Die meisten Kritiker [einer Verankerung von Englisch als offizieller Sprache in der Verfassung] ... werfen dieser Gesetzgebung vor, sie sei nationalistisch, fremdenfeindlich, rassistisch und bigott.« (Ebd., S. 217)

Jenseits solcher emotionaler Übertreibungen sind gleichwohl einige Tatsachen zu konstatieren. Die meisten Immigranten drängen darauf, Englisch zu lernen. Die meisten unmittelbar Betroffenen sehen im Erlernen der englischen Sprache keinen Zwang oder Angriff auf ihre Kultur. Im Gegenteil, sie versuchen sich die Landessprache anzueignen aus Gründen, die von bloßer Nutzenerwägung bis hin zur Identifikation mit der Gemeinschaft der Gemeinschaften reichen.

Gleichfalls ist festzuhalten, daß zwischen dem Erlernen von Englisch durch die Einwanderer und der Bewahrung der eigenen kulturellen Tradition nicht notwendig ein Gegensatz besteht. Die meisten Gesellschaften haben entdeckt, daß eine von allen Mitgliedern der Gesellschaft beherrschte, gemeinsame Sprache ihren Zusammenhalt und ihr Funktionieren fördert. Mit der Frage, ob wir eine gemeinsame Sprache fördern sollten oder nicht, sind andere Aspekte verknüpft – von der angemessenen Behandlung illegaler Immigranten bis zu den Möglichkeiten zweisprachiger Bildung. Diese verdienen zwar eine eingehende Erörterung, doch man trennt sie am besten von der Frage ab: In welcher Sprache sollten sich Amerikaner im täglichen Umgang miteinander verständigen?

Die Vorstellung von einer Gemeinschaft der Gemeinschaften im allgemeinen und die Idee abgestufter Loyalitäten im besonderen legen es nahe, die englische Sprache in den USA als verbindliche Sprache der Gemeinschaft der Gemeinschaften anzusehen und zu fördern. Zugleich sollte man andere Sprachen aus vielerlei anderen Gründen lernen, nicht zuletzt, um die Kommunikation zwischen den verschiedenen ethnischen Bevölkerungsgruppen und das gegenseitige Kennenlernen ihrer jeweiligen kulturellen Besonderheiten zu ermöglichen.

Folgerungen für die gesellschaftliche und politische Praxis

Allgemeine politische Leitlinien, die sich aus der vorangegangenen Diskussion ergeben, brauchen kaum mehr erwähnt zu werden: Eine Gesellschaft, die sich durch zentrifugale Kräfte bedroht sieht, muß *Institutionen und Prozesse fördern, die einer Stärkung gesellschaftlicher Bindungen und gemeinsamer Werte dienen.* Damit sollen Unterschiede nicht abgeschafft oder »assimiliert« werden, Ziel ist es vielmehr, den Rahmen, der die Einzelteile zusammenhält, zu festigen.

Öffentliche Symbole. Bei einer Reihe von Gelegenheiten können Symbole für die Einheit einer Gesellschaft in einem positiven Zusammenhang öffentlich gezeigt werden. Das Niederlegen von Kränzen am Grabmal des unbekannten Soldaten, die Flaggen auf Halbmast beim Tod einer national bedeutsamen Persönlichkeit und die Feiern am Unabhängigkeitstag sind entsprechende Beispiele. Zwischen 1960 und 1990 nahm man solche Symbole häufig zum Anlaß für politische Kontroversen (Soll Präsident Reagan in Deutschland auf den Gräbern gefallener SS-Soldaten auf dem Friedhof von Kolmeshöhe bei Bitburg einen Kranz niederlegen? Soll es Homosexuellen erlaubt sein, bei der Parade zum St. Patrick's Day in New York City mitzumarschieren?). Oder aber man schreckte vor der Verwendung solcher Symbole überhaupt zurück und verlagerte symbolische Aktivitäten, die eigentlich ihre Bedeutung durch die Präsentation im öffentlichen Raum erhielten, in den privaten Bereich (beispielsweise indem man den Unabhängigkeitstag mit einem Grillfest im Hinterhof beging).

Eine gesellschaftliche Erneuerung verlangt, gemeinsame symbolische Handlungen wieder zu ermöglichen und die Bindung daran zu verstärken. (Eine solche Entwicklung läßt sich bereits jetzt auf familiärer Ebene beobachten: Hochzeitszeremonien, die während der 60er Jahre in Mißkredit gerieten, erhalten nun wieder einen festlicheren Charakter.)

Medienpolitik. Die öffentlich-rechtlichen Medien *stellen* ein wichtiges Forum sowohl für *Einheit stiftende Prozesse* als auch für gesellschaftsweite Dialoge dar. Man kann darüber streiten, ob diese Medien durch Steuern finanziert werden oder weitgehend von Stiftungs- und Privatgeldern abhängig sein sollten. Zweifellos aber leisten sie einen wichtigen Beitrag zur Bildung der Gesellschaft, den sie im Falle ihrer Kommerzialisierung nicht in gleicher Qualität erbringen könnten.

Sicherlich muß man darüber diskutieren, wie zu verhindern ist, daß die öffentlich-rechtlichen Medien »umkippen« und nur noch einseitig bestimmte Werte vertreten. (Die öffentlich-rechtlichen Medien sahen sich oft dem Vorwurf ausgesetzt, zugunsten liberaler Sichtweisen voreingenommen zu sein.) Gerade eine solche Diskussion ist nützlich, weil sie die Aufmerksamkeit auf die Suche nach gemeinsamen Werten und einem gemeinsamen Rahmen lenkt.

Bildungspolitik. Zentripetale Kräfte können gestärkt werden, wenn einige Elemente für einen *gesamtgesellschaftlich gültigen Lehrplan* der öffentlichen Schulen entwickelt werden. Das gilt vor allem für Curricula, die einen Kernbestand gemeinsam geteilter Werte und nicht nur die Vielfalt der Kulturen zum Gegenstand haben. Jüngste Versuche in dieser Richtung stießen auf heftigen Widerstand, weil die erarbeiteten Materialien angeblich links-liberale Ansichten wiedergäben und den Schwerpunkt eher auf die Verschiedenheit denn auf die Einheit legten. Das Ziel sollte ein auf gewisse Bereiche beschränktes gemeinsames Curriculum sein, denn ein umfassend angelegtes national einheitliches Curriculum ist weder möglich noch wünschenswert. Der hier vertretenen Position entspräche ein Curriculum, das dem Pluralismus möglichst viel Raum gibt, sofern jedoch das Grundgerüst nicht angetastet wird. Das würde beispielsweise erfordern, daß alle öffentlichen Schulen einen bestimmten Teil ihres Unterrichts der Gemeinschaftskunde sowie der amerikanischen

Geschichte und Literatur widmen. In diesen Fächern sollten ein positives Verständnis der grundlegenden amerikanischen Institutionen und der amerikanischen Geschichte vermittelt werden, was indes nicht bedeutet, daß deshalb kritiklos über die dunklen Perioden und weniger erfreulichen Ereignisse hinwegzugehen sei.

Zwei Beispiele dafür sollen stellvertretend für viele andere erwähnt werden. Erstens, man kann im Unterricht die Achtung vor dem Amt des Präsidenten vermitteln, ohne die Tatsache zu verschweigen, daß nicht alle Präsidenten vorbildliche Führungspersönlichkeiten gewesen sind. Und zweitens, man kann Kindern die Achtung vor den Gründungsvätern und Gründungsdokumenten der Vereinigten Staaten beibringen, während man zugleich darüber aufklärt, daß einige der Gründungsväter Sklaven besessen haben und daß die Verfassung einige Bestimmungen enthält, die wir heute nicht mehr akzeptieren. Dieses Vorgehen steht in Gegensatz zu einer Art von Unterricht, bei dem Gemeinschaftskunde und amerikanische Geschichte nur den »Beweis« dafür zu erbringen haben, daß die Geschichte Amerikas nichts anderes als eine Geschichte der Ausbeutung sei.[23]

Auch die Ober- und Hochschulen müssen »Kern«-Kurse anbieten, die für die Schüler und Studenten verbindlich sind, um sicherzustellen, daß der gemeinsame Rahmen und nicht allein die Besonderheiten von Generation zu Generation weitergegeben werden. Diese Kernkurse müssen einen von allen geteilten elementaren Bildungskanon vermitteln und dürfen nicht bloß ein Sammelsurium ethnischer oder geschlechtsspezifischer Traditionen darstellen. Leitprinzip der Bildungsinstitutionen sollte sein, daß ihre Absolventen einige gemeinsame Vorbilder haben, bestimmte Symbole gemeinsam achten und gemeinsam von einigen Erzählungen geprägt sind, die alle zusammen Ausdruck eines Kernbestandes gemeinsamer Werte sind.

Nationale Dienstpflicht. Der Wehrdienst ist vielfach als eine Möglichkeit für Mitglieder verschiedener Gemeinschaften empfohlen worden, sich als Individuen zu begegnen und gemeinschaftsübergreifende Bindungen einzugehen. Der Dienst am eigenen Land muß aber nicht in den bewaffneten Streitkräften oder aufgrund einer verpflichtenden Einberufung geleistet werden, sondern kann sich auch auf freiwillige Beteiligung stützen.

Es gilt eine Reihe von »Haken« zu beachten, die – wenn man ihnen keine Aufmerksamkeit schenkt – die integrativen Leistungen solcher

Dienste erheblich einschränken können. Wenn beispielsweise Freiwillige weiter zu Hause wohnen und/oder ihren Dienst nur innerhalb ihrer lokalen Gemeinschaft ableisten, können sie nur wenige gemeinschaftsübergreifende Bindungen eingehen. Damit nationale Dienste letztlich Früchte tragen können, muß mindestens jeder zehnte einer Altersgruppe seinen Dienst ableisten, um die gewonnenen sozialen Einsichten und Erfahrungen anderen mitteilen zu können.

Bi-kulturelle Bildungspolitik. Sollten Kinder von Immigranten in ihrer Muttersprache oder in Englisch unterrichtet werden? Sofern es dabei um eine Übergangsperiode nach der Einwanderung geht, muß diese Frage pragmatisch behandelt werden: Nützt es den Schülern langfristig mehr, wenn sie direkt mit der englischen Sprache konfrontiert werden, oder ist ihnen eher dadurch gedient, daß sie regelmäßig den Unterricht zumindest in einigen Fächern, Naturwissenschaften und Mathematik etwa, in ihrer eigenen Muttersprache erhalten, um nicht zu weit zurückzufallen? Betrifft dies mehr die älteren oder mehr die jüngeren Schüler?

Falls ein ein paralleles Unterrichtssystem es den Kindern erlaubt, vom Kindergarten bis hin zum zwölften Abschlußschuljahr im Rahmen ihres kulturellen Kontextes zu lernen, und die Einwanderer derart ihr kulturelles Erbe konservieren, verstößt dies gegen das hier entworfene kommunitaristische Modell. Denn eine solche Politik verhindert, daß das Gerüst und der »Leim« – die gemeinsamen Werte – ihre Wirkung entfalten können und überläßt die jungen Menschen dem Ethnozentrismus.

Die Politik nach dem Modell ›Gemeinschaft der Gemeinschaften‹ verhindert bi-kulturelle Bildungssysteme und zielt darauf ab, die Schüler und Studenten von Beginn an oder nach einer gewissen Übergangsfrist auf einen gemeinsamen Weg zusammenzuführen. Eine so gestaltete Integration sollte durch einen Unterricht ergänzt werden, der den Schülern und Studenten die Bedeutung und kulturellen Leistungen verschiedener Traditionen ebenso wie der eigenen vor Augen führt. Ihnen muß die Möglichkeit gegeben werden, sich in Kursen, Vereinen, außerschulischen Einrichtungen, Sonntagsschulen und ähnlichem zu beteiligen, so daß sie dort Wissen über und Bindung an ihre eigene kulturelle Herkunft aufbauen können, wenn sie es wollen.

Die Förderung der englischen Sprache. Wir haben bereits die Bedeutung einer Hauptsprache erkannt. Sie wird weder durch ein Gesetz, das sie als offiziell verbindlich erklärt, noch durch die Entfernung aller fremdsprachlichen Straßenschilder optimal gefördert. Der beste Weg ist, ausreichend Möglichkeiten zur Verfügung zu stellen, die englische Sprache zu erlernen. Wo nur sehr wenige Lehrkräfte zur Verfügung stehen, könnten Freiwillige Englisch-Unterricht erteilen. Ältere Menschen könnten hier eine sinnvolle Aufgabe übernehmen und zusätzlich Immigranten direkt kennenlernen, was deren Eingliederung in die Gemeinschaft sicher unterstützen würde.

Allgemeine Wohnungspolitik. Eine kommunitaristische Wohnungspolitik läßt sich schwieriger formulieren als ein kommunitaristisches Programm für andere Politikbereiche. Die derzeit praktizierte Politik auf diesem Feld ist eher unbefriedigend. Strenge Individualisten sprechen sich zumeist dafür aus, jede Familie über ihren Wohnsitz entscheiden zu lassen, ohne daß der Staat regelnd eingreift. Das würde allerdings zu ethnisch getrennten Wohngebieten und auch Schulen führen, da die soziale Struktur der Schülerschaft derjenigen der Wohngegend entspricht, in der die öffentliche Schule steht. Seltsamerweise befürworten sowohl Sozialkonservative als auch Anhänger einer nach ethnischen Gesichtspunkten strukturierten Gesellschaft eine derartige Segregation.

Vertreter eines Schmelztiegel-Ansatzes wirkten bei Gesetzen mit, die es verboten, gesonderte Wohngebiete mit Hilfe gesetzlicher Vorschriften, einschränkender Verträge und anderer Mittel gezielt zu erhalten. Der Fair Housing Act von 1968 untersagte beispielsweise eine auf Hautfarbe oder anderen Merkmalen basierende, diskriminierende Wohnungspolitik. Die Gerichte haben dieses Gesetz dahingehend interpretiert, daß es etwa einem Immobilienmakler verboten sei, die Wohnungswahl seiner Kunden aufgrund ihrer Rassenzugehörigkeit zu »beeinflussen«, oder weiße Hausbesitzer mit der Vorhersage eines Zuzugs von Minoritäten zu verschrecken, damit sie ihre Häuser unter Marktwert veräußern. Mit »Testpaaren«, die außer der Hautfarbe nahezu identische Merkmale haben, überprüft man, ob Immobilienmakler und Immobiliengesellschaften sich »farbenblind« verhalten; ein Vorgehen, das ganz offensichtlich der Vorstellung des Schmelztiegels entstammt.[24]

Eine kommunitaristische Politik ließe Menschen homogener ethnischer und kultureller Zusammensetzung in einem Viertel zusammenleben und würde keine staatlichen Zwangsmittel anwenden, um kulturell gemischte Wohnbezirke herzustellen. Gleichwohl wären gesetzliche, also staatliche Maßnahmen verboten, um restriktive Verträge oder andere auf

Trennung abzielende *Vorschriften* durchzusetzen. Das Grundprinzip wäre: Man lebt mit Menschen, mit denen man eine besondere kulturelle Tradition, Identität, Geschichte und Zugehörigkeit zu einer Gemeinschaft teilt, zusammen. Denn dies stellt eine wichtige Quelle der Identität dar, wirkt psychisch stabilisierend, und fördert Bindungen sowie die Fähigkeit, moralische Vorstellungen zu artikulieren. Man sollte indes verhindern, daß gemeinschaftliche Bindungen benutzt werden, um wirtschaftliche und machtpolitische Vorteile zu erlangen. (Beispielsweise wären freie Arbeitsplätze weithin bekannt zu machen.) Die Mitglieder unterschiedlicher Wohnbezirke müssen Gelegenheiten finden, sich in anderen Kontexten kennenzulernen, insbesondere im Beruf.

Schüler zum Zweck der Rassenintegration in entfernte Schulen zu befördern, paßt nicht zu diesem Modell, denn es zerbricht die gemeinschaftlichen Bindungen und untergräbt die Gemeinschaftseinrichtungen. Aber Mittelpunktschulen, in denen Kinder unterschiedlicher Wohnbezirke freiwillig zusammenkommen, Versammlungen, die sich aus Mitgliedern verschiedener Viertel zusammensetzen, Sportvereine und die Förderung anderer derartiger Einrichtungen können die Gemeinschaft der Gemeinschaften intakt halten. Um es zu wiederholen: Diese gesamte Thematik gehört zu den am wenigsten aus kommunitaristischer Perspektive erforschten Problemen, deren Lösung noch vertiefender Untersuchungen bedarf.

Wer entscheidet über die Grundwerte einer Gemeinschaft?

Von der Notwendigkeit, Werte zu begründen

Diejenigen, die eine gute Gesellschaft anstreben, müssen Auskunft über die Art und Weise geben können, in der Werte gerechtfertigt werden: Was konstituiert unsere Verpflichtung diesen gegenüber? Wenn Lehrer und Erzieher darüber diskutieren, welche Werte denn (wenn überhaupt) in öffentlichen Schulen vermittelt werden sollen, wird diese grundsätzliche Herausforderung oftmals so zum Ausdruck gebracht: *Wessen* Werte sollen vermittelt werden? Die Frage ist oft rhetorisch gemeint; sie will besagen, daß es unmöglich ist, Werte auf eine Weise zu rechtfertigen, die von (fast) allen akzeptiert wird; daß Werte immer nur Ausdruck dieser oder jener partikularen Gemeinschaft sind. Und deshalb gilt es zu vermeiden, Werte in *öffentlichen* Schulen – die ja die gesamte Gesellschaft repräsentieren sollen – zu vermitteln. Aus Gründen, die bereits dargelegt wurden, benötigt jedoch eine gute Gesellschaft gemeinsame Grundwerte, und deren Auswahl muß gerechtfertigt werden.

Der Begründungszwang unterscheidet moralische Werte maßgeblich von Geschmacks- und Gefühlsäußerungen, die keiner Rechtfertigung bedürfen. Werte allerdings stellen eine Kombination dar aus jener Art von Affekten, die echte Gefühle hervorrufen (würden Werte ohne solch emotionale Betroffenheit doch bloße Lippenbekenntnisse bleiben) und intellektueller Rechenschaft. »Ich bin der Meinung, der Krieg gegen Hitler war gerecht, *weil* ...«, »Freiheit sollte den Vorrang vor Gleichheit haben, *weil* ...«, und so weiter.

Individualisten können sich dieser Herausforderung zu entziehen versuchen, indem sie eine gesellschaftlich verpflichtende Konzeption des Guten überhaupt ablehnen. In Wirklichkeit aber stellt sich auch ihnen diese fundamentale Frage. Sie müssen rechtfertigen können, warum sie

Autonomie, individuelle Wahlfreiheit, kritisches Denken und/oder bestimmte Verfahrensweisen zu ihren Grundwerten erklärt haben.[1] Freilich
kann man ohne weiteres zugestehen, daß es für einen Individualisten viel
einfacher ist, seine Überzeugung zu rechtfertigen, weil in Kulturen wie der
unsrigen, in der individuelle Freiheit als hohes Gut gilt, seine normative
Haltung eine starke Anziehungskraft ausübt. Seine Position klingt zumindest in den Ohren vieler Mitglieder der westlichen Gesellschaften so
selbstverständlich, daß Libertäre und Liberale an den Wert der Freiheit
appellieren können, ohne hierfür irgendwelche oder gar starke Gründe
angeben zu müssen. Oftmals können sie es sogar bei solchen Äußerungen
belassen, wie der, was sie bevorzugen, sei etwas, von dem man annehmen
könne, »daß ... jeder vernünftige Mensch [es] haben will« (Rawls 1975,
S. 83). (Meines Erachtens sind solche Äußerungen nichts weiter als philo-
sophisch verkleidete Beschimpfungen, denn sie implizieren unausweichlich, daß, wer meine Meinung nicht teilt, irrational ist.)

Eine kombinierte Verpflichtung gegenüber individueller Autonomie
und sozialer Ordnung verlangt eine sehr viel sorgfältiger ausgearbeitete
Rechtfertigung. Im Folgenden werde ich die Ansicht vertreten, daß mehreren der von Kommunitaristen und anderen Gelehrten vorgelegten
Rechtfertigungsversuche durchaus ein gewisser Wert zukommt, sie aber
nicht vollständig befriedigen können. Außerdem sind in der Vergangenheit viele dieser Antworten als miteinander konkurrierende Alternativen
betrachtet worden. Ich werde statt dessen nachzuweisen versuchen, daß
man zu einer Reihe normativer Kriterien kommen kann, wenn man diese
Antworten zunächst einmal miteinander verbindet. Und indem man das
auf diesem Wege entstandene Konstrukt alsdann mit einem Kriterium
krönt, das von Kommunitaristen bezeichnenderweise bislang nicht verwendet wurde, kann man ein außerordentlich starkes Gebäude errichten.

Das erste Kriterium:
Die Gemeinschaft als letzte Entscheidungsinstanz

Es gibt Kommunitaristen, die glauben oder implizit davon ausgehen, die
partikularen Werte, welche eine Gemeinschaft vertritt, verfügten über
eine größere Legitimität als universale Prinzipien, weil die partikularen

Werte integraler Bestandteil der Gemeinschaft, ihrer Geschichte, ihrer Identität und Kultur seien. Teilweise basiert diese Anschauung auf der ontologischen Überlegung, es gebe keine universalen Werte und die Menschen schöpften, empirisch betrachtet, ihre Werte aus der partikularen Gemeinschaft, der sie angehören. »Höhere Werte werden nicht irgendwie von Individuen erfunden, sondern finden sich ... in jener sozialen Welt, die den Kontext für die eigene Entwicklung bereitgestellt hat. ... Es handelt sich um eine moralische Ausrichtung, die man sich angeeignet hat, weil man an einem bestimmten Ort und zu einer bestimmten Zeit sozialisiert wurde.« (D. A. Bell 1993, S. 38).

Des Weiteren sind Kommunitaristen der Überzeugung, universale, von jeder Kultur abstrahierende Rechtsvorstellungen könnten nicht im Rahmen der Bindungen, Loyalitäten und Solidarverpflichtungen einer Gemeinschaft verankert werden.

Kritiker werfen den Kommunitaristen vor, diese ontologischen Überlegungen zu einem normativen Kriterium zu erheben; sie würden, aus der *Tatsache*, daß sich eine Gemeinschaft für einen Kernbestand an Werten entscheidet, ableiten, daß diese Werte *gerechtfertigt* sind. Tatsächlich kommt Sandel dieser Position sehr nahe, wenn er etwa erklärt: »Meine Lebensgeschichte ist immer in die Geschichte derjenigen Gemeinschaften eingebettet, aus denen ich meine Identität beziehe. ... Diese Geschichte macht einen *moralischen Unterschied* und nicht nur einen psychologischen.« (Sandel 1984a, S. 17. Herv. A. E.)

Sandel selbst bemerkt, daß Gemeinschaften auch »schlechte« Werte gutheißen (oder die Bildung eines »schlechten« Charakters fördern) können, aber er selbst bedient sich keiner außergemeinschaftlichen Kriterien, um zwischen Gemeinschaften zu unterscheiden, die »schlechte« statt »guter« Werte bejahen (1996, S. 321). Statt dessen behauptet er, der alternative Ansatz zur Pflege von Gemeinschaftswerten, nämlich der individualistische, sei der schlechtere, weil er überhaupt keine Werte pflege.

Sandel verweist insbesondere auf zwei bedrohliche Probleme, die einer Politik entspringen, welche gegenüber dem Gemeinwohl neutral zu bleiben versucht. Erstens könne das entstehende Vakuum von extremen Positionen ausgefüllt werden: »Wo es dem politischen Diskurs an moralischem Widerhall mangelt, schlägt sich die Sehnsucht nach einem umfassenderen Lebenssinn auf unerwünschte Weise nieder. ... Dort, wo

Liberale sich fürchten, ihren Fuß hinzusetzen, eilen Fundamentalisten herbei, um dies zu tun.« Zweitens führe eine Politik der Neutralität zu einer Degeneration der bürgerlichen Tugenden: »Die verfahrensrechtliche Republik ... kann die Freiheit, die sie verspricht, nicht garantieren, weil sie das zur Selbstregierung benötigte moralische und bürgerliche Engagement nicht zu wecken vermag.« (Ebd., S. 322 f.)

Ich halte Sandels Überlegungen für zutreffend; was bleibt, ist die Frage, ob wir zur Bestimmung der Legitimität von Werten ausschließlich auf die Gemeinschaft und deren Werte angewiesen sind, oder ob wir uns von gemeinschaftlich formulierten Konzeptionen des Guten insgesamt verabschieden müssen.

Was den Vorrang der Gemeinschaft bei der Beurteilung von Werten angeht, äußern sich andere Denker noch expliziter als Sandel. Michael J. Perry schreibt: »Die Wahrheit (oder Unwahrheit) einer jeden Überzeugung ist stets relativ zu einem Geflecht aus Überzeugungen. Ein und dieselbe Überzeugung kann in Beziehung zu diesem Geflecht wahr, in Beziehung zu jenem jedoch unwahr, ja, sogar falsch sein. Wenn eine Überzeugung, die zur Unterstützung einer Behauptung herangezogen wird, nicht Bestandteil des gemeinschaftlichen Geflechts an Überzeugungen ist, dann gilt diese Behauptung nicht für diese Gemeinschaft.« (1988, S. 40)

Solche Äußerungen haben Kritiker zu der Behauptung veranlaßt, Kommunitaristen hielten die von einer Gemeinschaft gebilligten Werte bereits deshalb für tugendhaft, weil sie von der Gemeinschaft gebilligt werden. Obwohl die bloße Tatsache, daß eine Gemeinschaft einen bestimmten Wert bejaht, sicherlich keine ausreichende normative Rechtfertigung desselben darstellt, ist dies meines Erachtens zumindest ein Indiz dafür, daß solch ein Wert eine erste Hürde genommen hat. Dies läßt sich an jenen zwei Prozessen aufzeigen, in deren Verlauf Gemeinschaften dahin gelangen, einen Wert zu bejahen (im Unterschied zur bloßen Weitergabe eines Wertes von Generation zu Generation); Prozesse, auf die sich Kommunitaristen implizit berufen: Der erste betrifft demokratische politische Strukturen, der zweite die Schaffung eines sozialen Konsenses.

Demokratische Willensbildung (ein politischer Prozeß)

Gemäß einer weitverbreiteten Auffassung verdankt sich die Legitimität der Werte, die von einer Gemeinschaft im Zuge eines demokratischen Prozesses gebilligt werden, diesem »fehlerhaften, aber bestmöglichen« politischen Verfahren. Dies gilt auch für den Fall einer Gemeinschaft, die sich über Themen – wie etwa Abtreibung, die Bevorzugung bislang diskriminierter Gruppen (*affirmative action*), oder gar die Frage, wie das Staatsdefizit reduziert werden sollte – verständigen muß, die mit Werten in Zusammenhang stehen. Wenn nun diese Gemeinschaft angemessen beratschlagt und die ermittelten Ergebnisse einer Abstimmung zuführt, an der alle ihre Mitglieder teilnehmen können, dann sollte das Ergebnis dieses demokratischen Prozesses moralisch höher einzustufen sein als Schlußfolgerungen, die auf irgendeine andere Art und Weise gewonnen werden.

Einige Kritiker halten diesen Ansatz für gefährlich, sehen darin einen Majoritätsfetischismus und die Bedrohung von Minderheiten durch die Gemeinschaft. Peter Singer und andere weisen darauf hin, daß jede moralische Theorie, die sich per definitionem auf Majoritäten stützt, zu inakzeptablen Schlußfolgerungen führt: »Man stelle sich vor, was das für Moralreformer bedeutet: sie müssen Unrecht haben, solange ihre Sichtweisen nur von einer Minorität geteilt wird. Aber sollte es ihnen gelingen, eine Mehrheit davon zu überzeugen, daß ihre falschen Behauptungen wahr sind, so werden ihre Behauptungen in diesem Augenblick tatsächlich wahr sein!«[2]

Meines Erachtens aber bewerten wir diejenigen Schlußfolgerungen, die eine Gemeinschaft auf demokratischem Wege gezogen hat, moralisch höher, als jene Gemeinschaftsentscheidungen, die von einem Demagogen, einer kleinen Elite oder anderen undemokratischen Methoden beeinflußt worden sind. Als beispielsweise der Bundesstaat Oregon ein Gesundheitsprogramm einführte, welches eine Reihe von Einschränkungen vorsah, die viele normative Fragen provozierten, war diese Politik teilweise gerechtfertigt, weil sie zuvor in zahlreichen Stadtversammlungen diskutiert und von demokratisch gewählten Abgeordneten gebilligt worden war. Freilich halten nur wenige diese Form einer normativen Nagelprobe für ausreichend.

Der Grund hierfür hängt zum Teil mit dem Bild zusammen, das man sich von dieser Art Demokratie macht. Eine Gemeinschaft, die sich auf Mehrheiten stützt, um zu bestimmen, was richtig ist – hier stimme ich mit den Libertären überein – könnte die Rechte von Individuen oder Minoritäten verletzen oder einfach das Urteil von 51 Prozent der Mitglieder einer Gemeinschaft allen anderen aufzwingen (vgl. Gutmann 1993a, S. 180 f.).

Kurz gesagt, die Unterstützung einer Gemeinschaftsmehrheit für eine bestimmte Vorgehensweise, in der sich partikulare Werte spiegeln, verleiht dieser nicht notwendigerweise eine größere Überzeugungskraft; hierzu bedarf es zusätzlicher Kriterien.

Konsensbildung (ein sozialer Prozeß)

Kommunitaristen nennen noch einen weiteren Prozeß, der normative Schlußfolgerungen einer Gemeinschaft als gerechtfertigt erscheinen läßt: Konsensbildung. In Sandels Kritik an einer schlichten Huldigung von Mehrheitsentscheidungen wird dies bereits deutlich: »Die Antwort auf die Bedrohung, die ein bloßes Majoritätsdenken darstellt, liegt darin, ein reichhaltigeres Verständnis von Demokratie zu entwickeln, das sich nicht im Zusammenzählen von Stimmen erschöpft.«[3] Benjamin Barber plädiert für einen »echten« oder »kreativen« Konsens, der »dem gemeinsamen Sprechen, gemeinsamer Entscheidung und Arbeit entspringt, aber auf aktiver und beständiger Partizipation der Bürger an einem Prozeß beruht, in dem Konflikte durch Herstellung eines gemeinsamen Bewußtseins und durch politisches Urteilen transformiert werden.« (1994, S. 221)

Ein Schlüsselelement von Konsensbildung stellt die sogenannte »Navajo-Demokratie« dar, in welcher der Dialog so lange fortgeführt wird, bis alle Stammesmitglieder eine bestimmte Position gutheißen können. Die Navajo-Demokratie wurde von mehreren Kommunen der Gegenkultur praktiziert, wobei es sich für gewöhnlich um eher kleine Gruppen handelte. Sie erwies sich als ein quälender Prozeß, der nur dann funktionierte, wenn die moralischen Fragen eng eingegrenzt blieben, und die sozialen Bindungen und das normative Vorverständnis (ein gemeinsames Verständnis, das bereits vor Beginn eines Gesprächs vorhanden ist) sehr stark ausgeprägt waren; und selbst dann erforderte sie noch einen beträchtlichen Einsatz an Zeit und Engagement.

Menschen, die bereit sind, sich mit einer anspruchsloseren Art der Konsensbildung zufriedenzugeben, die erst dann fortfährt, wenn eine breite Übereinstimmung erzielt worden ist, sehen sich ähnlichen Herausforderungen gegenüber wie die Anhänger der Demokratie, vor allem der Befürchtung einer drohenden Mehrheitstyrannei. Der Hauptunterschied liegt darin, daß die Kriterien der Problemlösung hier weniger deutlich sind. An welchem Punkt ist – wenn es denn keine Abstimmung gibt – die Konsensbildung angemessen beendet? Und wenn es am Ende doch ein Votum gibt, wie muß es aussehen, um als zufriedenstellendes Ergebnis bewertet werden zu können? Eine starke Mehrheit von – sagen wir: 66 Prozent? 80 Prozent? 99 Prozent?

Konsensbildung stellt gegenüber Mehrheitsentscheidungen somit keine wesentlich zufriedenstellendere Rechtfertigungsgrundlage dar. Freilich verleiht sie – im Vergleich mit jenen Werten, die der Gemeinschaft von religiösen oder ideologischen Minoritäten bzw. kleinen Eliten aufgezwungen wurden – den konsensuell akzeptierten Werten eine gewisse Legitimität.

Relativismus und Partikularismus in Gemeinschaften

In welcher Form auch immer der Entscheidungsprozeß ablaufen mag – ob demokratisch, durch Konsensbildung, mit Hilfe von Stammesräten, oder auf anderen Wegen – sofern das Ergebnis innerhalb einer Gemeinschaft zustandekommt, haben wir es (im Unterschied zu einem individuell bedingten) mit einem gemeinschaftsgebundenen Relativismus zu tun. Diese Art des Relativismus wird von einigen Kommunitaristen bevorzugt, weil er im Gegensatz zu universalen Konzeptionen des Guten keine Urteile über andere Gemeinschaften enthält. Somit mag der Kommunitarist, der dafür eintritt, eine Gemeinschaft solle ihre moralische Stimme erheben, um die Mitglieder zu ermutigen, sich an die gemeinsamen Werte zu halten (statt es jedem einzelnen zu überlassen, seiner eigenen Vorstellung vom Guten zu folgen), die Übertragung dieser Haltung auf andere Gemeinschaften ablehnen; selbst wenn diese zur gleichen Gesellschaft gehören. Er könnte etwa der Meinung sein, für eine religiöse Gemeinschaft sei es moralisch gerechtfertigt, ihre Mitglieder zur Einhaltung religiöser Grundsätze anzuhalten, keineswegs aber dürfe sie diese Vorstellungen jenen Gemeinschaften aufdrängen, die anderen religiösen oder säkularen Werten verpflichtet sind.

Liberale Kommunitaristen sind besonders daran interessiert, der gesamten Vielfalt an Kulturen Respekt zu bezeugen – und nicht nur einer bestimmten Menge von Werten (typischerweise westliche Werte, also jene, die als Werte »toter, weißer, männlicher Europäer« verspottet werden). Die gleichen Kommunitaristen beachten jedoch nicht, daß ihnen dieser Ansatz keine sichere moralische Grundlage gibt, von der aus sie eine Gemeinschaft kritisieren könnten. Da sie sich auf eine inner-gemeinschaftliche Bewertung verlassen, können sie keine Position mehr beziehen, wenn es um das Verbot von Büchern wie *Lady Chatterley's Liebhaber* und *Der Fänger im Roggen* geht oder um die Frage, ob wir eine Gemeinschaft, deren Country-Club Frauen, Katholiken oder Juden ausschließt, öffentlich verurteilen oder dies bei einer privaten Universität tun sollten, die Verabredungen zwischen Studenten verschiedener Hautfarben verbietet (wie die Bob Jones University in South Carolina bis 1983). Es gäbe noch nicht einmal eine Grundlage, um eine Stadt in den Südstaaten der USA, die den Werten des Ku Klux Klan huldigte moralisch zu verurteilen. Und ebensowenig wäre es möglich, jene weißen Südafrikaner zu kritisieren, die Schwarze aus ihren Städten vertreiben, oder die Nazis auf der Höhe ihrer Popularität in Deutschland.[4]

Mit einem solchen Relativismus haben die Kritiker leichtes Spiel. Derek Phillips schreibt: Für viele »kommunitaristischen Denker von heute sind die einzigen Quellen und Maßstäbe moralischer Beurteilung diejenigen, die sich bereits in einer bestimmten Gesellschaft finden. Demzufolge kann es keine losgelösten, unabhängigen Standards geben, mit deren Hilfe die von einer bestimmten Gesellschaft sanktionierte Moral bewertet werden kann.« (1993, S. 183) Stephen Holmes meint: »Ein geteiltes Selbstverständnis, gemeinsame Bestrebungen oder Loyalitäten sind nicht ... in sich selbst bewunderungswürdig. Umgekehrt läßt sich unmoralisches Verhalten nicht als das Fehlen einer sozialen Dimension definieren. ... Die persönliche Identität eines Rassisten oder religiösen Fanatikers ist mit Sicherheit ›sozial bedingt‹, ohne dadurch in irgendeiner Weise moralisch lobenswert zu sein.« (1993, S. 178 f.) Und Ronald Beiner bemerkt: »In gewisser Weise haben bestimmte kommunitaristische Denker sich diese Schwierigkeiten selbst zuzuschreiben. Walzer und MacIntyre neigten beispielsweise dazu, die Unangemessenheit der liberalen Moral aus ihrem Universalismus zu erklären. Und dies scheint zu implizieren, man müsse den Partikularismus im Sinne einer Gegen-Moral gutheißen.« (1995, S. 19)

Einige liberale Kommunitaristen antworten mit dem Hinweis, sie seien keine Relativisten, sondern Partikularisten. Denn obwohl es zahlreiche soziale Definitionen des Guten gebe, die von einer Gemeinschaft angenommen (oder von mehreren Gemeinschaften bejaht) werden könnten, dürften noch lange nicht alle als legitim betrachtet werden, nur weil eine Gemeinschaft sie übernommen habe. Einige Vorstellungen etwa seien völlig indiskutabel. Dies ist ein Schritt in die richtige Richtung. Gleichwohl fehlen uns immer noch Kriterien, um bestimmen zu können, welche moralische Positionen akzeptabel und welche inakzeptabel sind; Kriterien, die selbst einer Rechtfertigung bedürfen.

Das Zweite Kriterium:
Gesellschaftliche Werte als moralischer Rahmen

Wenn man davon ausgeht, daß Gemeinschaften nicht die letzte Rechtfertigungsinstanz für Werte sein können, folgt daraus nicht, man müsse innergemeinschaftliche Verfahren und Kriterien durch universale, dem Individuum zukommmende Rechte ersetzen, die Gemeinschaften moralisch irrelevant werden lassen. Kommunitaristen können *die Gemeinschaft in einen Kontext einordnen, indem sie die von der Gemeinschaft bejahten Werte mit einem Rahmen umgeben, der einer höheren Ordnung an Legitimität angehört.* Die besonderen normativen Bindungen einer Gemeinschaft werden dann einen Vorrang genießen, solange sie nicht eine Reihe anderer normativer Kriterien verletzen, denen sie *zusätzlich* genügen müssen. Zum Beispiel können die Werte einer Gemeinschaft als legitim beurteilt werden, weil sie von einem Mehrheitsvotum getragen werden oder im Rahmen eines konsensbildenden Verfahrens innerhalb einer gegebenen Gemeinschaft entstanden sind – aber nur so lange, wie sie nicht gegen die nächsthöhere Ordnung normativer Kriterien verstoßen.

Wir haben bereits einen solchen bedeutenden Rahmen kennengelernt, nämlich die Verfassung, die den Bestand gesellschaftlicher Grundwerte verkörpert. Wie im vorigen Kapitel dargelegt, setzt die Verfassung den Werten, die eine Gemeinschaft annehmen kann, Grenzen – Vorsorgemaß-nahmen, die die Individuen nicht bloß vor dem Staat, sondern auch vor den Gemeinschaften, denen sie angehören, schützen sollen. (Die Anwendung der Verfassung, insbesondere der Grundrechte, auf Gemeinschaften ist nicht immer akzeptiert worden. Bis zum Bürgerkrieg, und in gewissem Umfang noch später, glaubte man, die Verfassung gelte nur für die Regierung in Washington.) Diese Einschränkungen betreffen bestimmte Bereiche, in denen Gemeinschaften keine Regelungskompetenz zukommt. So kann keine Gemeinschaft in den USA einer wahlberechtigten Person legitimerweise das Wahlrecht entziehen (es sei denn, diese Person hat, wie etwa in einigen Bundesstaaten, ein Kapitalverbrechen begangen). Auch kann keiner Gruppe das Versammlungsrecht versagt werden, nur weil deren moralische Werte dem Rest der Gemeinschaft ein Ärgernis sind. Auf der anderen Seite bestimmt die Verfassung zahlreiche Entscheidungsbereiche, in denen Gemeinschaften Autonomie zugebilligt wird. So können Gemeinschaften z. B. darüber entscheiden, was sie für den Wasserverbrauch in Rechnung stellen, wie hoch die Grundbesitzabgaben sind, und so weiter.

Der Unterschied, der zwischen einer *Einrahmung* – sei es durch die Verfassung oder durch andere übergreifende soziale Werte – und einer normativen *Vorwegnahme* besteht, kann kaum genügend betont werden. Eine Reihe von Werten einzurahmen bedeutet, daß den in einen Rahmen gestellten Werten ein höherer Status zukommt als anderen (oder sie diese »übertrumpfen«), solange ihre Reichweite innerhalb der durch den Rahmen abgesteckten Grenzen verbleibt. Dann nämlich sind sie innerhalb dieses Kontextes hinreichend begründet. Im Gegensatz dazu ersetzen bei einer Vorwegnahme eine Reihe »universaler« Gesetze oder Werte andere, oftmals lokal gebundene Gesetze, Sitten und Traditionen. Diese Unterscheidung spiegelt sich teilweise in legalen und institutionellen Konzeptionen wie dem Unterschied zwischen dem Römischen Recht und dem Fallrecht, dem Zentralstaat und dem Föderalismus sowie Universalismus und Subsidiarität.

Andere Gesellschaften (einschließlich der kanadischen und zahlreicher anderer west- und nordeuropäischer Gesellschaften) zehren in ähnlicher Weise von Verfassungsdokumenten oder verfügen – wie beispielsweise Großbritannien – über eine Reihe von Gesetzen, die selbst dann einen Rahmen bilden, wenn sie formal nicht zur Verfassung gehören. Seit kurzem wird in Großbritannien zunehmend der Ruf nach einer kodifizierten Verfassung laut, weil sich die britischen »Grundrechte« lediglich einem parlamentarischen Beschluß verdanken. Sie könnten auf legalem

Wege aufgehoben werden, wenn das Parlament es so wünscht. Bislang jedoch sind sie über hunderte von Jahren hindurch nicht angerührt worden. Als sich britische Kollegen kommunitaristische Ideen zu eigen machten, sahen sie sich der Kritik ausgesetzt, man könne die Rechte des Individuums in Großbritannien keiner Neubewertung unterziehen, weil – in Anbetracht einer fehlenden Verfassung – die Rechte in Großbritannien längst nicht so geschützt seien wie in den Vereinigten Staaten. Tatsächlich aber sind gesellschaftliche Grundwerte in Großbritannien als ein Bestandteil in die allgemeine Kultur eingegangen und scheinen von einer Stärke zu sein, als gäbe es bereits eine Verfassung. Obwohl es zwischen ungeschriebenen und schriftlich niedergelegten Verfassungen Unterschiede gibt, ist es ein schwerwiegender Irrtum, einer ungeschriebenen Verfassung prinzipiell Schwäche zu unterstellen; diese kann sich sogar als widerstandsfähiger erweisen.[5] In jedem Fall aber spiegelt sich in beiden Verfassungsformen eine höhere Ordnung gemeinsamer Werte wider, die über jene einer einzelnen Gemeinschaft hinausgeht: es sind gesellschaftsweite Werte.

Außerdem wirken in Gesellschaften Werte als Elemente des normativen Rahmens, die sich zwar nicht in der Verfassung oder in Gesetzen mit Verfassungsrang finden, aber Teil einer lange schon bestehenden Rechtstradition sind oder weithin akzeptiert werden. So gibt es in den Vereinigten Staaten zum Beispiel vage Vorstellungen von Fairneß und Chancengleichheit (im Unterschied zu Ergebnisgleichheit) (vgl. Lipset 1996).

Ein starkes Argument für ein zweifach abgestuftes Kriterium nennt William A. Galston. Er macht geltend, ein liberaler Staat könne sich weder den Werten einzelner Gemeinschaften gegenüber vollständig neutral verhalten noch – wie Individualisten vorgeschlagen haben – den Aufbau der moralischen Ordnung einfach an den Kriterien orientieren, die für die Staatsbürgerschaft in einem liberalen Staat notwendig sind.[6]

Allerdings gebrauche ich Galstons Argument in genau umgekehrter Weise. Galston wendet sich gegen Individualisten, die sich unter Einsatz staatlicher Macht über die Werte einer Gemeinschaft hinwegsetzen würden, um die Fähigkeit der Mitglieder, kritisches und vernünftiges Denken zu entwickeln und zu bewahren, zu gewährleisten. Er tritt für *weniger* Eingriffe und für mehr Toleranz gegenüber den Werten der Gemeinschaft ein – er nennt das »Vielfalt« – und spricht sich dafür aus, die Gemeinschaften selbst sollen über die betreffenden Werte entscheiden. Beispielsweise vertritt Galston die Ansicht, der Staat solle die Amish nicht zwingen, ihren Kindern die übliche allgemeine Schulbildung zukommen zu lassen, da diese in Widerspruch zu ihrer religiösen Weltanschauung steht (1995, S. 528).

Hingegen vertrete ich dieses Argument im Dialog mit denjenigen Kommunitaristen, die einen gemeinschaftsbezogenen Relativismus vertreten und den Gemeinschaften *generell* die letzte Entscheidung zusprechen würden. Galstons Argument zeigt, daß es bestimmte Werte *gibt*, die es erforderlich machen, sich über die normativen Bindungen von Teilgemeinschaften hinwegzusetzen. Denn Galston zufolge manifestiert sich im Staat eine Gesellschaft, die sich organisiert hat, um entsprechend einer Reihe verschiedener Werte zu leben und somit mehr als nur »minimalistische« Interventionen verlangt.[7] Als verbindliche Grundwerte führt er den Schutz des menschlichen Lebens an, das physische Wachstum und Heranreifen von Kindern oder die Chance für Individuen, sich am gesellschaftlichen Leben, Wirtschaft und Politik zu beteiligen. Der Staat hat sich somit über Gemeinschaften hinwegzusetzen, sobald diese gegen die »gemeinsamen liberalen Ziele« verstoßen. In allen anderen Fällen mögen partikulare Werte der Gemeinschaft Vorrang genießen.

In praktischer Hinsicht ist der zweifach abgestufte Ansatz, der Gemeinschaften zwar die Entscheidungskompetenz über Werte einräumt, dies aber von der Übereinstimmung mit gewissen gesellschaftlichen Grundwerten abhängig macht, durchaus zufriedenstellend. Normative Standpunkte, die sich weder von seiten der jeweiligen Gemeinschaft noch der Verfassung Einwänden ausgesetzt sehen, dürften in den meisten Fällen auch einer weitergehenden Überprüfung standhalten. Bereits diese Feststellung verweist auf die Existenz – und in der Tat die Notwendigkeit – eines übergeordneten Kriteriums, ohne welches es keine Möglichkeit gäbe, zu entscheiden, ob das Ergebnis eines zweifach abgestuften Verfahrens legitim ist oder nicht.

Die Notwendigkeit zusätzlicher normativer Kriterien tritt besonders deutlich zutage, wenn man Kulturen untersucht, die sich von der eigenen stark unterscheiden. Zum Beispiel beurteilen wir das in Saudi-Arabien übliche Enthaupten einer ehebrecherischen Prinzessin oder das Abhacken der rechten Hand eines Diebes als moralisch verwerflich, selbst wenn die dabei zugrundeliegenden Werte nicht nur mit den Gemeinschaftswerten in Übereinstimmung stehen, sondern auch mit der Verfassung Saudi-Arabiens.[8]

Zudem unterziehen wir die Verfassung und die verschiedenen Entscheidungen des Obersten Gerichts beständig einer eingehenden Überprüfung (im Fall der USA z. B. den Mangel der Verfassung, ausdrücklich auf Frauen Bezug zu nehmen). Wir wenden folglich einige übergeordnete Kriterien an, sobald wir der Auffassung sind, daß die Verfassung ergänzt werden sollte (z. B. durch die Forderung, der Bundeshaushalt müsse stets ausgeglichen sein), oder wenn wir die Frage diskutieren, ob das Oberste Gericht bei seiner Ächtung der Sodomie (*Bowers versus Hardwick*, 1986) moralisch »falsch« entschied.

Es sind zwei Methoden vorgeschlagen worden, um zu gesellschafts- und kulturübergreifenden Urteilen zu gelangen: Dialoge und globale Einrahmung. Die umfangreiche Literatur zu jedem dieser Vorschläge soll hier kurz zusammengefaßt werden, weil sie dem Schema einer normativen Rechtfertigung, das ich zu konstruieren versuche, etwas hinzufügen.

Ein drittes Kriterium:
Gesellschaftsübergreifende moralische Dialoge

Bei ihrer Suche nach unhintergehbaren Begründungsinstanzen haben einige Gelehrte behauptet, die Schlußfolgerungen *ordentlich konstruierter Dialoge* seien von moralischer Qualität. Dieser Ansatz verdient besondere Aufmerksamkeit, da er mit der Idee von Gemeinschaft eng verknüpft ist – Dialoge entspringen nicht nur oft aus Gemeinschaften, sondern helfen zugleich, diese zu schaffen. Zudem läßt sich dieses Kriterium den bislang behandelten nicht unterordnen, vollziehen sich Dialoge doch sowohl innerhalb von als auch zwischen Gemeinschaften.

Im Rahmen dieses Ansatzes möchte ich zwischen »prozeduralen Dialogen« und »Überzeugungsdialogen« unterscheiden. Es handelt sich hierbei um Idealtypen, die nur von wenigen jeweils vollständig akzeptiert werden, auch wenn Wissenschaftler stets mehr dem einen oder dem anderen zuneigen. Die Arbeiten von Jürgen Habermas und Bruce Ackerman stehen beispielsweise dem prozeduralen Ideal näher. (Wenn ich lediglich einen Aspekt aus deren Theorien herausgreife – und zwar, wie im Zusammenhang von Werten verantwortlich Rechenschaft abgelegt werden kann –, so wird dadurch, daß ich diese Theorien in ihrer Gesamtheit an dieser Stelle nicht bespreche, das isolierte Element zugegebenermaßen modifiziert.)

Prozedurale Dialoge

Ein sehr kompliziertes und in gewisser Weise doch beschränktes, dialogisch orientiertes Rechenschaftsmodell findet man in den Schriften von Jürgen Habermas. Ihm zufolge ist es möglich, »normative Richtigkeit« vor dem Zugriff der post-modernen Welt der Dekonstruktion und eines abwegigen Relativismus zu retten. Dies soll durch den – von ihm so benannten – »intersubjektiven Diskurs« erreicht werden (im Gegensatz zu individuellem Nachdenken). Für ihn gibt es letztlich nur ein Kriterium, mit dem Überzeugungen als gültig beurteilt werden können, nämlich indem sie sich auf ein mittels Argumentation erreichtes Einverständnis stützen.[9] (Habermas geht es hier eher um Werte im öffentlichen Bereich und nicht um eine private Ethik.)

Habermas buchstabiert sodann die Bedingungen durch, die ein Diskurs über normative Richtigkeit erfüllen muß. Die Regeln lauten grob zusammengefaßt: Jeder muß am Diskurs teilnehmen können; alle Behauptungen dürfen hinterfragt werden; die Menschen können äußern, wovon immer sie überzeugt sind, solange es das ist, wovon sie wirklich überzeugt sind; und es darf kein Zwang angewendet werden, um diese ersten drei Bedingungen zu beeinträchtigen. Habermas legt somit eher Wert auf ein *prozedurales* normatives Kriterium als auf ein *substantielles*. Er nimmt an, daß, wenn eine Gruppe diesem Verfahren genügt, keinesfalls »falsche« Werte ermittelt werden.

Ackerman entwickelt ein eigenständiges Diskursmodell. Sein Ausgangspunkt ist »das Problem der liberalen Politik« – namentlich, daß Menschen moralisch nicht miteinander übereinstimmen und dennoch bestimmte Wege zur friedlichen Koexistenz finden müssen.[10] Er betrachtet Dialoge als die einzige pragmatische Lösung, als den »obersten pragmatischen Imperativ« der Politik, als vorrangige Pflicht des Staatsbürgers.[11] Um angemessene Dialoge durchzuführen, müssen wir die Regel der »Gesprächsbeschränkung« befolgen: »Wir sollten einfach nichts [über unsere moralischen Meinungsverschiedenheiten] sagen ... und die moralischen Ideale, die uns voneinander trennen, von der Themenliste des liberalen Staates streichen.« (Wie Habermas bezieht sich auch Ackerman auf den begrenzten Bereich jener Entscheidungen, die es im öffentlichen Leben zu treffen gilt, nicht aber auf moralische Entscheidungen, die wir als Mitglieder einer Gesellschaft oder einer Gemeinschaft treffen müssen.)

Die Gesprächsbeschränkung bezieht sich nicht auf die Vorschläge, die man einbringt, sondern nur auf die Argumente, die man zu deren Unterstützung anführt. Daher kann ich ohne weiteres die Ausübung des Schulgebetes in öffentlichen Schulen vorschlagen, sofern ich dieses Vorhaben nicht mit einem Glauben an Gott begründe, den du nicht teilst. Ich müßte einige andere Gründe nennen, wie etwa, daß das Schulgebet über einige praktische Vorzüge verfügt – sagen wir, daß es die geistige Gesundheit der Schüler fördert. Ackerman ist sich bewußt, daß sich »die Zurückhaltung im Gespräch als äußerst frustrierend erweisen wird – denn sie wird jeden von uns daran hindern, unser politisches Handeln mit Bezug auf jene Sachverhalte zu rechtfertigen, die wir für die tiefsten und offensichtlichsten Wahrheiten halten«; trotzdem »müssen wir versuchen, unseren Wunsch zu unterdrücken, vieles sagen zu wollen, von dessen Wahrheit wir überzeugt sind«, um einen Dialog unter Menschen zu ermöglichen, die unterschiedlichste Vorstellungen des Guten vertreten (Ackerman 1989, S. 16-19).

Psychologen und Soziologen haben auf unterschiedliche nicht-deliberative Prozesse hingewiesen, die eine Gemeinschaft in die Lage versetzen, über ihren Kurs zu befinden. Diese naturwüchsigen Prozesse vollziehen sich in allen Sphären des sozialen Lebens, und nicht allein in der politischen. George Herbert Mead zufolge gehen nicht nur das eigene Selbstverständnis, sondern auch die Vorstellungen, mit denen man denkend umgeht – seien es politische oder andere – aus Dialogen hervor. Dennis Wrong (1994, S. 59) meint, die Quelle von Sitten und Gebräuchen sei in der Interaktion, im »andauernden sozialen Leben« zu finden.[12] Andere Sozialwissenschaftler betrachten Sitten und Gebräuche als etwas von Generation zu Generation, von den älteren Mitgliedern an die Nachgeborenen oder neu Hinzugekommenen Tradiertes, das von diesen wiederum verändert werden kann, bevor sie es erneut an die nächste Generation weitergeben. Freilich interessieren sich die Sozialwissenschaftler, die diesem Denkansatz folgen, hauptsächlich für die Ursprünge von Sitten und Gebräuchen sowie deren Dynamik, nicht aber für die moralische Qualität der Ergebnisse, die diese Prozesse zeitigen. Unbedeutend ist dabei für sie zudem, ob diese Ergebnisse rein politischer, weitgehend sozialer oder inter- und intrapersonaler Natur sind. Aber gerade die Art und Weise, in der diese Ergebnisse bewertet werden können, ist die Frage, die uns hier interessiert.

Überzeugungsdialoge

Dialoge darüber, welche Richtung eine Gemeinschaft als Gemeinschaft einschlagen sollte, für welche Sitten und Gebräuche sie ihre moralische Stimme erheben sollte, führen zumindest teilweise zu *artikulierten moralischen Positionen*. Gespräche über die Bevorzugung bislang diskriminierter Gruppen (*affirmative action*), über Hilfeleistung für Fremde oder Sexualerziehung in öffentlichen Schulen beginnen nicht mit einer normativen tabula rasa, nicht schlicht mit einem »Laßt uns zusammensitzen und über die Sache reden, und dann werden wir sehen, was dabei rauskommt«. Dialoge werden zwischen Individuen und Teilgruppen in Gang gesetzt, die ihre Werte bereits in all jene Dialoge mit einbringen, die nicht hochgradig technischer Natur sind (und sogar in diesem Fall gilt oft das gleiche). Auch die Unterscheidung zwischen öffentlich und privat ist – wie wir früher schon gesehen haben – viel weniger nützlich als häufig behauptet wurde, insbesondere, wenn es sich um moralische Dialoge handelt. Wir können unsere tiefsten Überzeugungen nicht in der Weise ausklammern, wie wir einen Hut in der Garderobe hängen lassen, wenn wir auf eine Stadt- oder Gemeindeversammlung gehen. Sicher, moralische Dialoge werden hierdurch nicht eben einfacher, aber vom Tisch wischen oder ignorieren sollte man sie deshalb nicht.

Aber: Worin liegt die normative Bedeutung der soziologischen Beobachtung, daß die meisten Dialoge mit Werten aufgeladen sind? Sozialtheoretiker könnten einwenden, sie beschäftigten sich mit dem, was richtig oder am besten, nicht damit, was üblich sei. Allerdings habe ich bereits auf die Folgen hingewiesen, wenn man versucht, die menschliche Natur zu unterdrücken. Menschen sind *nicht in der Lage*, Werte und Tatsachen in der Weise voneinander zu trennen, wie es die Ideale von Deliberation und Vernunft fordern. Die Menschen zu drängen, diese Fähigkeit zu erwerben, würde eher zu vermehrter Frustration und Ablehnung führen als zu einer deliberativen Demokratie.

Darüber hinaus benötigt eine gute Gesellschaft Dialoge über das Gemeinwohl, welche wiederum eine Beschäftigung mit den Werten erfordern, die von den verschiedenen Teilnehmern eingebracht werden. Deshalb sind substantielle Dialoge, Überzeugungsdialoge, für eine gute Gesellschaft nicht nur normal, sondern von wesentlicher Bedeutung. Sie sind die Prozesse, mit deren Hilfe eine Gemeinschaft ihre gemeinsamen Werte formuliert und reformuliert.

So hat es während der letzten Jahrzehnte einen weltweiten Dialog darüber gegeben, in welchem Ausmaß »wir« (das heißt alle Nationen und in gewissem Sinne die Menschheit als ganze) uns um die Umwelt kümmern sollten. Sicher, in diesem Dialog kommen auch zahlreiche nicht-normative Überlegungen zum Tragen; etwa wirtschaftliche Interessen und Machtfragen. Gleichwohl braucht man nicht die Auseinandersetzung zwischen Realpolitik und Idealismus wiederzubeleben, um die öffentliche Meinung in anderen Ländern als Faktor zu erkennen. Und diese wird durch das beeinflußt, was die Menschen für moralisch angemessen halten. Einer der Gründe, weshalb die meisten Nationen zu vermeiden suchen, als unverantwortliche Umweltverschmutzer angesehen zu werden, ist somit der, daß sie es als wenig wünschenswert erachten, wenn ihr Handeln in den Augen anderer Nationen als unrichtig angesehen wird. Diese Tatsache spiegelt sich in einem weltweit zunehmenden Konsens in bezug auf spezifische Umweltschutzangelegenheiten wider, etwa dem Walfang, dem Handel mit Elfenbein, saurem Regen und dem Ozonloch (vgl. Porter/Brown 1996, S. 69-105).

Ein treffendes Beispiel war die weltweite Verurteilung der Vereinigten Staaten nach der UN-Konferenz für Klima und Entwicklung in Rio de Janeiro im Jahre 1992, einem der untypischen Gipfeltreffen, das tatsächlich auf einem weltweit wachsenden Konsens beruhte (und dazu diente, ihn auszubauen), anstatt diesen lediglich vorauszusetzen oder zu deklarieren. Als die Vereinigten Staaten eine Abschwächung des Klimakontrollvertrages erzwangen und sich weigerten, den ausgehandelten Vertrag zu unterschreiben, wurden sie von Nationen aus aller Welt scharf kritisiert, selbst von engen Verbündeten wie Deutschland und Japan.

Gemeinsame Werte, die aus moralischen Dialogen hervorgegangen sind, nehmen einen höheren moralischen Status ein als jene, die nur von der einen oder anderen Gruppe gefördert wurden oder Ergebnis der Aufklärungsarbeit des Staates sind. Dennoch liefern selbst Überzeugungsdialoge noch nicht das letztgültige normative Kriterium zur Legitimation von Werten. Die Geschichte lehrt uns, daß auch in jenen Nationen, die einen Genozid verübten, Dialoge stattfanden, die den Völkermord mit der Minderwertigkeit oder dem Untermenschentum der Opfer »rechtfertigten« (wie es auf der Wannsee-Konferenz geschah). Gleiches gilt auch für Militäraktionen, die mit der Begründung gerechtfertigt wurden, daß durch sie angeblich historische Fehlentwicklungen korrigiert würden (wie es zum Beispiel beim Überfall Äthiopiens durch das faschistische Italien Mussolinis oder dem Einmarsch der Sowjetunion in die Tschechoslowakai der Fall war). Wenn man die Schlußfolgerungen eines Dialogs ablehnt, wird man sicherlich immer Fehler in seiner Durchführung entdecken können; indem man etwa argumentiert, er sei nicht wirklich offen ausgetragen worden. Eine solche Sichtweise erwartet zu viel allein von dem Prozedere eines Dialogs und sie führt leicht dazu, daß unsere Urteile tautologisch werden. Nach wie vor bedarf es einer zusätzlichen moralischen Grundlage.

Viertes Kriterium: Globale Gemeinschaft?

Auf den ersten Blick mag es scheinen, als könne man auf globaler Ebene ein abschließendes Kriterium finden, indem wir uns für die Gesellschaften der Erde ebenso einen die Handlungsfreiheit einschränkenden Rahmen vorstellen, wie wir ihn innerhalb von Gesellschaften verwendet haben. Wenn die Werte einer Gesellschaft nicht gegen einen weltweit gültigen Wertekanon verstoßen, scheint sich der Kreis schließen zu können. Ein solcher Ansatz wirft jedoch mehrere Schwierigkeiten auf.

Kulturrelativismus

Sogar unter jenen, die akzeptieren, daß die von einer Gemeinschaft angenommenen Werte an denen der Gesamtgesellschaft ihre Grenze finden, und daß in beiden Bereichen Werte Ausdruck moralischer Dialoge sein sollten, lehnen es einige ab, diese Kriterien auf andere Kuluren anzuwenden. Ich spreche lieber von Kulturen als von nationalen Gesellschaften, weil viele, die bereit sind, andere Gesellschaften, die der eigenen Kultur ähnlich sind, zu beurteilen – beispielsweise sind Amerikaner willens, die Werte anderer westlicher Gesellschaften zu bewerten –, es ablehnen, Gleiches in bezug auf andere Kulturen – wie etwa die asiatische, lateinamerikanische oder afrikanische – zu tun. Diese Leute könnte man als Kulturrelativisten bezeichnen (im Unterschied zu Gemeinschaftsrelativisten).[13]

Kulturübergreifende Urteile werden abgelehnt, weil es keine weltweit gültigen oder anderweitig übergreifenden moralischen Wahrheiten geben soll, und entsprechende Urteile im Westen lebende Menschen dazu verführen könnten, die eigenen Werte gegenüber den Werten anderer als überlegen anzusehen und demzufolge auch andere Völker und Kulturen als minderwertig einzustufen. Eine solche Haltung war im Westen in der Tat weit verbreitet. Große Teile der anthropologischen Forschung verfolgten die Absicht, den Horizont jener Menschen zu erweitern, die davon überzeugt waren, »wir« seien wissenschaftlich und modern, »sie« jedoch primitiv, und diesen bewußt zu machen, daß andere Kulturen zwar anders, nicht aber minderwertig sind. Wie Carolyn Fluehr-Lobban feststellt, sind Ethnologen »nicht mehr länger bereit gewesen, über Formen kulturell bedingter Tötung etwa von Säuglingen oder alten Menschen ein Urteil zu fällen. Einige enthielten sich des Urteils über Gewalttaten, die von Gemeinschaften begangen wurden, wie etwa den gewalttätigen Konflikten zwischen Hindus und Moslems in Indien oder zwischen Tutsis und Hutus in Ruanda.«[14] Und James Wilson meint: »Mit der Übernahme des Kulturrelativismus ... verlor der Begriff ›barbarisch‹ nicht nur seine pejorative Bedeutung, sondern er wurde bedeutungslos. ... [Ethnologen] konnten hinfort über Kannibalismus und Kindestötung leidenschaftslos, wenn nicht sogar verständnisvoll diskutieren.«[15]

Einige Feministinnen haben sich gegen eine von »außen« kommende Kritik an der Beschneidung von Frauen ausgesprochen – der Verstümmelung der Geschlechtsteile junger Frauen, um ihre sexuelle Lust einzuschränken und sie für ihre Treue zu ihren zukünftigen Ehemännern gefügiger zu machen (während diese für ihre Treue keineswegs besonders berühmt sind).[16]

In nicht-westlichen Ländern wird die bloße Idee von Menschenrechten nicht anerkannt, weil die Vorstellung von ›Menschenrechten‹ als eine westliche Erfindung gilt, die nicht mit der eigenen kulturellen Tradition vereinbar ist. Dementsprechend wird auch gefordert, daß der Westen asiatische Gesellschaften, die gegen die Menschenrechte verstoßen, genauso wenig maßregeln dürfe, wie umgekehrt z. B. China die amerikanische Gesellschaft nicht wegen der mangelhaften Ehrerbietung von Kindern gegenüber ihren Eltern tadeln dürfe.[17] Gemäß dieser Sichtweise darf nicht einmal die muslimische Tradition, Dieben die Hände abzuschlagen, in kulturübergreifender Weise in Zweifel gezogen werden.[18] Deshalb ist es allein zulässig, daß jene, die über solche und andere Praktiken moralisch empört sind, nach *intra*-kulturellen Gründen für ihre Ablehnung suchen – und oftmals werden sie dabei fündig. Beispielsweise verlangt der Islam, daß mehrere Bedingungen zutreffen müssen, bevor das Abhacken einer Hand moralisch gerechtfertigt ist; Bedingungen, die in der Praxis fast nie vollständig gegeben sind. Auch wenn die Notwendigkeit, solche intra-kulturellen Gründe zu suchen, oftmals aus taktischen Gründen betont wird, um effektiver an bestimmte Tugenden appellieren zu können, so reflektiert sich in dieser Forderung auch die große Zurückhaltung, kulturübergreifende Urteile zu fällen.

Besonders deutlich wurde die Problematik kulturübergreifender Urteile im Jahre 1993, als sich asiatische Delegationen in Bangkok trafen, um eine gemeinsame Haltung zur Menschenrechtsfrage zu formulieren. In einem Bericht über dieses Treffen hieß es: »Was viele Beobachter überrascht hat, ... war der auffallend starke Widerstand gegen die Vorstellung universaler Menschenrechte, ... den man damit begründete, daß die Menschenrechte als solche nicht mit ›asiatischen Werten‹ übereinstimmen.«[19] Asiatische Intellektuelle rechtfertigen diese Ablehnung mit dem Argument, die westliche Vorstellung von Menschenrechten habe ihre Wurzel in der Idee persönlicher Autonomie. Diese sei aber den asiatischen Kulturen fremd oder habe für sie zumindest keine wesentliche Bedeutung.[20]

Michael Walzer (1996, S. 21) weist darauf hin, daß es zwar einige wenige Werte gibt, die in allen Kulturen auftauchen, aber ein solcher moralischer Minimalismus sei »weder objektiv noch ist er ohne jeden Ausdruck [einer bestimmten Kultur]. Vielmehr ist er in jeder Situation partikular und lokal bedeutsam, also aufs engste mit den ... Moralauffassungen verbunden, welche ... zu besonderen Zeiten und an ›bestimmten‹ Orten geschaffen wurde.« Der Begriff »universal« ist schlicht ein Adjektiv, das partikulare Werte modifiziert, die tatsächlich in all den verschiedenen Kulturen vorkommen. Aus diesem Grund, so Walzer, ist eine gegebene Gesellschaft »dann eine gerechte Gesellschaft, wenn sie ihr konkretes Leben ... in einer Weise [lebt], die den gemeinsamen Vorstellungen ihrer Mitglieder entspricht.« (1992, S. 441) Mulhall und Swift qualifizieren Walzers Position ganz eindeutig: »Es besteht kein Zweifel, daß Walzers Haltung ein relativistischer Zug zugrundeliegt.« (1992, S. 140) Auch Ronald Beiner ist der Meinung, in Walzers Verständnis sei »die einzig denkbare Form kritischen Urteilens nur mit Hilfe eines internen Kriteriums möglich, das bestimmt, ob eine konkrete Gemeinschaft sich an die Traditionen, Praktiken und das gemeinsame Verständnis all jener hält, die zusammen die Identität der Gemeinschaft ausmachen.« Er fügt hinzu: »Was hier fehlt, ist ein unabhängiger, externer Maßstab, der Aufschluß darüber gibt, ob identitätskonstitutive Gemeinschaften ihren Mitgliedern einen Wert verleihen, und zwar jenseits der bloßen Tatsache, daß sie etwas besitzen, das alle miteinander teilen.« (1992, S. 28 f.) Viele Kommunitaristen vertreten Positionen, die der von Walzer sehr ähnlich sind.

Meines Erachtens versagt ein solcher Relativismus, weil es irrelevant ist, woher Werte kommen. Die eigentliche Frage lautet, ob sie gerechtfertigt werden können oder nicht. Tatsächlich meinen einige, die sogenannten westlichen Ideale hätten ihren Ursprung in Afrika – genauer: in Ägypten. Sollte dies historisch zutreffen, würde sich dies bekräftigend auswirken auf die Rechte des Individuums und unser »Recht«, afrikanischen Gesellschaften moralische Auflagen zu machen? Würde das gleiche auch für Asien gelten? Werte können nicht von geographischen Faktoren abhängig gemacht werden.

Empirische und moralische Globalisten

In den letzten Jahren haben einige Kulturrelativisten anerkannt, daß es einige globale Werte gibt, die als gerechtfertigt gelten können, weil es sich um Werte ganzer Kulturen und nicht bloß einzelner Gemeinschaften innerhalb einer bestimmten Kultur handelt. Die Bandbreite dieser globalen Minimalisten reicht von weitgehend empirischen bis hin zu dezidiert normativen Positionen.

So berichten zwei empirisch argumentierende Kulturanthropologen: »Keine Kultur toleriert innerhalb ihrer eigenen Gruppe willkürliches

Lügen, Stehlen oder Gewalt. Die Universalität des Inzest-Tabus ist weithin bekannt. Keine Kultur sieht im Leiden einen Wert an sich. ... Wir kennen keine Kultur, ... in welcher der Tod nicht in irgendeiner Weise mit einer Zeremonie verbunden wäre.«[21] Alison Dundes Renteln verweist darauf, daß in allen Kulturen die Anzahl derjenigen, die im Rahmen für legitim erachteter Rachehandlungen getötet werden dürfen, beschränkt ist (1990, S. 88 ff). Neben der Auflistung einiger elementarer moralischer Prinzipien wie der Verurteilung von Mord, Folter und Vergewaltigung haben einige Minimalisten auf die Existenz gleicher Kategorien in vielen verschiedenen Sprachen hingewiesen, selbst wenn ihnen ein eher unterschiedlicher Inhalt zueigen ist.[22]

Andere stellen die Existenz eines universalen moralischen Empfindens fest.[23] Diejenigen, die dessen Quelle in moralischen Genen verorten – beispielsweise einem Gen für Altruismus[24] – verfügen über eine abschließende Antwort: Ist dieses Gen universal verbreitet, so ist der Relativismus überwunden. Doch sollte es partikularistisch beschaffen sein, so können Wertorientierungen nicht verändert werden, bis entsprechende gentechnologische Verfahren entwickelt worden sind.[25]

Überzeugender scheint die Annahme, daß es universale Sozialisationserfahrungen sind, welche die Entwicklung eines moralischen Empfindens in allen Menschen gewährleisten. Es sei eine Tatsache, daß alle Neugeborenen der Fürsorge anderer bedürfen, und daß wir im Zuge dieses Prozesses bestimmte universale Eigenschaften erwerben.[26] Aber wie normativ ist ein solcher Prozeß in sich selbst? Fördert er die eigennützigen oder rücksichtsvollen Eigenschaften? Welcher moraltheoretische Status kommt solchen empirischen Studien überhaupt zu?

Aus der empirisch belegbaren Tatsache globaler Übereinstimmungen wurden mitunter normative Schlußfolgerungen gezogen. So wurde die These vertreten, wir könnten Menschen unterschiedlicher Kulturen auf Werte verpflichten, die allen Kulturen gemeinsam sind, gerade weil diese Werte von allen Gesellschaften geteilt werden. Dies kommt einer globalen Anwendung des Konsenskriteriums gleich. Marcus Singer bringt diese Ansicht auf den Punkt, wenn er mit Bezug auf die alte goldene Regel schreibt: »Die nahezu universale Akzeptanz der Goldenen Regel und ihre Verbreitung durch Personen von beträchtlicher Intelligenz und ganz unterschiedlicher Provenienz mag als Indiz dafür gelten, daß es sich hier um eine fundamentale ethische Wahrheit handelt.«[27] Singer ist behutsam und kommt der Sache sehr nahe: Eine globale Billigung liefert eine *gewisse* normative Rechtfertigung. Natürlich ist uns bewußt, daß einem von allen Menschen geteilten moralischen Ideal eine weitaus größere Bedeutung zukommt als einem Ideal, das lediglich von einem Volk, einer Kultur oder auch einer Handvoll Völker vertreten wird. Gleichwohl fehlt es noch an etwas: Wenn sich alle Gesellschaften darin einig wären, Frauen, Immigranten oder Behinderte als Menschen zweiter Klasse zu behandeln, würde dann die weltweite Akzeptanz dieses Vorurteils das Vorurteil selbst rechtfertigen? Vergleicht man diese Werte zudem mit den Grundüberzeugungen vieler Religionen und ethischer Entwürfe; mit den ausgefeilten Argumentationen, wie sie etwa in der Hebräischen Bibel und dem Neuen Testament oder in den Schriften von Aristoteles, Konfuzius oder Immanuel Kant zu finden sind, dann wird die Armut einer empirisch zustandegekommenen Liste an Werten und auf ihr fußender Ethiken überdeutlich.

Insoweit sich normative Globalisten auf empirische Beobachtungen stützen, verfügen sie bloß über ein sehr schwaches und zerbrechliches Kriterium. Das Kriterium ist schwach, weil es nur einige wenige Werte – wie die Verurteilung von Mord, Diebstahl und Vergewaltigung – einschließt. Und selbst hier bewegen wir uns auf schwankendem Boden. Die vorsätzliche Tötung von Leben – die als Verletzung eines Wertes angesehen wird, dem noch am ehesten ein globaler Rang zukommt – wird oftmals auf die eine oder andere Weise für rechtens erklärt: im Falle des Verrates an der Religion oder der Verletzung bestimmter Gesetze. Dies gilt auch für Mitglieder der eigenen Gemeinschaft. (Fremden stehen in zahlreichen Gesellschaften überhaupt keine Rechte zu.)

Menschenrechte

Die Anerkennung von Rechten, die allen Menschen zustehen, repräsentiert den Versuch, über eine schwache und empirisch fundierte Liste globaler Werte hinauszugelangen. Insbesondere »stärkere« (thicker) Globalisten stützen sich auf die Allgemeine Erklärung der Menschenrechte, auf den wachsenden Korpus internationaler Gesetze, die Charta der Vereinten Nationen, Resolutionen der UNO-Vollversammlung sowie auf Erklärungen verschiedener internationaler Konferenzen, etwa zu Fragen des Umweltschutzes und der Gleichberechtigung.

Die Schwäche dieses Ansatzes liegt darin, daß die genannten Dokumente keineswegs von allen gebilligt werden. Diese Dokumente sind weder das Ergebnis eines echten demokratischen Prozesses im Rahmen internationaler Einrichtungen oder der darin vertretenen Länder, noch das Ergebnis eines weltweit geführten moralischen Dialogs. In der Tat hat es oft den Anschein, daß verschiedene Stellungnahmen internationaler Einrichtungen von vielen Nationen allein deswegen angenommen werden, weil jedem bewußt ist, über wie wenig legales, politisches oder normatives Gewicht diese Resolutionen verfügen. Solchen Resolutionen käme eine weitaus größere Verbindlichkeit zu, wenn sie aus der Arbeit eines wirklich repräsentativen Weltparlaments oder eines globalen Tribunals hervorgingen.

Die Schwäche globaler Menschenrechtsforderungen kann nicht bloß dadurch überwunden werden, daß man die Charta der Vereinten Nationen neu abfaßt, das Abstimmungsverfahren der UNO-Vollversammlung verändert oder vergleichbare institutionelle Reformen durchführt. Bevor man globale moralische Werte formulieren kann, denen die gleiche Verbindlichkeit zukommt wie jenen der einzelnen Gesellschaften, werden weltweite moralische Dialoge erforderlich sein. Aufgrund der technologischen Entwicklung sind solche weltweiten Gespräche durchaus möglich. Und tatsächlich hat es einige Fortschritte in diese Richtung gegeben, insbesondere was die Rechte des Individuums, die Behandlung von Kindern und vor allem den Umweltschutz betrifft. Die gewachsene Bedeutung und Legitimität des Internationalen Gerichtshofes in Den Haag, insbesondere in bezug auf die Kriegsverbrechen in Bosnien, mag ermutigen. Aber eine weltweite Gemeinschaft der Gemeinschaften, die über allgemein gerechtfertigte Grundwerte verfügt, liegt noch in weiter Ferne.

Eine gesellschaftsübergreifende Stimme der Moral

Um globale moralische Dialoge zu fördern, sollten Kommunitaristen den Kulturrelativismus ablehnen und bestimmte moralische Werte kulturübergreifend unterstützen. Ansonsten könnten wir nur eine magere Liste artikulieren und keinen Kernbestand weltweit anerkannter Werte. Ein Relativist oder Pluralist mag uns den Versuch zugestehen, mit den Mitgliedern einer anderen Kultur unsere oder ihre Werte zu teilen. Freilich dürften wir dieser Ansicht zufolge keine Forderungen mit dem Anspruch erheben, die andere Kultur sei diesen Werten gegenüber verpflichtet – es sei denn, es wären bereits ihre eigenen Werte. Um ein Beispiel Walzers zu verwenden: Ein Besucher Indiens könnte zwar versuchen, die Bewohner einer Stadt davon zu überzeugen, daß das Kastensystem »falsch« sei, allerdings nicht unter Berufung auf einen universalen Wert, dem die andere Kultur unabhängig von ihren Überzeugungen verpflichtet sei (1992, S. 443).

Ich spreche absichtlich vom Auferlegen moralischer Forderungen. Man sollte die Anerkennung moralischen Fortschritts in anderen Kulturen und die Verurteilung jener Gesellschaften, die unsere Werte mißachten, nicht mit den Handlungen von Nationen verwechseln, die glauben, ihre Werte anderen aufzwingen zu müssen, indem sie militärisch intervenieren, Blockaden errichten, Boykotte durchführen oder anderweitig militärischen oder ökonomischen Druck ausüben. Solche Maßnahmen können keine moralische Gemeinschaften hervorbringen und sind nur unter jenen besonderen Umständen zu rechtfertigen, die in der Literatur über gerechte Kriege und andere Themen internationaler Ethik diskutiert werden (beispielsweise wenn wir mit einer Art neuem nationalsozialistischen Regime konfrontiert wären). Zudem können nur sehr mächtige Nationen militärische oder ökonomische Machtmittel zur Durchsetzung von Werten einsetzen, während selbst die kleinsten Nationen über eine moralische Stimme verfügen, die sie erheben können, wie es in Costa Rica, Mexiko, den skandinavischen Ländern, der Schweiz oder Israel bereits geschehen ist.[28]

Alle Menschen dazu aufzurufen, dieselben Grundwerte zu respektieren, bedeutet nicht, daß alle denselben Weg der ökonomischen Entwicklung einschlagen, dieselbe Musik hören oder dieselben Umgangsformen an den Tag legen müssen. Tatsächlich begehen internationale Institutionen einen Fehler, wenn sie in dutzenden und aberdutzenden von Resolutionen praktisch jeden nur denkbaren normativen Aspekt abzudecken versuchen. Eine Welt gemeinsamer Werte wird schneller erreicht werden können, wenn man sich auf eine begrenzte Anzahl von Grundwerten beschränkt.

Kulturübergreifende moralische Stimmen können es jedoch nicht vermeiden, sich gegen jene Länder zu richten, deren Ordnung primär auf Zwang basiert, und nicht auf einem moralischen Fundament. Aufgrund

des engen Zusammenhangs zwischen einer demokratischen Regierungsform und kommunitaristischen Grundwerten ist die Forderung nach
Demokratisierung (im weitesten Sinne und nicht allein jene, die sich
durch freie und geheime Wahlen auszeichnet) ein zentraler Aspekt natio-
nenübergreifender moralischer Dialoge.

Das gleiche gilt für die moralische Forderung, für alle Menschen die
zum Leben notwendige Grundversorgung sicherzustellen. Kein Argument des Kulturrelativismus war von größerem Gewicht als die Vorstellung, der Westen sei bereits ökonomisch voll entwickelt und könne sich
daher politische Freiheiten »leisten«, während andere Länder die politische Entwicklung zurückstellen müßten, bis sie ökonomisch voll entwickelt seien. Diese Position formuliert prägnant Julius Ihonvbere, der
lakonisch feststellt, daß »für Länder, die weder Frieden noch Fortschritt
oder Stabilität kennen, seit sie mit den Kräften des westlichen Imperialis-
mus in Berührung gekommen sind, Bürgerrechte und politische Freiheiten keine Bedeutung haben.«[29]

Die hiermit aufgeworfene ethische Frage lautet, ob die Überwindung
und Bekämpfung einer hohen Mortalität z. B. durch Seuchen oder Hun-
ger gegenüber politischen Rechten wie der Meinungsfreiheit und dem
Wahlrecht einen Vorrang einnehmen. Oftmals wird diese Frage behandelt, als ob sie bloß rhetorisch sei. Die Antwort scheint selbstverständlich
zu sein – und sei es auch nur in dem Sinne, daß Menschen, die hungern
und an Krankheiten leiden, ihre politischen Rechte nicht ausüben können. Diese Herangehensweise wird dem Problem jedoch keineswegs
gerecht.

Erstens geben wirtschaftlich sich entwickelnde, totalitäre Staaten kein
Bruttosozialprodukt an, ab dem sie politische Freiheiten einräumen würden. Seymour M. Lipsets Behauptung, die ökonomische Entwicklung
erleichtere die politische Entwicklung[30], mag durchaus richtig sein, aber
deshalb ist es noch keineswegs ethisch gerechtfertigt, die politische Entwicklung so lange aufzuschieben, bis ein höheres Niveau der wirtschaftlichen Entwicklung erreicht ist. Ebensowenig darf eine Demokratisierung
allein deswegen zurückgestellt werden, weil sie in wirtschaftlich unter-
entwickelten Gesellschaften »schwieriger« durchzuführen ist.

Zweitens ist es ja keineswegs so, daß die Bevölkerung in solchen Ländern nur auf den sogenannten »Luxus« demokratischer Rechte – belieb-
tes Beispiel ist die Meinungsfreiheit – verzichten muß. Sie ist dort nicht

selten Folterung, Verklavung oder gar willkürlich agierenden Hinrichtungskommandos ausgesetzt. Daher ist die Achtung politischer Menschenrechte von ebenso grundlegender – oder sogar noch größerer Bedeutung als – das Recht auf ein erträgliches Leben.

Drittens gibt es ohne Demokratisierung keine Gewähr dafür, daß die Errungenschaften der ökonomischen Entwicklung allen Bürgern zugute kommen werden.

Viertens wird diese These durch die wirtschaftliche Entwicklung in Indien widerlegt, die im Rahmen demokratischer Strukturen erfolgt. Zwar mag es unterschiedliche wirtschaftliche Entwicklungspfade geben, sie müssen aber in einer Weise eingeschränkt werden, die sie mit einer demokratischen Regierungsform verträglich machen.

Letztlich verweisen asiatische Beobachter mit Entsetzen auf die soziale Unordnung westlicher Gesellschaften und machen deren demokratische Organisationsform dafür verantwortlich. So kommentiert Kishore Mahbubani: »Freiheit löst nicht nur Probleme; sie kann sie auch hervorbringen.« Er verweist auf einen »massiven sozialen Zerfall« in den Vereinigten Staaten und fährt fort: »Viele Gesellschaften erschaudern ob des Gedankens, dies könnte ihnen gleichermaßen widerfahren.«[31] Auch islamische Intellektuelle teilen diese Sichtweise, z.B. Mohamed Elhachmi Hamdi: »In bestimmten moralischen Fragen … scheint die westliche Demokratie … Amok zu laufen. Es ist kaum einzusehen, warum die laxe westliche Moral, die die Familie schwächt oder zerstört, … in den Rest der Welt exportiert werden sollte.«[32]

In Wirklichkeit war die soziale Ordnung in den westlichen Gesellschaften der 50er Jahre intakt, lange nachdem demokratische Institutionen geschaffen worden waren (auch wenn Teile der Bevölkerung noch für ihre demokratischen Rechte kämpfen mußten). Und die relativ jungen Phänomene sozialer Unordnung, die ein Zeichen für den Niedergang der moralischen Infrastruktur sind, können sehr wohl innerhalb der politischen Struktur dieser Gesellschaften überwunden werden.

Anstatt die kulturübergreifende Stimme der Moral verstummen zu lassen, wie es die Kulturrelativisten wünschen, sollten alle Gesellschaften das Recht anerkennen, der jeweils anderen moralische Forderungen entgegenzuhalten und sie sich umgekehrt von anderen entgegenhalten zu lassen. Daher sollte sich der Westen der Legitimität seiner Kritik an Chinas Menschenrechtsverletzungen bewußt werden. Und China sollte gleichermaßen berechtigt sein, die amerikanische Gesellschaft z. B. für den mangelnden Respekt von Kindern gegenüber ihren Eltern zu kritisieren.

Kulturübergreifende moralische Dialoge basieren auf substantiellen, weltweit gültigen Werten, gegenüber denen alle Menschen verpflichtet sind. Deshalb verkörpern die Rechte des Individuums nicht allein westliche Werte (auch wenn sie, historisch betrachtet, im Westen entstanden sind), sondern sind für alle Menschen verpflichtend. Auch in der Stärke des Protestes gegen die Anwendung der Menschenrechtskategorie auf die »Dritte Welt« sehe ich das Eingeständnis, daß diesen Forderungen Gültigkeit zukommt. Und wenn Asiaten vom Westen verlangen, er solle alten Menschen gebührenden Respekt erweisen, dann halte ich aus dem gleichen Grund die Reaktionen der Beschuldigten ebenfalls für ein Indiz, daß hier auf einen gemeinsamen Wert gepocht wird. Wenn man statt dessen die Asiaten dafür tadeln würde, daß sie kleine Stäbchen statt Gabeln zum Essen verwenden, wären sie wohl kaum aus der Ruhe zu bringen. Ähnlich würden, forderten Moslems den Westen zur Übernahme islamischer Scheidungsgesetze auf, die meisten Menschen dies ignorieren oder einfach darüber lachen. Nicht alle kulturübergreifenden Forderungen werden gehört, und es ist sehr bezeichnend, welche unsere Aufmerksamkeit auf sich ziehen.

Neben diesen Abwehrreaktionen gibt es andere Anzeichen dafür, daß viele kulturübergreifende Forderungen auf offene Ohren treffen. Nachdem asiatische Länder sich in Menschenrechtsfragen über Jahrzehnte verschlossen zeigten, ist aus diesen Ländern jüngst berichtet worden, daß »Menschenrechte nicht mehr länger als ein Mittel der Fremdherrschaft abgelehnt werden, sondern als Ausdruck des besonders Asiatischen befördert werden.«[33] China scheint aufgrund des Drucks von Amnesty International und anderer moralischer Stimmen einige seiner schlimmsten Waisenhäuser und Arbeitslager umgestaltet zu haben. Der Diplomat Bilahari Kausikan aus Singapur konstatiert: »Die Menschenrechte sind zu einem legitimen Thema in zwischenstaatlichen Beziehungen geworden. Wie ein Land seine Bürger behandelt, ist nicht mehr länger eine Angelegenheit, die ausschließlich in den eigenen Entscheidungsbereich fällt. ... Es gibt eine zunehmend weltweite Kultur der Menschenrechte.«[34]

Erkennt man die Notwendigkeit, kulturübergreifende Kritik zuzulassen, legitimiert dies keine Praxis, die andere Völker stärker beschimpft als

Störer der sozialen Ordnung in der eigenen Gesellschaft. Die Stimme der Moral ist am bezwingendsten, wenn sie entschlossen, aber nicht kreischend vorgetragen wird, urteilend, aber nicht verurteilend, wenn nötig kritisch, aber nicht selbstgerecht.

Auch kann man ohne weiteres eingestehen, daß diejenigen, die für globale Werte eintreten, sich selbst nicht immer gänzlich an ihre Forderungen halten; aber diese Beobachtung entkräftet nicht den Rang dieser Werte. Und man mag leicht darin übereinstimmen, daß es andere universale Werte gibt als jene, für die ein bestimmtes Lager sich ausspricht; Werte, die von Gesellschaften, die in anderen Aspekten Tadel verdienen, in bewundernswerter Weise vertreten werden, so daß sie dem Rest der Welt ein leuchtendes Vorbild sind. Japan beispielsweise hat wahrscheinlich mehr für die Schönheit der Gestaltung und des Landschaftsbildes getan als irgendeine westliche Gesellschaft.

Keine dieser Beobachtungen untergräbt allerdings die Notwendigkeit, starke substantielle Werte in den entstehenden weltweiten Dialog einzubringen; die angeführten Beobachtungen sind selbst vielmehr ein Reflex solcher Werte.

Zwingende moralische Gründe

Selbst im Falle eines weltweiten Wertekonsenses wären wir noch immer nicht am Ziel. Wir weisen die Vorstellung zurück, die sich hinter Äußerungen verbirgt wie »50 Millionen Franzosen können sich nicht irren«, weil sich auch ein nationaler Konsens im Irrtum befinden *kann*. In gleicher Weise können sich auch 5 Milliarden Menschen irren. Es ist noch nicht lange her, daß es einen weltweiten Konsens gab, Frauen seien als Menschen zweiter Klasse zu behandeln, ohne daß hierdurch diese Einstellung legitim gewesen wäre. Bevor ich auf das immer noch unvollständige Rechtfertigungsschema für die Begründung von Werten eingehe, will ich den bisherigen Argumentationsgang kurz zusammenfassen.

Auf der Suche nach einem Kriterium für die Rechtfertigung von Werten habe ich mehrere Stufen unterschieden. 1) Wenn eine Gemeinschaft (auf demokratischem Wege oder anderen Formen der Konsensbildung) sich auf einen Wert als den richtigen verständigt, so verfügt dieser zwar über einen hohen Grad an Legitimität, ist aber noch nicht hinreichend gerechtfertigt. 2) Wenn sich dieser Wert zudem mit den gesellschaftlichen Moralvorstellungen (die oftmals in der Verfassung oder ähnlichen Gesetzen Niederschlag gefunden haben) verträgt, so bestärkt dies zwar die Plausibilität des gewählten Wertes, stellt aber auch zusammen mit dem ersten Kriterium noch keine ausreichende Rechtfertigung dar. 3) Dies gilt selbst für den zusätzlichen Fall, daß ein Wert das Ergebnis echter moralischer Dialoge und/oder das Produkt einer globalen Konsensbildung darstellt.

Bei der Suche nach dem entscheidenden vierten Prüfstein beziehe ich mich auf die Beobachtung, daß *bestimmte Vorstellungen in und durch sich selbst zwingend erscheinen.*[35] Wenn man z. B. feststellt, daß wir unseren eigenen Kindern gegenüber eine größere Verpflichtung haben als gegenüber den Kindern anderer, dann ist dies unmittelbar einsichtig. Man hat weder das Gefühl, es bedürfte einer Begründung, noch braucht man hierfür eine logische Erklärung oder soziologische Analyse: Solche Vorstellungen verfügen über jene besondere Qualität, die wir »selbstevident« nennen können. Unser moralisches Empfinden sagt uns: »Natürlich tun wir das.«[36] Tatsächlich habe ich keine einzige Person gefunden, die behauptet, glaubt oder versucht zu begründen, daß wir gegenüber allen Kindern die gleichen Pflichten hätten wie gegenüber unseren eigenen.

Um die Konzeption solcher selbstevidenter moralischer Vorstellungen verständlich zu machen, möchte ich von einem Experiment berichten, das ich in mehreren Ländern mit mehr als 300 Gruppen der unterschiedlichsten sozialen, intellektuellen und politischen Hintergründe und Überzeugungen durchgeführt habe. In jedem Fall bat ich die Probanden, sich vorzustellen, sie seien Mitglieder eines Komitees an einer öffentlichen Schule und hätten zu entscheiden, welche Werte in den Klassen des dritten Schuljahres zu vermitteln seien. Zunächst wies ich darauf hin, daß es unmöglich sei, einen wertfreien oder neutralen Lehrplan zu entwerfen. Als nächstes stellte ich dann die Frage, ob man lehren solle, daß unter allen Umständen die Wahrheit zu sagen besser sei als zu lügen (außer Ausnahmen, wie der eines unheilbar an Krebs Erkrankten, der fragt, ob es noch irgendwelche Hoffnung für ihn gibt), oder ob das Umgekehrte Gültigkeit habe. Ohne Ausnahme schauten mich die Gruppen verdutzt an. Alle wunderten sich, was denn die Frage solle, denn die Antwort war für alle schlicht selbstverständlich!

Darüber hinaus begann keine der von mir befragten Gruppen damit, argumentative Begründungen zu liefern, wie etwa »Man muß wissen, daß andere, wenn man lügt, es bald ebenso tun werden. Dann würden wir uns in einer Welt voller Lügner wiederfinden, in der wir nicht leben wollen. Und deshalb darf man nicht lügen.« Keines der Gruppenmitglieder befand es für nötig, eine solche utilitaristische bzw. konsequentialistische Erklärung zu geben. Vielmehr hatte jeder das Empfinden, die Antwort sei offensichtlich.

Das hier nur knapp skizzierte Konzept gewissermaßen selbstevidenter Moralvorstellungen, über das es einen Berg von Literatur gibt, ist natürlich umstritten und ambivalent und wird von Kommunitaristen bisher in der Regel nicht vertreten. Trotzdem sehe ich nicht, wie sich ein kommunitaristisches Paradigma anders überzeugender begründen ließe. Gegenüber der komplexen sozialphilosophischen und moraltheoretischen Debatte gehe ich als Soziologe von der Vorstellung aus, man könne ein moralisches Paradigma schaffen, indem man die Werte und Tugenden benennt, die dem Paradigma als Grundlagen dienen. Das legt der von mir hier verwendete funktionalistische Ansatz nahe, der weniger nach den *Ursprüngen* fragt als nach den Konstellationen, Prozessen und Strukturen, welche die Aufrechterhaltung und Neugestaltung gegebener gesellschaftlicher Strukturen oder Werte ermöglichen.

Auch wird mir entgegengehalten, daß die von mir verwendeten Begriffe sehr umfassend seien; daß sie nicht Begriffen wie »grünen Bohnen« oder »Orangen« glichen, sondern solchen wie »Gemüse« und »Früchte«. In der Einleitung meines Buches habe ich meinen spezifischen Gebrauch der Begriffe von Ordnung und Autonomie dargelegt. In der Tat ist die Vorstellung, Ordnung beruhe weitgehend auf Freiwilligkeit, sehr ungewöhnlich. Gleichermaßen mag eine Vorstellung von Autonomie, die nicht nur negative und positive Freiheiten enthält, sondern sich auch auf individuelle und gruppenbezogene Ausdrucksmöglichkeiten bezieht und sozialen Beschränkungen unterliegen muß, von denjenigen abgelehnt werden, die ein sehr viel engeres Konzept von Autonomie vertreten.

Diese moralisch selbstevidenten Urteile ähneln dem, was religiöse Autoritäten als *Offenbarung* bezeichnen. Freilich heißt das nicht, daß wir darüber nicht *raisonieren* könnten. Die Tatsache, daß bestimmte Fälle uns auf Anhieb derart überzeugend erscheinen, macht die Notwendigkeit einer genauen Überprüfung keineswegs überflüssig. Auf jeden Fall folgt die Vernunft hier der Offenbarung und unterstützt diese, und nicht umgekehrt.[37] Charles Taylor hebt diesen doppelten Charakter von Moral hervor, wenn er ausführt, daß »unsere moralischen Überzeugungen ... also gleichsam zwei Facetten [haben]. Einerseits gleichen sie beinahe Instinkten. ... Andererseits scheinen sie Behauptungen ... über das Wese und den Rang der Menschen zu beinhalten.« (1994, S. 19) Naturalisten und Emotivisten, so Taylor, vernachlässigen gerne die zweite Seite; aber es wäre gleichermaßen ein Fehler, schenkte man der ersten Seite keine Beachtung. Wir müssen uns immer gewahr sein, daß rationale Erklärungen moralischer Werte den Versuch darstellen, das moralische Empfinden – wie Taylor es formuliert – »zu artikulieren«, aber nicht imstande sind, das Wesen moralischer Werte zu erfassen.

Es gibt einen weiteren wesentlichen Unterschied zwischen der hier dargelegten Position und einem Emotivismus.[38] Letzterer behandelt Wertfragen wie Geschmacksfragen. Entweder sie sagen einem zu oder nicht, wie man es eben empfindet. Im Rahmen des hier entwickelten Ansatzes wurden nur die Primärkonzepte an ihrer moralischen Kraft gemessen (und außerdem muß gewährleistet sein, daß sie einer kritischen Betrachtung standhalten, wie sie am Beginn unserer Diskussion auch mit Blick auf soziale Ordnung und Autonomie angestellt wurde); alle anderen Konzepte leiten sich von diesen Primärkonzepten ab und sind mit ihrer Hilfe zu erklären.

Der Unterschied zwischen dem Emotivismus und dem vorliegenden Ansatz tritt besonders deutlich hervor, wenn man die hier befürworteten Grundtugenden mit der umfangreichen Liste von Tugenden, an die sich eine Person oder Gemeinschaft gemäß anderer Ansätze halten soll, vergleicht. Eine von Michael Josephson (1996) vorgelegte Tugendliste enthält zum Beispiel sechs »Pfeiler«: Vertrauenswürdigkeit, Respekt, Verantwortlichkeit, Gerechtigkeit, soziale Fürsorglichkeit und Staatsbürgerschaft. William J. Bennett (1993) listet zehn Tugenden auf; Colin Greer/ Herbert Kohl (1995) legen eine Liste von 16 Tugenden vor. Alle diese Tugenden werden als gleichrangig behandelt und sind nicht von einem Grundkonzept abgeleitet oder gerechtfertigt.[39]

Grundlegende Tugenden

Grundlegend wie Leben und Gesundheit

Die grundlegenden sozialen Werte sind eine auf Freiwilligkeit beruhende moralische Ordnung und eine weitgehende, jedoch gebundene Autonomie des Individuums bzw. der Teilgemeinschaft; in sorgfältigem Gleichgewicht gehalten charakterisiert deren Verhältnis zueinander die neue goldene Regel. Obwohl ich in den vorangegangenen Kapiteln die sozialen Formationen, in denen diese Werte verkörpert sind, instrumentell gerechtfertigt habe, sind solche soziologischen Erklärungen lediglich sekundär. Die Notwendigkeit einer freiwilligen Ordnung und der abgesicherten Möglichkeiten für den einzelnen, seiner Individualität Ausdruck zu verleihen, sprechen auf kraftvolle Weise für sich selbst.[40]

Der normative Rang von moralischer Ordnung und Autonomie (und die Minderung ihres Antagonismus) im kommunitaristischen Paradigma ist vergleichbar mit dem Rang von Leben und Gesundheit in der Medizin. Theoretisch könnte man fragen: »Warum sollten das Werte sein? Könnte man nicht auch in Tod und Krankheit Werte sehen und eine Wissenschaft entwickeln, in der diese Werte sich verkörpern?« Aber es ist eben alles andere als zufällig und spricht für sich selbst, daß eigentlich niemand so etwas ernsthaft in Erwägung zieht.[41] Leben und Gesundheit zu erhalten sind selbstevidente Werte, die im Vergleich zu ihrem Gegenteil uns direkt ansprechen. Man kann zwar ihre Stellung in der Werthierarchie noch durch verschiedene sekundäre und instrumentelle Rechtfertigungen verbessern – beispielsweise indem man darauf hinweist, daß eine tote Person weder moralische Verantwortung übernehmen noch Träger von Rechten sein kann, oder daß Krankheit unsere Autonomie einschränkt. Dennoch betrachten wir solche Argumente zurecht als sekundär. Leben und Gesundheit haben ihren Wert in und durch sich selbst.[42]

Die »Zwillingswerte« moralische Ordnung und Autonomie sind die Grundlage einer kommunitaristischen Begründung von Normen; sie stellen das letzte, substantiell normative Kriterium dar. Ein Gedankenexperiment mag dies verdeutlichen.[43] Man stelle sich ein fiktives Land – nennen wir es Intabad – vor, in dem es alten Männern gestattet ist, junge Mädchen zu heiraten, vorausgesetzt sie zahlen den Vätern der Mädchen eine bestimmte Ablösesumme. Nichts in der Wertordnung und der Verfassung von Intabad verbietet solche Heiraten, noch sind sie von der internationalen Staatengemeinschaft mit einem Tabu belegt. Obwohl auf mehreren internationalen Konferenzen solche Ehen verurteilt wurden, ignorieren die Staaten in der ganzen Welt diese Beschlüsse weitgehend. Es wurden keine moralischen Dialoge über dieser Problematik ernsthaft in Gang gesetzt. Wie ist der normative Status solcher Ehen zu bewerten? Wenn wir uns nur an die bislang angesprochenen Kriterien halten, ohne die grundlegenden »Zwillingswerte« hinzuzunehmen, gibt es keine solide, gemeinsame Basis, aufgrund derer wir diese Ehen als verwerflich einstufen könnten. Wenn wir sie allerdings im Lichte der Grundwerte betrachten, bemerken wir, was uns an ihnen beunruhigt: Weil die Mädchen verkauft worden sind, wurde ihre grundlegende Autonomie verletzt, und deshalb verurteilen wir solche Ehen als unmoralisch.

Besuchen wir noch ein weiteres, ebenfalls imaginäres Land, Libertat. Hier sehen wir Gastgeber und Wirte, die ihre bereits angetrunkenen Gäste dazu ermuntern, »noch einen letzten Schluck« zu trinken, bevor sie sich auf den Nachhauseweg begeben. Des weiteren nehmen wir an, die lokalen Gemeinschaften dieser Gastgeber und Wirte enthielten sich in bezug auf deren Verhalten eines Urteils; auch gibt es kein Gesetz in Libertat, das durch ein solches Verhalten verletzt würde. Außerdem war diese Problematik bislang noch kein Thema irgendeines moralischen Dialogs in Libertat. Und die globale »Staatengemeinschaft« ist unterdessen mit anderen Angelegenheiten beschäftigt. Trotzdem würden wir besagtes Verhalten immer noch als beunruhigend empfinden, und das nicht allein aus Sorge um den Fahrer, sondern zumindest auch aus Sorge um die Sicherheit der anderen Verkehrsteilnehmer – mit anderen Worten: aus Sorge um die soziale Ordnung. Wir beurteilen dieses Verhalten der Gastgeber und Wirte als moralisch unverantwortlich.

Diese Gedankenexperimente sind insoweit von begrenzter Aussagekraft, als sie sich jeweils auf ein spezielles Problem beschränken müssen. Eine Gesellschaft mag sehr wohl gut sein, selbst wenn sie in einem einzigen oder einigen wenigen Bereichen die Grundsatztugenden nicht zu verwirklichen vermag, vorausgesetzt diese Werte werden in den anderen Bereichen respektiert. Und Gesellschaften können sich, wie wir gesehen haben, hinsichtlich des Gewichts, das sie Ordnung und Autonomie in ihrem Verhältnis zueinander zubilligen, unterscheiden und gleichwohl insgesamt dem kommunitaristischen Muster treu bleiben. Gesellschaften jedoch, die diese Tugenden auf breiter Front verletzen, sind autoritär oder anarchisch, und ihre Werte können einer Prüfung anhand der Grundprinzipien kommunitaristischer normativer Rechtfertigung nicht standhalten.

Daß nicht alle Menschen in autoritären oder totalitären Gesellschaften sich des besonderen Rangs kommunitaristischer Tugenden bewußt sind, überrascht nicht, wenn man sich vor Augen hält, daß diese Menschen Objekte einer intensiven und irreführenden Propaganda, einer systematisch fehlgeleiteten Erziehung sowie verschiedener Zwangsmaßnahmen sind.

Was die demokratischen Gesellschaften betrifft, so kann man sich nur wundern über Millionen von Menschen, die mit ihrem Streben nach immer mehr Konsumgütern und die Psyche verändernder Drogen (einschließlich des Alkohols und des Fernsehens) zur Aufrechterhaltung einer Gesellschaft beitragen, in der die Vergötterung von Konsumgütern einen Affront gegen die beiden grundlegenden Werte darstellt. Es gibt Anzeichen dafür, daß viele dieser Individuen im tiefsten Innern ihres Selbst wissen, wie wenig ihr Konsumfetischismus mit Tugendhaftigkeit zu tun hat, aber entweder sind sie sich der sozialen Alternativen nicht bewußt oder ihrem gegenwärtigen Lebensstil derart verhaftet, daß sie nur durch einen Anstoß von außen von ihm abzubringen sind.

Die zwei Seiten der Stimme der Moral

Die Stimme der Moral – so habe ich vorgeschlagen – ist ein entscheidendes Element einer kommunitaristischen sozialen Ordnung. Wenn man dieses Konzept im Lichte des hier eingeführten Rechtfertigungsschemas von Normen untersucht, erweist sich diese Stimme als relativistisch, weil sie zugunsten der partikularen Werte einer bestimmten Gemeinschaft spricht. Die Mafia fordert von ihren Mitgliedern Loyalität ihrer Gemeinschaft gegenüber, indem sie etwa nicht zur Polizei überlaufen; Pfadfinder verhalten sich den ihrigen gegenüber loyal, indem sie bereitwillig anderen dienen. Die meisten Sozialwissenschaftler betrachten beide Gruppen als Gemeinschaften, in denen eine Stimme der Moral ein Verhalten gemäß den eigenen »Werten« gebietet. Diese Werte selbst werden freilich nicht beurteilt.

Wenn allerdings erst einmal eine normative Rechtfertigung eingeführt ist und die Werte anerkannt werden, treten die Unterschiede zwischen den verschiedenen Stimmen der Moral deutlich hervor. Stimmen zugunsten von Werten, die wichtigen Kriterien nicht entsprechen (einschließlich des letztlich entscheidenden Kriteriums, ob sie nämlich ein Gleichgewicht von Ordnung und Autonomie stützen), sind *irrige Stimmen*. Sie mögen sich wie echte moralische Stimmen anhören, aber sie täuschen uns. Im Falle der Mafia beispielsweise allein schon, weil sie gegen die umfassenderen Werte der Gesamtgesellschaft verstoßen. Stimmen, die sich für vollständig gerechtfertigte Werte einsetzen, insbesondere wenn sie die Grundwerte respektieren, sind *tugendhafte Stimmen*. Diese Unterscheidung macht in den Augen echter Relativisten und der meisten Sozialwissenschaftler keinen Sinn, ist aber für das kommunitaristische Paradigma von wesentlicher Bedeutung. Ohne sie gibt es aus dem Labyrinth des Relativismus letztlich kein Entrinnen. Alle Gemeinschaften verfügen über eine Stimme der Moral. Aber da sie sich für Werte aussprechen, die wir unterschiedlich beurteilen, müssen wir unterscheiden zwischen moralischen Stimmen, die sich für Werte aussprechen, die in unseren Augen mangelhaft sind, und jenen Stimmen, die Werte ausdrücken, von denen wir überzeugt sind, daß sie allen unseren normativen Kriterien gerecht werden.

Partikularismus und Universalismus

Sich auf universale moralische Kriterien zu stützen, die für alle Menschen gelten und moralische Forderungen an alle Menschen stellen, entspricht gemeinhin einer individualistischen, nicht aber einer kommunitaristischen Position. Die wichtigsten Richtungen des Individualismus sind sich über die Grundannahme einig, daß alle Menschen über die gleichen grundlegenden, individuellen Rechte verfügen – ein universales Prinzip, das nicht vom Kontext irgendeiner Gemeinschaft oder Kultur abhängig ist. Kants Version von der goldenen Regel, der kategorische Imperativ, faßt dieses Prinzip besonders eindrucksvoll in Worte: »Handele so, daß du die Menschheit sowohl in deiner Person, als in der Person eines jeden anderen, jederzeit zugleich als Zweck, niemals bloß als Mittel brauchest.«[44] Im Gegensatz dazu wird die kommunitaristische Position für gewöhnlich mit der Suche nach dem Gemeinwohl spezifischer Gemeinschaften in Verbindung gebracht und basiert dieser Interpretation entsprechend eher auf partikularen anstatt auf universalen Werten. Kommunitaristen würden die Bedeutung von Joseph de Maistres Äußerung schätzen können: »Während meines ganzen Lebens bin ich Franzosen, Italienern [und] Russen begegnet. ... Aber was den ›Menschen‹ betrifft, so habe ich diesen in meinem ganzen Leben nicht einmal getroffen.«[45] Wie auch immer, ich habe in der vorangegangenen Diskussion aufzuzeigen versucht, daß es nicht nur möglich, sondern in hohem Grade notwendig ist, *einige universale Prinzipien mit partikularen zu verbinden, um vollständig normative Rechenschaft im kommunitaristischen Sinne ablegen zu können.* Wie viele andere Dichotomien steht auch die zwischen Universalismus und Partikularismus der Entwicklung eines soliden Paradigmas im Wege. Hier ist es vorteilhaft, beide Seiten der Dichotomie zu kombinieren. Man kann sowohl die universale Kraft der beiden grundlegenden Werte Ordnung und Autonomie anerkennen als auch die moralische Bedeutung von Gemeinschaften, wenn es darum geht, in den verschiedensten Angelegenheiten unterschiedliche, partikulare Urteile zu fällen, die nicht gegen »höhere«, kontextualisierende Prinzipen verstoßen.

Die Tatsache, daß universale und partikulare Erwägungen bei einigen Problemen einander widersprechen, entwertet diesen Ansatz durchaus nicht. Im Gegenteil, er ist mit der neo-funktionalistischen Vorstellung vereinbar, daß die gute, kommunitäre Gesellschaft nicht aus einem moralischen Guß ist. Vielmehr bestehen in ihr kontinuierlich Spannungen zwischen zwei Kräften, und einer guten Gesellschaft nähert man sich am stärksten an, wenn diese beiden Kräfte in einer sorgfältig gestalteten, beständig herausgeforderten, aber letztlich wiederhergestellten Balance gehalten werden.

Kommunitaristen wie Individualisten haben sich schließlich in diese Richtung bewegt. Individualisten haben einige ihrer Forderungen kontextualisiert – beispielsweise indem sie andeuten, daß sie von einer liberalen Gesellschaft ausgehen. Und aufgeschlossene, *responsive* Kommunitaristen haben einiges über den Stellenwert von individuellen Rechten geschrieben (anders als die frühen Kommunitaristen, die oftmals nur die Bedeutung von Gemeinschaften betont haben und die besser als Kollektivisten bezeichnet werden sollten).

Darüber hinaus sollte man gegenüber Kommunitaristen mißtrauisch sein, die allein die Bedürfnisse der Gemeinschaft zur Grundlage für die Rechte des Individuums machen. Auf diese Weise kontextualisierte Rechte können Autonomie nur unzureichend begründen, weil diese im

Fall eines Konflikts mit den Bedürfnissen der Gemeinschaft – zum Beispiel nach einer raschen ökonomischen Entwicklung – nicht normativ gerechtfertigt werden kann.

Sowohl Autonomie als auch soziale Ordnung als an sich »grundlegend« oder primär zu betrachten und den inhärenten Konflikt zwischen ihnen anzuerkennen, zeugt von einer größtmöglichen Verpflichtung beiden Werten gegenüber. *Beide* Werte stehen zwar in einem sozialen und kulturellen Kontext, allerdings nicht was ihre grundlegende Bedeutung betrifft. Ob moralisches Handeln eher für die Absicherung der Autonomie *oder* die der sozialen Ordnung einzutreten hat, hängt, wie wir gesehen haben, davon ab, in welcher Richtung eine Gesellschaft aus dem Gleichgewicht geraten ist. Der Beobachtung, daß eine gute Gesellschaft auf einem ausbalancierten Verhältnis von Autonomie und Ordnung basiert, widerspricht dies freilich nicht.

In Zusammenhang damit gilt es auch einen anderen Dualismus im Auge zu behalten, weil wichtige psychologische und soziologische Einsichten verloren gehen, wenn wir eine seiner Seiten ignorieren oder sie als sekundär betrachten und daher aus dem jeweils anderen Element abzuleiten versuchen. Ich spreche von Leidenschaft und Pflichtgefühl. Hans Joas hat es wie folgt formuliert: »Ein kantianisches Verständnis von ›Pflicht‹ ohne Leidenschaft wäre unzureichend und würde uns zu kaltblütigen Moralisten verdammen. ... Andererseits stimme ich aber auch damit überein, daß Leidenschaft allein uns lediglich sentimental macht, wenn sie eine vorübergehende Erfahrung bleibt und nicht zur emotionalen Grundlage für eine tiefergehende Bindung und zur Bildung einer stabilisierten Wertorientierung führt.«[46]

Persönliche versus soziale Werte

Was aber ist das Kommunitaristische an den beiden grundlegenden Tugenden? In der Tat könnte der unmittelbar verpflichtende Charakter moralischer Konzepte nur einer persönlichen Auffassung entstammen und somit für eine Gemeinschaft oder große, komplexe Gebilde, wie eine Gesellschaft oder gar die »Weltgemeinschaft«, nicht verbindlich sein. Ein Individualist könnte dabei durchaus zugeben, daß jede Person für sich einige Werte als direkt verpflichtend empfinden mag, und könnte auch die

Werte als gut anerkennen, auf die sich alle Gesellschaftsmitglieder, ausgehend von jenen individuellen Vorstellungen des Guten, geeinigt haben. (Dies ist etwas anderes, als gemeinsame Werte miteinander zu teilen). Die Tatsache, daß mehrere Individuen dieselben selbstevidenten Werte als unmittelbar verpflichtend empfinden, vereinfacht aus der individualistischen Perspektive lediglich die Zusammenfassung individueller Formulierungen des Guten.

Im Gegensatz dazu sind die von mir als unmittelbar zwingend beschriebenen Werte weder individuellen Ursprungs noch einfach aggregierte individuelle Vorstellungen. Ein Individuum kann einen Beitrag zur moralischen Ordnung liefern, aber Ordnung selbst ist eine Systemeigenschaft. (Man spricht zwar von einer gerechten Person und von einer gerechten Gesellschaft, aber beides meint kaum ein und dasselbe.) Es sind Individuen, die Autonomie genießen und würdigen, aber sie existiert lediglich als soziales Konstrukt.[47]

Für das kommunitaristische Paradigma stellen moralische Ordnung und Autonomie eine Quelle dar, der andere sekundäre soziale Werte entspringen, oder die auf dem Wege moralischer Dialoge, die wiederum selbst soziale Formationen sind, erreicht werden können. Solche Dialoge können einer Gemeinschaft dabei helfen, gemeinsame Bindungen, die durch unterschiedliche Formulierungen oder Interpretationen verborgen sind, aufzudecken oder Differenzen in bezug auf die Implikationen und Anwendungen der gemeinsamen Werte klären.

Die Bedeutung von moralischen Dialogen kann in diesem Zusammenhang kaum überschätzt werden. Wenn alle Mitglieder aller Gemeinschaften die Verpflichtung gegenüber der moralischen Ordnung und Autonomie von selbst oder von Geburt an empfinden würden, beschränkten sich die Auseinandersetzungen zwischen den Mitgliedern einer Gemeinschaft und zwischen den Gemeinschaften auf Fragen der Interpretation und Prioritätensetzung sowie auf praktische Überlegungen. Das aber entspricht kaum der Realität. Historische und kulturelle Faktoren sowie ökonomische Zwänge können die verpflichtende Natur der kommunitaristischen Grundwerte verbergen. Oftmals erkennen die Menschen die Verpflichtung gegenüber diesen Werten erst, nachdem sie in einem beständigen Dialog mit ihnen konfrontiert worden sind.

Letztgültig versus zweckmäßig

Die Vorstellung, daß es letztgültige Werte gibt (die also weder instrumentell noch bloße Zwischenschritte auf dem Weg zu anderen, höher stehenden Werten sind), wird bisweilen mit der Begründung infrage gestellt, daß sogar äußerst prinzipientreue Menschen, wenn sie unter Druck geraten, von ihren Prinzipien ablassen. »Irgendwann wird auch der Stärkste schwach« bringt diese Ansicht auf sprichwörtliche Art zum Ausdruck. Erstens aber entspricht diese Beobachtung nicht den Tatsachen: Juden haben den Feuertod eher in Kauf genommen, als Schweinefleisch zu essen; Dorfbewohner wurden gehenkt, weil sie sich weigerten, von ihnen versteckte Flüchtlinge den Nazis auszuliefern; und es gibt Beamte und Politiker, die gegen Bestechungsversuche immun sind.

Selbst wenn, zweitens, eine Person sich extremen Umständen beugt und als absolut empfundene Verpflichtungen zugunsten kalkulierter und zweckmäßiger Erwägungen preisgibt, bedeutet dies keineswegs, daß sie sich an diese Werte bis dahin nicht absolut gehalten hat. Ein Jude, der unter unmittelbarer Bedrohung seines Lebens ausnahmsweise Schweinefleisch ißt, hat die Bindung an seine religiösen Überzeugungen nicht bereits dadurch aufgegeben, weil er ihnen in einer einzelnen, extremen »Grenzsituation« nicht gerecht werden konnte.[48] Kommunitäre Gesellschaften, die sich mit ernsthaften Herausforderungen konfrontiert sehen – etwa einem Bürgerkrieg oder dem Einmarsch fremder Truppen – können den Notstand ausrufen und einige Teile ihrer Verfassung oder andere die Autonomie und moralische Ordnung stützende Normen außer Kraft setzen. Solange sie diese nach dem Ende der Gefahr wieder vollständig in Kraft setzen, sind solche vorübergehenden Suspendierungen keine Anzeichen dafür, daß die Zwillingswerte Autonomie und Ordnung nicht von zentraler Bedeutung wären.

Abgeleitete und sekundäre Werte

Sind moralische Ordnung und Autonomie die einzigen kommunitaristischen Werte? Kommunitaristen werden oft gefragt: Welchen Stellenwert haben soziale Gerechtigkeit und Gleichheit? Zunächst enthalten die kommunitaristischen Werte ja auch die Vorstellung eines Gleichgewichts zwischen Autonomie und sozialer Ordnung. Das bedeutet auch, als Wert anzuerkennen, daß die unvermeidliche Spannung zwischen Ordnung und Autonomie minimiert wird, indem man sich auf eine moralische (und daher weitgehend freiwillige und nicht erzwungene) Grundlage der sozialen Ordnung und einer gebundenen Autonomie stützt.

Zweitens gibt es mehrere wichtige Werte, die sich aus den beiden grundlegenden ableiten. Beispielsweise ist ein Mindestmaß an sozialer Gerechtigkeit erforderlich, um sowohl die moralische Ordnung aufrechtzuerhalten als auch die Autonomie aller Mitglieder einer Gemeinschaft zu fördern. Eine streng hierarchisch gegliederte Gesellschaft, in der Macht und Ressourcen nur in den Händen einer Klasse, der Eliten oder einer staatlichen Bürokratie liegen, wird unfähig sein, die grundlegenden funktionalen Bedürfnisse einer Gesellschaft zu befriedigen. Anders gesagt: ein hohes Maß an Ungleichheit ist mit einer guten Gesellschaft nicht vereinbar. Wieviel Gleichheit eine gute Gesellschaft jedoch benötigt und in welcher Form (nur politisch? oder auch wirtschaftlich? oder von ganz anderer Art?), und an welchem Punkt die Förderung dieser Werte entweder Ordnung oder Autonomie zu untergraben beginnt, das alles sind offene Fragen.[49] Zwischen dem Versuch, hervorstechende Ungleichheiten abzubauen, wie es für eine gute Gesellschaft unabdingbar ist, und der Förderung von Gleichheit auf breiter Front, liegen Welten. Auf der einen Seite stehen jene, die sicherstellen wollen, daß die grundlegenden sozio-ökonomischen Bedürfnisse eines jeden befriedigt sind und besonders augenfällige Vermögens- und Einkommensunterschiede verringert werden (beispielsweise durch eine progressiv steigende Einkommens- und Erbschaftssteuer). Auf der anderen Seite vertreten einige, wie etwa die Kibuzzim, die Auffassung, daß sämtliches Vermögen allen Menschen zusteht und alle gleich viel konsumieren können sollten. Diese Auseinandersetzung spiegelt sich auch in dem Konflikt zwischen den Konzepten Chancengleichheit und Erfolgsgleichheit wider.

Gleichwohl muß man zugeben, daß kommunitaristisches Denken prinzipiell weniger auf Gleichheit beharrt als der Kommunismus oder andere undemokratische Formen des Sozialismus, da Gleichheit aus kommunitaristischer Sicht keinen Grundwert darstellt und vor allem Autonomie nicht als lediglich sekundär und abgeleitet betrachtet wird. Auch wenn Elizabeth Frazer und Nicola Lacey eine etwas andere Terminologie verwenden, haben sie diesen Unterschied sehr deutlich formuliert: »Zu behaupten, daß Gerechtigkeit die oberste Tugend sozialer Institutionen sei und der Staat vornehmlich für Gerechtigkeit unter den Individuen zu sorgen habe, unterscheidet sich sehr stark davon, die Bewahrung einer gemeinsamen öffentlichen Kultur, den Wert von Wohlwollen und Solidarität und die Vorstellung von öffentlichen Pflichten zu betonen. Und doch sind all diese Aspekte zusammengenommen wichtig für ein lebenswertes Dasein in einer Gesellschaft.« (1993, S. 66 f.)

Die Vermeidung bewaffneter Konflikte zwischen Gemeinschaften oder Gesellschaften, *Friedensförderung*, hat im kommunitaristischen Paradigma (vgl. dazu Kap. 7) einen hohen Stellenwert, ebenso wie die Verpflichtung gegenüber der Umwelt als einem gemeinsamen Gut.[50] (Merkwürdigerweise bedienen sich Umweltschützer hauptsächlich utilitaristischer, instrumenteller und konsequentialistischer Argumente.)

Andere normative Fragen z. B. einer richtigen Lebensweise bleiben insofern offen, als die Prinzipien einer kommunitären Gesellschaft hier keinen bestimmten Standpunkt nahelegen. Anders beispielsweise als der Kommunismus, Faschismus und religiöse Fundamentalismus, die alle Jazz-Musik verboten, kann eine kommunitäre Gesellschaft in derartigen Fragen die individuelle Autonomie nicht einschränken. Sollte indes auf diesen Feldern eine gemeinsame Haltung erforderlich sein, bleibt deren Entwicklung den moralischen Dialogen vorbehalten.

Kommunitarismus und Religion

Während der Epoche der Aufklärung bestand Fortschritt für viele in einer Bewegung weg von der Religion (und dem Mythos) und hin zur Vernunft als Quelle der Rechtfertigung von Tugenden. Die Jünger Nietzsches verkündeten »Gott ist tot« und mithin, daß es dem Menschen frei stehe, seine eigenen Werte zu schaffen. Demgegenüber gab es immer Menschen, die bezweifelten, daß Werte allein durch die Vernunft zu rechtfertigen seien, und die sich daher für den Vorrang religiöser Bindungen aussprachen. Dieser uralte Streit ist in der Bewegung des Fundamentalismus sehr unterschiedlicher Prägung sowohl in westlichen wie vor allem auch nichtwestlichen Gesellschaften neu entbrannt. So unterschiedlich diese fundamentalistischen Bewegungen in ihren Motiven und Zielen auch sind, sie eint das Bestreben, religiöse Werte sollten wieder bestimmend für die Verfassung von Staat und Gesellschaft werden.[51]

Nicht wenige Sozialkonservative und autoritär denkenden Menschen sind der Meinung, daß allein religiöse Werte wirklich legitim seien und daß eine moralische Erneuerung zumindest eine spirituelle, wahrscheinlich aber eine religiöse Renaissance erfordere. Pat Robertson (1993, S. 158) meint, daß es »noch keine Gesellschaft gegeben hat, die ohne einen starken moralischen Konsens überlebt hat, und zugleich hat es niemals einen moralischen Konsens gegeben, der nicht religiös verwurzelt war.« Als die Zeitschrift *Commentary* mehr als 72 führende Konservative darum bat, eine Einschätzung zu den Problemen der amerikanischen Gesellschaft abzugeben, war das vorherrschende Thema in den Antworten die Notwendigkeit einer Wiederbelebung der Religion.[52]

Einige Kritiker lehnen das kommunitaristische Paradigma ab, weil es nicht auf einer religiösen Bindung beruht oder sich nicht unmittelbar auf die Heilige Schrift stützt. Joshuah Abramowitz zeigt sich verwundert über einen Kommunitarismus ohne Religion: »Da aber die Religion weitgehend abgelehnt wird – woher soll diese Moral, sei es individuell oder gemeinschaftlich, kommen? Wodurch soll sie hervorgebracht oder geformt werden?«[53]

Muß ein Mensch religiös sein, um tugendhaft zu sein? Die Erfahrung lehrt uns, daß sich viele Individuen, Gemeinschaften und ganze Gesellschaften trotz eines jeweils sehr engen Bezugs zur Religion auf eine Weise verhalten haben, die kaum jemand als moralisch bezeichnen würde. Das Foltern und Verbrennen von Menschen durch die Inquisition kommt einem unweigerlich in den Sinn, wenn man an die unzähligen Grausamkeiten denkt, die im Lauf der gesamten Geschichte im Namen der Religion begangen worden sind. Die meisten Gruppierungen, die in jüngster Zeit in Ägypten und Israel Bomben auf Autobusse und in den Vereinigten Staaten auf Abtreibungskliniken geworfen haben, die Gebäude und Flugzeuge voller unschuldiger Zivilisten in die Luft gesprengt haben, sind religiöse Fanatiker gewesen. Die Reihe der Beispiele ließe sich lange fortsetzen.

In einer umfassenden Studie über Religion und säkulares Verhalten hat Robert Wuthnow dargelegt, daß es in sehr vielen Bereichen nur wenige Verhaltensunterschiede zwischen regelmäßigen Kirchgängern und der Bevölkerung insgesamt gibt. Zum Beispiel engagiert sich nur ein gering-

fügig größerer Anteil der Kirchgänger mehr als fünf Stunden in der
Woche ehrenamtlich (29 Prozent der Kirchgänger tun dies im Vergleich
zu 24 Prozent der Gesamtbevölkerung), und ein etwas geringerer Teil
neigt dazu, Bettlern etwas zu geben (40 Prozent zu 41 Prozent). Die Einstellung zum Geld steht kaum in einem signifikanten Zusammenhang mit
dem Kirchgang (beispielsweise glauben zwar 51 Prozent der Kirchgänger,
daß Geld die Wurzel allen Übels sei, aber 72 Prozent von ihnen verschafft
der Besitz von Geld zugleich ein gutes Gefühl; die entsprechenden Werte
für die Gesamtbevölkerung liegen bei 46 Prozent und 76 Prozent). Und
was die Rangfolge der persönlichen Werte betrifft, übt die Religion nur
eine schwache Wirkung aus (sowohl die Kirchgänger wie auch die
Gesamtbevölkerung setzen Familie und moralische Maßstäbe an die erste
Stelle, Hobbys und Geldverdienen an die letzte). Wuthnow schließt aus
alledem: »In jedem Bereich … sehen wir, daß die religiöse Prägung zwar
zu einem gewissen …, aber nicht zu einem auffälligen Unterschied im Verhalten führt oder einem, der ohne weiteres aus der Kenntnis religiöser
Lehren selbst schlicht vorhersagbar wäre. Die religiösen Führungspersönlichkeiten wollen, daß die Kirchen eine heroische Rolle in unserer Gesellschaft spielen. … In Wirklichkeit veranlaßt der religiöse Glaube nur sehr
wenige Menschen dazu, ihr Verhalten in irgendeiner Weise zu ändern.«
(1994, S. 6) Religiosität ist daher keine Garantie für Tugendhaftigkeit.

Zusammenfassend läßt sich feststellen: Ob ein System von Überzeugungen auf dem Glauben an ein höheres Wesen beruht oder säkular ist,
scheint nicht darüber zu entscheiden, wie tugendhaft seine jeweiligen
Anhänger sind. Der spezifische Gehalt der Werte (beispielsweise ob man
die Rechte anderer respektiert) und die Qualität der Bindung an diese
Werte (zum Beispiel wie tief oder fest sie ist), hat offenbar größeren Einfluß. Gute Gesellschaften brauchen Menschen, die ihre religiösen *oder*
areligiösen ethischen Bindungen mit dem Respekt vor Autonomie, insbesondere vor den Rechten anderer in Einklang bringen können; Menschen,
die bereit sind, sich an moralischen Dialogen zu beteiligen anstatt eine
staatlich verordnete Moral zu verlangen; und Menschen, die gemeinsame
Formulierungen des Guten auf den Bereich der Grundwerte beschränken.

Darüber hinaus verläuft die Trennlinie zwischen säkularen und religiösen Werten keineswegs so scharf, wie das oftmals unterstellt wird. Areli-
giöse Menschen zehren oftmals von religiösen Vorstellungen, häufig ohne
sich darüber im Klaren zu sein. Wenn beispielsweise Umweltschützer von

unserer Fürsorge für die Erde reden, über die Verpflichtung, sie unseren Kindern nicht schlechter zu hinterlassen als sie uns vermacht wurde, verwenden sie – häufig unbewußt – Begriffe, deren religiöser Gehalt unübersehbar ist. Auf ähnliche Weise übertragen Anhänger von Konfliktlösungsstrategien, wenn sie von dem Wert der Versöhnung sprechen, ein religiöses Konzept auf eine bürgerliche, weitgehend säkulare Kultur.

Das gleiche gilt natürlich auch in umgekehrter Richtung: Religiöse Autoritäten beziehen sich ständig auf säkulare Werte und Einschätzungen, um ihre Sache zu vertreten und ihre normativen Positionen vor dem allgemeinen Publikum zu legitimieren. Zum Beispiel weisen sie auf solche sozialwissenschaftlichen Studien hin, die aufzeigen, daß religiös zu sein für das geistige Wohlbefinden von Vorteil ist.

Meines Erachtens kann man zu einer kommunitaristischen Einstellung sowohl auf dem Weg religiöser Werte gelangen als auch, indem man aus säkularen Quellen schöpft (einschließlich der Ethik, der Sozialphilosophie, der politischen Theorie und der Sozialwissenschaften). Am wichtigsten aber ist, daß die eigentliche Trennlinie nicht zwischen jenen verläuft, deren Verpflichtung gegenüber den Grundwerten auf religiösen Überzeugungen beruht, und denjenigen, deren Beweggründe säkularer Natur sind. Tatsächlich trennt sie jene, die sich einem Grundbestand an gemeinsamen Werten gegenüber wirklich verpflichtet fühlen, von denjenigen, die eine solche Verpflichtung nicht empfinden, keine neuen Werte angenommen haben, die bloße Existenz von Tugenden gar leugnen oder dem Egoismus, Zynismus oder einem postmodernen oder altmodischem Nihilismus verfallen sind. Daher überrascht es kaum, daß zu den Menschen, die sich einer sorgfältig ausbalancierten, auf Freiwilligkeit beruhenden moralischen Ordnung und gebundener Autonomie verpflichtet fühlen, ebenso ausgesprochen religiöse Menschen gehören wie auch solche, die eine dezidiert säkulare Ethik vertreten.

Eine Erneuerung von Werten gelingt selten und stellt eine Herausforderung dar. Gesellschaften, deren Wertbindungen und moralische Infrastruktur in Unordnung geraten sind, neigen eher zum weiteren Verfall, als daß sie ihre moralischen Grundlagen sichern und neu gestalten. Das kommunitaristische Projekt bedarf einer breiten Koalition statt einer Situation, in der sich Vertreter einer Erneuerung gegenseitig verdammen, nur weil die einen die Bedeutung und Rolle der Religion und die anderen die Möglichkeit einer säkularen Begründung von Werten nicht anerkennen wollen.

Zum Abschluß

Wenn schließlich alle Verpflichtungen geklärt und die normativen Streitfragen gründlich diskutiert sind, werden wir als Handelnde, die für ihr
Verhalten letztlich selbst verantwortlich sind, beurteilen müssen, inwieweit die von verschiedenen Gemeinschaften und Gesellschaften geförderten Werte mit den für uns selbst verpflichtenden in Einklang stehen oder
nicht (gleich, ob ich ein aktives Mitglied oder ein Beobachter der Gesellschaft von außen bin). Es ist eine kommunitaristische Verpflichtung,
denen, die sich anderen Werten verschrieben haben und ihnen gemäß zu
leben versuchen, sehr sorgfältig zuzuhören. Gleichzeitig bin ich als Teilnehmer von moralischen Dialogen frei – ja, sogar dazu aufgefordert –, für
meine normativen Überzeugungen einzutreten.

Mitunter kommt es mir vor, als ob sich die Differenzen meiner Position
gegenüber den Auffassungen anderer auf Fragen der Anwendung gemeinsamer Prinzipien beschränken, oder aber das Niveau der Verpflichtungen
betreffen, oder daß die Unterschiede eher von beiläufiger als von zentraler Bedeutung sind. So teile ich etwa eine gewisse Sorge um die Erde mit
vielen Umweltschützern (doch eine derartige moralische Verpflichtung
zum Schutz der Umwelt verspüren auch viele andere Menschen, ohne daß
sie sich selbst als Umweltschützer betrachten). Gleichwohl können wir
unterschiedlicher Ansicht sein über den Stellenwert von Feuchtgebieten,
die Bereitschaft zum Schutz der Eulen, oder die Bedeutung des Treibhaus-
effekts. Solche Unterschiede innerhalb einer Gemeinschaft mit gemeinsamen Überzeugungen stehen an dieser Stelle nicht zur Debatte. Wenn
hingegen die Unterschiede tiefergehend sind, insbesondere wenn sie
Grundwerte betreffen, und ich mich auf der Seite der Minorität befände,
ja vielleicht sogar allein stünde – soll ich dann nachgeben? Genau hier tritt
der Unterschied zwischen Konsens (ein Begriff, den ich vermeide, außer es
geht darum, die Ansichten anderer zu beschreiben) und Bejahung der
eigenen Werte deutlich hervor.

Um es zu wiederholen: Als Kommunitarist fühle ich mich moralisch
verpflichtet, ständig und immer wieder zu überprüfen und mich zu fragen, ob ich ein Prinzip falsch angewendet habe oder es gar irrig ist, und ob
ich an meiner Position aus unangebrachten Motiven wie Stolz, dem Streben, konsequent zu erscheinen, oder falsch verstandener Parteilichkeit
festhalte. Wenn ich all dies guten Gewissens ausschließen kann, muß ich

davon ausgehen, daß es die anderen sind, die einzulenken haben. Wenn alles gesagt und getan ist, wenn die moralische Richtung der Gemeinschaft dennoch in tiefgreifender Weise meinen eigenen letztgültigen Werten zuwiderläuft, dann muß ich »Nein« sagen, aufbegehren, widerstehen, mich mit Gleichgesinnten zusammenschließen, um den Lauf der Dinge zu verändern, zum Verweigerer aus Gewissensgründen werden, friedlich demonstrieren und mich sogar an gewaltfreiem bürgerlichem Ungehorsam beteiligen.

Kurz gesagt: Man sollte sich an die Werte halten, die man selbst als am stärksten verpflichtend empfindet, und danach streben, daß auch die Gemeinschaft sich ihnen anschließt. Aber man sollte standhaft bleiben, auch wenn die anderen die Zustimmung versagen. Die Gemeinschaft bietet eine normative Grundlage, einen festen Ausgangspunkt, eine Kultur und Tradition, ein Verbundenheitsgefühl und einen Ort für moralische Dialoge, aber sie ist nicht die letzte Instanz in moralischen Angelegenheiten. Das sind ihre Mitglieder. Das ist auch der letztlich entscheidende Grund dafür, daß das kommunitaristische Paradigma eine tiefgehende Verpflichtung enthält sowohl gegenüber einer moralischen Ordnung, die grundsätzlich auf Freiwilligkeit beruht, als auch gegenüber einer sozialen Ordnung, die mit der sozial gesicherten individuellen Autonomie sorgfältig ausbalanciert ist.

Danksagung

Zu Beginn der Arbeit an diesem Buch erhielt ich wertvolle Anregungen von William A. Galston, Alan Wolfe und Daniel A. Bell. Zahlreiche detaillierte, kritische Anmerkungen an der Konzeption sind Ronald Beiner und David M. Anderson zu verdanken. In besonderem Maße kritisch und hilfreich war Mark Gould. Für viele verschiedene Vorschläge bin ich vor allem Paul Golob, meinem Herausgeber bei BasicBooks, zu Dank verpflichtet.

Besonders dankbar bin ich auch einem ganzen Team von Forschungsassistenten, deren Engagement weit über das Übliche hinaus ging und die ihre Aufgaben außerordentlich gut erfüllten. Sie dienten mir als Testgruppe und waren meine ersten Kritiker, forderten mich unablässig heraus, stellten Hypothesen in Frage und machten zahlreiche redaktionelle Vorschläge. Zu diesem Team gehörten Michael Bocian, Ryan J. Hagemann, Frank Lovett, Jeremy Mallory, Matthew L. Schwartz, Nora B. Pollock – und David E. Carney, der die Arbeit auch koordinierte. Von der ersten Idee zu diesem Buch bis hin zur Drucklegung arbeitete er mit großer Hingabe mit mir zusammen. Ihm bin ich ganz besonders zu Dank verpflichtet. Daniel Doherty, der geschäftsführende Herausgeber von *Responsive Community*, war mir eine weitere wichtige Quelle für Anregungen und Kritik. Laura Brodbeck danke ich für ihre Bemerkungen zu mehreren Kapiteln und David Karp, Andy Altman, Seth Jaffo und Tamara Watts für ihre Diskussionsbereitschaft. Großen Nutzen zog ich auch aus der Möglichkeit, einige meiner Ideen mit Charles Taylor und Philip Selznick diskutieren zu können. Pat Kellog stand mir nicht nur während der Niederschrift des Buches zur Seite, sondern trug auch entscheidend zu seiner Verbesserung bei.

Die Arbeit wurde unter dem Dach des George Washington University Center for Communitarian Policy Studies und dem Center for Policy Research, Inc., durchgeführt. Dem Walter and Elise Haas Fund und dessen Geschäftsführer Bruce R. Sievers danke ich für ein Stipendium, das für die Fertigstellung des Buches hilfreich war.

Anmerkungen

Vorwort zur deutschen Ausgabe

1 Die wichtigsten Texte sind abgedruckt in: Axel Honneth (Hg.): *Kommunitarismus: Eine Debatte über die moralischen Grundlagen moderner Gesellschaften*, Frankfurt am Main/New York: Campus 1993

2 Rudolf Scharping: Freedom, Solidarity, Individual Responsibility: Reflections on the Relationship Between Politics, Money, and Morality in: *The Responsive Community* 6, No. 4 (Fall 1996), S. 51

3 Amitai Etzioni: Im Winter einen Pullover ablehnen, weil es im Sommer warm war? in: *Blätter für deutsche und internationale Politik* 42. Jg. Heft 2 (Februar 1997), S. 232.

4 Vgl. Hans Joas: Communitarianism in Germany in: *The Responsive Community* 5. No. 1 (Winter 1994/95) und Ders.: Der Kommunitarismus – eine neue »progressive Bewegung«?, in: *Forschungsjournal Neue Soziale Bewegungen*, 8 (1995) 3, S. 29-38; Gemeinschaft und Demokratie in den USA. Die vergessene Vorgeschichte der Kommunitarismus-Diskussion in: Micha Brumlik, Hauke Brunkhorst (Hg.): Gemeinschaft und Gerechtigkeit, Frankfurt am Main: Fischer 1993, S. 49-62.

5 Eine besonders interessante Diskussion fand auf einem Streitforum in Bonn statt, bei dem unter Beteiligung bekannter sozialdemokratischer Politiker insbesondere die Beziehung sozialdemokratischer Grundsätze zu kommunitaristischen Auffassungen problematisiert wurden. Vgl. Kommunitarismus. Initiative für Bürgersinn. Ein neuer Impuls für gesellschaftliche Reformpolitik? 11. Streitforum der Akademie der Politischen Bildung am 13. Juni 1996 in Bonn. Die generelle Debatte zwischen Liberalismus und Kommunitarismus ist gut zusammengefaßt worden von Walter Reese-Schäfer: *Grenzgötter der Moral: Der neuere europäisch-amerikanische Diskurs zur politischen Ethik*, Frankfurt am Main: Suhrkamp 1997

6 Z. B. Sibylle Tönnies: Kommunitarismus – diesseits und jenseits des Ozeans in: *Aus Politik und Zeitgeschichte*, Heft B-36 (1996)

7 *Für eine Zukunft in Solidarität und Gerechtigkeit*. Wort des Rates der Evangelischen Kirche in Deutschland und der Deutschen Bischofskonferenz zur wirtschaftlichen und sozialen Lage in Deutschland. (1997)

Vorwort

1 *The Antioch College Sexual Offense Policy*, Yellow Springs, Ohio: Antioch College, 1992.
2 Jane Gross, »Combating Rape on Campus in a Class on Sexual Consent«, *New York Times*, 25. September 1993. Gross zitiert aus einer Ansprache der Verwaltungsangstellten von Antioch Karen Hall vor neuen Teilnehmern an besagtem Workshop.
3 Siehe auch William A. Galston, »Two Concepts of Liberalism«, in: *Ethics* 105, Nr. 3, 1995, S. 523, der einen anderen gewichtigen Grund nennt, die bloße Wahlfreiheit nicht zu schätzen.
4 Alan Ehrenhalt (1995) liefert in seiner präzisen Beschreibung von »Lost City« einen bezwingenden Bericht über das Leben verschiedener Gemeinschaften der 50er Jahre, in denen eine Reihe von Mitgliedern auf bestimmte Wahlmöglichkeiten verzichteten, um sich selbst eine vertraute und geruhsame Existenz zu sichern.
5 Siehe beispielsweise »Communitarian Conceits«, in: *Economist* 334, Nr. 7906, 1995, S. 16-17; »Down with Rights«, in: *Economist* 334, Nr. 7906, 1995, S. 59; und »The Politics of Restoration«, in: *Economist* 333, Nr. 7895, 1994/1995, S. 33-36.

1. Die Elemente einer guten Gesellschaft

1 Als 1990 eine neue kommunitaristische Gruppierung entstanden war, bezeichnete man die eigene Position in Abgrenzungen zu früheren konservativen oder kollektivistischen Kommunitaristen also »responsive communitarians« (d. h. gegenüber dem Individuum in besonderer Weise verantwortlich). Responsibilities (1991), Washington, D.C.: Communitarian Network; Linda C. McClain 1994; Amitai Etzioni 1995 u. 1995a.
2 Michael Walzer 1993; Charles Taylor 1994; Michael J. Sandel 1982.
3 Bernard Barber (1956), »Structural-Functional Analysis: Some Problems and Misunderstandings«, in: *American Sociological Review* 21, Nr. 2, S. 133; und Don Martindale (1965), »Limits of and Alternatives to Functionalism in Sociology«, in: *Functionalism in the Social Sciences: The Strength and Limits of Functionalism in Anthropology, Economics, Political Science, and Sociology*, hg. v. Don Martindale, Philadelphia: American Adacemy of Political and Social Science, S. 127, 140.
4 Amitai Etzioni 1995b, S. 91-92. Vgl. Michael Walzer 1993, S. 157; Philip Selznick 1992, S. xi, 371-386, 477, und Kapitel 16; und Philip Selznick 1994, S. 16.
5 William A. Donohue (1985), *The Politics of the American Civil Liberties Union*, New Brunswick: Transaction, S. 3-6.
6 Theodore Lowi schreibt: »Das einzige den Liberalismus definierende Attribut ist Individualismus. Der Liberalismus sieht im Individuum den Zweck der Gesellschaft und des Staates. Der Liberalismus definiert das Individuum *in*

Opposition zum Kollektiv.« Theodore J. Lowi (1995), *The End of the Republican Era*, Norman: University of Oklahoma Press, S. 11.

7   Es ist bekannt, daß sich Mills Position in vielerlei Fragen innerhalb seiner Schriften oftmals verändert. Gertrud Himmelfarb stellt die Wandlungen in Mills Denken äußerst treffend dar. In unseren Begriffen formuliert präsentiert er sich in *Über die Freiheit* als Libertärer und in *Utilitarismus* als Sozialkonservativer. Getrude Himmelfarb 1974.

8   Als Beispiel sei verwiesen auf: John Kenneth Galbraith 1996; Jacob Weisberg 1996.

9   Steven Mulhall und Adam Swift (1995, S. viii) bemerken, daß sich der Begriff »liberal« auf eine reichhaltige Ansammlung unterschiedlichster Überzeugungen bezieht.

10 James K. Glassman, »Truly Liberal«, in: *Washington Post*, 28. November 1995.

11 Auf prägnante Weise erläutert dies Matthew Dallek, »The Conservative 1960s«, in: Atlantic Monthly 176, Nr. 6, Dezember 1995, S. 130: »In den späten 50er und frühen 60er Jahren wurden Konservative zumeist als ›Spinner‹ abgetan, ohne jegliche Hoffnung, jemals in den Besitz politischer Macht zu gelangen. Als im Jahre 1950 der Kritiker Lionel Trilling schrieb, daß ›in den Vereinigten Staaten von heute der Liberalismus nicht nur die dominante, sondern sogar einzige intellektuelle Tradition‹ sei, sprach er aus, was eine ganze Generation von Wissenschaftlern und Journalisten dachte.«

12 »Kanadas hervorragendster konservativer Intellektueller, George Grant, betont in seinem Buch *Lament for a Nation*, daß ›Amerikaner, die sich selbst »Konservative« nennen, in nur sehr eingeschränkter Weise das Recht haben, von dieser Bezeichnung Gebrauch zu machen. In Wahrheit handelt es sich um altmodische Liberale.‹« Seymour Martin Lipset (1996), *American Exceptionalism*, New York: W. W. Norton, S. 36.

13 Der Kolumnist Charles Krauthammer liefert eine Charakterisierung des Sozialkonservatismus in seinem Beitrag: »A Social Conservative Credo«, in: *Public Interest* 121, Herbst 1995, S. 15-22.

14 Alasdair MacIntyre in einem Brief in *Responsive Community* 1, Nr. 1, Sommer 1991, S. 91-92.

15 Jeremy Bentham (1833), *Prinzipien der Gesetzgebung*, hg. v. Etienne Dumont, Köln.

16 Margaret Thatcher (1993), *Downing Street No. 10: die Erinnerungen*, 2. Aufl., Düsseldorf, Kapitel 21.

17 John Emerich Edward Dalberg-Acton (1949), *Essays on Freedom and Power*, hg. v. Gertrude Himmelfarb, Glencoe: Free Press, S. 51.

18 John Locke schrieb: »Die einzige Möglichkeit, mit der jemand diese natürliche Freiheit aufgibt und die Fesseln der bürgerlichen Gesellschaft anlegt, liegt in der Übereinkunft mit anderen, sich zusammenzuschließen und in einer Gemeinschaft zu vereinigen.« John Locke 1967, S. 264.

19 Robert Nozick o.J., S. 43; es heißt, Nozick habe seine Position in späteren Arbeiten, die hier nicht zur Diskussion stehen, revidiert.

20 Ronald Dworkin 1978, S. 127. Man beachte, daß sich die Anhänger des libertären Paradigmas, wie auch die aller anderen Überzeugungen, hinsichtlich des Ausmaßes unterscheiden, in dem sie auf einen einzigen Blickwinkel konzentriert sind. Darüber hinaus verändert sich im Laufe der Zeit nicht selten die Position ein und desselben Wissenschaftlers. In ihren späteren Werken nähern sich Rawls und Dworkin im Unterschied zu ihren früheren Arbeiten der Anerkennung einer kommunitaristischen sozialen Ordnung an. Diese wichtigen Nuancen können an dieser Stelle nicht weiter ausgeführt werden, denn letztlich haben diese Autoren ihre grundsätzlich auf Autonomie konzentrierten Positionen nicht aufgegeben.

21 John Rawls 1975, S. 488. Rawls vertritt den Standpunkt: »Unter dem Blickwinkel des Urzustandes ist für die Parteien die Annahme vernünftig, daß sie doch möglichst viel davon haben möchten, denn sie sind ja nicht gezwungen, es zu nehmen, wenn sie es nicht wollen.« (Ebd., S. 166).

22 Shlomo Avineri/Avner de-Shalit 1992; Daniel A. Bell 1993; Markate Daly 1994; C. F. Delaney 1994; Steven Mulhall/Adam Swift 1995; Charles Taylor 1993.

23 Zum Beispiel schlägt Andrew Peyton Thomas eine Methode der Kriminalitätsprävention vor, derzufolge jedem Haushalt 250 Dollar pro Jahr zur Verfügung gestellt würde, um an einer gemeinschaftlich durchgeführten Verbrechensüberwachung teilzunehmen. Die einzige Pflicht der Teilnehmer läge darin, der Polizei von laufenden Verbrechen Kenntnis zu geben. Eine Teilnahme an diesem System wäre freiwillig. Andrew Peyton Thomas, »The Case for an American ›Frankpledge‹«, in: *Weekly Standard*, 27. November 1995, S. 28 f.

24 Wenn man über soziale Formationen diskutiert, ist der Begriff »zivil« dem Terminus »bürgerlich« vorzuziehen. Ronald Beiner schreibt: »Im Vokabular Rousseaus entspricht ›bürgerlich‹ der Welt des ›Bourgeois‹, während sich ›zivil‹ auf auf die Welt des ›Citoyens‹ bezieht.« Ronald Beiner in einem Brief vom 13. November 1995 an mich. Eine ausführlichere Diskussion findet man bei: George Armstrong Kelly (1995), »Who Needs a Theory of Citizenship?«, in: *Theorizing Citizenship*, hg. v. Ronald Beiner, Albany: State University of New York Press.

25 William A. Galston 1991. Siehe auch Michael J. Sandel 1996.

26 George F. Will, »The Frances Boyer Lecture« (Manuskript eines Vortrags vom 6. Dezember 1995 im American Enterprise Institute, Washington, D. C., S. 32.

27 Eine Analyse der konservativen Haltung, die im Hintergrund dieser frühen anti-kommunistischen Bestrebungen stand, findet man bei: Richard Fried (1990), *Nightmare in Red*, New York: Oxford University Press, S. 47.

28 Randall Terry z. B., der Gründer von *Operation Rescue*, sagt: »Unser Ziel ist eine christliche Nation. Wir haben eine biblische Pflicht und sind von Gott dazu aufgefordert, dieses Land zu erobern. Wir wollen keine Gleichheit. Wir wollen keinen Pluralismus.« (Zit. in Cantor 1994, S. 4).

29 Die Notwendigkeit eines Grundbestandes gemeinsamer Werte und der Stimme der Moral wird in Kapitel 4 und 5 dargelegt; die Unterschiede zwischen der Stimme der Moral und dem Gesetz sowie zwischen Gesetzen, die

von der Stimme der Moral gedeckt sind oder nicht, werden in Kapitel 5 erläutert, und die Beziehung zwischen Grundwerten und anderen Werten ist Gegenstand der Kapitel 7 und 8.

30　John Gay kritisiert die Vorstellung, den Aspekt der Verletzung von Rechten anderer als Lackmustest für die Freiheit zu verstehen. »Eine liberale Ideologie sollte ein Prinzip der Freiheit (oder eine Rechtfertigung von Rechten) enthalten, das der Praxis Richtlinien an die Hand gibt, indem die Konturen einer legitimen Einschränkung der Freiheit spezifiziert werden. Ein solches Prinzip ist noch von keinem liberalen Theoretiker formuliert worden.« (1989, S. 261).

31　Vgl. Nozick o. J.

32　»ACLU Briefing Paper: Freedom of Expression«, von der World-Weide-Web-Seite der ACLU im Internet (http://www.aclu.org).

33　»ACLU Briefing Paper: Guardian of Liberty – ACLU«, von der World-Weide-Web-Seite der ACLU im Internet (http://www.aclu.org).

34　Die ACLU begründete ihre Haltung mit dem Versammlungsrecht, aber damit könnte ebenso gut das konspirative Treffen von Menschen gerechtfertigt werden, die gemeinsam einen Verstoß gegen das Gesetz planen.

35　Richard Allen Epstein (1985), *Takings: Privat Property and the Power of Eminent Domain*, Cambridge: Harvard University Press.

36　Karl von Wolferen (1989), *The Enigma of Japanese Power: People and Politics in a Stateless Nation*, New York: Alfred A. Knopf, S. 245.

37　Michael A. Mosher, »Boundary Revisions: The Deconstruction of Moral Personality in Rawls, Nozick, Sandel, and Parfit«, in: *Political Studies* 39, Nr. 2, 1991, S. 296.

38　Erich Fromm 1983; William Kornhauser 1959.

39　Vgl. Berger/Neuhaus 1977, die Vermittlungsstrukturen als Variation intermediärer Instanzen einsetzen.

40　Man könnte sich fragen, ob Ordnung und Autonomie substantielle Werte darstellen oder lediglich formale Gefäße ohne einen spezifischen normativen Inhalt: Ordnung wozu? Autonomie, um welche Werte zu realisieren? Meines Erachtens handelt es sich hierbei um letztgültige Werte und nicht um prozedurale oder instrumentelle Werte, ein Konzept, das ich später erläutern werde. Der sozialen Ordnung fällt, wie auch dem Leben, in sich selbst ein normativer Rang zu, der unabhängig von der späteren, speziellen Gestaltung der Ordnung und ungeachtet der Werte, die von ihr profitieren, Bestand hat. Siehe hierzu ausführlich Wrong 1994. Das Gleiche gilt für die Autonomie. Ohne Autonomie mangelt es in der Tat allen anderen Werten an Standfestigkeit, denn sie haben ein Mindestmaß an freiem Willen, d. h. an Autonomie und ihrer sozialen Realisierbarkeit, zur Voraussetzung.

41　Thomas Storck, »A Case for Censorship«, in: *New Oxford Review*, Mai 1996, S. 23 f.

42　William A. Galston, »Rights Do Not Equal Rightness«, in: *Responsive Community* 1, Nr. 4, Herbst 1991, S. 8.

43　Diese Argumentation läuft auf die Warnung hinaus, sich nicht auf eine »abschüssige Bahn« (slippery slope) zu begeben; siehe Walton 1992.

2. Ordnung *und* Autonomie?

1 Eine Kollege wies auf die Ähnlichkeit zwischen meiner Vorstellung von inverser Symbiose und Gregory Batesons Konzept der Schismogenese hin. Siehe Gregory Bateson (1958), *Naven*, Stanford: Standford University Press, S. 175.

2 Man kann natürlich fragen, ob eine Gesellschaft nicht ein immer höheres Niveau von Ordnung und Autonomie erreichen kann, solange die beiden Elemente beständig in einem Gleichgewicht gehalten werden. Kennzeichen einer inversen Symbiose ist freilich, daß ab einer bestimmten Niveauhöhe beide Elemente in Gegensatz zueinander geraten.

3 Daniel A. Bell weist auf diese Möglichkeit hin unter Bezugnahme auf China (Bell 1995, S. 39-43).

4 Diese Beziehung unterscheidet sich von dialektischen Beziehungen, von Beziehungen mit abnehmenden Grenznutzen wie auch von kurvimetrischen Beziehungen.

5 Eine Beispiel für die Behauptung, Amerika sei eine Nation im Sinne Lockes, findet man bei Hartz 1955. Als Antwort auf Hartz siehe u. a.: J. G. A. Pockock (1975), *The Machiavellian Moment: Florentine Political Thought and the Atlantic Political Tradition*, Princeton: Princeton University Press; Isaac Kramnick (1990), *Republicanism and Bourgeois Radicalism: Political Ideology in Late Eighteenth Century England and America*, Ithaca: Cornell University Press; Rogers M. Smith, »Beyond Tocqueville, Myrdal, and Hartz: The Multiple Traditions in America«, in: *American Political Science Review* 87, Nr. 3, September 1993, S. 549-66.

   Andererseits erläutert Robert Bellah, daß »in Alexis de Tocquevilles *Democracy in America* der Individualismus als eine destruktive Neigung behandelt wurde, die einer starken Einschränkung bedürfte, wenn die amerikanische Demokratie lebensfähig bleiben wollte.« (1995, S. 1 f.).

6 Eine Untersuchung der amerikanischen Gesellschaft unter diesem Blickwinkel liegt vor bei Ackerman 1991.

7 Dies ist ebenfalls bei Ackerman 1991 gut dokumentiert.

8 Friedman 1983.

9 Alan Jacobs, »Auden's Local Culture«, in: *Hudson Review* 47, Nr. 4, Winter, S. 543.

10 Emile Durkheim (1994), *Die elementaren Formen des religiösen Lebens*, Frankfurt/M.; Robert Nisbet (1962), *Community and Power*, New York: Oxford University Press; Robert Nisbet (1973), *The Social Philosophers: Community and Conflict in Western Thought*, New York: Crowell; Robert Nisbet, »The Concept of Community: A Reexamination«, in: *Sociological Review* 38, Nr. 4, August 1973, S. 397-416; Robert Nisbet (1977), *The Social Bond*, New York: Alfred A. Knopf; Robert E. Park und Ernest W. Burgess (1924), *Introduction to the Science of Sociology*, Chicago: University Press of Chicago; Talcott Parsons (1951), *The Social System*, Glencoe: Free Press; Talcott Parsons und Edward A. Shils (1951), *Toward a General*

Theory of Action: Theoretical Foundations for the Social Sciences, Cambridge: Harvard University Press; Ferninand Tönnies (1957), *Community and Society*, East Lansing: Michigan State University Press; Ferdinand Tönnies (1955), *Community and Association*, London: Routledge & Paul.

11 Martin Buber (1995), *Ich und Du*, Stuttgart; Martin Buber (1985), *Pfade in Utopia*, Heidelberg, 3. Aufl. Eine kluge Analyse von John Deweys Denken legte vor: Alan Ryan (1995), *John Dewey and the High Tide of American Liberalism*, New York: W. W. Norton. George Herbert Mead (1973), *Geist, Identität und Gesellschaft*, Frankfurt/M. (amerik. Original: *Mind, Self, and Society*, Chicago 1934).

12 »Vorab ein Wort zur Warnung. Jene, die typischerweise als kommunitaristische Kritiker der liberalen Theorie auftreten – Alasdair MacIntyre, Michael Sandel, Charles Taylor und Michael Walzer – haben sich selbst bislang noch nicht mit der ›kommunitaristischen Bewegung‹ identifiziert.« (Daniel A. Bell 1993, S. 4); MacIntyre wies dieses Etikett ausdrücklich zurück in seinem Aufsatz »The Spectre of Communitarianism«, in: *Radical Philosophy* 70, März/April 1995, S. 35. Walzer stellt seine Arbeit in den Kontext einer »periodischen kommunitaristischen Korrektur«, die der Liberalismus nötig hat; Walzer selbst allerdings betrachtet seine Grundposition als eine liberale (1993). In Sandels jüngstem Buch *Democracy's Discontent* taucht der Begriff »communitarian« noch nicht einmal im Index auf.

13 Siehe auch: Philip Selznick, »The Demands of Community«, in: *Center Magazine* 20, Nr. 1, Januar/Februar 1987, S. 33-45; Philip Selznick, »Dworkin's Unfinished Task«, in: *California Law Review* 77, Nr. 3, Mai 1989, S. 505-13.

14 Etzioni 1995.

15 Stephen Holmes hält den Kommunitarismus für die »in den Vereinigten Staaten gegenwärtig populärste Form des Antiliberalismus.« (1993, S. 8). Zum Einfluß des Kommunitarismus siehe: *Politics Monitor* 1, Nr. 1, November 1992, S. 11, wo es heißt: »Nichts ist mit der Macht einer Idee vergleichbar, deren Zeit reif ist. Und sofern man die Macht des kommunitaristischen Denkens an seinem Einfluß auf die Menschen messen kann, dann ist dieser jüngste Sproß der Politischen Theorie just auf dem Wege, ein fester Bestandteil derselben zu werden.« Auch auf internationaler Ebene verfügt der Kommunitarismus über beachtlichen Einfluß. Michael Elliot bemerkt zum Kommunitarismus: »Wenn es heute überhaupt eine Idee gibt, die in der europäischen Linken im Mittelpunkt steht, dann ist es diese. Tony Blair spricht kaum fünf Minuten, ohne nicht die Notwendigkeit der Wiederentdeckung eines Gemeinschaftsgefühls zu betonen.« Michael Elliot, »What's Left?«, in: *Newsweek International*, 10. Oktober 1994, S. 13.

16 Tibor Machan, »The Communitarian Manifesto«, in: *Register*, 12. Mai 1991.

17 Tibor Machan, »The Individual and the Community«, in: *Freeman*, September 1991, S. 328.

18 Z. B. Morgan 1984.

19 Carl S. Schneider, »Talking about Rights«, in: *Hastings Center Report* 22, Nr. 3, Mai/Juni 1993, S. 43. Schneider zitiert aus Glendon 1991, S. 15.

20 Die Ersparnisse, die sich aus einer Unterbindung von Betrug und Mißbrauch ergeben, sind eher gering. Diese Behauptung kann ich im Kontext dieses Buches nicht eingehend erläutern. Aber bereits eine nur kursorische Untersuchung zahlreicher jüngster Versuche, Betrug und Mißbrauch in der Regierung abzustellen, unterstützt meine Behauptung.

21 Frederick Schauer, »Slippery Slopes«, in: *Harvard Law Review* 99, Dezember 1985, S. 361.

22 Mary Ann Glendon beschreibt diesen Aspekt besonders treffend (1991).

23 Ein anderes Beispiel einer inversen Symbiose ist das Verhältnis von Männern und Frauen. Vorstellungen, die Autonomie und Bindung als antithetisch betrachten, sind zu simpel. Mehrere feministische Wissenschaftlerinnen und Familientherapeuten halten die Beziehung zwischen den Geschlechtern für korrekturbedürftig, nachdem über Jahrhunderte hindurch ein sehr hohes Maß an Bindungskraft in den Familien erwartet wurde, was zur Unterordnung der Frauen, ihrer Identität und Interessen führte. Nach einigen Jahrzehnten der Korrektur könnte es allerdings der Fall sein, daß sich die Geschlechter zu sehr in Richtung Unabhängigkeit bewegt haben und demzufolge sich nun – freilich vor dem Hintergrund der Gleichberechtigung – die Frage nach einem stärkeren Maß an Bindung stellt. Siehe etwa: Carol Gilligan (1996), *Die andere Stimme. Lebenskonkflikte und Moral der Frau*, München; Nancy Chodorow (1985), *Das Erbe der Mütter. Psychoanalyse und Soziologie der Mütterlichkeit*, München.

24 Von solchen Einschränkungen erhoffte man sich eine Stärkung der inneren Wehrhaftigkeit, ohne dabei der gleichen Überprüfung ausgesetzt zu sein, wie die Terroristen in Übersee. Nach dem Bombenanschlag in Oklahoma City gab es Bestrebungen, diese Beschränkungen wieder abzuschwächen. Weitergehend hierzu siehe: David G. Savage, »Rule Changes Limit FBI's Infiltration of Extremists«, in: *Los Angeles Times*, 22. April 1995.

25 »Rights and Responsibilities: Comparing Issues of Crime and Law in the Communitarian Cultur of Canada and the Indivdualistic Culture of the United States«, unveröffentlicht.

26 F. L. Morton, »The Political Impact of the Canadian Charter of Rights and Freedoms«, in: *Canadian Journal of Political Science* 20, Nr. 1, März 1987, S. 32.

27 William Christian in seiner Buchbesprechung von *The U.S. Bill of Rights and the Canadian Charter of Rights and Freedoms*, hg. v. William R. McKercher, in: *Canadian Journal of Political Science* 17, Nr. 2, Juni 1984, S. 427.

28 Yuan-Li Wu (1965), *The Steel Industry in Communist China*, New York: Praeger.

29 Siehe Zbigniew Brzezinski/Samuel P. Huntington (1964), *Political Power: USA/USSR*, New York: Viking.

30 Diese vier Kriterien wurden als originellster Beitrag zu dieser Diskussion gewürdigt; Bell 1994. Eine weitere Auseinandersetzung mit diesen Kriterien findet man bei Etzioni 1995, S. 209-223.

31 So in einem Brief der drei Organisationen vom 15. November 1995 an den Kongreß im Hinblick auf eine geplante neue Datenbank im Zusammenhang mit dem Gesetz zur Reform der Sozialhilfe. Den vollständigen Brieftext kann man im Internet lesen: [http://epic.org].

32 Harold J. Rothwax (1996), *Guilty: The Collapse of Criminal Justice*, New York: Random House, S. 191.

33 Ebd., S. 130.

3. Fall und Aufstieg Amerikas

1 Everett Carll Ladd, »The Numbers Are Far Too Often Wrong«, in: *The Public Perspective* 6, Nr. 4, Juni/Juli 1995, S. 1-3; Everett C. Ladd, »The Myth of Moral Decline«, in: *Responsive Community* 4, Nr. 1, Winter 1993/94, S. 52-68.

2 Coontz 1992; Elliott 1996.

3 Siehe auch: Ehrenhalt 1995.

4 Robin M. Williams Jr. (1951), *American Society: A Sociological Interpretation*, New York: Alfred A. Knopf. Williams unterteilt amerikanische Werte in 14 »Wertsysteme«, an die die Amerikaner sich allgemein halten. Siehe auch: Ralph H. Gabriel (1974), *American Values: Continuity and Change*, Westport: Greenwood Press, S. 148-211.

5 Diese Formulierung wurde dann sehr viel später durch Präsident Ronald Reagan populär.

6 Zu diesen Aspekten siehe Riesman 1982, und Whyte 1958.

7 Friedan (1966), *Der Weiblichkeitswahn*, Hamburg, S. 47.

8 Yankelovich 1972; Dickstein 1977.

9 Eine genauere Darstellung des expressiven und des instrumentellen Individualismus liefern Bellah et al. 1987. Im Hinblick auf den Entwicklungsstand des Individualismus wird dort gestgestellt: »Wir fürchten, daß er [der Individualismus] krebsartig gewachsen sein könnte – daß er die sozialen Zwischenräume zerstört, die Toqueville zufolge sein destruktives Potential auffangen könnten, daß er zu einer Bedrohung für die Freiheit selbst geworden ist.« (S. 16)

10 Mildred Newman/Bernard Berkowitz (1971), *How to Be Your Own Best Friend: A Conversation with Two Psychoanalysts*, New York: Random House; Robert J. Ringer (1977), *Looking Out for Number One*, Beverly Hills: Los Angeles Book Corp.

11 Friedman/Friedman 1982, S. 133-136; Drucker 1985, S. 343-45.

12 Lloyd A. Free/Hadley Cantril (1967), *The Political Beliefs of Americans: A Study of Public Opinion*, New Brunswick: Rutgers University Press. Siehe insbesondere Tabelle III-2 auf Seite 32.

13 Richard G. Niemi/John Mueller/Tom W. Smith (1989), *Trends in Public Opinion: A Compendium of Survey Data*, New York: Greenwood Press, S. 79.

Seit 1973 hat die Zahl derer, die glauben, wir würden der Umwelt zu wenig Aufmerksamkeit schenken, die Zahl jener überstiegen, die meinen, wir kümmerten uns zu sehr um die Umwelt.

14 Daniel Patrick Moynihan, »Defining Deviancy Down«, in: *American Scholar* 62, Winter 1993, S. 17.

15 *Harris Poll* 11, 1. März 1993. Siehe auch *Gallup Poll Monthly*, April 1993, S. 24.

16 Bruce E. Keith et al. (1992), *The Myth of the Independent Voter*, Berkeley: University of California Press, S. 18.

17 Humphrey Taylor, *Harris Poll*, 4. Januar 1993, S. 3.

18 G. Pascal Zachary, »Sharp Decline in Job Stability Is Found in a New Study, Contradicting Prior Data«, in: *Wall Street Journal*, 6. Juni 1995.

19 Juliet B. Schor (1991), *The Overworked American: The Unexpected Decline of Leisure*, New York: BasicBooks.

20 U.S. Department of Commerce (1994), *Household and Family Characteristics: March 1993*, Washington: GPO, Bild 1; U.S. Department of Commerce (1975), *Statistical Abstract of the United States*, Washington: GPO, Tafeln 51, 56.

21 Siehe die Statistiken in Wade F. Horn (1995), *Father Facts*, Lancaster: National Fatherhood Initiative, S. 2, 10.

22 David Popenoe, »American Family Decline, 1960-1990: A Review and Appraisal«, in: *Journal of Marriage and the Family 55*, Nr. 3, August 1993, S. 532.

23 Jonathan Kaufman (1988), *Broken Alliance: The Turbulent Times Between Blacks and Jews in America*, New York: Scribner; Michael Lerner/Cornel West (1995), *Jews and Blacks: Let the Healing Begin*, New York: Putnam; Paul Berman (Hg.) (1994), *Blacks and Jews: Alliances and Arguments*, New York: Delacorte.

24 U.S. Commission on Civil Rights (1972), *Racial and Ethnic Tension in American Communities: Poverty, Inequality, and Discrimination – A National Perspective*, Washington: GPO, S. 71.

25 Seymour M. Lipset, »Malaise and Resiliency in America«, in: *Journal of Democracy 6*, Nr. 3, Juli 1995, S. 7.

26 »Solutions? One Response to Lack of Discipline – Spanking – Has Lost Favor«, in: *Public Perspective*, Oktober/November 1995, S. 32. Die Zustimmung für körperliche Strafen fiel von 62 Prozent im Jahre 1958 auf 38 Prozent 1994.

27 Michael Wolff/Peter Rutten/Albert F. Bayers III (1992), *Where We Stand*, New York: Bantam.

28 Alfred Blumenstein, »Prisons«, in: *Crime*, hg. James Q. Wilson/Joan Petersilia, San Franciso: Institute for Contemporary Studies Press, 1995, S. 388, Bild 1.

29 Epstein/Kobylka 1992, S. 6 f.

30 Brian Forst, »Prosecuting and Sentencing«, in: Wilson/Petersilia [s. Anm. 28], S. 377.

31 Judith Martin, »Who Killed Modern Manners?«, in: *Responsive Community* 6, Nr. 2, Frühjahr 1996, S. 50-57.

32 James Davison Hunter (1991), *Culture Wars: The Struggle to Define America*, New York: BasicBooks. Siehe auch: Todd Gitlin (1995), *The Twilight of Common Dream: Why America Is Wracked by Culture Wars*, New York: Metropolitan Books.

33 U.S. Department of Justice (1993), *Uniform Crime Reports for the United States: 1993*, Washington: GPO, Tafel 1; und: U.S. Department of Commerce (1975), *Historical Statistics of the United States: Colonial Times to 1970, Part 1*, Washington: GPO, H. 952-61. Die Verbrechensrate lag 1960 bei 160 und 1990 bei 732; die Mordrate lag 1960 bei 4,7 und 1990 bei 9,4.

34 Alfred N. Garwood (Hg.) (1991), *Black Americans: A Statistical Sourcebook*, Boulder: Numbers & Concepts, S. 162.

35 Bennett 1993; siehe auch: Wattenberg 1995.

36 The Communitarian Network (1991), *The Responsive Communitarian Platform: Rights and Responsibilities*, Washington: Communitarian Network, S. 5-7; Jean Bethke Elshtain/Enola Aird/Amitai Etzioni/William Galston/Mary Ann Glendon/Martha Minow/Alice Rossi (1993), *A Communitarian Position Paper on the Family*, Washington: Communitarian Network. Ebenso: William Galston, »A Liberal-Democratic Case for the Two-Parent Family, in: *Responsive Community* 1, Nr. 1, Winter 1990/91, S. 14; Pepper Schwartz (1994), *Peer Marriage: How Love Between Equals Really Works*, New York: Free Press.

37 Kommunitaristische Positionspapiere erschienen zu folgenden Themen: Waffenkontrolle, Charakterbildung, die Familie, Gesundheitsreform, Organspenden und anderes mehr.

38 Zu denjenigen, von denen durch die Presse bekannt wurde, daß sie kommunitaristische Ideen unterstützen, gehören: Präsident Bill Clinton (Michael Kranish, »Communitarianism: Is Clinton a Convert?«, in: *Boston Globe*, 22. Mai 1993; Charles Trueheart, »At Death's Door – And Back Again«, in: *Washington Post*, 11. Februar 1992); der Staatssekretär im Ministerium für Wohnungsbau und Stadtentwicklung Henry Cisneros (Michael D'Antonio, »I Or We«, in: *Mother Jones*, Mai/Juni 1994); Jack Kemp (*Guardian*, 13. März 1995); Senator Bill Bradley (Jacob Weisberg, »All Together Now«, in: *New York*, 24. Juli 1995); Vizepräsident Albert Gore (»Communitarian Conceits«, in: *Economist*, 18. März 1995); und William J. Bennett (*Guardian*, 13. März 1995). Siehe auch: »The False Politics of Values«, in: *Time*, 9. September 1996.

39 Unter ihnen Bundeskanzler Helmut Kohl; der ehemalige britische Premierminister John Major und der jetzige Tony Blair; der ehemalige Präsident der Europäischen Union Jacques Delors.

40 *Eine Gegenerklärung*: Gesellschaften sind komplexe Gebilde, die ihre Richtung nur stufenweise, und in bestimmten Bereichen früher als in anderen verändern. Man wird immer Indikatoren finden, welche in die gegenteilige Richtung weisen; deshalb können aufmerksame Zeitgenossen und Sozialwis-

senschaflter zu unterschiedlichen Schlußfolgerungen und Positionen gelangen. Ebenso allerdings wie Wirtschaftswissenschaftler in der Lage sind, ein Gesamtbild der Lage zu skizzieren, selbst wenn ihnen nur sieben (oder sechs) von elf maßgeblichen Indikatoren vorliegen, so vermag das Gleiche auch eine Bundesbehörde zu tun, selbst wenn sie widersprüchliche Berichte aus den verschiedenen Landesteilen erhält; und nichts anderes tut auch der Soziologe.

41 Justin Burke, »Germans Voice Concerns Rising Crime«, in: *Christian Science Monitor*, 6. Mai 1994.

42 Für 1960-1980: B. R. Mitchell (1988), *British Historical Statistics*, Cambridge: Cambridge University Press, S. 776-78; für 1981-1991: Home Office Criminal Statistics.

43 James Lynch, »Crime in International Perspective«, in: Wilson/Petersilia a. a. O., S. 15-26.

44 Wolff a. a. O., S. 232, 237, 175.

45 Kommunitaristische Zirkel entstanden in Kanada, Großbritannien, Deutschland und Spanien. Es gab einen explosionsartigen Anstieg an Presseberichten und wissenschaftlichen Veröffentlichungen zu den Themen und Konferenzen der Kommunitaristen. Details kann man vom Communitarian Network, Washington, D.C., erfahren.

46 »Die Regel, daß eine Person solange als unschuldig zu betrachten ist, bis ihre Schuld als bewiesen gilt, wird nicht nur in der Praxis sondern auch in bezug auf existierende Vorschriften mißachtet.« Peter J. Herzog (1993), *Japan's Pseudo-Democracy*, New York: New York University Press, S. 50. Siehe auch: »Case Closed in Japan?«, in: *New York Times*, 17. Mai 1995.

47 Ronald Bayer (1989), *Private Acts, Social Consequences: AIDS and the Politics of Public Health*, New York: Free Press. Bayer selbst tritt nicht für eine Quarantäne ein, er diskutiert allein die Forderungen danach.

48 Eine vergleichende Studie über die Vereinigten Staaten und die UdSSR kommt zu dem Schluß, die Ursache für die Stärke der USA verdanke sich im wesentlichen den engen Bindungen zwischen Gesellschaft und Politik; Zbigniew Brzezinski/Samuel P. Huntington (1964), *Political Power: USA/USSR*, New York: Viking Press.

49 In der Diskussion um die Steuerungsmechanismen einer Gesellschaft werden keine teleologischen Annahmen getroffen oder intendiert. Es wird nicht die Behauptung erhoben, daß Gesellschaften einen oder mehrere Zwecke bewußt verfolgen, ganz zu Schweigen davon, daß es – wie es der Begriff Steuerung nahelegt – in Gesellschaften einen Kapitän gäbe, der sie lenkt. In gewisser Weise erfüllt die Regierung ein wenig diese Funktion, aber selbst die Fähigkeit der Regierung, die Wirtschaft zu lenken, ist sehr beschränkt, und für ihre Möglichkeiten, auf gesellschaftliche Prozesse, Werte und Institutionen einzuwirken, gilt dies in noch größerem Maße. Die hier wirkenden Prozesse sind in der Regel wenig und kaum zentral sichtbar: verschiedene soziale Gruppen bewegen sich in die eine Richtung (beispielsweise drängen die Anführer von Minderheiten in den Vereinigten Staaten in Richtung auf mehr Vielfalt) oder die andere (z. B. die Bewegung, die sich zum Ziel gesetzt hat, die

Charakterbildung und Vermittlung von Grundwerten an den Schulen zu verstärken, unterstützt damit einheitsstiftende Prozesse). Jede dieser Gruppierungen reagiert jeweils aufgrund ihrer Wahrnehmung der gesellschaftlichen Bedingungen und gemäß ihrer Vorstellungen darüber, wie diese zu verändern sind, um »unseren Lebensstil« zu schützen, oder um »unseren Bedürfnissen gerecht zu werden«, ohne dabei notwendigerweise von einer vollständigen Analyse des Gesellschaftsgefüges und wie es zu verbessern (oder zu verschlechtern) ist, auszugehen. Die Richtung der Gesellschaft stellt in hohem Maße ein Konglomerat aus allen Ergebnissen dieser miteinander wetteifernden Gruppierungen dar, wobei die Regierung in gewisser Weise als eine Art Sprachrohr und Integrationsfaktor dient, ein Faktor freilich, der wiederum selbst über einen gewissen Einfluß verfügt.

50   The New York Times (1996); Tolchin 1996.

51   Ralf Dahrendorf, »A Precarious Balance: Economic Opportunity, Civil Society, and Political Liberty«, in: *Responsive Community* 5, Nr. 3, Sommer 1995, S. 13-39.

52   Joan Warner, »Clinging to the Safety Net«, in: *BusinessWeek* (Industrial/ Technology Edition), 11. März 1996, S. 62. »Australia, and John Howard, Opt for Change«, in: *Economist*, 9. März 1996, S. 31f.

53   Amity Shlaes, »Germany's Chained Economy«, in: Foreign Affairs 73, Nr. 5, September/Oktober 1994, S. 109-24; siehe auch: Etzioni 1995c; Rifkin 1995.

54   James P. Pinkerton (1995), *What Comes Next: The End of Big Government – And the New Paradigm Ahead*, New York: Hyperion, S. 313-17.

4. Grundwerte miteinander teilen

1   Galston 1991, Kap. 4-7; Sandel 1996, Kap. 1-4; Sandel 1995.

2   Dieses Beispiel wird erläutert von: Tamar Lewin, »On Common Ground: Pro-Life and Pro-Choice«, in: *Responsive Community* 2, Nr. 3, Sommer 1992, S. 48-53.

3   Bellah et al. 1987; Etzioni 1983.

4   In seiner Diskussion der Tugenden, die ein liberaler Staat benötigt, schlägt Galston (1991, S. 221-27) eine ausführliche Liste persönlicher Tugenden vor, die es zu kultivieren gelte, Tugenden wie Mut, Patriotismus, Verantwortung, Toleranz, Arbeitsethik, Zurückhaltung, Anpassungsfähigkeit und staatsbürgerliche Tugenden.

5   Siehe: Weintraub/Krishan; Thiemann 1996; Carter 1993.

6   Man vergleiche diese Einstellung mit der von Dennis Wrong. Er verweist darauf, daß Moralvorstellungen »im Rahmen der Wechselwirkungen gegenseitiger Erwartungen, welche die soziale Interaktion konstituieren, spontan enstehen.« (1994, S. 107)

7   Putnam 1993; Seligman 1992; Eberly 1994; Bill Bradley, »Civil Society and the Rebirth of Our National Community«, in: *Responsive Community* 5, Nr.

2, Frühjahr 1995, S. 4-10; David S. Broder, »Civic Life and Civility«, in: *Washington Post*, 1. Januar 1995; George F. Will, »The Frontier and Civic Virtue«, in: *Washington Post*, 3. März 1991; Arnold Beichman, »In Search of Civil Sociality«, in: *Washington Times*, 3. Februar 1993.

8 Gertrude Himmelfarb, »Beyond Social Policy: Re-Moralizing America«, in: *Wall Street Journal*, 7. Februar 1995.

9 Eine besonders überzeugende Diskussion zur Rolle der Vernunft in Deliberationen, bei denen es nicht nur um die Mittel, sondern auch um die Zwecke geht, findet man bei Selznick 1992, S. 524-26.

10 Dennis Wrong betont diese Neigung zur Vernunft, indem er feststellt: »Viele Soziologen beschränken sich zumindest implizit auf die kognitiven Elemente der Interaktion und schenken ihren motivationsbedingten oder emotionalen Aspekten kaum Aufmerksamkeit, über die sie allerdings oft stillschweigende Annahmen machen oder sie als selbstverständlich voraussetzen.« (1994, S. 60). Obwohl Wrong von der Soziologie spricht, gilt die Affinität zur Vernunft für viele Disziplinen.

11 James H. Kuklinski/Ellen Riggle/Victor Ottati, »The Cognitive and Affective Bases of Political Tolerance Judgments«, in: *American Journal of Political Science* 35, Nr. 1, Februar 1991, S. 22.

12 Jack Knight/James Johnson, »Aggregation and Deliberation: On The Possibility of Democratic Legitimacy«, in: *Political Theory* 22,, Nr. 2, Mai 1994, S. 289.

13 Philip Selznick, »Defining Democracy Up«, in: *Public Interest*, Nr. 119, Frühjahr 1995, S. 106 f.; Amy Gutmann, »The Power of Deliberation«, in: *Responsive Community* 6, Nr. 2, Frühjahr 1996, S. 8-10.

14 Kuklinski/Riggle/Ottati, [s. Anm. 11], S. 1-27. Siehe auch James Q. Wilson, »Interests and Deliberation in the American Republic, or Why James Madison Would Have Never Received the James Madison Award«, in: *PS: Political Science and Politics*, Dezember 1990, S. 559; Kuklinski et al. 1993, S. 227; Barber 1996, S. 275 f.; James Fishkin (1991), *Democracy and Deliberation*, New Haven: Yale University Press.

15 Lindblom 1965.

16 Hunter 1991, S. 67-86; Gitlin 1995.

17 Mansbridge 1980, besonders Kap. 5, S. 47-58.

18 Ein gutes Beispiel hierfür liefert Stephan Carter (1996), *Integrity*, New York: BasicBooks.

19 Siehe Michael Lerner/Cornel West (1995), *Jews and Blacks: Let the Healing Begin*, New York: Putnam.

20 *The Religious Right: The Assault on Tolerance and Pluralism in America*, New York: Anti-Defamation League, 1994, S. 30.

21 In engem Zusammenhang damit steht auch die Unterscheidung zwischen dem Recht auf freie Meinungsäußerung, das einem nahezu alles zu sagen erlaubt, sei es auch noch so anstößig, und dem kommunitaristischen Brauch, beleidigende Gedanken nicht auszusprechen. Siehe William Galston, »Rights Do Not Equal Rightness«, in: *Responsive Community* 1, Nr. 4, Herbst 1991,

S. 78. Ebenso Etzioni 1995, S. 227-242. Mehreren prominenten Moderatoren von Radio-Talkshows wurde vorgeworfen, diese Unterscheidung zu mißachten und somit Wertediskussionen zu untergraben. Siehe die Ausführungen in Kapitel 1.

22 Sie fügt hinzu: »Die charakteristischsten Züge amerikanischer Rechtssprache liegen in ihrer Vorliebe für absolute, maßlose Formulierungen, in ihrer beinahe Sprachlosigkeit in bezug auf Verantwortung, in ihrer exzessiven Huldigung individueller Unabhängigkeit und Autarkie, ihrer gewohnheitsmäßigen Konzentration auf den Einzelnen und den Staat zu Lasten intermediärer Gruppierungen in der bürgerlichen Gesellschaft, und in ihrer unhinterfragten Provinzialität ... Alle diese Züge erschweren es, dem gesunden Menschenverstand oder einem politischen moralischen Diskurs Stimme und Gehör zu verschaffen.« (Ebda., S. 14).

23 Bruce Ackerman 1980, besonders Kapitel 11. Siehe auch die Ausführungen zu den Vorstellungen von Jürgen Habermas in Kapitel 8 des vorliegenden Buches.

24 David Lamb (1985), *Death, Brain Death, and Ethics*, Chicago: University of Chicago Press.

25 »Selbst bei Personen von unterschiedlicher Wertorientierung könnte leicht Übereinstimmung erzielt werden, daß die folgenden Werte zum unübersehbaren Bestand der amerikanischen Kultur gehören.« Die daran anschließende Liste enthält: Monogamie, Besitzstreben, Demokratie, Bildung, monotheistische Religion, Freiheit und Wissenschaft. Robin M. Williams Jr. (1952), *American Society: A Sociological Interpretation*, New York: Alfred A. Knopf, S. 389.

26 Marc Mowery/Tim Redmond (1993), *Not in Our Backyard*, New York: William Morrow, S. 39.

27 Man ist sich weiterhin uneins, in welchem Ausmaß man sich für die Umwelt engagieren soll und welche Maßnahmen zu ergreifen sind, aber was den Grundwert an sich betrifft, herrscht Einigkeit. Es war ein konservativer Präsident, Richard Nixon, der die Environmental Protection Agency ins Leben rief, und es geschah unter seiner Präsidentschaft, daß viele Umweltschutzmaßnahmen, wie etwa das Recycling, eingeführt wurden.

28 Die Republikanische Partei pflegt die Beachtung eines sogenannten Elften Gebotes: Während der Vorwahlen dürfen die Kandidaten einander nicht beleidigen. 1996 wurde diese Regel mißachtet, obwohl sie in mehreren vorangegangenen Wahlen weitgehend respektiert worden war.

29 Aaron Wildavsky, »Representative vs. Direct Democracy: Excessive Initiatives, Too Short Terms, Tool Little Respect for Politics and Politicians«, in: *Responsive Community* 2, Nr. 3, Sommer 1994, S. 31-40.

30 Mit der Frage, welchen Einfluß private Gelder auf den öffentlichen Sektor ausüben, habe ich micht bereits in einem anderen Buch beschäftigt: Amitai Etzioni (1984), Capital Corruption: *The New Attack on American Democracy*, San Diego: Harcourt Brace Jovanovich; siehe auch Elizabeth Drew (1983), *Politics and Money: The New Road to Corruption*, New York: Macmillan.

5. Die Stimme der Moral

1 Eine Untersuchung von Werten, die zwar überlebt haben, aber ausgehöhlt sind und sich daher kaum auf das Verhalten auswirken, findet man in Wuthnow 1994.

2 Die hierbei zum Tragen kommenden sozialpsychologischen Mechanismen – von Scham und Schuld bis hin zu dem Wunsch nach Anerkennung – werden hier nicht weiter untersucht. Ein Beispiel dafür, wie man sich Scham zunutze machen kann, ist die vom Staat New York veröffentlichte ›Top-Ten‹-Liste mit Namen von Vätern, die ihren Unterhaltszahlungspflichten nicht nachkommen. Neben vielen anderen Studien über den Umgang mit Scham sei auf zwei hervorragende Publikationen hingewiesen: John Braithwaite (1989), *Crime, Shame and Reintegration*, New York: Cambridge University Press; Stuart Schneiderman (1995), *Saving Face: America and the Politics of Shame*, New York: Alfred A. Knopf.

3 Oft wird die innere Stimme als Gewissen bezeichnet. Dieser Begriff wird von Moralisten und religiösen Menschen benutzt, ist aber von den meisten Sozialwissenschaftlern lange gemieden worden.

4 Brian Barry (1978), *Sociologists, Economists and Democracy*, Chicago: University of Chicago Press, S. 17; Kenneth Godwin/Robert Cameron Mitchell, »Rational Models, Collective Goods and Nonelectoral Political Behaviour«, in: *Western Political Quarterly* 35, Nr. 2, Juni 1982, S. 161-81.

5 Weiterführend hierzu siehe: Amitai Etzioni (1975), *A Comparative Analysis of Complex Organizations*, New York: Free Press.

6 Der Ausdruck »soziales Netz« bringt die Vorstellung von vielfältigen Bindungen, die eine Gemeinschaft ausmachen, auf den Punkt. John Barnes ruft dieses Verständnis von Gemeinschaft hervor, wenn er schreibt: »Das Bild, das mir vorschwebt, besteht aus vielen Punkten, die untereinander mit Linien verbunden sind. Die Punkte sind einzelne Menschen oder Gruppen, und die Linien zeigen an, welche Menschen miteinander in Beziehung treten.« Zitiert in: Bell/Newby 1973, S. 52.

7 Paul H. Robinson, »Moral Credibility and Crime«, in: *Atlantic Monthly*, März 1995, S. 75.

8 »Um die Bezeichnung ›Gemeinschaft‹ zu verdienen, müssen Gruppen moralische Überzeugungskraft ausüben und ihren Mitgliedern ein gewisses Maß an Willfährigkeit abverlangen. Das heißt, Gemeinschaften sind notwendigerweise und per definitionem sowohl von zwingendem als auch moralischem Charakter; sie müssen mit Zuckerbrot und Peitsche arbeiten, je nach dem, wie sich ihre Mitglieder verhalten.« David E. Pearson, »Community and Sociology«, in: *Society* 32, Nr. 5, Juli/August 1995, S. 47.

9 Will Kymlicka, in: Bell 1993, S. 208-21.

10 The Communitarian Network 1991.

11 In einer bestechenden Analyse von Martha Nussbaum wird diese Beobachtung auf Robert Bork zurückgeführt; Martha Nussbaum, »Human Functio-

ning and Social Justice: In Defense of Aristotelian Essentialism«, in: *Political Theory* 20, Nr. 2, Mai 1992, S. 210 f.

12 Jean Bethke Elshtain, »On Moral Outrage, Boycotts, and Real Censorship«, in: *Responsive Community* 2, Nr. 4, Frühjahr 1992, S. 12.

13 Joseph Losco, »Understanding Altruism: A Critique and Proposal for Integrating Various Approaches«, in: *Political Psychology* 7, Nr. 2, 1986, S. 323-48.

14 Weitere solch reduktionistischen Argumente und Gegenargumente in Etzioni 1990a.

15 Siehe Mark E. Courtney/Harry Specht (1994), *Unfaithful Angels: How Social Work Has Abandoned Its Mission*, New York: Free Press. Siehe auch Douglas Besharov, »The Moral Voice of Welfare Reform«, in: *Responsive Community* 3, Nr. 2, Frühjahr 1993, S. 13-18.

16 William Doherty, »Bridging Psychotherapy and Moral Responsibility«, in: *Responsive Community* 5, Nr. 1, Winter 1994/95, S. 42.

17 William Damon, Direktor des *Brown University Center for the Study of Human Development*, weist darauf hin, daß dieser These die simple Korrelation zwischen Selbstachtung und positiver Entwicklung zugrundeliege. Er erklärt, daß eine Korrelation noch kein Beweis für einen Ursache-Wirkung Zusammenhang darstelle; Selbstachtung könne sowohl das Ergebnis einer guten Entwicklung sein als auch die Ursache einer solchen. William Damon (1995), *Greater Expectations: Overcoming the Culture of Indulgence in America's Homes and Schools*, New York: Free Press, S. 70 f. Siehe auch Ruth C. Wylie (1974), *The Self-Concept: A Review of Methodological Considerations and Measuring Instruments*, Lincoln: University of Nebraska Press.

18 Die Psychologen Richard Bednar, Gawain Wells und Scott Peterson meinen, unbegründete Liebe und Anerkennung führten in Wirklichkeit zu einer geringen Selbstachtung. Wenn man Menschen für ein unangemessenes Verhalten lobe, dann seien sie nicht imstande, jene Mechanismen zu entwickeln, derer sie bedürfen, um mit ihren tatsächlichen Unzulänglichkeiten zurechtzukommen. Richard L. Bednar/Gawain Wells/Scott R. Peterson (1989), *Self-Esteem: Paradoxes and Innovations in Clinical Theory and Practice*, Washington: American Psychological Association, S. 264 f.

19 Dennis Byrne, »Correcting Kids«, in: *Ethics: Easier Said than Done* 29, 1995, S. 33.

20 Zitiert in Irwin M. Stelzer, »The Stakeholder Cometh«, in: *Weekly Standard*, 5. Februar 1996, S. 16 f.

21 Jacob Weisberg, »All Togehter Now«, in: *New York*, 24. Juli 1995, S. 21. Siehe auch Robert Wright, »The False Politics of Values«, in: *Time*, 9. September 1996, S. 42-45.

22 Siehe die Diskussion zwischen Harry C. Boyte und Amitai Etzioni, »Community vs. Public?«, in: *Responsive Community* 2, Nr. 4, Herbst 1992, S. 75-78; Harry C. Boyte und Amitai Etzioni, »Redefining Politics, Part II«, in: *Responsive Community* 3, Nr. 2, Frühjahr 1993, S. 83-88.

23 Dieser Aspekt findet sich auch bei John Gray 1993a.

24 »Die Stimme der Gemeinschaft«, in: *Frankfurter Allgemeine Zeitung*, 8. März
   1994.

25 Aus der Einsicht in die Bedeutung der Gegenseitigkeit, der Reziprozität –
   sofern man diese als sozialen Wert und nicht als bloßen Tauschhandel
   begreift – leitet sich in der Konsequenz sehr viel ab. Insbesondere wird dies
   durch die Art und Weise deutlich, in der ethnische Gruppen, sowohl in der
   Vergangenheit als auch in der Gegenwart, darauf achten, »ihre Eigenarten«
   zu wahren, indem sie individualisierte und nur selten mißbrauchte soziale
   Dienstleistungen zur Verfügung stellen, die der Allgemeinheit nur wenig
   Kosten abverlangen. Dieses Thema ist in früheren Arbeiten intensiv diskutiert worden und braucht daher an dieser Stelle nicht weitergehend behandelt
   zu werden; Etzioni 1983, S. 130; Etzioni 1995, S. 170, 295.

26 Zu einer jüngst stattgefundenen Diskussion zu diesem Aspekt siehe Richard
   A. Epstein, »Norms: Social and Legal«, in: *Good Society* 6, Nr. 1, Winter
   1996, S. 1-7; William A. Galston, »When Should Norms Be Legally Enfor-
   ced? A Response to Epstein«, ebd., S. 8 f.; und Richard A. Epstein, »Post-
   script on Galston«, ebd., S. 9.

27 In Befolgung der Direktiven des Kriegsministeriums gegen die Diskriminierung hob Col. Noel Parrish 1943 in seiner Armeeeinheit die Rassentrennung
   auf. Stanley Sandler (1992), *Segregated Skies: All-Black Squadrons of WW
   II*, Washington: Smithsonian Institution Press, S. 38 f.

28 Robert M. Ackerman, »Tort Law and Communitarianism: Where Rights
   Meet Responsibilities«, in: *Wake Forest Law Review* 30, Nr. 4, 1995,
   S. 661 f.

29 In einer von *Time* und *CNN* am 22. März 1993 durchgeführten Umfrage
   wurde die Frage gestellt: »Sollten Gesetze verabschiedet werden, wonach es
   Interessengruppen verboten ist, den Kandidaten großzügige Wahlkampfspenden zukommen zu lassen?« Mit Ja antworteten 80 Prozent der Befragten, mit Nein 17 Prozent, und 3 Prozent waren sich nicht sicher; eine vom
   Center for a New Democracy im Dezember 1992 durchgeführte Umfrage
   ermittelte, daß 86 Prozent der Wähler für eine Begrenzung der Wahlkampfspenden waren; und 75 Prozent sprachen sich dafür aus, den Spendenbetrag,
   den politische Verbände spenden dürfen, von $ 5000 aus $ 1000 zu senken;
   Gordon Black/Benjamin D. Black (1994), *The Politics of American Discontent: How a New Party Can Make Democracy Work Again*, New York: John
   Wiley, S. 205.

30 Man könnte dem entgegenhalten, Franzosen seien insgesamt weniger geneigt, staatlichen Verordnungen Folge zu leisten. Tatsächlich aber ist das
   Gegenteil vermutlich zutreffender. In Frankreich werden viel mehr Bereiche
   durch Vorschriften geregelt als in Amerika, von der Einstellungs- und Kündi-
   gungspraxis angefangen bis zu den Lehrplänen der Schulen, von der Aus-
   weispflicht bis zu Reglementierungen für die Werbebranche. Die Reaktionen
   auf die Anti-Raucher Gesetze in Frankreich schildert Sharon Waxman,
   »French Take Tobacco Ban with a Puff of Smoke«, in: *Chicago Tribune*,
   30. Juni 1994.

31 Das U.S. Justizministerium schätzt die Rückfallquote bei Sexualstraftätern auf 60 Prozent. Art Caplan, »Sentence Sex Offender to Life, Not Castration«, in: *Houston Chronicle*, 6. Mai 1995. Eine schweizer Studie aus dem Jahre 1973 beziffert die Rückfallquote von Sexualstraftätern auf 79,9 Prozent. »A New Approach to Sex Offenders«, in: *Responsive Community* 4, Nr. 4, Herbst 1994, S. 13.

32 Lipset/Pool 1996, S. 37-46.

33 Pam Belluck, »In Era of Shrinking Budgets, Community Groups Blossom«, in: *New York Times*, 25. Februar 1996.

34 Eine Fallstudie über selbstorganisierte Drogenkontrollen liefert Goldsmith 1994. Viele weitere Beispiele findet man in: »Community News«, in: *Responsive Community* 5, Nr. 2, Frühjahr 1995 und 6, Nr. 2, Frühjahr 1996.

35 Leo Strole, »Measurement and Classification in Socio-Psychatric Epidemology: Midtown Manhattan Study (1954) and Midtown Manhattan Restudy (1974)«, in: *Journal of Health and Social Behaviour* 16, Nr. 4, Dezember 1975, S. 347-63.

36 Zur wichtigen Diskussion über die Bedeutung freiwilligen Engagements, besonders unter amerikanischen Jugendlichen, siehe Wuthnow 1995.

37 Theda Skocpol, »What if Civic Life Didn't Die?«, in: *American Prospect*, Nr. 25, März 1996, S. 17-28.

38 Ernesto Cortes Jr., »Changing the Locus of Political Decision Making«, in: *Christianity and Crisis* 47, Nr. 1, 2. Februar 1987, S. 18-22; Barber 1994; Boyte 1989; Gardner 1990; Berry/Portney/Thomson 1993, Kap. 11.

39 Alison MacIntyre, »Guilty Bystanders? On the Legitimacy of Duty to Rescue Statutes«, in: *Philosophy and Public Affairs* 23, Nr. 2, Frühjahr 1994.

40 Organisatoren von Mietervereinigungen müssen oft eine Versicherung abschließen, damit sie selbst und/oder die Stadt vor Haftungsansprüchen geschützt sind. Siehe dazu Charlise Lyles, »Creating a Community Holds a Hefty Price Tag«, in: *Virginian-Pilot*, 5. August 1995; Collin Nash, »Whose Fault Is It, Anyway? Town Facing Lawsuit After Block Party Shooting«, in: *Newsday*, 4. Juni 1995.

41 Dan Coats (1995), *The Project for American Renewal*, Washington: Office of U.S. Senator Dan Coats.

42 Herman Goldstein (1990), *Problem-Oriented Policing*, New York: McGraw Hill, S. 66; siehe auch Robert Sampson, »The Community«, in: *Crime*, hg. James Q. Wilson/Joan Petersilia (1995), San Francisco: Institute for Contemporary Studies Press, S. 199.

43 *Responsive Community* 5, Nr. 4, Herbst 1995, S. 5.

44 American Bar Association (1995), »Model Rules of Professional Conduct«, Washington: American Bar Association, S. 62 u. 64; *Federal Civil Procedure and Rules* (1996), St. Paul: West Publishing, Regel 11, S. 62.

6. Die Implikationen der menschlichen Natur

1 Zu diesem Aspekt siehe Frazer/Lacey 1993, S. 121.

2 Eine ausführliche Darstellung der Diskussion über die menschliche Natur sowie zahlreiche Literaturverweise finden sich in Barber 1994, Kap. 4.

3 Eine Darstellung und Widerlegung der Sichtweisen von Theoretikern, die Verbrechen als eine reizbedingte Reaktion verstehen, liefern Ralph Andreano/John J. Siegfried (Hg.) (1980), *The Economics of Crime*, New York: John Wiley; siehe auch Simon Rottenberg (Hg.) (1979), *The Economics of Crime and Punishment*, Washington: American Enterprise Institute.

4 Siehe George J. Stigler/Gary S. Becker, »De Gustibus Non Est Disputandum«, in: *American Economic Review* 67, Nr. 2, 1977, S. 76-90.

5 Mill 1974, S. 82.

6 Ivan Illich (1973), *Entschulung der Gesellschaft*, Hamburg, S. 82.

7 Bernhard Lohse (1997), *Martin Luther: Eine Einführung in sein Leben und sein Werk*, 3. u. überarb. Auflage München.

8 Für den Calvinisten Jonathan Ewardsa sind wir »Sünder in der Hand eines zornigen Gottes«. Harold P. Simonson (Hg.) (1970), *Selcted Writings of Jonathan Edwards*, New York: Frederick Ungar, S. 96.

9 Donald G. Bloesch (1978), *God, Authority, and Salvation*, Bd. 1 von *Essentials of Evangelical Theology*, San Francisco: Harper & Row, S. 88.

10 Solomon Schimmel (1992), *The Seven Deadly Sins: Jewish, Christian, and Classical Reflections on Human Nature*, New York: Free Press, S. 12. Die Rolle 1QS von Qumran äußert sich ausführlich zu den beiden Geisteshaltungen des Menschen. 1QS 3,17 erklärt z.B., daß Gott dem Menschen »zwei Geisteshaltungen gegeben hat, um seinen Lebensweg bis zum festgesetzen Erscheinen des Herrn zu gestalten. Es handelt sich um den Geist der Wahrheit und den der Verstockung. Die Geschlechter der Wahrheit wandeln im Licht und die Geschlechter der Verstockung entspringen dem Quell der Dunkelheit.« Eine hervorragende Darstellung von 1QS mit Blick auf die Gespaltenheit der menschlichen Seele findet sich bei A. R. C. Leaney (1966), *The Rule of Qumran and Its Meaning*, Philadelphia: Westminster Press.

11 Oswald Spengler (1974), *Der Untergang des Abendlandes*, München, (EA: Wien 1918).

12 Russel Kirk (1953), *The Conservative Mind: From Burke to Eliot*, New York: Discus Books, S. 18.

13 Russ Rymer, »Annals of Science: A Silent Childhood«, Teil 1 u. 2, in: *New Yorker*, 13. April 1992, S. 41-48 und 20. April 1992, S. 43-77. Susan Curtiss (1977), *Genie: A Psycholinguistic Study of a Modern-Day »Wild Child«*, New York: Academic Press. Dokumentationen weiterer Fälle von vernachlässigten/verwilderten Kindern: Jean Marc Gaspard Itard (1962), *The Wild Boy of Averyron*, New York: Appleton-Century-Corfts; Harlan Lane/Richard Pillard (1978), *The Wild Boy of Burundi: A Study of an Outcast Child*, New York: Random House; J. A. L. Singh/R. M. Zingg (1942), *Wolf-Children and Feral Man*, London: Harper.

14 Douglas Candland (1993), *Feral Children and Clever Animals*, New York: Oxford University Press, S. 14 f.

15 Ebd., S. 9.

16 Ebd., S. 18.

17 Parsons 1964, S. 85 f.; Scott 1971, S. 89.

18 Dennis Wrong, »The Oversocialized Conception of Man in Modern Sociology«, in: *American Sociological Review* 26, Nr. 2, 1961, S. 183-93.

19 Sozialwissenschaftler mögen korrekterweise anmerken, daß sogar das Lustprinzip kulturell bedingt ist. Aber auch wenn es sich so verhält, steht es immer noch unserer animalischen Natur näher als unseren normativen Bindungen. Letztere bekämpfen in der Regel die Natur in uns, fordern einen Befriedigungsaufschub, blockieren unseren Sexualtrieb, lassen uns fasten etc.

20 Harry G. Frankfurt, »Willensfreiheit und der Begriff Person«, in: Bieri, P. (Hg.) (1993), *Analytische Philosophie des Geistes*, Bodenheim, S. 288.

21 Siehe auch Albert O. Hirschman, »Against Parsimony: Three Easy Ways of Complicating Some Categories of Economic Discourse«, in: *Bulletin: The American Economic Review* 74, 1984, S. 89-96.

22 Siehe auch Taylors Ausführungen und Daniel Bells Kommentar in Bell 1993.

23 James Fishkin definiert heroisches Handeln als jene »Dinge, die wir tun ›sollten‹, aber für die wir nicht moralisch getadelt werden, wenn wir dabei versagen. ... Das zu tun, was wir tun sollten, wäre bewundernswert oder ein Ausweis unserer Tugend, aber keiner könnte uns vernünftigerweise dafür tadeln, wenn wir es nicht tun.« James Fishkin (1982), *The Limits of Obligation*, New Haven: Yale University Press, S. 11.

24 Emile Durkheim (1994), *Die elementaren Formen des religiösen Lebens*, Frankfurt/M.; vgl. Leigh Eric Schmidt (1995), *Consumer Rites: The Buying and Selling of American Holidays*, Princeton: Princeton University Press.

25 Siehe z. B. Neil Postman (1992), *Das Technopol. Die Macht der Technologien und die Entmündigung der Gesellschaft*, Frankfurt/M.

26 Gillis 1996, S. 18.

27 Zur kommunitaristischen Position mit Blick auf die moralische Infrastruktur insgesamt siehe: The Communitarian Platform 1991, S. 4-20. Für eine detaillierte Erläuterung der einzelnen Aspekte der moralischen Infrastruktur siehe: Etzioni 1995. Um eine ausführliche Darstellung der kommunitaristischen Ansicht eines jeden Elementes der moralischen Infrastruktur zu erhalten, siehe die entsprechenden vom Communitarian Network herausgegebenen Positionspapiere: »A Communitarian Position Paper on the Family«, »Character Building for a Democratic Society« und »The Community of Communities«.

28 Verkörperung ist das Hauptthema von Bellah et al. 1991. Siehe auch William Sullivan, »Reinstitutionalizing Virtue in Civil Society«, in: Glendon/Blankenhorn 1995, S. 185-200. Eine umfassende Behandlung dieser Thematik von seiten einer bekannten Persönlichkeit: Clinton 1996.

29 Eine Untersuchung solcher Familien hat Schwartz 1994 vorgelegt. Vgl. auch Blankenhorn 1995.

30 James H. Bray/Ernest N. Jouriles, »Treatment of Marital Conflict and Prevention of Divorce«, in: *Journal of Marital and Family Therapy* 21, Nr. 4, Oktober 1995, S. 461-73. Mit Bezug auf ältere Studien behaupten Cummings und Davies, daß Ehen durch Auseinandersetzungen gestärkt werden können, sofern diese problemlösenden Charakter haben. Wenn Paare konfliktlösende Strategien einsetzen, stellt sich bei Verhandlungen und Kompromissen eine größere Zufriedenheit bei ihnen ein. E. Mark Cummings/Patrick Davies (1994), *Children and Marital Conflict: The Impact of Family Dispute and Resolution*, New York: Guilford, S. 32.

31 Bray und Jouriles berichten, voreheliche Beratungen wirken sich positiv aus, indem sie »bereits vor der Hochzeit Lösungsstrategien für Beziehungsprobleme bereitstellen.« (a. a. O., S. 467).

32 Für die Wiedereinführung des Schuldprinzips plädiert z. B. David M. Wagner, »Taming the Divorce Monster: The Many Faults of No-Fault Divorce«, in: *Familiy Policy* 7, April 1994, S. 5 f.

33 Bellah et al. (1991, S. 136 f.) weisen darauf hin, daß selbst äußerst nachlässig gesonnenen Menschen den »öffentlichen Werten« nachgeben, wenn sie unter Druck geraten.

34 Diese nur stichwortartigen Andeutungen werden ausführlich in entsprechenden Positionspapieren des *Communitarian Network* erläutert. Wer hieran interessiert ist, kann eine e-mail an folgende Adresse abschicken: comnet@gwis2.circ.gwu.edu.

35 Robert D. Putnam, »Bowling Alone, Revisited«, in: *Responsive Community* 5, Frühjahr 1995, S. 18-33.

7. Pluralismus in der Einheit

1 Siehe »Racial and Ethnic Tensions in American Communities: Poverty, Inequality, and Discrimination – A National Perspective«, *Hearing Before the United States Commission on Civil Rights*, Washington: GPO, 1992.

2 Siehe ebd.; Shelby Steele (1990), *The Content of Our Character: A New Vision of Race in America*, New York: St. Martin's Press.

3 Im technischen Sinne bezieht sich der Begriff »Schmelztiegel« auf das Vermischen verschiedener Substanzen zu einem *neuen* Gemisch, während »Assimilation« das Absorbieren verschiedener neuer Gruppen durch die dominante Kultur meint. Ich folge allerdings dem allgemeinen Sprachgebrauch, der beide Phänomene gleichsetzt.

4 Robert Suro 1994, S. 64.

5 Mark Helprin, »Diversity is Not a Virtue«, in: *Wall Street Journal*, 25. November 1994.

6 John A. Porter prägte mit bezug auf Kanada den Begriff »vertikales Mosaik«. John A. Porter (1965), *The Vertical Mosaic: An Analysis of Social Class and Power in Canada*, Toronto: University of Toronto Press.

7 »People, Opinions, and Polls«, in: *Public Perspective* 6, Nr. 5, August/September 1995, S. 15.

8 Michael Wolff et al. (1992), *Where We Stand: Can America Make It in the Global Race for Wealth, Health, and Happiness?*, New York: Bantam, S. 210.

9 Vgl. Glenn C. Loury, »Individualism Before Multiculturalism«, in: *Public Interest*, Nr. 121, Herbst 1995, S. 101.

10 Lewis A. Coser 1956; Ralf Dahrendorf 1957

11 Rupert Wilkinson (1988), *The Pursuit of American Character*, New York: Harper & Row. Siehe auch Wilkinson (1992), *American Social Character: Modern Interpretations*, New York: Iron Editions. Zu den bekannteren Untersuchungen des amerikanischen Charakters gehören: David Riesman et al. (1966), *Die einsame Masse. Eine Untersuchung der Wandlungen des amerikanischen Charakters*, Hamburg; Geoffrey Gorer (1948), *The American People: A Study in National Character*, New York: W. W. Norton; D. W. Brogan (1944), *The American Character*, New York: Alfred A. Knopf; F. J. Turner (1921), *The Frontier in American History*, New York: H. Holt and Company.

12 Melinda Fine (1995), *Habits of the Mind: Struggling over Values in America's Classrooms*, San Francisco: Jessey-Bass, S. 9.

13 Ebd.; Hervorhebung von mir.

14 Artikel 1, Abschnitt 2 der Verfassung der Vereinigten Staaten bezieht sich auf »die Gesamtzahl der freien Personen, einschließlich der in einem befristeten Dienstverhältnis stehenden, jedoch ausschließlich der nicht besteuerten Indianer, drei Fünftel der Gesamtzahl aller übrigen Personen ...«

15 Emile Durkheim (1988), *Über soziale Arbeitsteilung*, Frankfurt/M.

16 Im Gegensatz zum Obersten Gerichtshof kehrt man in einigen progressiven Bildungsrichtlinien und Dokumenten diesen Sprachgebrauch wieder um und bezieht sich systematisch auf die amerikanischen *Völker* statt auf das amerikanische *Volk*. John Fonte, »We the Peoples: The Multiculturalist Agenda Is Shattering the American Identity«, in: *National Review*, 25. März 1996, S. 47 ff. Und eine Reihe von Wortführern ethnischer Gruppen widersetzen sich entschieden der Einführung einer neuen Kategorie im Rahmen des für das Jahr 2000 geplanten amerikanischen Zensus, die es den Amerikanern freistellt, sich nicht zu dieser oder jener Herkunft zu bekennen, sondern als multi-ethnisch einzustufen.

17 Malcolm X, »Minister Malcolm X Enunciates the Muslim Program«, in: *Black Nationalism in America* (1970), hg. John H. Bracey Jr., Indianapolis: Bobbs-Merril, S. 419. Das Zitat stammt aus einer Rede, die Malcom X im Jahre 1960 hielt.

18 Siehe Betty Friedan, »To Transcend Identity Politics: A New Paradigm«, in: *Responsive Community* 6, Nr. 2, Frühjahr 1996, S. 4-8; zu diesem Aspekt liegt eine reichhaltige Literatur vor, auf die hier nicht eingegangen wird. Siehe Gutmann 1993a; Walzer 1996a; Young 1990; Kymlicka 1995.

19 Janet Salzman Chafetz, »Minorities, Gender Mythologies, and Moderation«, in: *Responsive Community* 4, Nr. 1, Winter 1993/94, S. 42.

20 Harlon Dalton (1995), *Racial Healing: Confronting the Fear Between Blacks and Whites*, New York: Doubleday.
21 Björn Krondorfer (1995), *Remembrance and Reconciliation: Encounters Between Young Jews and Germans*, New Haven: Yale University Press.
22 Ebd., S. 16.
23 So die Grundthese von Ronald Takaki 1993. Richard Bernstein (1994) berichtet, daß vielen Schülern beigebracht werde, Amerika verfüge über keine gemeinsame Kultur und könne der Welt nichts von Bedeutung anbieten; die Lehrer weigerten sich einzuräumen, daß nicht alle Kulturen gleichermaßen erfolgreich gewesen seien und ignorierten die weniger heilsamen Aspekte nicht-westlicher Kulturen, während sie entsprechende Fehlentwicklungen im Westen in den Vordergrund rückten.
24 Douglas S. Massey/Nancy A. Denton (1993), *American Apartheid: Segregation and the Making of the Underclass*, Cambridge: Harvard University Press, S. 98-109.

8. Wer entscheidet über die Werte einer Gemeinschaft?

1 Wie Galston zeigt, »ist diese Verteidigung des Liberalismus grundlegend unangebracht. Keine Form des politischen Lebens kann gerechtfertigt werden, ohne in gewisser Weise darauf zu achten, was für die Individuen gut ist.« (1991, S. 79). Diese Behauptung steht im Mittelpunkt des zweiten Teils seines Buches. Auch Michael J. Sandel behauptete, Versuche, die eine prozedurale, wertneutrale Haltung in diesen Fragen einnehmen, seien zum Scheitern verurteilt. Siehe Sandel 1982.
2 Peter Singer, »Is There a Universal Moral Sense?«, in: *Critical Review* 9, Nr. 3, 1995, S. 326.
3 Siehe Michael J. Sandel in: Bill Moyers (1990), *A World of Ideas II*, New York: Doubleday, S. 155.
4 »Ein völliger gesellschaftlicher Konsens über Sklaverei würde sie, wenn er überhaupt je bestanden hätte, allein aus sich jedoch nicht rechtfertigen.« (Gutmann 1995, S. 279)
5 Vgl. zum Beispiel Großbritannien Willets 1992, S. 154 ff.
6 Galston 1995, S. 518; Macedo 1990.
7 Siehe insbesondere Galston 1991, S. 165-90, 241-56. Siehe auch Galston 1995; und Galston, »Liberal Virtues and the Formation of Civic Character«, in: Glendon/Blankenhorn 1995.
8 Die offizielle Verfassung Saudi-Arabiens ist der Koran – die Regierung behauptet, alle ihre Gesetze leiteten sich von den Prinzipien des Korans ab. Fouad Al-Farsy (1990), *Modernity and Tradition: The Saudi Equation*, London: Kegan Paul International, S. 39-42.
9 Habermas 1983, S. 21 f.; Habermas 1991, S. 101 ff.
10 Ackerman 1989, S. 9.

11 Habermas' Behauptung, moralische Wahrheit beruhe ontologisch auf dem Dialog, hält Ackerman für seine Schlußfolgerungen nicht für notwendig (auch wenn er bisweilen dieser Sichtweise zuneigt) (1989, S. 7). Allerdings bedeutet das, die Vorstellung aufzugeben, Politik habe etwas mit moralischer Wahrheit zu tun (ebd., S. 9 f.).

12 Siehe auch Ullman-Margolit 1977.

13 Eine hervorragende Diskussion des Relativismus aus kommunitaristischer Sicht liefert Selznick 1992, Kap. 4.

14 Carolyn Fluehr-Lobban, »Cultural Relativism and Universal Rights«, in: *Chronicle of Higher Education*, 9. Juni 1995.

15 James Q. Wilson, »Liberalism, Modernism, and the Good Life«, in: Glendon/Blankenhorn 1995, S. 23.

16 A. M. Rosenthal, »Fighting Female Mutilation«, in: *New York Times*, 12. April 1996. Sogar der Name dieser Prozedur wurde »relativiert«. Um unterschwellige westliche Werturteile zu vermeiden, wurde die Prozedur in einem Artikel des Hastings Center Report als »Genitaloperation bei Frauen« bezeichnet (Sandra D. Lane/Robert A Rubinstein, »Judging the Other: Responding to Traditional Female Genital Surgeries«, *Hastings Center Report*, Nr. 3, Mai/Juni 1996, S. 31.) Und der Verleger des vorliegenden Buches verlangte, die Bezeichnung »rituelle Beschneidung« zu verwenden. (Ungeachtet des Bemühens, einen wertfreien Begriff zu finden, scheint sich keiner von ihnen bewußt zu sein, daß die vorgeschlagenen Begriffe positive Konnotationen enthalten.)

17 Man hat Kommunitaristen vorgeworfen, sie scheuten vor kulturübergreifenden Werten zurück und vernachlässigten insbesondere die Universalität der Menschenrechte. Siehe Gideon Sjoberg, »The Human Rights Challenge to Communitarians: Formal Oranizations and Race and Ethnicity«, in: *Macro Socio-Economics: From Theory to Activism*, hg. David Sciulli (1996), Armonk, N. Y.: M. E. Sharpe.

18 Siehe Abdullahi Ahmed An-Na'im, »Toward a Cross-Cultural Approach to Defining International Standards of Human Rights: The Meaning of Cruel, Inhuman, or Degrading Treatment or Punishment«, in: *Human Rights in Cross-Cultural Perspectives:A Quest for Consensus*, hg. Abdullahi Ahmed An-Na'im (1992), Philadelphia: University of Pennsylvania Press.

19 Joanne Bauer, »Three Years after the Bangkok Declaration: Reflections on the State of Asia-West Dialogue on Human Rights«, in: *Human Rights Dialogue* 4, März 1996, S. 1.

20 Siehe Joseph Chan, »The Task for Asians: To Discover Their Own Political Morality for Human Rights«, in: *Human Rights Dialogue* 4, März 1996, S. 5; siehe auch Joseph Chan, »The Asian Challenge to Universal Human Rights: A Philosophical Appraisal«, in: *Human Rights and International Relations in the Asia-Pacific Region*, hg. James T. H. Tang (1995), New York: St. Martin's.

21 A. L. Kroeber/Clyde Kluckohn (1963), *Culture: A Critical Review of Concepts and Definitions*, New York: Vintage.

22 Siehe Wendell Bell, »World Order, Human Values, and the Future«, in: *Futures Research Quarterly* 12, Nr. 1, Frühjahr 1996, S. 5-24; und Rushworth M. Kidder (1994), *Shared Values for a Troubled World*, San Francisco: Jessey-Bass. Rhoda E. Howard (1995, S. 54) zeigt dies für die Idee der Menschenrechte.

23 Wright 1994; Wilson 1993.

24 Siehe Wright 1994, S. 200 f.

25 Soziologische Untersuchungen haben mehrere kulturübergreifende Ähnlichkeiten bei Werten entdeckt. Siehe besonders Shalom H. Schwartz, »Beyond Individualism/Collectivism: New Cultural Dimensions of Values«, in: *Individualism and Collectivism: Theory, Method, and Applications*, hg. Uichol Kim/Hanguk Simni Hakhoe (1994), Thousand Oaks: Sage Publications.

26 Diesen Aspekt betont Wilson 1993, S. 200 ff. Siehe auch Etzioni 1996, S. 1-11.

27 Marcus Singer, zitiert von James Gaffney, »The Golden Rule: Abuses and Uses«, in: *America*, 20. September 1986, S. 115.

28 Minerva Etzioni (1970), *The Majority of One: Towards a Theory of Regional Compatibility*, Beverly Hills: Sage Publications.

29 Julius O. Ihonvbere, »Underdevelopment and Human Rights Violations in Africa«, in: *Emerging Human Rights: The Africa Political Economy Context*, hg. George W. Shepherd/Mark Anikpo (1990), Westport: Greenwood Press, S. 57.

30 Seymour Martin Lipset, »A Comparative Analysis of the Social Requisites of Democracy«, in: *International Social Science Journal*, Nr. 136, 1993, S. 155.

31 Kishore Mahbubani, »The Dangers of Decadence«, in: *Foreign Affairs* 72, Nr. 4, 1993, S. 14.

32 Mohamed Elhachmi Hamdi, »The Limits of the Western Model«, in: *Journal of Democracy* 7, Nr. 2, 1996, S. 82

33 Joanne Bauer, »International Human Rights and Asian Commitment«, in: *Human Rights Dialogue* 3, Dezember 1995, S. 1.

34 Bilahari Kausikan, »Asia's Different Standard«, in: *Foreign Policy*, Nr. 92, Herbst 1993, S. 24.

35 Der Leser mag sich fragen, warum ich nicht den Begriff »Deontologie« [Ethik als Pflichtenlehre] benutze, der sich aus dem griechischen *deon* ableitet, was eine bindende Verpflichtung bezeichnet und mithin das meint, worüber ich schreibe. Aber dieser Begriff impliziert viel mehr und steht in engem Zusammenhang mit der individualistischen Philosophie, die ich nicht teile.

36 Siehe Wilson 1993.

37 Wie auch bei anderen Werten handelt es sich bei Primärkonzepten um etwas, das ein Element von Rechenschaftspflichtigkeit enthält und nicht als bloße Präferenz zu verstehen ist. Allerdings spielt die Vernunft hier eine vollkommen andere Rolle.

38 Siehe z. B. C. K. Ogden/I. A. Richards (1946), *The Meaning of Meaning: A Study of the Influence of Language upon Thought and the Science of Symbolism*, New York: Harcourt.

39 Vgl. Galston 1991, S. 221-27. Die Tugenden auf Galstons Liste werden insofern instrumentell begründet, als sie für den Bestand eines liberalen Staates,

dem Primärkonzept, notwendig sind. Somit weist Galstons Ansatz eine methodische Parallele zu dem hier entfalteten auf, mit der Einschränkung, daß Galston sich auf personale Tugenden wie Mut, Loyalität, Toleranz und Kompromißfähigkeit konzentriert, während es mir um gesellschaftliche Tugenden geht.

40 Der Wert der Autonomie von Subgruppen erscheint hingegen nicht gleichermaßen unmittelbar zwingend und leitet sich in der Tat weitgehend von anderen Werten ab.

41 Martha Nussbaum berichtet von einem französischen Ethnologen, der die Einführung der Pockenschutzimpfung in Indien durch die Briten bedauerte, da sie zum Untergang der kultischen Verehrung von Sittala Devi führte, einer Gottheit, zu der man für gewöhnlich um Schutz vor Krankheit betete. Als Nussbaum verwundert nachfragte, ob die Gesundheit nicht der Krankheit vorzuziehen sei, warf der Ethnologe ihr vor, ihr Denken bediene sich westlich geprägter, dualer Kategorien, in denen Leben und Tod, Gesundheit und Krankheit in scharfem Widerspruch zueinander stünden. Martha C. Nussbaum, »Human Functioning and Social Justice: In Defense of Aristotelian Essentialism«, in: *Political Theory* 20, Nr. 2, Mai 1993, S. 203.

42 Diese Beobachtung wird keineswegs dadurch widerlegt, daß unter gewissen Bedingungen die Opferung des eigenen Lebens oder der Gesundheit als Tugend gilt, etwa in einem gerechten Krieg oder im Rahmen eines Arzneimittelexperimentes zum Wohle anderer. Vorausgesetzt wir anerkennen mehrere Werte, an die man sich nicht alle gleichzeitig und vollständig halten kann, müssen wir auftauchende Konflikte zwischen ihnen lösen und mitunter sogar in gewissem Umfang einen Wert zugunsten eines anderen opfern.

43 Der Hauptzweck dieses Experimentes liegt nicht darin, die Gültigkeit dieser beiden Primärkonzepte aufzuzeigen, die selbstevident ist. Vielmehr soll die Notwendigkeit einer zusätzlichen Ebene normativer Rechtfertigung aufgezeigt werden, die dem gesamten Unternehmen letztlich eine feste Verankerung bietet.

44 Immanuel Kant (1968), *Grundlegung zur Metaphysik der Sitten*, Frankfurt/M., S. 61 (EA: Riga 1785). Robert Nozick (o. J.), einer der führenden Libertären, bezieht sich ausdrücklich auf Kant.

45 Joseph de Maistre (1991), *Betrachtungen über Frankreich*, Wien.

46 Hans Joas, »The Communitarian Experience«, Vortrag auf der Kommunitaristischen Konferenz in Genf, Juli 1996.

47 Das komplexe Verhältnis zwischen sozialen und individuellen Werten wird beispielhaft dargelegt von Miriam Galston (1994).

48 Ausführlicher hierzu: Robert E. Goodin, »Making Moral Incentives Pay«, in: *Policy Sciences* 12, August 1980, S. 131-45.

49 Die auf der kommunitaristischen Konferenz im Juli 1996 in Genf vorgelegten Beiträge von Philip Selznick über eine kommunitaristische soziale Gerechtigkeit und von Alan Wolfe über den Wohlfahrtsstaat bringen uns einen gewaltigen Schritt vorwärts, kamen aber zu spät, um in meinen Überlegungen noch berücksichtigt werden zu können. Philip Selznick, »A Communitarian Per-

spective on Social Justice«; Alan Wolfe, »Turning Point for the Welfare State«. Siehe auch Charles Derber, »Communitarian Economics: Criticisms and Suggestions from the Left«, in: *Responsive Community* 4, Nr. 4, Herbst 1994, S. 29-42.

50 Siehe Daly/Cobb 1989.

51 Barber 1996a; Huntington 1996; vgl. auch Martin E. Marty/A. Scott Appleby (1996), *Herausforderung Fundamentalismus. Radikale Christen, Moslems und Juden im Kampf gegen die Moderne*, Frankfurt/M.

52 »The National Prospect«, in: *Commentary* 100, Nr. 5, November 1995, S. 23-116.

53 Joshua Abramowitz, »The Tao of Community«, in: *Public Interest*, Nr. 113, Herbst 1993, S. 121. Viele haben die Beziehung zwischen Kommunitarismus und Religion kritisiert, während andere wiederum sie begrüßten. Siehe Matthew Melton, »The Communitarians«, in: *Focus*, Herbst/Winter 1992, S. 18-21; Brandy Dutcher, »Communitarians and the Christian Right«, in: *Focus*, Herbst/Winter 1992, S. 20-22; Charles J. Sykes, »Liberal Angst«, in: *The World and I*, August 1993, S. 309-13; »The Communities Missing from ›Communitarianism‹«, in: *First Things*, Februar 1994, S. 55 f.

Literaturverzeichnis

Ackerman, Bruce (1980), *Social Justice in the Liberal State*, New Haven: Yale University Press.
– (1989), »Why Dialogue?«, in: *Journal of Philosophy* 86, Nr. 1.
– (1991), *We the People*, Cambridge: Belknap.
Avineri, Shlomo/de-Shalit, Avner (1992), *Communitarianism and Individualism*, New York: Oxford University Press.

Banfield, Edward C. (1958), *The Moral Basis of a Backward Society*, Glencoe: Free Press.
Barber, Benjamin R. (1994), *Starke Demokratie: Über die Teilhabe am Politischen*, Hamburg, (amerik. Original: *Strong Democracy: Participatory Politics for a New Age*, Berkeley 1984)
– (1996), »An American Civic Forum: Civil Society Between Market Individuals and the Political Community«, in: *Social Philosophy and Policy* 13, Nr. 1, Winter.
– (1996a), *Coca Cola und Heiliger Krieg*, Bern (amerik. Original: *Jihad vs. McWorld*, New York 1995).
Barker, Rodney (1994), *Politics, Peoples and Government: Themes in British Political Thought since the Nineteenth Century*, New York: St. Martin's.
Baumgartner, M. P. (1988), *The Moral Order of a Suburb*, New York: Oxford University Press.
Beiner, Ronald (1992), *What's the Matter with Liberalism*, Berkeley: University of California Press.
– (1995), »Liberalism: What's Missing?«, in: *Society* 32, Nr. 5.
Bell, Daniel A. (1993), *Communitarianism and Its Critics*, Oxford: Clarendon Press.
– (1994), »Together Again?« (Rezension von Etzioni 1995), in: Times Literary Supplement, 11. November, S. 5-6.
– (1995), »A Communitarian Critique of Authoritarianism«, in: *Society* 32, Nr. 5, Juli/August.
Bell, Colin/Newby, Howard (1973), *Community Studies: An Introduction to the Sociology of the Local Community*, New York: Praeger.
– (1974), *The Sociology of Community: A Selection of Readings*, London: Frank Cass.

Bellah, Robert (1995), »Individualism, Community, and Ethics in the United States and Japan«, in: *Moral Education 4*.

Bellah, Robert et al. (1987), *Gewohnheiten des Herzens. Individualismus und Gemeinsinn in der amerikanischen Gesellschaft*, Köln, (amerik. Original: *Habits of Hearts: Individualism and Commitment in American Life*, Berkeley 1985).

Bellah, Robert et al. (1991), *The Good Society*, New York: Vintage.

Bennett, William J. (Hg.) (1993), *The Book of Virtues: A Treasury of Great Moral Stories*, New York: Simon & Schuster.

Bernstein, Richard (1994), *Dictatorship of Virtue: Multiculturalism and the Battle for America's Future*, New York: Alfred A. Knopf.

Berger, Peter L./Neuhaus, John (1977), To *Empower People: The Role of Mediating Structures in Public Policy*, Washington, D.C.: American Enterprise Institute for Public Policy Research.

Berlin, Isaiah (1995), *Freiheit. Vier Versuche*, Frankfurt/M., (amerik. Original: *Four Essays on Liberty*, New York 1969)

Berry, Jeffrey M./Portney, Kent E./Thomson, Ken (1993), *The Rebirth of Urban Democracy*, Washington: Brookings Institution.

Blankenhorn, David (1995), *Fatherless America: Confronting Our Most Urgent Social Problem*, New York: BasicBooks.

Boston, Robert (1993), *Why the Religious Right is Wrong*, Buffalo: Prometheus Books.

Boyte, Harry C. (1989), *CommonWealth: A Return to Citizen Policies*, New York: Free Press.

Cantor, David (1994), *The Religious Right: The Assault on Tolerance and Pluralism in America*, New York: Anti-Defamation League.

Carter, Stephen L. (1993), *The Culture of Disbelief: How American Law and Politics Trivialize Religious Devotion*, New York: BasicBooks.

Clinton, Hillary Rodham (1996), *It Takes a Village*, New York: Simon & Schuster.

Coontz, Stephanie (1992), *The Way We Never Were: American Families and the Nostalgia Trap*, New York: BasicBooks.

Coser, Lewis A. (1956), *The Functions of Social Conflict*, Glencoe: Free Press.

Dahrendorf, Ralf (1957), *Soziale Klassen und Klassenkonflikte in der industriellen Gesellschaft*, Stuttgart.

Daly, Herman E./Cobb, John B. Jr. (1989), *For the Common Good: Redirecting the Economy Toward Community, the Environment, and a Sustainable Future*, Boston: Beacon Press.

Daly, Markate (1994), *Communitarianism: A New Public Ethics*, Belmont: Wadsworth Publishing.

Delaney, C. F. (Hg.) (1994), *The Liberalism-Communitarianism Debate: Liberty and Community Values*, Lanham: Rowman & Littlefield.

Dickstein, Morris (1977), *Gates of Eden: American Culture in the Sixties*, New York: BasicBooks.

Dionne, E. J. Jr. (1996), *They Only Look Dead: Why Progressives Will Dominate the Next Political Era*, New York: Simon & Schuster.

Donohue, William A. (1994), *Twilight of Liberty: The Legacy of the ACLU*, New Brunswick: Transaction.

Douglass, Bruse R. (1994), »The Renewal of Democracy and the Communitarian Prospect«, in: *Responsive Community* 4, Nr. 3, Sommer.

Drucker, Peter F. (1985), *Management: Tasks, Responsibilities, Practices*, New York: Harper & Row.

Dworkin, Gerald (1978), »Liberalism«, in: *Public and Private Morality*, hg. v. Stuart Hampshire, Cambridge: Cambridge University Press.

– (1988), *The Theory and Practice of Autonomy*, New York: Cambridge University Press.

Eberly, Don E. (1994), *Restoring the Good Society*, Grand Rapids: Baker Books.

Ehrenhalt, Alan (1995), *The Lost City: Discovering the Forgotten Virtues of Community in the Chicago of the 1950s*, New York: BasicBooks.

Elliott, Michael (1996), *The Day Before Yesterday: Reconsidering America's Past, Rediscovering the Present*, New York: Simon & Schuster.

Epstein, Lee/Kobylka, Joseph F. (1992), *The Supreme Court and Legal Change: Abortion and the Death Penalty*, Chapel Hill: University of North Carolina Press.

Etzioni, Amitai (1975), *Die aktive Gesellschaft*, Opladen, (amerik. Original: *The Active Society*, New York 1968).

– (1983), *An Immodest Agenda: Rebuilding America Before the 21st Century*, New York: McGraw-Hill.

– (1995), *Die Entdeckung des Gemeinwesens. Ansprüche, Verantwortlichkeiten und das Programm des Kommunitarismus*, Stuttgart, (amerik. Original: *The Spirit of Community: Rights, Responsibilities, and the Communitarian Agenda*, New York 1993).

– (Hrsg.) (1995a), *New Communitarian Thinking: Persons, Virtues, Institutions, and Communities*, Charlottesville, Va.: Universtity Press of Virginia.

– (1995b), »The Need for a New Paradigm«, in: *Responsive Community* 5, Nr. 1.

– (1995c), *A Compassionate Approach: Community Jobs and Prevention*, Washington: Communitarian Network.

– (1996), »The Responsive Community: A Communitarian Perspective« (American Sociological Association Presidential Address), in: *American Sociological Review* 61, Februar, S. 1-11.

– (1996a), Die faire Gesellschaft, Frankfurt/M., (amerik. Original: *The Moral Dimension: Toward a New Economics*, New York 1992; dt. Erstausgabe unter dem Titel Jenseits des Egoismus-Prinzips, Stuttgart 1994)

Feldman, David (1993), *Civil Liberties and Human Rights in England and Wales*, Oxford: Clarendon Press.

Fishkin, James S. (1995), *The Voice of the People: Public Opinion and Democracy*, New Haven: Yale University Press.

Fowler, Robert B. (1991), *The Dance with Community: The Contemporary Debate in American Political Thought*, Lawrence: University Press of Kansas.

Frazer, Elizabeth/Lacey, Nicola (1993), *The Politics of Community: A Feminist Critique of the Liberal-Communitarian Debate*, Toronto: University of Toronto Press.

Friedan, Betty (o. J.), *Der Weiblichkeitswahn oder die Selbstbefreiung der Frau*, Hamburg, (amerik. Original: *The Feminine Mystique*, New York 1963).

Friedman, Milton u. Rose (1962), *Capitalism and Freedom*, Chicago: Chicago University Press.

– (1983), *Chancen, die ich meine. Plädoyer für eine freie Wirtschaft*, Frankfurt/M., (amerik. Original: *Free to Choose: A Personal Statement*, New York 1980).

Fromm, Erich (1983), *Die Furcht vor der Freiheit*, Stuttgart, (amerik. Original: Escape from Freedom, New York 1941).

Fukuyama, Francis (1995), *Trust: The Social Virtues and the Creation of Prosperity*, New York: Free Press.

Galbraith, John K. (1996), *The Good Society: The Humane Agenda*, Boston: Houghton Mifflin.

Galston, Miriam (1994), »Taking Aristotle Seriously: Republican-Oriented Legal Theory and the Moral Foundation of Deliberative Democracy«, in: *California Law Review* 82, Nr. 329.

Galston, William A. (1991), *Liberal Purposes: Goods, Virtues, and Diversity in the Liberal State*, Cambridge: Cambridge University Press.

– (1995), »Two Concepts of Liberalism«, in: *Ethics* 105, Nr. 3.

Gardner, John W. (1990), *On Leadership*, New York: Free Press.

George, Robert P. (1993), *Making Man Moral: Civil Liberties and Public Morality*, Oxford: Clarendon Press.

Gillis, John R. (1996), *A World of Their Own Making: Myth, Ritual, and the Quest for Familiy Values*, New York: BasicBooks.

Gitlin, Todd (1995), *The Twilight of Common Dreams: Why America Is Wracked by Culture Wars*, New York: Metropolitan Books.

Glendon, Mary A. (1991), *Rights Talk: The Impoverishment of Political Discourse*, New York: Free Press.

Glendon, Mary A./Blankenhorn, David (Hg.) (1995), *Seedbeds of Virtue: Sources of Competence, Character, and Citizenship in American Society*, Lanham: Madison Books.

Goldsmith, Suzanne (1994), *The Takoma Orange Hats: Fighting Drugs and Building Community in Washington, D.C.*, Washington: Communitarian Network.

Goodin, Robert (1989), *No Smoking: The Ethical Issues*, Chicago: University of Chicago Press.

Gray, John (1989), Liberalisms: *Essays in Political Philosophy*, New York: Routledge.

– (1993), *Post-liberalism: Studies in Political Thought*, New York: Routledge.

– (1993a), *Beyond the New Right: Markets, Government, and the Common Environment*, Londen: Routledge.

Greer, Colin/Kohl, Herbert R. (Hg.) (1995), *A Call to Character*, New York: HarperCollins.

Gutmann, Amy (1993), »Die kommunitaristischen Kritiker des Kommunitarismus«, in: Honneth 1993.

– (Hg.) (1993a), *Multikulturalismus und die Politik der Anerkennung*, Frankfurt/M., (amerik. Original: *Multiculturalism and »The Politics of Recognition«: An Essay by Charles Taylor with Commentary*, Princeton 1992).

– (1995), »Das Problem des Multikulturalismus in der politischen Ethik«, in: *Deutsche Zeitschrift für Philosophie* 43, Nr. 2.

Habermas, Jürgen (1983), *Moralbewußtsein und kommunikatives Handeln*, Frankfurt/M.

– (1991), *Erläuterungen zur Diskursethik*, Frankfurt/M.

Halberstam, David (1993), *The Fifties*, New York: Villard Books.

Himmelfarb, Getrude (1974), *On Liberty and Liberalism*, New York: Alfred A. Knopf.

– (1995), *The De-Moralization of Society: From Victorian Virtues to Modern Values*, New York: Alfred A. Knopf.

Hodgson, Godfrey (1976), *America in Our Time*, Garden City: Doubleday.

Hollinger, David A. (1995), *Postethnic America: Beyond Multiculturalism*, New York: BasicBooks.

Holmes, Stephen (1993), *The Anatomy of Antiliberalism*, Cambridge: Harvard University Press.

Honneth, Axel (Hg.) (1993), *Kommunitarismus. Eine Debatte über die moralischen Grundlagen moderner Gesellschaften*, Frankfurt/New York.

Howard, Rhoda E. (1995), *Human Rights and the Search for Community*, Boulder: Westview Press.

Hunter, James D. (1994), *Before the Shooting Begins: Searching for Democracy in America's Culture War*, New York: Free Press.

Huntington, Samuel B. (1996), *Kampf der Kulturen*, München.

Joas, Hans (1992), *Pragmatismus und Gesellschaftstheorie*, Frankfurt/M.

Josephson Institute of Ethics (1996), *Making Ehtical Decisions*, Marina Del Rey.

Kautz, Steven (1995), *Liberalism and Community*, Ithaca: Cornell University Press.

Kornhauser, William (1959), *The Politics of Mass Society*, Glencoe: Free Press.

Kuklinski, James et al. (1993), »Thinking about Political Tolerance, More or Less, with More or Less Information«, in: *Reconsidering the Democratic Public*, hg. Russel Hanson/George E. Marcus, University Park: Pennsylvania State University Press.

Kymlicka, Will (1995), *Multi-Cultural Citizensphip: A Liberal Theory of Minority Rights*, Oxford: Oxford University Press.

Lindblom, Charles (1965), *The Intelligence of Democracy*, New York: Free Press.

Lipset, Seymour M. (1990), *Continental Divide: The Values and Institutions of the United States and Canada*, New York: Routledge, Chapman & Hall.

Lipset, Seymour M. (1996), *American Exceptionalism: A Double-Edged Sword*, New York: W. W. Norton.

Lipset, Seymour M./Pool, Amy B. (1996), »Balancing the Indivdual and the Community: Canada versus the United States«, in: *Responsive Community* 6, Nr. 3, Sommer.

Locke, John (1967), *Zwei Abhandlungen über die Regierung*, hg. v. Walter Euchner, Frankfurt/Wien, (engl. Original: *Two Treatises of Government*, London 1689).

Macedo, Stephen (1990), *Liberal Virtues*, Oxford: Oxford University Press.

MacIntyre, Alasdair (1987), *Der Verlust der Tugend. Zur moralischen Krise der Gegenwart*, Frankfurt/M., (amerik. Original: *After Virtue*, Notre Dame 1984).

Magnet, Myron (1993), *The Dream and the Nightmare: The Sixties' Legacy to the Underclass*, New York: William Morrow.

Mansbridge, Jane J. (1980), *Beyond Adversary Democracy*, New York: Basic-Books.

McClain, Linda (1994), »Rights and Irresponsibility«, in: *Duke Law Journal* 43, Nr. 5, S. 989-1088.

Miegel, Meinhart/Wahl, Stephanie (1993), *Das Ende des Individualismus: Die Kultur des Westens zerstört sich selbst*, München.

Mill, John S. (1974), *Über die Freiheit*, Stuttgart, (engl. Original: *On Liberty*, London 1859).

Miller, David (1992), »Community and Citizenship«, in: Avineri/de-Shalit 1992.

Miller, Douglas T./Nowak, Marion (1977), *The Fifties: The Way We Really Were*, Garden City: Doubleday.

Morgan, Richard E. (1984), *Disabling America: the »Rights Industry« in Our Time*, New York: Basic Books.

Mulhall, Steven/Swift, Adam (1995), *Liberals and Communitarians*, Cambridge: Blackwell.

Nozick, Robert (o. J.), *Anarchie – Staat – Utopia*, München.

Oakeshott, Michael (1991), *Rationalism in Politics and Other Essays*, Indianapolis: Liberty Press.

Parsons, Talcott (1964), *Social Structure and Personality*, New York: Free Press.

Pateman, Carole (1988), *The Sexual Contract*, Stanford: Stanford University Press.

Perry, Michael J. (1988), *Morality, Politics, and Law: A Bicentennial Essay*, Oxford: Oxford University Press.

Phillips, Derek L. (1993), *Looking Backward: A Critical Appraisal of Communitarian Thought*, Princeton: Princeton University Press.

Porter, Gareth/Brown, Janet W. (1996), *Global Environmental Politics*, Boulder: Westview Press.

Porter, Rosalie P. (1990), *Forked Tongue: The Politics of Bilingual Education*, New York: BasicBooks.

Putnam, Robert (1993), *Making Democracy Work: Civic Traditions in Modern Italy*, Princeton: Princeton University Press.

Rawls, John (1975), *Eine Theorie der Gerechtigkeit*, Frankfurt/M., (amerik. Orginial: *A Theory of Justice*, Cambridge 1971).
– (1993), *Political Liberalism*, New York: Columbia University Press.
Renteln, Alison D. (1990), *International Human Rights: Universalism versus Relativism*, Thousand Oaks: Sage Publications.
Rheingold, Howard (1993), *The Virtual Community: Homesteading on the Electronic Frontier*, Reading: Addison-Wesley.
Riesman, David (1982), *Die einsame Masse*, Hamburg, (amerik. Original: *The Lonely Crowd: A Study of the Changing American Character*, New Haven 1950).
Rifkin, Jeremy (1995), *Das Ende der Arbeit und ihre Zukunft*, Frankfurt/M., (amerik. Original: *The End of Work: The Decline of the Global Labor Force and the Dawn of the Post-Market Era*, New York 1995).
Robertson, Patrick (1993), *The Turning Tide*, Dallas: Word Publishing.

Sandel, Michael J. (1982), *Liberalism and the Limits of Justice*, Cambridge: Cambridge University Press.
– (1984), *Liberalism and Its Critics*, New York: New York University Press.
– (1984a), »Morality and the Liberal Ideal«, in: *New Republic*, 7. Mai.
– (1995), »Moral Argument and Liberal Toleration: Abortion and Homosexuality«, in: Etzioni 1995a.
– (1996), *Democracy's Discontent: America in Search of a Public Philosophy*, Cambridge: Belknap Press.
Schlesinger, Arthur Jr. (1992), *The Disuniting of America: Reflections on a Multicultural Society*, New York: W. W. Norton.
Schwartz, Evan (1994/95), »Looking for Community on the Internet«, in: Responsive Community 5, Nr. 1, Winter.
Schwartz, Pepper (1994), *Peer Marriage: How Love Between Equals Really Works*, New York: Free Press.
Scott, John Finley (1971), *Internalization of Norms: A Sociological Theory of Moral Commitment*, Englewood Cliffs: Prentice Hall.
Seligman, Adam (1992), *The Idea of Civil Society*, New York: Free Press.
Selznick, Philip (1992), *The Moral Commonwealth: Social Theory and the Promise of Community*, Berkeley: University of California Press.
– (1994), »Foundations of Communitarian Liberalism«, in: *Responsive Community* 4, Nr. 4.
Smith, F. LaGard (1996), *ACLU: The Devil's Advocate*, Colorado Springs: Marcon.
Spragens, Thomas A. (1992), »The Limitations of Libertarianism, Part II«, in: *Responsive Community* 2, Nr. 2, Frühjahr.
Stacey, Judith (1994), »The New Family Values Crusaders«, in: *Nation*, 25. Juli.
Stahl, William A. (1986), *»May We Have Dominion«: Civil Religion and the Legitimation of Canadian Confederation*, Regina: Luther College University of Regina.

Stigler, George J. (1975), *The Citizen and the State: Essays on Regulation*, Chicago: University of Chicago Press.

Suro, Robert (1994), *Remembering the American Dream: Hispanic Immigration and National Policy*, New York: Twentieth Century Press.

Takaki, Ronald (1993), *A Different Mirror: A History of Multicultural America*, Boston: Little, Brown.

Taves, Michael (1988), »Roundtable on Communitarianism«, in: *Telos* 76, Sommer.

Tavuchis, Nicholas (1991), *Mea Culpa: A Sociology of Apology and Reconciliation*, Stanford: Stanford University Press.

Taylor, Charles (1993), »Aneinander vorbei: Die Debatte zwischen Liberalismus und Kommunitarismus«, in: Honneth 1993

– (1994), *Quellen des Selbst. Die Entstehung der neuzeitlichen Identität*, Frankfurt/M., (amerik. Original: *Sources of the Self*, Cambridge 1989).

The Communitarian Network (1991), *The Responsive Communitarian Platform: Rights and Responsibilities*, Washington: Communitarian Network.

The New York Times (1996), *The Downsizing of America*, New York: Times Books.

Thiemann, Ronald (1996), *Religion in Public Life: A Dilemma for Democracy*, Washington: Georgetown University Press.

Tocqueville, Alexis de (1969), *Democracy in America*, hg. v. J. P. Mayer, Garden City: Doubleday, (franz. Original: *De la démocratie en Amérique*, Paris 1835-1840).

Tolchin, Susan J. (1996), *The Angry American: How Voter Rage is Changing the Nation*, Boulder: Westview Press.

Ullman-Margolit, Edna (1977), *The Emergence of Norms*, Oxford: Clarendon Press.

Walton, Douglas N. (1992), *Slippery Slope Arguments*, New York: Oxford University Press.

Walzer, Michael (1992), *Sphären der Gerechtigkeit, Ein Plädoyer für Pluralität und Gleichheit*, Frankfurt/New York, (amerik. Original: *Spheres of Justice: A Defense of Pluralism and Equality*, New York 1983).

Walzer, Michael (1993), »Die kommunitaristische Kritik am Liberalismus«, in: Honneth 1993

– (1996), *Lokale Kritik – Globale Standards*, Hamburg, (amerik. Original: *Thick and Thin: Moral Argument at Home and Abroad*, Notre Dame 1994)

– (1996a), *Was heißt es, ›Amerikaner‹ zu sein?*, Frankfurt/M., (amerik. Original: *What It Means to Be an American*, New York 1992).

Wattenberg, Ben J. (1995), *Values Matter Most: How Republicans or Democrats or a Third Party Can Win and Renew the American Way of Life*, New York: Free Press.

Weintraub, Jeff/Krishan, Kumar (Hg.), *Public and Private in Thought and Practice: Perspectives on a Grand Dichotomy*, Chicago: Chicago University Press, (erscheint demnächst).

Weisberg, Jacob (1996), *In Defense of Government: The Fall and Rise of Public Trust*, New York: Scribner.

White, Morton Gabriel (1973), *Pragmatism and the American Mind*, New York: Oxford University Press.

Whyte, William (1958), *Herr und Opfer der Organisation*, Düsseldorf, (amerik. Original: *The Organization Man*, New York 1956).

Willets, David (1992), *Modern Conservatism*, London: Penguin.

Wilson, James Q. (1993), *The Moral Sense*, New York: Free Press.

Wolfe, Alan (1989), *Whose Keeper?: Social Science and Moral Obligation*, Berkeley: University of California Press.

Wright, Robert (1994), *The Moral Animal: The New Science of Psychology*, New York: Pantheon.

Wrong, Dennis (1994), *The Problem of Order. What Unites and Divides Society*, New York: Free Press.

Wuthnow, Robert (1994), *God and Mammon in America*, New York: Free Press.

– (1995), *Learning to Care: Elementary Kindness in an Age of Indifference*, New York: Oxford University Press.

Yankelovitch, Daniel (1972), *The Changing Values on Campus: Political and Personal Attitudes of Today's College Students*, New York: Washington Square Press.

Yankelovich, Daniel (1991), *Coming to Public Judgment: Making Democracy Work in a Complex World*, Syracuse: Syracuse University Press.

Young, Iris M. (1990), *Justice and the Politics of Difference*, Princeton: Princeton University Press.

Personenregister

Sachregister